# 面向 SDG 的国网行动

# 激发电力大数据的赋能价值

## State Grid SDG Solutions

## Unleash the Empowering Value of Electricity Big Data

于志宏 ◎ 主编

王秋蓉　杜　娟 ◎ 副主编

经济管理出版社
ECONOMY & MANAGEMENT PUBLISHING HOUSE

**图书在版编目（CIP）数据**

激发电力大数据的赋能价值 / 于志宏主编 . —北京：经济管理出版社，2024.5

（面向 SDG 的国网行动）

ISBN 978-7-5096-9718-4

Ⅰ.①激… Ⅱ.①于… Ⅲ.①数据处理－应用－电力工业－工业企业管理－中国 Ⅳ.① F426.61

中国国家版本馆 CIP 数据核字（2024）第 107608 号

组稿编辑：魏晨红

责任编辑：魏晨红

责任印制：黄章平

责任校对：张晓燕

出版发行：经济管理出版社

    （北京市海淀区北蜂窝 8 号中雅大厦 A 座 11 层　100038）

网　　址：www.E-mp.com.cn

电　　话：（010）51915602

印　　刷：北京市海淀区唐家岭福利印刷厂

经　　销：新华书店

开　　本：720mm×1000mm/16

印　　张：37.75

字　　数：690 千字

版　　次：2024 年 5 月第 1 版　2024 年 5 月第 1 次印刷

书　　号：ISBN 978-7-5096-9718-4

定　　价：380.00 元（全四册）

# 破解世界难题的"国网方案"

## ——2023"金钥匙·国家电网主题赛"介绍

2023 年 5~11 月，由国家电网有限公司与《可持续发展经济导刊》联合发起的 2023（第二届）"金钥匙·国家电网主题赛"（以下简称国网主题赛）成功举办，选拔出破解世界难题的优秀解决方案，向社会各界展现了国家电网有限公司（以下简称国家电网公司）贡献可持续发展的生动实践。

2023 年 5 月 19 日，第二届国网主题赛启动，针对"激发电力大数据的赋能价值""建设绿色现代数智供应链""电网绿倾力守护自然之美""助力消费侧节能降碳增效"4 个主题征集国网方案。自启动以来，大赛得到了国家电网系统各单位的高度重视，针对 4 个主题共提交了 259 项行动。

经过初评和预选赛的筛选，4 个主题的 70 项行动进入路演晋级环节。主办方秉持金钥匙标准和流程，邀请来自国家电网系统的专家、国内外行业组织和可持续发展的专家、企业界代表组成的评审团对 2023 国网主题赛 4 个主题 70 项行动进行了公开、公正、专业的评审，共有 17 项行动获得金奖、15 项行动获得银奖、38 项行动获得铜奖，金奖行动经过激烈角逐最终产生 4 项"金钥匙·冠军奖"，成为破解这 4 项难题的有代表性的国网方案和中国方案。

### 针对 4 个主题选拔破解世界难题的"国网方案"

国网主题赛的路演不仅是一场比赛，更是一场国家电网公司面向联合国可持续发展目标（Sustainable Development Goals，SDG）的全面行动展示。在问题的设置上，2023 国网主题赛更加紧密地围绕国际国内可持续发展热点问题，并充分结合能源行业高质量发展的需求和挑战，围绕数字化、"双碳"目标、生物多样性保护、供应链建设等重点工作发现和打造破解世界难题的"国网方案"。

#### 主题 1：激发电力大数据的赋能价值

电力大数据是能源领域和宏观经济的"晴雨表"，为服务国家发展战略、助力科学

治理、推动经济社会发展提供有力支撑。如何不断拓展应用场景，充分释放电力大数据价值，赋能经济社会发展？

国家电网系统各单位抓住"数据"这一"牛鼻子"，与行业企业、政务部门相互碰撞，实现新融合、新聚能，打造新业态、新产品，集中展现了电力大数据在助推不同行业企业低碳转型中的价值，因地制宜赋能当地的特色产业高质量发展，打通数据壁垒，助力生态环境精准监测监管及社会难题的解决等，形成了"电力 + 环保""电力 + 水力""电力 + 信用""电力 + 应急管理""电力 + 产业"等各具亮点的创新应用模式。

### 主题 2：建设绿色现代数智供应链

产业链供应链的创新发展已上升为国家战略。电网连接着能源电力产业链供应链的每个环节，处于核心枢纽环节和"链主"地位。如何构建绿色化、数字化、智能化和韧性安全的现代供应链，打造能源电力产业链供应链开放生态？本赛道汇聚了电网企业发挥自身业务优势，在各要点环节发力打造可持续供应链的优秀行动。建立供应商绿色评价体系，打造数字孪生智慧绿色仓储系统……电力公司从运营、采购、仓储等供应链全环节减碳增效，为供应链上下游各方提供多重价值。

### 主题 3：电网绿倾力守护自然之美

作为重要的能源基础设施，电力银线纵横神州。如何将绿色发展理念融入电网全生命周期，探索电网和自然生态的和谐共生之路，建设环境友好型电网，助力美丽中国建设？本赛道展示了电网企业在电力基础设施的建设和使用过程中与周边自然环境的和谐融合，如预防山火和森林火灾、生态区保护、生物多样性保护、绿色施工、清洁用能……"将电力银线完美融入绿水青山的美丽画卷"。

### 主题 4：助力消费侧节能降碳增效

电力系统碳减排是服务"双碳"目标的重要组成部分。如何从自身业务和技术优势出发，提升消费侧电气化水平，推动节能提效，增加清洁能源消纳？本赛道集中呈现了电网企业在促进能源清洁低碳转型、服务"双碳"目标方面的创新性示范行动。建设分布式光伏碳普惠市场，推进源网荷储多元柔性互动……电网企业着力打造节能、降碳的绿色生态圈，提升电网支撑新能源消纳和行业降碳。

4 个主题赛道优秀行动充分展示了国家电网公司在破解不同难题方面的"金钥匙"解决方案——从关爱鸟到守护老人，从落实"双碳"目标到推动乡村振兴，从茶叶烘焙

到重卡换电，形成了事事都涉及可持续、人人都关心可持续的氛围。国家电网系统各单位积极发挥专业优势，协同各利益相关方，针对不同问题，以技术创新、模式创新、制度创新等思路寻求破解难题的"金钥匙"。

自 2020 年首届"金钥匙——面向 SDG 的中国行动"开展以来，国家电网公司积极参与、细致谋划，持续贡献高质量可持续发展解决方案，成为活动参与度最高、涉及面最广、获奖项最多的企业，彰显出扎实的可持续发展行动基础。第二届国网主题赛启动以来，国家电网系统各单位以更高的响应度和更精心的准备，展示出贡献面向 SDG 的优秀行动方案，为落实联合国 2030 年可持续发展议程汇聚更多力量。

金钥匙总教练、清华大学苏世民书院副院长、清华大学绿色经济与可持续发展研究中心主任钱小军如此评价："两届国网主题赛涌现的一大批优秀行动方案，让社会各界充分感受到国家电网扎根基层的社会责任和可持续发展理念、可持续发展实际行动，并且创造了不可低估的综合价值。"

金钥匙发起人、《可持续发展经济导刊》社长兼主编于志宏认为："作为全球领先的公用事业公司，国家电网把社会责任和可持续发展全面融入公司业务，自上而下的高涨热情、精心的组织动员、扎实的行动基础、超强的理解学习能力在国网主题赛中展现得淋漓尽致，充分展现了国家电网公司在打造可持续发展领导力方面的责任表率。"

国家电网公司经过长期实践与积累，厚积薄发，通过金钥匙平台充分展现了可持续发展的领导力风范和风采。期待更多行业企业能加入金钥匙活动的主题赛、开展本行业企业主题赛，从而在中国企业间形成"比学赶超"、为可持续发展难题寻找中国解决方案的局面，向世界展示负责任的中国形象，贡献中国智慧。

# 《面向 SDG 的国网行动 2023》

2023 年，国家电网有限公司与《可持续发展经济导刊》联合发起 2023"金钥匙·国家电网主题赛"，聚焦"激发电力大数据的赋能价值""建设绿色现代数智供应链""电网绿倾力守护自然之美""助力消费侧节能降碳增效"四大问题，选拔出具有代表性的国网方案、中国方案。这些行动案例具有"小而美"的特征，对于各方发展中的问题提供了具有针对性的解决方案。

为了向社会各界和国际社会讲好"面向 SDG 的国网行动"故事，《可持续发展经济导刊》汇总每个问题的优秀解决方案，经总结和提炼，按照"金钥匙标准"选编和出版 2023"金钥匙·国家电网主题赛"优秀成果选辑——《面向 SDG 的国网行动 2023》（共四辑）。本书收录了来自 2023"金钥匙·国家电网主题赛"的 70 项优秀行动，并按照 4 个主题，即"激发电力大数据的赋能价值""建设绿色现代数智供应链""电网绿倾力守护自然之美""助力消费侧节能降碳增效"分为四辑。

**本书第一辑，聚焦"激发电力大数据的赋能价值"主题。大数据时代下，使用各种数据和技术服务于经济社会发展和人民生活改善，成为重要的时代命题。激发电力大数据的多维价值，是顺应数字经济发展、服务数字中国建设的重要内容。本专辑针对如何激发电力大数据的赋能价值的难题，汇集来自国家电网系统不同单位的 16 项优秀行动。**

《面向 SDG 的国网行动 2023》（共四辑）面向高校商学院、管理学院，作为教学参考案例，可提升领导者的可持续发展意识；面向致力于贡献可持续发展目标实现的企业，可促进企业相互借鉴，推动可持续发展行动品牌建设；面向国际平台，可展示、推介国家电网可持续发展行动的经验和故事。

# 目 录

1 —— 当好独居老人"电保姆",下足社区履责"及时雨"(国网上海市电力公司市北供电公司)

8 —— 聚能增供 精准保障 让汽车产业续航无忧(国网浙江省电力有限公司平湖市供电公司)

17 —— "智链电眼"护航纺织产业高质量发展(国网浙江省电力有限公司营销服务中心、国网浙江省电力有限公司绍兴供电公司)

25 —— "电+水"一体化数据应用 支撑地下水精准管控(国网河北省电力有限公司营销服务中心)

34 —— "电力+信用"服务 为中小企业纾困解难(国网山东省电力公司济宁供电公司)

43 —— 以"智慧能源'双碳'云平台"赋能智慧城市管理升级(国网上海市电力公司浦东供电公司)

51 —— "电力银行"数字管家,新的能源储蓄解决方案(国网浙江省电力有限公司杭州供电公司)

58 —— "电安星"提高应急管理精细化水平(国网浙江省电力有限公司瑞安市供电公司)

66 —— "电税"携手,向"绿"而行(国网浙江省电力有限公司舟山供电公司)

75 —— "数、智、心"服务,让电动汽车消费畅通无阻(国网江苏省电力有限公司营销服务中心)

84 ● "慧眼 e 站"驱动眼镜产业链"逆势突围"(国网浙江省电力有限公司临海市供电公司)

92 ● 电力大数据帮劳动者解"忧酬"(国网江苏电力有限公司常州供电公司)

100 ● "电力警报"绘就"净美无锡"新画卷(国网江苏省电力有限公司无锡供电分公司)

108 ● 数据融合打造"电力+环保"精准治理样板(国网四川省电力公司资阳供电公司)

115 ● "双碳大脑"推动"两高"企业节能降耗(国网山东省电力公司滨州供电公司)

123 ● 基于数据驱动的"电力看经济"体系优化与实践(国网山东省电力公司菏泽供电公司)

国网上海市电力公司市北供电公司
# 当好独居老人"电保姆"，
# 下足社区履责"及时雨"

## 一、基本情况

### 公司简介

国网上海市电力公司市北供电公司（以下简称国网上海市北供电公司）成立于 2010 年，承担着上海中北部地区 390 平方千米服务区域内配电网的规划、建设、调度和运行检修，为超 200 万家客户提供优质供电服务。

新时代背景下，企业的关注点不能仅仅局限于经济利益，需要用更全面的眼光看待企业发展，主动承担社会责任，关注社会可持续发展的多方面需求。国网上海市北供电公司作为中央企业子公司，积极承担着更多、更重的社会责任，在服务"双碳"目标、支撑区域经济社会发展、社会公共服务等领域主动探索创新，逐渐形成了更加成熟的社会责任管理体系以应对社会责任与可持续发展过程中遇到的风险与挑战，不断促进社会公平与和谐进步。

### 行动概要

全球人口正在以前所未有的速度老龄化，产生了大量独居老人"养老难"等新问题，如独居老人群体用电安全问题多发，面临着智能化产品使用不畅、行动不便等困难。国网上海市北供电公司积极应对上海市普陀区曹杨新村街道、静安区临汾路街道社区独居老年群体发展对供电提出的高要求，利用责任三层次理论深化履责路径，不断拓展责任边界，依据 PDCA 循环流程实现项目动态提升，

可持续发展
**目标**

创新性地构建了现代化国际大都市社区供电优质服务新模式，实现了对社区独居老人电力服务响应更快速、服务体验更友好、服务内容更多元。

2020 年，国网上海市北供电公司首次为曹杨新村街道社区部分独居老人开展"独居指数"测算，成功帮助街道工作人员精准服务独居老人。2022 年至今，国网上海市北供电公司联合上海市静安区政府部门、临汾路街道、居委会等利益相关方，在临汾路街道全面推广"独居指数"测算，并升级预警信息闭环管理方式，优化电力志愿服务，以数据化、信息化、可视化手段共同提升临汾路街道助老服务品质，以电力大数据助力打造"老有所安"的宜居环境。

## 二、案例主体内容

### 背景和问题

全球人口正在老龄化，预计在未来几十年中，全球老龄化人口将从目前的 7% 提升至 20%。上海市是我国最早进入老龄化社会的城市，上海市卫生健康委员会、上海市老龄工作委员会办公室和上海市审计局公布的数据显示，2020 年末上海市独居老人已达 30.52 万人，其中孤寡老人达 2.26 万人。独居老人居家存在多种安全隐患，因此，上海市街道社区相关部门希望在保护独居老人居家安全方面有新的高效方法。

曹杨新村街道、临汾路街道是上海市典型的老龄化社区，国网上海市北供电公司通过对街道部分居委和 116 位独居老人的沟通走访、入户检查发现，独居老人家中安全用电问题多发，许多独居老人存在安全用电隐患，加之他们的身体机能下降，又隐藏着非常多的伤亡隐患，如摔倒等意外事故，一旦老人无法自救且长时间无人救援，将威胁其生命安全。

由此可见，对于每一个即将迈入或已经迈入老龄化社会的城市而言，如何既能做到精准定位有需求的老龄群体并为其提供帮助，又能做到悄无声息不打扰老年人的日常生活，就显得尤为重要。

### 行动方案

国网上海市北供电公司对外强化与街道社区、独居老人等各利益相关方的诉求沟通。截至 2023 年 11 月，国网上海市北供电公司已获取曹杨新村街道 1202 户、临汾路街道 2263 户独居老人用电地址，为开展"独居"指数测算奠定了基础。

### 必尽责任：设置四道防线，确保独居老人用电安全

**"四道防线"守护独居老人用电安全。** 针对独居老人用电安全意识与隐患排查能力的薄弱问题，国网上海市北供电公司为其用电安全增加了四道防线。第一道技术防线：在独居老人家的电表箱上安装温度感应装置，一旦过热即可发出报警，有效地保障了老人的用电安全。第二道抢修防线：为独居老人开辟抢修绿色通道，缩短抢修响应时间，保障及时复电。第三道服务防线：定期上门为独居老人开展线路故障排查、用电指导，为其消除用电隐患。第四道宣传防线：通过设计案例推演、情景模拟等趣味性教学互动活动，提高独居老人居家安全用电、科学用电及文明用电意识。

国网上海市北供电公司共产党员服务队发现老人
用电异常，上门勘察获好评

国网上海市北供电公司投放电力服务"一体机"，
方便独居老人不出社区就能办业务

### 应尽责任：提供增值服务，提升独居老人生活质量

**"三步走"实现独居老人无忧用电。** 国网上海市北供电公司通过设立街道"关爱老人"专项工作小组，扩展志愿增值服务。专项工作小组延伸服务窗口设置，第一步提供智慧服务，在社区居委会设置智能移动终端机器，指导包括独居老人在内的社区老人使用线上办理电力业务；第二步提供上门服务，安排专项工作小组上门为行动不便的独居老人办理业务；第三步提供省钱服务，配合居委会为独居老人等群体建立特殊电力客户档案，提供节能分析、能效诊断，提升其生活质量。

**"两举措"保障独居老人乐享生活。** 一方面，国网上海市北供电公司从老年人的实际需求出发，推动智慧家电进社区，便捷老年人的生活。在街道社区服务中心设置智能用电虚拟展示厅，由社区志愿者与供电团队为老年人详细说明产品信息与使用方法，让

其不再对高科技产品望而却步，真正有能力享受智慧化带来的便捷生活。另一方面，国网上海市北供电公司服务社区加装电梯改造项目，让更多的老年人告别爬楼时代。国网上海市北供电公司保证了包括曹杨新村街道、临汾路街道在内的老旧小区改造需求高质量落地，将加装电梯的办电环节压缩至 2 个，装表接电时间缩短至 3.6 天。

### 愿尽责任：监测老人安全，助推美好和谐社区建设

**打造大数据信息预警产品。** 临汾路街道每家每户都装上了可远程采集数据的智能电表，国网上海市北供电公司基于街道提供的独居老人用电地址，采集独居老人日常用电数据，开发大数据产品"独居指数"，构建出"动态"+"静态"的独居老人状态判断模型。静是"静态"电力画像。通过五个维度对独居老人日常用电情况进行大数据分析，刻画出五类独居老人画像。动是"动态"行为判断。"独居指数"监测系统智能识别独居老人居家时段，判断其长时间不在家、用电异常和用电习惯改变等情况，一旦老人家中用电情况异常，监测系统能迅速捕捉并"报警"。

**建立"第一联系人"机制。** 国网上海市北供电公司与临汾路街道管辖的阳曲小区、汾西小区、临汾小区等 20 个居民委员会建立了"第一联系人"机制，由每个居委会确定一位工作人员作为"独居指数"异常问题处理的第一联系人以及责任人，一旦出现异常情况，国网上海市北供电公司便会立即通知居委会"第一联系人"上门查看，保证预警问题的快速响应和解决。

**推动预警信息闭环管理。** 针对"独居指数"异常情况，国网上海市北供电公司联合临汾路街道自治办设计信息展示功能模块，将异常提示通过临汾路街道民情日志"一网协同工作台"系统数据大屏进行展示，与此同时系统发送预警短信至居委会"第一联系人"，保障其及时开展独居老人的上门

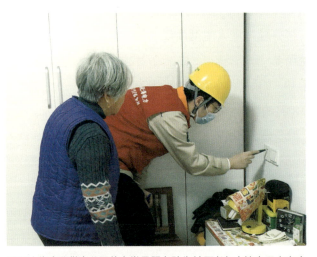

国网上海市北供电公司共产党员服务队为社区老年人检查用电安全

关心服务。现场核实后，由居委会"第一联系人"将核实情况短信反馈至"民情日志"信息系统。

### 循环提升：重视多方反馈，持续优化电力服务体系

国网上海市北供电公司在服务社区独居老人的过程中，依据 PDCA 循环流程实现了项目动态提升，每季度通过入户访谈、组织社区沟通会等形式，向居委会、独居老人、社区居民等利益相关方介绍项目已有成效，并将各方的反馈建议和诉求作为持续优化老龄化社区定制电力服务的基础，推动服务内容和方式的不断改善。

### 关键突破

国网上海市北供电公司在应对独居老年群体发展对供电提出的高要求中，主要有以下突破性和创新性：

### 以责任三层次理论深化全方位服务独居老人履责路径

国网上海市北供电公司立足独居老人发展诉求及存在的问题，利用责任三层次理论深化履责路径，以电力大数据守护独居老人居家安全的愿尽责任，不断拓展责任边界，发挥电力优势，全方位服务独居老人。

### 开发电力大数据服务产品"独居指数"无声、精准关怀独居老人

国网上海市北供电公司开发的大数据服务产品"独居指数"，通过"动态监测＋实时对比"独居老人住户每日用电量的变化，及时告知居委会其所辖独居老人用电异常的情况，以辅助居委会及时关心独居老人的生活，无声无息但又精准可靠地把帮助变成了一种体面的关怀。

### 多重价值

提升独居老人社区养老幸福感。国网上海市北供电公司整合街道社区资源，开创了多种老龄化社区定制电力服务模式，强化独居老人对供电服务与社区服务感知度，提升独居老人的安全感和幸福感。"安心老家"——"电力大数据＋社区服务"的独居老人关爱项目获 2022 年"金钥匙——面向 SDG 的中国行动"优胜奖、第六届中国青年志愿服务项目大赛铜奖、"奉献杯"第三届上海青年志愿服务项目大赛铜奖。截至 2023 年11 月底，国网上海市北供电公司的"独居指数"已解析曹杨新村街道 1202 户、临汾路街道 2263 户独居老人家中的用电量数据。通过"独居指数"，曹杨新村街道、临汾路街道与供电团队及时监测到 96 次独居老人用电习惯改变、18 次独居老人用电异常情况，

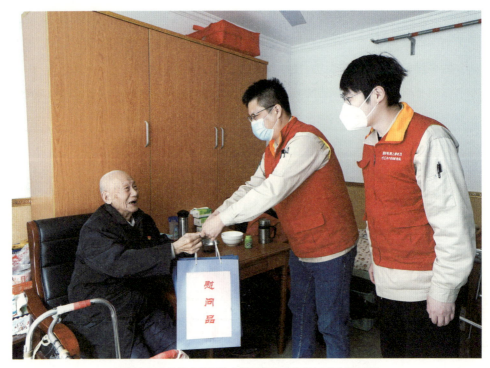

国网上海市北供电公司共产党员服务队为独居老人送温暖

为 6 位身体不适的独居老人提供了及时帮助。

国网上海市北供电公司通过与曹杨新村街道、临汾路街道社区居民委员会联动、积极合作，推动形成"居家为基础、社区为依托、供电为补充"的养老新模式，为供电企业参与解决社会化养老服务难题提供了有效思路与有益示范，以"国网力量"提升对更多区域独居老人的关爱水平。

国网上海市北供电公司通过为独居老人精准开展电力服务，进一步提升曹杨新村街道、临汾路街道社区独居老人安全用电水平及意识，减少安全事故的发生。截至 2023 年 8 月，曹杨新村街道、临汾路街道社区独居老人家电表箱上的温度感应装置 23 次自动报警，实现了主动预防线路故障。通过绿色通道，国网上海市北供电公司为曹杨新村街道、临汾路街道社区独居老人开展了 6 次电力故障抢修。"明灯"（市北）共产党员服务队 18 次上门为独居老人开展线路故障排查、用电指导，9 次进社区开展科学用电宣讲。

## 各方评价

**曹杨新村街道社区办主任黄祺琦:** 以前,楼组长、志愿者是社区关爱独居老人的主力军;现在,供电公司又加入了我们的队伍。以往查看独居老人是否发生意外时,一般要"扫楼"敲门;现在,借助电力大数据分析,不但更加精准、高效,还免去了一些尴尬。

**临汾路街道自治办主任苗丽娜:** 国网上海市北供电公司利用大数据技术为我们社区"四百"走访提供了非常好的支持和补充。

**临汾路街道岭南路 100 弄小区 93 岁孤寡老人谢阿妹:** 哦哟,你们这些小图真是好,谢谢你们!

# 三、未来展望

目前,国网上海市北供电公司已与第三个供电辖区内的街道——大宁路街道取得沟通,正积极筹备街道内"独居指数"产品的推进工作。

未来,国网上海市北供电公司将继续深挖"独居指数"在不同领域带来的积极效应,如应用在残障人士、居家疗养重病患者等,拓展"独居指数"服务维度;同时,发挥党建引领、联建示范等作用,推广"独居指数"在各个街道"多点开花",力求在上海市层面落地生根,助力打造独居老人都能享有的"老有所安"的宜居环境。

(撰写人:王锐、蔡怡蓉、张霄蕾、金麒、周毅、施燕斌、吴迪、范嘉豪、庞淑涵)

国网浙江省电力有限公司平湖市供电公司

# 聚能增供 精准保障
# 让汽车产业续航无忧

## 一、基本情况

### 公司简介

国网浙江省电力有限公司平湖市供电公司（以下简称国网平湖市供电公司）成立于 1962 年，现有员工 214 人，管辖平湖市杭浦高速以北约 374 平方千米的区域，为平湖地区工商业／农业发展、人民生活、市政建设等 27.49 万电力客户提供优质、可靠、经济的综合能源服务。国网平湖市供电公司现有公用 220 千伏变电站 2 座、110 千伏变电站 14 座、35 千伏变电站 1 座、20（10）千伏配变 4204 台，专变用户 3347 户；2022 年完成售电量 34.76 亿千瓦·时，农村区域供电可靠率为 99.9931%，综合电压合格率为 99.836%，累计安全生产日 6380 天。

国网平湖市供电公司先后获国网公司"三率合一"百强县、线损百强县、平湖市节能降耗工作先进单位、"平安单位"、"绩效优胜单位"、"卓越管理优秀集体"、平湖市铁军团队、省电力行业管理创新优秀组织单位等荣誉称号；获得"直通乌镇"全球互联网大赛特等奖、电力创新奖一等奖、国网浙江省电力有限公司科技进步一等奖等；于 2022 年 9 月通过了 GB/T 39604 社会责任管理体系认证。

### 行动概要

能源保障和安全事关国计民生，如何破解短期供需矛盾、保障

可持续发展 **目标**

产业经济平稳发展成为难题。浙江省平湖市是全国最大的新能源汽车零部件产地之一，其在长城汽车股份有限公司平湖分公司（以下简称长城公司平湖分公司）等一批"链主"型汽车企业的带动下，"整台汽车平湖造"的完整产业生态已然成型。然而，平湖市汽车产业在高速发展的同时，却面临着"产业受电能所限"的困境。新能源的大规模接入，导致电网调节能力尤其不足，汽车企业用能"缺口"大，加之电网传统负荷管理方式简单粗放，导致企业经营困难，影响到产业链上下游企业的正常生产，经济出现连带损失。

为解决平湖地区汽车产业用能"卡脖子"难题，国网平湖市供电公司主动携手地方汽车企业、平湖市政府、分布式可调用户等利益相关方，开展多边合作，以城市用能数据汇聚、分析、应用等为切入点，搭建虚拟电厂平台。虚拟电厂平台汇聚了 6 大类、18小类可调负荷资源，形成可调负荷"一张网"，让能源"无中生有"，为汽车企业聚能增供；同时以"聚合"和"控制"为核心，实施"四级赋码"管理模式，在虚拟电厂平台定制汽车企业用能数据分析模块，形成汽车企业精准监测、远程控制、快速响应的用能"一张图"，实现了"一企一策"的精准保障。

## 二、案例主体内容

### 背景和问题

城市因产业而兴。浙江省平湖市是全国最大的新能源汽车零部件产地，其在长城公司平湖分公司等一批"链主"型汽车企业的带动下，年产值超过 400 亿元，形成了在浙江乃至全国都具有极高辨识度的"整台汽车平湖造"的完整产业生态。然而，这样一座因产业而兴的城市，不得不面临"产业受电能所限"的困境。破解这一"卡脖子"难题，在尖峰时刻用能无忧成为汽车企业的期盼。

**企业用能不足。** 企业用电需求白天多、晚上少，夏冬多、春秋少，如果企业用能全部依靠电厂不断按调整发电应对需求变化，将增加电厂运行成本，同时也无法保证电力供应的稳定性。近年来，浙江省大力发展风能、光伏等新能源，平湖地区的光伏和风电消纳电量占全社会用电的比重均居本省前列（光伏占全社会用电的 50.98%，风电占全社会用电的 33.42%），新能源的大量应用可以有效促进"双碳"目标的实现，但其"靠天吃饭"导致的间歇性、波动性和不稳定性特征，增加了整个电网在安全性和可靠性方面的风险，在夏冬两季"双峰"用电高峰时段，电力供应、电网调节能力尤其不足，企业用能缺口大。

**用能管理不精。** 政府目前的负荷管理方式简单粗放,弊端在于缺乏企业用电的数据依据,决策与实际情况不符,从而导致"有序"引发"无序"。例如,2022 年,平湖市执行了 19 天有序用电,涉及汽车产业链企业 57 家。以考泰斯(平湖)塑料技术有限公司为例,在有序用电期,日均用电量为 0.23 万度,仅为正常电量的 13%,给企业经营造成极大困难。一方面,负荷调节通知一般提前 2~3 天,企业响应时间不足,生产计划被打乱,受生产工艺影响导致原料报废;另一方面,电力供应紧张导致企业不同程度延迟交货,严重影响到产业链上下游企业的正常生产,经济出现连带损失。

## 行动方案

### 多方合作建立"电联盟",构建虚拟电厂调度平台

国网平湖市供电公司携手政府单位、地方汽车企业、分布式可调用户、第三方技术机构等多个利益相关方,发挥专业协同、聚力攻坚优势,建立起"广泛参与、内外相融、共建共享"的多方合作"电联盟",聚焦"创新引领、经济绿色、协调精准、融合高效"的能源发展新理念,推动电网由传统的电源适应负荷模式向源网荷储协同互动模式转变,

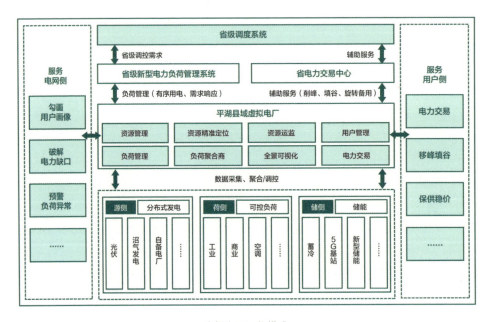

虚拟电厂运作模式

打造资源广域聚合、交互互动、灵活调节、敏捷调度的中枢神经，即虚拟电厂。

虚拟电厂是通过信息技术和智能设备来管理、调度可调能源的系统，可以通过将相对分散的源、网、荷、储等元素进行集成调控，构造一个大型"充电宝"。它既可以作为"正电厂"向系统供电，也可以作为"负电厂"消纳系统的电力，起到移峰填谷的作用。通过虚拟电厂平台，可以实现全景展示可视化、计算分析可视化、过程管控可视化、运行效果可视化，充分放大平台的及时性、专业性和延展性优势，推动生产方式更精益、信息获取更便捷、管理模式更高效、能源消耗更绿色，以平台助力、以电为中心的多能源灵活转换、互通互济、资源共享。

**建立可调负荷"一张网"，虚拟电厂给汽车企业提供坚实保障**

国网平湖市供电公司依托虚拟电厂中各类主体的用能行为大数据，通过"源侧"全面排摸、"荷侧"持续拓展负荷品类、"储侧"强化战略合作，将平湖地区可在尖峰时段让出负荷的分布式可调用户筛选并汇聚起来，共汇聚包括分布式发电、储能、工业、综合园区、商业、居民6大类18小类用户侧资源在内的225兆瓦可调节资源，具备5兆瓦秒级、38兆瓦分钟级、11兆瓦小时级和171兆瓦日级有功调节能力。聚沙成塔，打造负荷资源池，形成负荷能源"一张网"，保障电力供需平衡，让能源"无中生有"，

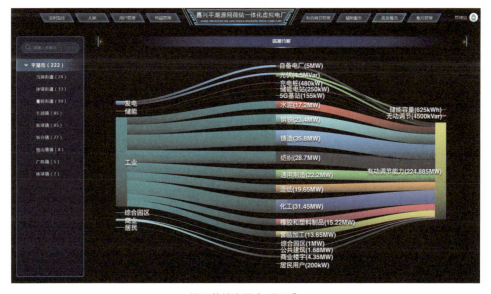

源网荷储资源"一张网"

实现在不新建发电厂的前提下更好地释放存量电力的潜能，缓解季节性用能焦虑，让汽车企业不停产。

 案例

以平湖市吾悦广场为例，这个商业综合体里面有多台空调机组，在夏季用电尖峰时段，国网平湖市供电公司通过虚拟电厂控制器实现了远程调控，将中央空调的温度上调 2~3 度，有效地降低了约 10% 的空调负荷，日均用电量可以减少近 20%。调节"省"出来的电力与来自其他用电主体的多余电力一同汇聚起来，转去其他需要更多电力的地方，保障电力安全供应。

### 能碳提升"一张图"，大数据施策为企业发展保驾护航

国网平湖市供电公司组建的网源荷储一体化配网运营中心，引入大数据分析手段，在虚拟电厂平台上搭建的平湖市汽车企业用能数据分析模块，引入配电自动化系统即时通信、控制信息，有效感知配网运行方式调整，打通电力调度、配电自动化系统等数据接口，获取网架动态调整、辖区负荷预测、供电能力异常等负荷调节关键数据，构建可

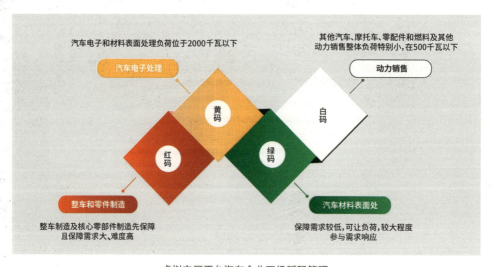

虚拟电厂平台汽车企业四级赋码管理

调资源与电网拓扑节点的动态映射，形成平湖市各类汽车企业的能耗数据监测"一张图"，实现了精准监测、远程控制、快速响应。

平湖市汽车企业用能数据分析模块以"聚合"和"控制"为运作核心，按不同产业链位置和不同能耗情况，进行"红码、黄码、绿码、白码"四级赋码管理。该模块根据企业实时用能数据，通过大数据匹配算法计算，得出最符合企业当前需求的用能保障策略，快速发起响应，实现配电设备、调节资源的精准调度，实现"一企一策"、精准保障。同时，该模块分析了企业用能历史数据和基准数据，在兼顾保底用能的同时挤出用能盈余，通过奖励补贴方式为其他汽车企业让出电力资源，最大限度地提升了能源的利用率。

平湖市汽车企业用能数据分析模块实现了数据接入工业企业零散的储能、沼气发电等资源，基于集光、储、充、用于一体的"绿色供能、低碳用能"不仅有力支撑了企业绿色低碳发展，还提升了企业国际市场竞争力。此外，分析四级赋码的企业用能数据还可以形成企业能耗报告，提供多种能效提升建议，让电力数据的赋能价值从线上走到线下。

 **案例**

2023 年，长城公司平湖分公司就享受到了虚拟电厂带来的福利。在长城公司平湖分公司总装车间，包括内饰线、底盘一线、底盘二线、组装线等多条现代化自动生产线同时运行生产，导致用户供电线路出现负荷加重的情况，国网平湖市供电公司虚拟电厂平台的调控分中心总指挥长在确认需求后，立刻根据资源与主变线路灵敏度关系以及历史执行需求响应评分生成用户执行策略，并下发到相关企业用户。

与此同时，长城公司平湖分公司内虚拟电厂交互终端发生用能超载报警，相关人员在终端模块点击了确认按钮，根据主站下发策略，在不影响生产的前提下关停了部分辅助设备，为负荷调控提供了 1000 千瓦的负荷压降能力。

## 多重价值

自 2023 年 4 月虚拟电厂汽车企业用能数据模块上线至今，平湖市汽车企业即使在用电量因为订单暴增而暂时翻倍时，也没有出现停工停产现象。

### 破解产业用能难题，优化营商环境

国网平湖市供电公司通过推进移峰填谷"组合拳"，双管齐下破解了用能难题。据国网平湖市供电公司统计，受益汽车企业 30 天减少电费支出 7.7 万元，部分企业参与需求响应，累计获得补贴 100 余万元，2023 年 1~4 月实现产值 76 亿元，同比增长 5.2%。同样以考泰斯（平湖）塑料技术有限公司为例，由于订单猛增，该企业 2023 年夏季日均用电量高达 5.1 万千瓦·时，比常年同期用电量提高了 180%。

### 提高能源利用效率，助推节能降碳

通过虚拟电厂平台，全社会可以共享清洁能源建设红利，无须全口径高密度发展光伏，可以结合行业所需择优装配不同类型可调负荷资源，再接入虚拟电厂统一灵活调度，提高能源利用效率。同时，通过进一步激发能源投资活力，开展地方碳交易探索，促成全国温室气体自愿减排（CCER）、绿色电力证书落地，在节能降碳领域推动"用能数据"向"公共产品"创新转化。据国网平湖市供电公司统计，截至 2023 年 10 月，虚拟电厂可调电力资源达 24.2 万千瓦，具备 17.1 兆瓦削峰、7.2 兆瓦填谷、0.3 兆瓦无功调节、15.8 兆瓦可中断的辅助服务功能，可基本满足平湖市常规夏季负荷缺口供电。这相当于

供电公司员工摸排企业可调负荷

节省土地资源和管廊投资约 9.6 亿元，且每利用 100 小时便可提供电量 2420 万千瓦，节约标准煤 0.98 万吨 / 年，减排二氧化碳 2.76 万吨，有力地支撑了平湖市创建低碳市、浙江省创建国家清洁能源示范省。

### 扩展多方盈利空间，降本增效双驱同步

截至 2023 年 10 月，虚拟电厂已接入 10 个可参与浙江省调峰、调压、旋转备用等辅助服务的用户，合计容量 15.8 兆瓦，持续获取辅助服务收益。2023 年，国网平湖市供电公司新增分布式光伏装机 5 万千瓦，新型储能项目 1.18 万千瓦，聚合空调柔控负荷最大可调容量 2.27 万千瓦，打造了 3 家智慧楼宇典型场景，完成 6 个小区充电桩配网工程改造，全部接入虚拟电厂统一管理，全市空调、储能等非工业负荷可调能力达到常规缺口的 50%，以 100 万千瓦负荷可调资源计算参与高峰负荷削减调节，每年可节约 3 亿元电网新建投资成本，项目用电成本下降 10%。

### 延伸现有运行模式，拉动政府配套提升

推动以虚拟电厂为中心的节能降碳新模式纳入政府体制改革项目和营商环境优化提升"一号改革工程"，促成平湖市政府发布了《关于促进平湖市能源绿色低碳发展的若干政策意见（试行）》《关于新一轮鼓励光伏发电项目建设的若干意见》《大型楼宇中央空调柔性负荷调控财政激励政策》"一揽子"政策，全面、精准建立覆盖"光、储、充、空调"等全要素负荷资源和地方局部需求响应的激励体系，提升社会各方参与负荷调节、能源高效利用的意愿。据平湖市发展和改革委员会统计，2023 年，平湖市各方累计发放空调补贴 16.2 万元；按照"五位一体"综合示范项目建设计划，年底预计发放各品类资源补贴 600 余万元。

## 各方评价

**中国工程院院士、天津工业大学校长夏长亮院士为组长的鉴定委员会：**大数据研究成果整体处于国际领先水平。

**嘉兴市副市长倪沪平：**该项目很有借鉴价值和示范意义，平湖公司要立足嘉兴资源禀赋，打造市域"三位一体"综合示范项目，服务发展大局。

**嘉兴市委改革办常务副主任王亮：**该项目在运用大数据有效配置、精准调节负荷资源和开展运营模式创新等方面都做得很好，值得推广。

**长城汽车股份有限公司平湖分公司设备负责人赵海军：**根据虚拟电厂对生产、办公负荷的分级管理，我们及时优化用电行为和时序，对我们企业降低成本、实现精益化管理都有好处。

**纳铁福传动系统有限公司（平湖分公司）总经理方黎明：**参与移峰填谷后，将白天高峰用电转移到夜间低谷用电，将工作日高峰用电转移至双休日低谷用电，达到移峰不减产，相比以前更柔性。

## 三、未来展望

从点亮灯泡到点亮产业，新型电力系统已经发展成为庞大复杂的工业体系，其安全稳定运行是"国之大者"。如今，这座发端于平湖市的虚拟电厂已在嘉兴市全面推广。

未来，国网平湖市供电公司还将继续深挖负荷侧可调资源，以创新行政、技术、经济手段推动更多企业加入这场"移峰填谷"的社会协作，持续开展电力大数据赋能增效的实践探索，为加速国家电网建设具有中国特色国际领先的能源互联网进程贡献"平湖力量"，让以新能源为主体的新型电力系统点亮家家户户的电灯、点亮各行各业的生产线、点亮县域生活、点亮区域经济。

（撰写人：吕一凡、万家建、方景辉、陈望达、俞涛、龚以帅）

国网浙江省电力有限公司营销服务中心、
国网浙江省电力有限公司绍兴供电公司

# "智链电眼"护航纺织产业高质量发展

## 一、基本情况

### 公司简介

国网浙江省电力有限公司营销服务中心（以下简称国网浙江营销服务中心）成立于 2020 年 4 月，主要承担电力负荷管理、营商环境优化支撑、代理购电、市场化电费结算、95598 和网上国网等服务渠道运营、计量器具"集中检定、统一配送"、关口计量表计现场检定检测、营销业务稽查监控、营销信息系统业务运营等职责。国网浙江营销服务中心建有营销数字化创新基地（国网营销大数据创新培育基地）、国网公司多元化用户服务技术实验室、国网公司能效评估与用能优化技术实验室（培）等研发平台，获得国家科学技术进步二等奖、国家电网公司科技进步一等奖、中国电力科技进步一等奖等省部级及以上科技奖励 56 项，立项 2 项国际标准。

国网浙江省电力有限公司绍兴供电公司（以下简称国网绍兴供电公司）是国家电网有限公司特大型供电企业，用电户数达 277.6 万余户，供电区域覆盖绍兴全地区。国网绍兴供电公司于 1997 年成为原国家电力公司首批"国家电力公司一流"供电企业，2002 年被原国家电力公司命名为"国际一流供电企业"（全国首批五家之一）。国网绍兴供电公司是浙江省电力系统唯一实现全国文明单位"六连冠"的企业，连续 16 年获"全国用户满意企业"。多年来，国网绍兴供电公司始终牢记"电等发展"重要嘱托，以强烈的使命

可持续发展**目标**

感保障电力安全可靠供应、服务绿色低碳转型、优化营商环境、助力共同富裕。

### 行动概要

近年来，鉴于综合成本上升、环保压力加大、海外低成本竞争、欧美碳关税壁垒，绍兴市纺织产业面临断链断供、绿色转型升级等挑战。国网浙江营销服务中心、国网绍兴供电公司发挥各自优势，共同开发"智链电眼"数据产品，立足"强基础""增韧性""优企业""提效能"四个目标，围绕建链、补链、延链、护链、强链、畅链六项政策内容，充分发挥电力大数据颗粒度细、关联领域广、价值密度高、实时准确性强的特征优势，绘制以纺织制造业为中心、覆盖上下游 33 个行业 14 万家企业的现代纺织产业链图谱，构建起集一个系统、一类指数和八大应用于一体的产业链健康监测体系，智能化分析产业链健康度和发展短板，提供个性化产业链预警信息，提升产业链韧性和抗风险能力。

## 二、案例主体内容

### 背景和问题

中国纺织看浙江省。纺织产业作为浙江省传统优势产业之一，是浙江省着力打造的四大世界级先进制造业集群和十大标志性产业链之一。浙江省的纺织在绍兴市，该市拥有集化纤生产、织造印染、服装加工于一体的纺织全产业链。全球规模最大、经营品种最多的纺织品集散中心——中国轻纺城，销售网络遍布 190 多个国家和地区。

绍兴市的纺织产业依靠庞大的市场规模、后发模仿创新模式、要素低成本供给等优势，工业化进程不断加快，产业基础能力和产业链发展水平稳步提升，在传统工业领域已形成局部优势。但是，近年来国际形势复杂多变，绍兴市的纺织产业链发展面临多重压力。

**一是产业韧性有待加强。**传统纺织产业面临全球政治经济环境不确定及不稳定带来的风险，需进一步推动纺织产业链创新，增强抗风险能力、快速恢复能力，提升在极端冲击情况下的结构调整能力和创新转型能力，使产业链更加安全可靠。

**二是产业效能有待提升。**传统纺织产业属于高耗能行业，在绿色低碳发展转型背景下，纺织产业需逐步向高端技术和高附加值产品方向发展，可持续发展已成为纺织业的发展趋势，应采用环保材料和生产技术，以满足绿色低碳发展转型的需求。

**三是优质企业培育力度还需加大。**随着人工智能和机器人技术的快速发展，加快培育一批数智化改造、数字化转型的优质纺织企业是防范化解风险隐患、提升产业链自主可控能力的迫切需要。让优质纺织企业发挥好引领带动作用，也是激发纺织市场主体活力、推动纺织产业高质量发展的必然方向。

为提升绍兴市纺织产业链的韧性、保障可持续发展，国网浙江营销服务中心、国网绍兴供电公司共同开发的"智链电眼"数据产品，成为破解这一难题的"金钥匙"。

## 行动方案

近年来，环保压力加大、欧美碳关税壁垒等挑战接踵而至，产品附加值低、能效水平落后、区域管理粗放成为阻碍绍兴市纺织业高质量发展的三大"瓶颈"。自2022年7月起，绍兴市纺织产业依据浙江省"415X"产业集群工作方案，先行引入了现代纺织产业链结构，形成了以纺织制造业为中心、覆盖上、中、下游的现代纺织产业链图谱。依托"营销大脑"平台构建了集一个系统、一类指数和八大应用于一体的产业链健康监测体系，实现了对纺织产业链发展一图识链、一数了然、一键辨因、一举多得。

**一图识链**。采用知识图谱技术绘制涵盖浙江省33个细分行业、14万家企业的纺织产业链图谱，直观展示了产业集聚分布、企业全景画像、全产业链上下游关系等，为政府摸排资源、企业搜寻合作伙伴拓展了渠道。

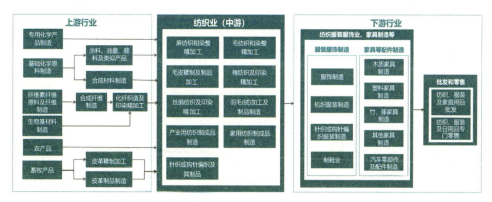

纺织产业链图谱

**一数了然**。依托产业链图谱，构建结构化的数据体系，研发"产业链运行电力指数"，厘清上下游企业生产经营走势，动态监测产业链景气程度，高效识别"卡脖子"环节，及时发现潜在风险。

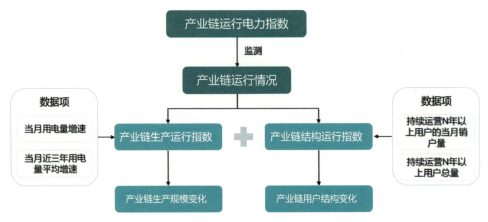

产业链运行电力指数

**一键辨因**。搭建纺织产业链预警监测平台,归集多维数据,实现产业链风险分类与归因。点击"健康分析"键即可生成分析报告,帮助政府、企业及时发现产能波动、失信等风险。

产业链健康预警监测系统

**一举多得**。"智链电眼"数据成果为企业能效服务 e 助手、环保分析师等数字化产品提供了更为直观的判断依据,方便企业用户开展用能数据对比,助力企业节能改造。

同时，进一步助力绍兴市政府开展高污染纺织企业产能异动行为定位、生产规模变动监测，高质量服务产业绿色转型。

### 关键突破

**共建共享。**国网浙江营销服务中心、国网绍兴供电公司立足绍兴市现代纺织产业链运行现状，整合政府相关部门、纺织企业、外部机构、媒体等利益相关方的资源和优势，形成以"政府主导、多方参与、数智赋能"的工作机制，成立项目专项工作组，根据相关方诉求，制定行动方案，明确分工，建立沟通机制，形成多方共建共享的联盟态势。

利益相关方诉求分析表

| 利益相关方 | 参与意愿 | 核心诉求 | 优质资源 |
|---|---|---|---|
| 政府部门 | 非常强烈 | 1. 推动地区产业绿色可持续发展<br>2. 助力"双碳"目标实现<br>3. 传统纺织产业振兴 | 1. 政策扶持<br>2. 产业发展健康监管<br>3. 税收等大数据资源 |
| 纺织企业 | 非常强烈 | 1. 企业绿色转型升级<br>2. 降低综合成本，提高产值<br>3. 实现可持续发展 | 1. 资金优势<br>2. 专业技术优势<br>3. 资源协调 |
| 供电公司 | 非常强烈 | 1. 提升能效服务水平<br>2. 优质服务<br>3. 推动纺织产业绿色转型升级<br>4. 塑造责任央企形象 | 1. 能效服务技术优势<br>2. 企业用电数据<br>3. 电力服务政策<br>4. 既有数字化产品 |
| 外部机构 | 强烈 | 拓展市场 | 专业技术优势 |
| 媒体 | 强烈 | 宣传热点问题 | 舆论影响力<br>公信力 |

**数智赋能。**电力大数据是一种新型的数据资源，具有与传统数据不同的特征和价值。"智链电眼"利用电力大数据创新构建了产业链运行电力指数，探索了利用大数据开展产业链运行研究的新思路和新方法，突破了传统产业链监测和分析方法的局限性，提高了分析结果的准确性和时效性，为后续研究提供了新视角和新技术。

**一应俱全。**构建了集一个系统、一类指数和八大应用于一体的产业链健康监测体系，实现了从产业链到行业、从行业到企业的层层分析，及时监测和预警产业链运行中的异常和风险，揭示产业链运行中的规律和趋势，为产业链安全稳定运行提供保障，为产业链转型升级提供方向和路径，为政府部门和企业决策提供实用参考依据。

## 多重价值

**为纺织产业高质量发展装上"活力之眼"。**"智链电眼"可以支撑绍兴市政府准确识别产业链短板，配合《绍兴市人民政府办公室关于印发先进制造业强市建设"4151"计划专项政策等七个政策的通知》等的出台。国网绍兴供电公司通过点对点发放电力消费券方式，帮助政府助企纾困政策精准直达困难企业。

国网绍兴供电公司工作人员协助浙江新益印染有限公司电气负责人在"网上国网"App 中查询能效账单，并提出优化用电建议，帮助企业节能降耗

**为纺织产业转型升级装上"绿色之眼"。**"智链电眼"可以助力纺织企业向"绿色智慧工厂"转型，绍兴市印染行业 1/3 以上的老旧高耗能设备被淘汰，单位能耗下降 20%以上，许多纺织企业实现了"绿色突围"，涅槃重生。

**为绍兴成为全球先进制造新支点装上"瞭望之眼"。**"智链电眼"可以支撑绍兴市纺织业评估跨域整合。柯桥区、越城区等 47 家印染企业整合重组，产业集中度由 65% 提升至 80%。柯桥蓝印时尚小镇等一批绿色高端纺织产业集聚区规模不断扩大，实现了从"铺天盖地"到"顶天立地"的转变。

国网绍兴供电公司工作人员为浙江宝纺印染精准开展"供电 + 能效"服务，助力企业"开门红"

## 各方评价

**绍兴市经济和信息化局：**"智链电眼"从全省视角开展纺织产业链全链条监测、产业链集群变化等监测，依托电力大数据判断现代纺织产业链发展态势，为地方工业稳增长和转型升级提供了客观、准确的决策依据。

**浙江省印染行业协会：**要构筑起开放协同、集群联动的大纺织经济格局，就必须保障产业链安全，加强产业链畅通衔接，提高产业链创新协同水平。电力大数据的应用帮助纺织产业链以数字化手段实时监测产业链健康发展警情，智能研判产业链健康度，实现了从产业链到行业、从行业到企业的层层穿透。

**浙江商隆印染有限公司：**"智链电眼"能够帮助政府第一时间掌握产业链运行情况，给予企业非常有力的政策支持，"精准滴灌"夯实产业链发展基础。为了帮助企业稳生产、稳增长，柯桥区政府连续三年发布"企业用电消费券"政策，我们拿到了将近 80 万元的补贴，不仅帮我们实现了降本减负，更让我们进一步提升了发展信心。

**浙江新益印染有限公司:** "智链电眼"帮助我们实时监测和管理能源消耗,更好地挖掘节能潜力,提高能源利用效率,降低能耗成本,并为企业的节能减排和可持续发展做出贡献。在政府能效提升措施的支撑下,我们开展了定型机余热回收改造,每年可节省标准煤 3000 多吨,减少二氧化碳排放约 9000 吨。

# 三、未来展望

2022 年底,"智链电眼"数据产品在绍兴市政务网正式运行,通过线上线下并行的方式定期向政府部门推送分析结果,为政府部门、产业联盟、生产企业等服务对象提供个性化产业链预警信息,提升了产业链韧性和抗风险能力。

"智链电眼"解决方案为绍兴市纺织产业链装上一双"慧眼",为绍兴市政府因时因势助企纾困、企业因地制宜优化经营活动提供了数字化监测、智能化分析、精准化预警的解决方案,为多行业产业链运行监测分析提供了可复制、可推广的"浙江样板"。

下一阶段,国网浙江营销服务中心、国网绍兴供电公司将总结"智链电眼"在现代纺织产业的试点经验,持续开展产业链电力指数分析研究,探索在省内产业链全领域推广,以电力大数据服务产业链健康发展。

(撰写人:孙钢、胡瑛俊、俞晓松、袁健、崔灿)

国网河北省电力有限公司营销服务中心

# "电＋水"一体化数据应用
# 支撑地下水精准管控

## 一、基本情况

### 公司简介

国网河北省电力有限公司营销服务中心（以下简称国网河北营销中心）成立于 2020 年 4 月，是国网河北省电力有限公司下属的二级单位，负责全量客户电费抄核收账集约管理、营销稽查及营销服务管控、计量资产全寿命周期管理、营销全信息系统建设运维、电力需求响应与节能提效、代理购电、电力现货交易购电等业务，同时承担科技创新以及营销技术、营销政策、服务策略、商业模式的研究应用。国网河北营销中心是河北南部电网电能计量最高技术机构，拥有国家级、省部级研究基地 6 个，大数据创新培育基地 1 个，省公司重点实验室 2 个。国网河北营销中心先后获得国家级、省部级荣誉 20 项，国网公司级荣誉 11 项，省公司级荣誉 66 项，2023年荣获"河北省五一劳动奖状"。

国网河北营销中心始终坚持可持续发展理念，积极践行央企社会责任。一是注重环境保护，推动清洁能源发展，减少碳排放，提高能源利用效率；二是致力于供电保障，通过改造电网设施，提高供电可靠性和质量，满足人民基本用电需求；三是支持贫困地区电网建设，促进当地经济发展，改善人民生活水平；四是积极参与公益慈善，捐款捐物，支持灾区重建，救助贫困群体；五是重视创新发展，与科研院校、企业合作，推动技术创新和智能化发展，提高电力系统效率和可靠性。

## 行动概要

国网河北营销中心开展的"电＋水"一体化数据应用行动，基于智能电表量测数据与大数据分析技术，打通电力部门与水利部门的沟通合作渠道，形成"水资源管理＋电力大数据"的政企合作新模式，助力水利部门强化地下水监管和农业用水计量体系建设，为保护水生态环境提供更有效的抓手，切实发挥电力数据价值；打造"电力看水资源"大数据服务产品，有效支撑河北省地下水管控、超采治理等工作，为生态环境治理贡献河北经验。

"以电折水"实施路径

一是发挥资源优势，开启"水—电"合作新篇章。国网河北营销中心与河北省水利厅确定总体工作思路，支撑河北省水利厅、国网河北省电力有限公司、国网冀北电力有限公司签署合作协议，明确合作方向。二是发挥机制优势，构建内外工作协同新模式。加强政企协同和专业协同，建立常态化会商机制，统筹推进水电档案匹配、产品研发等相关工作。三是发挥技术优势，探索数据对外服务新实践。技术创新点包含：研发"电水共计"智能终端，确定河北省南部地区典型折算系数 150 个；开发移动核查工具，在国内首次实现"水—电"用户档案的精准匹配；低成本解决混合用电下农灌用电识别的难题。四是发挥平台优势，支撑多方融合、共享新应用。依托河北省级能源大数据中心，以数据中台和云平台为基础支撑，采取省市两级部署的技术架构，开发"电力看水资源"数据产品，实现用水监测与趋势分析、超采和关停机井异常识别等功能。

## 二、案例主体内容

### 背景和问题

华北地区是我国人均水资源量最少的地区，由于其地表水缺乏，农业发达但较为传统且降水量少，农田灌溉主要依靠地下水，灌溉方式为机井抽取地下水进行大水漫灌，地下水开采量远大于补给量，超采现象严重，造成了地下水的浪费，这不仅引发了一系列环境、地质问题，还直接影响了国家农产品安全和当地的经济发展。

河北省农田灌溉情况

党的十八大以来，习近平总书记多次就治水发表重要讲话，明确提出了"节水优先、空间均衡、系统治理、两手发力"的治水方针，为推进新时代治水提供了科学指南和根本遵循。国务院、河北省政府均提出农业用水要安装和完善计量设施，实现对农业灌溉用水量实时监测，有效降低水资源的消耗。由于农灌机井体系存在"点多、面广、产权多样"的整体特征，且受制于水质条件差、运行周期不稳定等客观原因，农业灌溉机井的计量成为河北省地下水管控领域的突出矛盾。一方面，受一次性投入成本高、设备耗损率高等不利因素影响，短期内难以实现农灌机井的流量设施全覆盖；另一方面，农业灌溉用水缺乏有效计量手段，长期游离于地下水规范化管理体系之外，极大地影响了地下水超采综合治理工作的顺利开展。

河北省作为国家首个水资源税改革试点，90% 以上农灌机井未安装水表，水资源精细化管控需求迫切。采用"以电折水"方法可以辅助解决取用水管理粗放、监管手段缺失问题，对从严从细管好水资源、助力国家推进水资源刚性约束制度实施具有重要作用。

## 行动方案

为解决农业灌溉用水精准计量问题，在融合水利、电力数据的基础上，以电力大数据服务水资源管理为方向，联合河北省水利厅共同开展"以电折水"研究和应用，在全国率先开展农业灌溉用水辅助计量，取得了良好的示范效应，有效地支撑了河北省地下水管控、超采治理等工作，形成了"电 + 水"一体化数据应用服务新模式，助力水利部门强化地下水监管和农业用水计量体系建设，为保护水生态环境提供了有力抓手，切实发挥了电力数据的价值。

现场察看农田灌溉用水情况

**发挥资源优势，开启水电合作新篇章**

国网河北省电力有限公司经过与河北省水利厅、河北省水利科学研究院交流研讨，确立了水—电数据融合的总体工作思路。2021 年 4 月，国网河北省电力有限公司联合国网冀北电力有限公司与河北省水利厅签署合作协议，创新探索"水资源管理 + 电力大数据"合作模式，明确"共享数据信息，共建适水生态，强化科研交流，全面协同融合"四大合作方向。

**发挥机制优势，构建内外工作协同新模式**

建立内外协同工作机制。一是加强政企协同，国网河北营销中心与河北省水利厅成立水利－电力联合工作组，建立常态会商机制，做好需求对接；二是加强专业协同，成立"以电折水"产品推广领导小组和工作专班，统筹推进水电档案匹配、产品研发、产品推广等工作。

**发挥技术优势，探索数据对外服务新实践**

一是匹配水电档案信息，国网河北营销中心利用关键词提取技术构建匹配模型，并结合现场匹配，成功将河北省南部地区全量井档案与村庄和户主关联起来；二是开发移动核查工具，在营销移动作业终端部署水电信息采集程序，实现扫码、定位、绑定等功能，现场识别关联机井二维码和电表条形码信息；三是研发"电水共计"智能终端，采用边缘计算技术，实时采集用水量、温度、湿度等多维信息，实现水电能源数据跨界融合应用；四是联合河北省水利科学研究院开展水电折算系数研究，协助水利部门选取典型样本机井，加装水、电计量装置，通过水量与电量数据同步回传计算，确定河北省南部地区典型折算系数 150 个。

工作人员排查机井档案

**发挥平台优势，支撑多方融合共享新应用**

一是强化顶层设计，国网河北营销中心依托河北省级能源大数据中心，以数据中台和云平台为基础支撑，采取省市两级部署的技术架构，开发数据产品，实现总部汇聚展示，省市一体化服务，确保数据应用安全合规；二是打造"电力看水资源"服务平台，实现取用水量测算、用水监测与趋势分析、超采和关停机井异常识别等功能。

### 关键突破

一是在国内首次实现"水—电"用户档案精准匹配，基于关键词提取技术构建水—电档案匹配模型开展自动匹配，对于匹配不成功的，组织现场摸排，通过"自动＋人工"方式实现了河北南网全量农灌机井档案匹配到村、关联到户。

二是低成本解决混合用电下农灌用电识别的难题，通过分析农灌用户档案、日电量以及气象数据，结合灌溉行为特征构建农灌用电识别模型，低成本解决混合用电下农灌用电识别难题。

三是研发"电水共计"智能终端与功能模组，其具备"电—水—农"多元信息融合采集、远程通信网络自适应、机井位置北斗定位、"以电折水"系数灵活配置、历史及实时灌溉水量记录计算、排灌事件主动上报等功能，能够在设备端直接查看用水、用电信息，实现终端、系统与用户友好互动，助力农灌用水计量。

四是形成"电＋水"一体化数据应用服务新模式，打通了电力部门与水利部门沟通合作的通道，形成政企民三方协同、多元服务、互利共赢的合作体系，打造多方互利共赢的典范。

### 多重价值

水利部高度肯定河北省"以电折水"的工作模式，从 2022 年开始在山东、河南、陕西等北方 10 个省份进行试点推广。

**经济效益方面：**一是实现河北省南部地区 60 余万眼农业机井用水数据精准监测，解决农业用水计量难题。二是以河北省 103 万眼农灌机井为例，无需安装单独的水计量装置（每套水计量装置约 3500 元），该行动一次性可以为河北省政府节省水表购置、安装费用超 30 亿元；由于水表运行环境较为恶劣，因此其使用寿命较短，而电表平均寿命较长，该行动后期将可以节约更多的成本。三是精准监测超限额用水机井，支撑水资源管理，累计识别超限额用水机井 7428 眼。

**社会效益方面：**一是实现农业机井用水数据精准监测，解决农业用水计量难题，辅助政府开展水资源管理。基于本行动工作研究成果，国网河北营销中心在试点构建的"电力看水资源"监测平台，数据涵盖河北省南部七个地市，辅助水利部门实现水资源精细化管理。二是构建多维多目标"电－水"折算系数动态测算模型，结合机井电表采集的水泵耗电数据，实现机井用水数据精准监测，解决农业用水计量难题，将数据传输至河北省水资源管理综合业务平台。目前，河北省是全国唯一一个"以电折水"政策成功落地的省份。三是助力水资源税试点改革，开发超额用水智能识别功能，在网上国网开通"e电解水"专题，用户可自助查询用水情况。同时为每眼机井设置一条年度用水量红线，当用水量超过"红线"时，会及时推送告警信息，并自动计算应缴纳的水资源税，以有力的措施推动农户从"要我节水"向"我要节水"转变。

**管理效益方面：**一是促进水电数据融合共享，扩大数据分析、数据应用范围，利用大数据分析有效提高水电转化计算精准度，推进"以电折水"省级示范区建设，打造丰富数据应用场景，持续保持河北省"以电折水"计量体系建设工作在全国的领先水平，助力能源大数据中心运营，推动"一体四翼"战略实施。二是建立"电＋水"一体化数据应用服务新模式，促进资源高效利用，有力推进生态文明建设。三是贯彻落实国家和地区节水、护水的相关方针，精准服务超采治理、水资源税改革等政策，为政府部门节支增效，带来了极大的社会价值，践行国网"人民电业为人民"的初心使命，有效地提升了国网品牌形象。

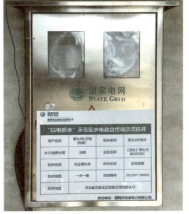

示范区机井建设情况

## 各方评价

"以电折水"相关数据产品在不同领域获得多次认可，先后荣获国家电网公司第六届青年创新创意大赛一等奖（2021 年）、第十七届"振兴杯"全国青年职业技能大赛银奖（2022 年）、国网河北省电力有限公司第六届青年创新创意大赛金奖（2022 年）、工业和信息化部大数据产业发展试点示范项目（2022 年）、国资委国企数字场景创新专业赛一等奖（2023 年），并作为国家网信办数字科技企业双化协同典型案例（2022 年）予以推广。

**水利部：** 总体来看，河北省等地的经验做法表明，推行农业灌溉机井"以电折水"对扩大取水监测计量覆盖面，提高水资源管理能力水平具有明显的促进作用；与安装计量设施计量取水的方式相比，"以电折水"在操作方式上更加简单有效、经济上更加合理可行，目前已经在河北省、山东省、河南省等地的水资源管理工作中得到了实践应用，取得了积极成效。

**国网河北省电力有限公司：** 大数据替代农灌计量在"以电折水"工作中走出了新思路和新特色，在满足河北省水利厅的要求下，节省计量表 2000 万元的投资，体现了软数据的硬价值。

**大孙村村民戴建华：** 可以根据土壤情况来浇地，每年一亩地能省 40 多吨水，一年能省 100 多吨水，电费也节省了不少。

## 三、未来展望

下一步，国网河北营销中心将继续完善"以电折水"产品功能，提升水资源管理能力和节约用水安全利用水平；为推广单位提供技术保障服务，支撑水利做好十省推广相关工作；持续深化与河北省水利厅的合作交流，大力支撑地下水超采综合治理、水资源管理、水资源税改革等重点工作，有效提升水资源综合监管能力现代化，切实实现依法治水、科学治水、精准治水。

一是继续完善"以电折水"产品功能，开展"以电折水"模型的迭代更新和调整优化等相关工作，提高农灌机井"以电折水"计量准确程度，保持河北省农灌机井"以电折水"计量体系建设工作在全国的领先水平。

二是为推广单位提供技术保障服务，协同大数据中心，组建应用推广技术服务团队，为推广单位提供产品部署、系统调试和应用测试等技术保障服务，支撑水利部做好河南、山东、辽宁等北方十省的相关推广工作。

三是持续深化与河北省水利厅的合作交流，建立常态化的机井巡视服务机制，加强基础台账数据维护管理；加快正定县、安平县、任丘市、易县、沙河市等区域综合示范样板间建设，结合地下水开采刚性约束工作要求，建设国内水电协同控制试点；联合河北省水利科学研究院持续优化水电折算系数研究，实现"以电折水"系数动态测算和模型优化，提升"以电折水"计量效果。

（撰写人：李梦宇、安亚刚、何芳、李骥、高学哲）

国网山东省电力公司济宁供电公司
# "电力 + 信用"服务
# 为中小企业纾困解难

## 一、基本情况

### 公司简介

国网山东省电力公司济宁供电公司（以下简称国网济宁供电公司）立足新时代，面向新要求，深入贯彻创新、协调、绿色、开放、共享的新发展理念，全面履行经济责任、政治责任、社会责任，做好电力"先行官"，架起党群"连心桥"，积极赋能经济社会高质量发展。国网济宁供电公司被首批命名为全国一流供电企业，先后获得全国文明单位、全国五一劳动奖状、全国精神文明建设先进单位、山东省"富民兴鲁"劳动奖状、山东省优秀电力企业、山东省电力安全生产标准化先进单位、山东省企业文化建设示范单位、山东省为民服务创先争优示范窗口单位等荣誉称号，连续 20 年在济宁市行风测评活动中名列公共服务行业第一。

随着数字化转型的深入推进，国网济宁供电公司抢抓数字发展机遇，充分发挥电力数据评估社会经济发展"晴雨表"、企业生产经营状态"温度计"的优势，围绕"双碳双链""六稳六保""智慧政府"等，构建电力看信用、地市双碳指挥平台、电力看经济、通信基站用能等 30 余个数据应用产品，赢得了政府、客户的高度评价和认可。2022 年，国网济宁供电公司以中央、省属驻济单位第一名的成绩获评支持济宁市发展突出贡献单位，连续两年保持"获得电力"指标省评第一段位。

可持续发展
**目标**

### 行动概要

2022 年，中小企业融资渠道受限，金融机构贷款困难，电费也难以及时缴纳。为缓解中小企业融资难题，国网济宁供电公司依托山东省能源大数据中心（省一体化大数据平台电力分节点）落实政银企三方合作赋能金融普惠工作，探索创新中小企业服务方式。一是建立企业信用风险等级模型，帮助信贷金融机构有效识别业务风险，助力诚信中小企业融资贷款，助力供电公司更好地实现电费回收，并为政府部门市场监管工作提供支持。二是创新推出"电力贷"普惠金融服务，为中小企业提供纯信用类电费专项额度和经营周转类额度，解决中小企业融资及缴纳电费的资金需求。三是对经营困难的中小企业实施用电"欠费不停供"措施，护航人民群众用电无忧。

## 二、案例主体内容

### 背景和问题

中小企业普遍具有经营规模小、资金实力弱、抗风险能力低等特性，金融支持是激发中小企业活力、助推中小企业成长壮大的重要力量。济宁市有超 1000 家中小企业，其融资渠道的近 70% 是通过商业银行间接融资。中小企业面临的融资难题、生存危机也间接影响其电费缴纳，致使供电公司回收电费更加困难。一是从金融机构视角来看，缺乏有效的方式识别中小企业信贷风险，助力诚信中小企业融资贷款，落实普惠金融政策。二是从中小企业视角来看，缺乏有效的融资渠道，难以缓解资金压力，促进可持续发展。三是从供电公司视角来看，传统电费回收模式难以满足经营发展需求，需要探索创新中小企业服务方式，助力其积极主动地缴纳电费。

### 行动方案

在此三重矛盾与压力下，国网济宁供电公司发挥电力数据企业生产经营状态"温度计"优势，依托山东省能源大数据中心落实政银企三方合作赋能金融普惠工作，创新中小企业服务方式，实现各方共渡难关、共创价值。

**主动开展调研，明确各方需求和期望**

国网济宁供电公司主动识别各利益相关方的核心诉求和优势资源，发现了以下难题：一是供电企业缺少方法，传统电费回收模式难以满足供电企业经营发展的需求。二是金融机构缺少工具，缺乏信用风险识别工具和相关数据信息。供电公司通过开发电力信用评价体系，协助金融机构识别信用风险，提升其风险识别能力和水平。三是中小企业缺少资金，缺少融资渠道，难以维持企业生存。供电公司通过整合数据信息，推出了"电力贷"等普惠金融服务，帮助中小企业改善融资困境。四是相互之间缺少合作，政银企三方需要加强资源整合与多方合作，共同为中小企业稳定发展出谋划策。

利益相关方诉求及资源

| 利益相关方 | 核心诉求 | 优质资源 | 可获利益 |
|---|---|---|---|
| 供电公司 | 1. 防控电费风险<br>2. 拓展新业务<br>3. 电力数据合理而充分使用 | 1. 企业用电数据<br>2. 电力大数据平台<br>3. 大数据分析能力 | 减少电费回收风险 |
| 中小企业 | 1. 获得当地政策支持<br>2. 获得优惠的融资政策<br>3. 拓宽贷款渠道 | 1. 企业信用<br>2. 企业财产、资金及运营状况 | 专项贷款缓解资金压力，进一步发展壮大 |
| 金融机构 | 1. 获取企业经营情况信息<br>2. 拓展企业贷款业务<br>3. 降低企业信用贷款风险 | 专业的行业前景分析能力 | 实时掌握企业经营能力的信息，降低贷款风险 |
| 政府 | 维护市场经济稳定，保障中小企业发展 | 强制权、执法权 | 中小企业稳定健康发展，促进地方经济发展 |
| 媒体 | 信息获取及时性和有效性 | 信息传播渠道 | 及时获得新闻信息 |

**开发电力信用评价体系，协助金融机构识别信用风险**

为更好地帮助金融机构识别信用风险，满足其贷款需求，国网济宁供电公司依托立足服务金融监管机构、服务信贷金融机构、服务中小企业融资进行研发，汇聚用户编号、合同容量、运行容量、总电量、应收违约金、实收违约金等近 60 项与企业生产经营密切相关的重要数据，构建电力用户信用评价指标与权重向量，帮助银行建立企业信用风险等级模型，精准评估企业的行业地位、开工状态、发展趋势、经营稳定性和诚信状态，绘制企业信用画像，有效地提升了金融机构的风险识别能力和水平。

电力信用评价架构

基于社会主体个性化融资需求，国网济宁供电公司为金融机构提供了贷前、贷中、贷后全过程信用评价：贷前管理，计算反馈企业欺诈倾向、欺诈风险级别等，辅助识别企业虚假经营风险、欺诈风险；贷中支撑，分析企业实际的生产经营情况，辅助计算企业需获得的贷款额度；贷后评估，评估企业生产经营风险级别，并推送预警信息。

贷前、贷中、贷后信用评价指标

| 评价环节 | 一级指标 | 二级指标 |
|---|---|---|
| 核准用户用电基本信息 | 用电水平、用电行为、缴费行为、客户基本信息 | 核准企业名称、社会统一信用代码等 24 项基本信息 |
| 贷前风险管理 | 用电行为、企业开工情况、停电情况、行业整体用电情况、用电量波动、电费缴纳水平、违约用电 | 用电增长水平、缴费频率、缴费水平等 14 个二级指标 |
| 贷中授信支撑 | 用电水平、企业开工情况、用电量波动、电费缴纳水平、违约用电、容量状态 | 企业用电量在行业中的水平、企业用电连续度、企业生产活跃度、合同容量等 17 个二级指标 |
| 贷后评估预警 | 用电水平、电费缴纳水平、违约用电、容量状态、停电分析 | 企业用电量在行业中的水平、近一个月电费实收比例、欠费金额、增减容情况等 17 个二级指标 |

用电水平
用电量情况，行业水平，企业用电量在行业中的水平等

用电行为
容量变化，窃电情况，违约用电情况，用电增长水平

缴费行为
近6个月的欠费缴费率、缴费及时率、电费结清率等

客户基本信息
企业名称、统一社会信用代码、行业分类、累计用电时长、是否为高耗能行业等

企业开工情况
用电客户销户状态，用电客户送电状态

停电情况
企业用电故障状态，企业近12个月内发生的停电次数

行业整体用电情况
企业用电行业指数，企业用电极差

用电量波动
企业用电连续度，企业生产活跃度

电费缴纳水平
缴费频率，电费余额水平，缴费水平，企业近1个月电费实收比例，欠费金额等

违约用电
长期欠费风险验证，长期违约用电、窃电风险验证，企业近3个月内违约用电次数等

容量状态
合同容量，增减容情况，近1个月内企业平均负载率

停电分析
企业近3个月内发生的用电故障次数，企业近3个月内发生的停电次数

电力信用产品指标信息

### 合力推出电力征信服务体系，为中小企业提供普惠金融服务

国网济宁供电公司与山东省工商银行、山东省征信公司、地方金融服务平台等签订战略合作协议，建立沟通机制，整合资源，实现多方信息互通，优势互补。中小企业通过授权供电公司向商业银行提供关于用电和电费缴纳信息，真实反映用电行为。供电公司精准评估企业的行业地位、开工状态、发展趋势、经营稳定性和诚信状态，形象绘制企业用电信用画像并生成客户用电等级。国网济宁供电公司与金融机构合作，将客户用电等级和企业信用数据融合，形成了完备的用户评价体系，提高了中小企业融资效率，并共同探索推进电力数据增值变现。

### 规范信用数据管理，强化合作过程中的责任边界和数据安全

金融机构根据企业融资需求向国网济宁供电公司提供授权企业名单，由国网济宁供电公司整理客户的用电、缴费、违约等维度数据；金融机构负责开展企业经营数据研判，进行贷前准入、反欺诈验证等信贷工作；中小企业配合国网济宁供电公司做好基础信息收集及电费缴纳工作，并根据金融机构反馈及时调整用电行为，避免影响信用等级。创新数字金融产品服务，在依法有效保护中小企业权益、确保数据安全性的基础上，实现电力信用信息银行、供电、企业共享。

### 以点带面，推广"电力 + 信用"服务范围与产品

国网济宁供电公司与济宁市大数据中心合作，将"电力金融风控报告"上线济宁

"电力金融风控报告"上线济宁市金融服务平台

市金融服务平台，实现了企业一键式申请、银行快速放贷。"电力金融风控报告"自2021年1月上线以来，覆盖了1300万户市场主体、323家金融机构、35家政务及公共事业单位，营造出数据化综合金融服务生态。

国网济宁供电公司协同济宁市商业银行等金融机构、中小企业开展线上线下推广宣传活动，通过宣传册制作与推送、借助新闻网站、公众号等方式推广"电力贷"产品，截至2022年12月，累计线上推广1260次，吸引了更多有需求的中小企业及商业银行加入，共同打造互利共赢电力金融生态圈。

## 关键突破

### 推动利益相关方参与，追求综合价值最大化

国网济宁供电公司深度挖掘中小企业、金融机构与供电公司资源优势，致力于实现资源有效整合与综合价值最大化。供电公司依法保障中小企业电力供应，经过合规流程为金融机构提供企业用电等级评估结果；金融机构通过供电公司提供的用电信息，丰富中小企业信用评价维度，精准发放贷款；中小企业在金融机构的支持下，缓解资金压力，主动缴纳电费。在此模式下，金融机构、供电公司、中小企业客户实现了利益相关方共渡难关、共创价值。

### 引入透明度理念，提升利益相关方信任度

为了更好地整合资源，实现多方共担共荣，需要强化与利益相关方信息输出、输入的透明度。在信息交换与公开过程中，国网济宁供电公司遵循数据安全与共享机制，通过区块链、隐私计算等技术应用，一方面破除中小企业对自身信息泄露的担忧，另一方面牵头将金融机构很难掌握的中小企业的基础信息进行安全共享，改变信息不对称现状，促使利益相关方达成共识，充分保障利益相关方的知情权，提升其信任度。

### 强化责任边界管理，共建"电力 + 信用"服务模式

国网济宁供电公司按照社会责任边界管理方法，明确供电公司、金融机构、中小企业客户各利益相关方的责任边界，探索利益相关方的参与方式和路径，助力利益相关方共同推进"电力 + 信用"的构建。

供电公司及利益相关方责任边界

| 利益相关方 | 政策法规边界 | 现实边界 | 理想边界 |
|---|---|---|---|
| 供电公司 | 1. 依法履行供电职责<br>2. 依法公开信息<br>3. 严格履行报批、审核程序 | 电费回收不理想 | 1. 顺利实现电费回收<br>2. 获得公众、各级地方政府、企业的支持 |
| 金融机构 | 依法履行金融机构职责，为中小企业提供资金支持 | 信用风险较大，存在贷款违约行为 | 降低信用风险，杜绝违约行为 |
| 中小企业 | 依法保护自身权益 | 融资困难，面临生存危机 | 融资畅通，实现可持续发展 |

## 多重价值

### 纾解资金压力，助力中小企业发展

国网济宁供电公司凝聚供电公司、金融机构、中小企业等力量，联合推出"电力 + 信用"模式，协助金融机构丰富申贷主体信贷评估维度。2021~2022 年，国网济宁供电公司推动金融机构为中小企业及"三农"主体精准放贷 11.82 亿元，有效地落实了普惠金融政策，降低了信贷门槛；向金融机构规范提供信用评价结果 53 次，促进供应商特别是中小企业降低了运营成本，缓解了其现金流压力。

**降低信贷风险，帮助金融机构有的放矢**

电力信用指标体系可以帮助银行等金融机构有效发现和监测有经营异常波动与虚假信息披露的公司，识别和监测有信贷风险的企业，在有效管控信贷风险的基础上，为稳健运行的中小企业提供融资产品，为自身创收。截至 2022 年 12 月，国网济宁供电公司完成了山东省工商银行重点监测的 194 个目标客户的月度风险综合评估，涉及存量和新增贷款规模超过 400 亿元，提升了信贷风险防控能力，守住了金融风险底线。

**促进电费回收，提升供电公司责任形象**

国网济宁供电公司借助电力信用指标体系和"电力贷"，帮助金融机构解除了信贷顾虑，帮助中小企业获得了发展资金，从而加强了电费回收管控，2022 年实现电费回收 100%；金融机构与中小企业皆为供电公司企业客户，此次合作共赢增进了客户的交流与互动，提高了客户的满意度，有效地树立了中央企业的形象。

## 各方评价

**中国工商银行山东省分行信贷部孙经理：**与电力公司合作，将电力数据作为企业经营情况研判和信用评价的辅助手段，补充和完善了我行现有的信贷评价体系，尤其是对中小型生产企业的信用情况评价得更加客观、准确，大大提高了我行对企业信贷业务的工作效率。

**山东省数据交易公司郭主任：**通过与电力征信平台建立数据通路，得到了我们关注的企业用电、缴费、违约等用电情况数据，为我们在相关业务领域构建了完整的企业电力数据画像，为我们合作的金融机构提供了更加客观可靠的企业信用模型。

**中国农业银行山东省分行普惠金融部马经理：**在我行的企业信贷业务中，以前只能通过公开的数据和企业提供的过往经营数据来评估企业的信用情况，现在我们通过与电力征信平台合作，在信贷业务中加入了企业的用申数据情况，除了数据客观真实，还可以对企业的经营情况增加一些预测，极大地丰富了我行信贷业务的信用评估手段。

**山东兆和电气有限公司总经理助理李新民：**通过地方金融平台"撮合"，运用电力信息辅助信贷，才四五天时间 140 万元就到了我们公司的账户，解决了融资难题。

## 三、未来展望

在国家信用体系建设及金融改革创新的背景下，国网济宁供电公司充分发挥自身资信、数据、科技创新等资源优势，融通各类市场主体，依托国网"电 e 金服"数字化产业链金融服务平台，为电网产业链上下游企业及中小企业提供全方位、一站式、个性化金融服务。未来，国网济宁供电公司将围绕"政务信用""金融信用""商业信用"三大信用体系，继续深化"电力看信用"应用价值，赋能经济社会高质量发展，服务中小企业稳增长、调结构、强能力。在政务信用方面，助力完善社会信用体系，服务国家战略目标的落地，支撑政府综合信用监管；在金融信用方面，打造企业精准评价体系，科学落实普惠金融，持续优化金融环境，控制信贷风险，服务实体经济发展；在商业信用方面，构建以融促产、产融结合、融融协同的能源金融生态圈，助力补链、强链。

（撰写人：宋益睿、李光肖、孙衡、李涛、邹玉娇）

国网上海市电力公司浦东供电公司

# 以"智慧能源'双碳'云平台"赋能智慧城市管理升级

## 一、基本情况

### 公司简介

国网上海市电力公司浦东供电公司（以下简称国网上海浦东供电公司）隶属于国网上海市电力公司，2010年1月挂牌成立，并于2012年12月升级为国家电网公司大型重点供电企业，主要承担浦东新区的电网规划、建设和供电服务任务，其供电区域涵盖浦东自贸区、金桥和张江国家级开发区、外高桥保税区、陆家嘴金融贸易区等重点区域。

近年来，国网上海浦东供电公司高水平开展电网发展、安全生产、经营管理、优质服务等工作，受到电力行业和上海市政府的多次嘉奖。2015年，国网上海浦东供电公司成为首家服务行业中获得党中央批准、国务院授予的代表我国质量领域最高荣誉的"中国质量奖"企业。2016年，国网上海浦东供电公司获得亚洲质量创新奖；2016年、2018年获得"全国质量诚信标杆企业"荣誉称号；2019年，荣获"市重大工程立功竞赛金杯公司"称号，此外，还先后获得"中央企业先进集体""全国五一劳动奖状"和"上海市文明单位"等荣誉，营造了"政府支持、媒体理解、客户满意、企业与员工和谐发展"的良好局面。

### 行动概要

国网上海浦东供电公司创新变粒度数据融合、多域业务预测与

可持续发展
**目标**

跨域知识复用、数据价值推荐等国际领先技术，攻克能源数据融合难、能源产品开发难和能源服务匹配难等难题，汇聚挖掘电、水、燃气、政府及社会平台等多源数据价值，打造智慧能源"双碳"云平台，从经济、治理、"双碳"三个维度赋能智慧城市管理升级。

在经济方面，国网上海浦东供电公司创新"1+1+N"经济监控指标体系和服务机制，2019 年 3 月至 2023 年 9 月，累计向上海市经济和信息化委员会等 7 个部门提供能源数据产品 500 余份，支撑政府产业规划、经济发展决策；在治理方面，与浦东新区城市运行管理中心、浦东新区城市管理行政执法局在应急管理、群租治理等多维度开展协同治理，实现了"能源大脑"和"城市大脑"的完美对接，以治理数字化推动治理现代化；在"双碳"方面，以《能源碳排分析报告》常态化支撑政府实现能源双控目标，为张江人工智能岛、中央国债登记结算有限责任公司等提供个性化数据增值服务，提升清洁用能水平，并促成了上海市首笔"碳中和科技贷"的发放，智慧能源"双碳"云平台被写入《上海市浦东新区绿色金融发展若干规定》。

国网上海浦东供电公司凭借"智慧能源'双碳'云平台"赋能智慧城市管理升级项目，先后获得上海市科技进步二等奖等 10 项省部级荣誉；申请、授权各类专利、软著 20 项；发布团标 1 项，获得上海市经济和信息化委员会、浦东新区大数据中心、中国（上海）自由贸易试验区临港新片区管理委员会（以下简称临港管委会）等多个政府部门的应用和认可，其与浦东新区发展和改革委员会共建的上海市首个区级能源数据平台于 2023 年 3 月启动上线，引发了媒体的广泛关注和报道。

## 二、案例主体内容

### 背景和问题

2021 年，上海市委、市政府发布了《关于全面推进上海城市数字化转型的意见》，提出"加快构筑数据新要素体系、数字新技术体系和城市数字新底座，充分释放数字化蕴含的巨大能量，以数字维度全方位赋能城市迭代进化、加速创新"。同年，中共中央、国务院发布了《支持浦东新区高水平改革开放打造社会主义现代化建设引领区的意见》，提出"构建系统完备、科学规范、运行有效的城市治理体系，提升治理科学化、精细化、智能化水平"。能源是城市运行的基础，城市运行的变化直接影响城市能源的消费总量、消费强度。能源数据作为反映城市运行的重要表征，对上海市智慧城市管理升级具有重要意义。

目前，能源行业的数字化转型普遍面临能源数据融合难、能源产品开发难和能源服务匹配难的"三难"问题，具体表现为：能源企业之间互动性弱，各能源子系统相互独立，数据不易共享，数据融合复杂度高；能源数据种类多，产品开发复用性弱，需进行底层共性逻辑梳理和模型化；能源数据服务场景种类多、需求差异大，服务体系化弱，服务个性化能力不强。如何解决好"三难"问题，成为上海市以能源数字化发展助推城市数字化转型的关键。

### 行动方案

国网上海浦东供电公司深度把握数据成为新型生产要素的发展趋势，推动能源领域数字技术创新应用，打造城市能源数字经济平台——智慧能源"双碳"云平台（以下简称云平台），建立靶向管理赋能评价体系，打造能源数据产品矩阵，智能推演城市运行动态，从经济、治理、"双碳"三个维度全面支撑上海市智慧城市管理升级。

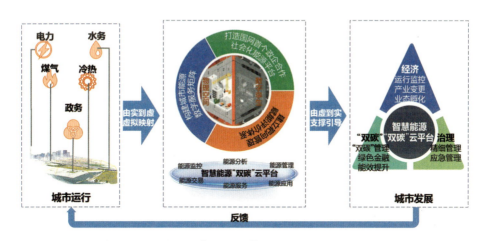

行动方案路径

**驱动城市经济数字化转型。**基于经济发展的常规状态和特殊状态，国网上海浦东供电公司以用电量、用户数为核心数据要素，创新"1+1+N"经济监控能源指标体系和经济监控服务机制。2019 年 3 月至 2023 年 9 月，国网上海浦东供电公司累计向上海市经

助力政府科学决策

济和信息化委员会等 7 个部门提供《电力经济指数分析报告》《企业复工情况分析报告》等能源数据产品 500 余份，为政府产业规划、经济发展提供决策参考。

**协同城市治理数字化转型。**一是与浦东新区城市运行管理中心在应急管理、社会服务等多维度协同开展城市治理，通过"能源大脑"与"城市大脑"的完美对接，助力上海城市智能化、精细化管理。二是与浦东新区城市管理行政执法局通力合作，针对城市治理中群租现象隐蔽性强、查处耗时耗力这一难点，利用政务、电力等城市多源大数据进行群租风险指数建模，试点监测了 12442 户住户，群租识别精确率高达 63%，以治理数字化推动治理现代化。

**赋能城市"双碳"战略实施。**一是支撑政府"双碳"管理，与浦东新区发展和改革委员会、科技和经济委员会等签署五方"双碳"战略合作协议，研发能源碳监测、碳评估、碳预测等功能，为浦东新区、临港新片区政府提供《能源碳排分析专题报告》，支撑政府实现能源双控目标。二是助力客户能效提升，基于"四个论英雄"发展导向，为张江人工智能岛等提供个性化数据增值服务，提升园区的清洁用能水平。三是服务绿色金融发展，携手国网英大长三角金融中心，支撑浦发银行上海分行发放全市首笔基于市担保基金担保项下的"碳中和科技贷"，智慧能源"双碳"云平台被写入《上海市浦东新区绿色金融发展若干规定》。

### 关键突破

**产品具有独创性。** 国网上海浦东供电公司运用大数据分析、人工智能、云计算等技术，联合政府部门，打造了智慧城市能源云平台，后迭代升级为智慧能源"双碳"云平台。云平台以"2461"架构，满足了政府、能源企业、能源客户和能源服务市场等多方需求，构建了一个多方共赢的价值体系，以弥补市场现有社会平台存在的不足。截至2023年9月，云平台接入了浦东新区约6700余家高压用户电力数据，以及相关的水、气数据和政府数据，5家社会平台32家企业的二级、三级计量数据，吸引了100余家能源产业链上下游企业共同构建"平台＋生态"的智慧能源综合服务体系，该平台数据规模达TB级别。基于云平台强大的数据基础和先进的技术优势，国网上海浦东供电公司累计研发服务政府、能源企业的各类能源数智化产品已达7大类500余份。

**攻克众多技术难题。** 由王成山院士、周宏主任领衔的中国电力企业联合会鉴定委员会（以下简称鉴定委员会）科技成果鉴定意见认为，云平台在变粒度数据融合、多域业

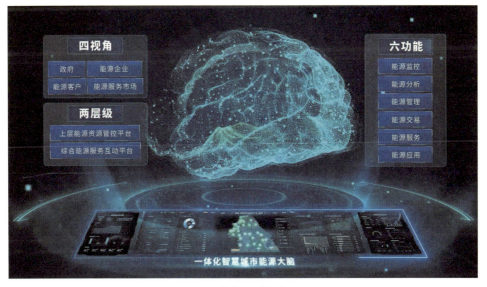

云平台"2461"架构

务预测与跨域知识复用、数据价值推荐等方面达到了国际领先水平。变粒度数据融合方面，项目创新了面向电、水、气、热多域异构数据的智能安全融合技术，制定智慧能源云平台数据接入规范，实现了多域数据的规范接入和安全汇集，解决了多域跨组织内的数据隐私保护问题，有效地提高了多域异构数据的融合效率。多域业务预测与跨域知识复用方面，项目提出了面向多域能源大数据的知识复用方法，提高了用户异常用能识别、分析的精确度，通过跨域业务预测分析，实现了综合能源子系统之间知识高效共享与智慧管理，提升了企业的数字化管理能力，提高了业务流的决策科学性和效率性。数据价值推荐方面，项目提出了面向数商价值再造的推荐体系与服务模式，构建了以电力为核心、多能源相结合的能源数据增值服务产品体系，提高了数据服务产品推荐的速率与准确率，实现了能源电力"大数据金矿"的商务流价值再造和数商模式创新。

**打造上海市首个区级能源平台。**国网上海浦东供电公司紧密对接浦东新区"双碳"战略需求，坚定不移践行新发展理念，基于云平台关键技术和实践经验，与浦东新区发展和改革委员会共建的浦东新区能源数据平台于 2023 年 3 月 20 日正式上线。该平台作为上海市首个区级能源数据平台，汇聚了电力、燃煤、燃油等综合能源数据，整合了先导产业和 1582 家规模以上工业企业总产值等经济数据，打造了"能源供给看稳定、能源消费看活力、能源发展看绿色、能源热点看区域"的四大应用场景，助力浦东新区政府精确了解现状、精细分析历史数据、精准预测未来发展趋势。

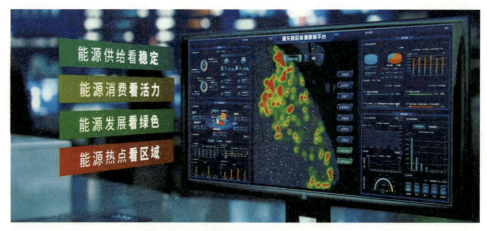

浦东新区能源数据平台

## 多重价值

**科技价值。**经过由王成山院士、周宏主任领衔的鉴定委员会认定，变粒度数据融合、多域业务预测与跨域知识复用、数据价值推荐 3 项核心创新点达到了国际领先水平。云平台先后获上海市科技进步二等奖、第 33 届上海市优秀发明选拔赛优秀发明金奖等 10 项省部级荣誉，相关标准被写入《城市大脑发展白皮书》以及《城市大脑案例集》。获计算机软件著作权授权 3 项，申请、授权各类专利 17 项，发表 EI 论文等 10 篇，编写的《城市能源云平台构建及"碳达峰、碳中和"应用》一书已由中国电力出版社出版。

**社会价值。**云平台的实践应用成果，助力浦东新区"获得电力"指标在近两年国家级新区营商环境评价中指标单项排名第一，获上海市经济和信息化委员会、浦东新区大数据中心、上海张江（集团）有限公司、上海浦东威立雅自来水有限公司等政府部门和单位应用认可，临港管委会以购买服务的方式获取云平台能源数据产品。云平台推出的企业电智绘产品，在 2021 上海全球数商大会上与中国工商银行上海分行完成上海市数据交易的首单交易，支撑上海市构建"数商"新业态。国网上海浦东供电公司获国网公司领导高度肯定，多次代表国网公司参加世界人工智能大会、数字中国峰会等国际性展会，入选新华社"2023 世界 500 强高质量发展精品案例"，被人民网等官方媒体广泛报道 40 余次，树立了供电公司负责任的品牌形象。

**经济价值。**国网上海浦东供电公司延拓能源企业"卖数据、卖智力、卖管理、卖服务"的商业模式，推动能源服务转型升级，为临港管委会、上海张江（集团）有限公司等政府部门和企业提供能源数字化管理服务，预计每年为公司带来经济收益 200 万元。此外，通过参与虚拟电厂削峰响应，优化数据存储、复用技术，每年节省电网投资、硬件投资约 906 万元。同时，围绕云平台业务构建资源整合生态矩阵，有效地带动了能源综合服务业务上下游参与能源生态圈内的价值共创共享，带动综合能源服务 6000 余万元。

## 各方评价

**上海市人民代表大会常务委员会《上海市浦东新区绿色金融发展若干规定》：**浦东新区人民政府应当依托上海市大数据资源平台建立绿色金融数据服务专题库，探索金融数据与公共数据的交互融合，与云平台、产业绿贷综合性融资服务平台等建立数据对接机制，依法推进信息的归集、整合、查询、共享。

**国家电网有限公司董事长、党组书记辛保安：** 云平台是整个国网公司能源互联网建设中最全面、最系统，而且非常有特色的重要实践，要开发好、运行好。

**中国电力企业联合会鉴定委员会：** 成果以电力数据为核心，贯通电、水、气、热等多域异构能源大数据，研发了云平台，在多域异构数据的智能安全融合、面向多域能源大数据的知识复用、面向数商价值再造的推荐体系与模式等技术研究和应用方面取得了重要突破，在变粒度数据融合、多域业务预测与跨域知识复用、数据价值推荐等方面达到了国际领先水平。

# 三、未来展望

在"双碳"战略和数字化转型的双重驱动下，云平台应用前景可观，未来可以从两个方面进一步推广：一是面向政府、能源客户提供服务，向全国 16 个特大、超大型城市的能源大数据中心构建提供基础设施建设样板和服务范式，推动供电企业从基础公共服务方向智慧城市共营者转型；二是面向供电企业提供模型，向国网系统内 26 家省级电力公司推广，并结合当地实际情况进行模型迭代，加速适应应用场景，推动供电企业从数据服务提供方向数据产品运营商转变。

（撰写人：周敏、陈赟、潘智俊、王晓慧、王佳裕）

国网浙江省电力有限公司杭州供电公司

# "电力银行"数字管家，
# 新的能源储蓄解决方案

## 一、基本情况

### 公司简介

国网浙江省电力有限公司杭州供电公司（以下简称国网杭州供电公司）是国家电网有限公司的一家大型重点供电企业，下辖 9 家县级供电公司和 4 家城区级供电分公司，供电区域覆盖杭州全地区。作为全球首个可持续发展国际标准试点城市核心区域能源供应企业，国网杭州供电公司以可持续发展为核心，全面落实习近平同志2003 年底在国网杭州供电公司调研时提出的"宁可让电等发展，不可让发展等电"的指示精神，不断探索、实践、检验、完善科学的企业社会责任观。

国网杭州供电公司始终坚持问题导向、价值共创，围绕 SDG 的标准，构建可持续发展体系，作为主阵地获评联合国可持续发展目标先锋企业，依托服务杭州第 19 届亚运会，获得中央企业首个可持续性管理体系认证。

### 行动概要

随着新能源占比不断提高，其波动性和不确定性问题日益显著，而储能就像"电力银行"，可以在新能源大发展时段以低价买进电力，在负荷高峰时段以高价卖出，能有效地保障电力供需稳定。直接装在用户内部的储能（用户侧储能）更是凭借周期短、效益高等特点，成为优质调节资源，但由于体量小、分布广，且缺乏行之有效的管理手段，难以高效发挥电力"银行"的作用。为推动用户侧储能全景式管理、高效益建设，国网杭州供电公司创新研发了全感知、全要素、全周期用户侧储能配置咨询数字化项目。该项目通过对企业全年 96 个节点 / 天不同负荷情况进行大数据仿真，以非侵入方式在线识别已投运储能，并综合考虑储能建设运维成本、政府补贴政策、电价政策等外部因素，制定适应不同企业情况的储能设备充放电策略，定期生成园区企业储能建设潜力清单和经济效益最优的个性化储能配置方案，不仅能帮助客户了解自身储能配置潜力和预期经济效益，还能帮助政府快速筛选有潜力建设储能的企业，助力科学规划园区等主体的储能建设。与传统模式相比，通过优化储能运行策略，用户侧储能收益可提升 15%~35%。该项目目前已在杭州市试点应用，服务杭州市发展和改革委员会推进新型储能项目发展，助力杭州市经济发展能源供给保障。

## 二、案例主体内容

### 背景和问题

2022 年，全国有 21 个省级电网用电负荷创新高，中国电力企业联合会发布的《2023 年三季度全国电力供需形势分析预测报告》及电力规划设计总院发布的《中国电力发展报告 2023》显示，2023 年"迎峰度冬"华东、西南和南方区域中部分省级电网电力供需形势偏紧，2024~2025 年全国电力供应保障压力仍然较大。在此情况下，具有快速响应、双向调节、环境适应性强等技术优势的储能可以发挥调节作用，既能平抑不稳定的光伏发电和风电，提高可再生能源占比，也能配合常规火电、核电等电源，为新型电力系统建设提供服务，提高电力系统的灵活性。

但目前，源侧、网侧储能（直接接入电源、电网的储能）市场机制不清晰、前期审批流程长，依靠试点政策推动，短期内难以形成规模效应且持续性较差。相对而言，用户侧储能通过峰谷电价差进行套利的收益模式较为明确，已逐步呈现较大的发展潜力，此时储能相当于一个"电力银行"，在电价低的时候把电能存进去，在电价高的时候把电能取出来。但由于用户侧储能具有"点散、量小"的特征，存在"摸不清、跑不好、谋不准"的管理难题。

#### 问题一：已建储能全局"摸不清"

用户侧储能不仅能通过低电价时充电、高电价时放电模式为企业带来可观的经济效益，也是辅助电网良好运行的一大利器，受到企业用户、供电公司等多方青睐，储能发展逐步进入"快车道"。但目前杭州市用户侧储能建设无须立户，电网企业难以全局性掌握储能安装建设情况，摸不清家底，储能在规模化发展过程中就无法发挥对电网安全稳定运行的支撑作用，也容易与后续的电网建设安排"脱钩"，不利于最大化资源统筹。

### 问题二: 存量储能运行"跑不好"

据杭州市发展和改革委员会统计，截至 2023 年 6 月，杭州市已建用户侧储能 3.1 万千瓦，但部分储能年运行利用小时数明显低于平均水平。以顾家居江东园区配套储能电站为例，其每年储能运行时间约为 2679 小时，仅达到平均水平的 75%，按照当前峰谷价差计算，储能实际收益仅达到预期收益的 67%。现状储能重投运、轻运行，在实际应用中存在利用小时数低、运行策略与分时电价不匹配，导致用户收益达不到预期，削减了储能进一步投资建设的意向。

### 问题三: 增量储能落点"谋不准"

在新型电力系统建设进程中，储能作为其中关键要素，全国各地均提出了储能建设目标。但是由于缺乏有效评估筛选工具，导致储能投资建设意向单位对于哪些用户适合建设储能、最优储能容量配置为多少一无所知，增量储能落点无从谋划，限制了储能行业的进一步发展。

因此，亟须通过数字技术提升已建储能感知能力，优化存量储能运行策略，统筹增量储能规划布局，实现"沉睡—存量—增量"储能一体化全景式管理，提升储能发展潜力。

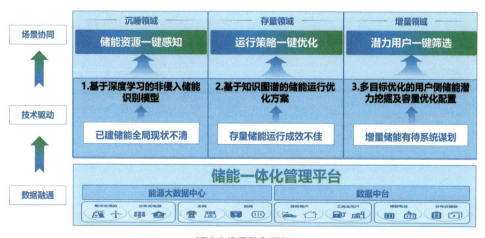

解决方案思路和框架

## 行动方案

国网杭州供电公司针对用户侧储能"有多少、怎么用、建多少"三大问题，围绕"储能"主线，依托能源大数据中心、数据中台的用户数据，构建储能一体化平台，覆盖储能"沉睡—存量—增量"领域，针对储能全局现状不清的问题，通过深度学习技术构建非侵入式储能识别模型，实现储能资源一键感知。针对储能运行成效不佳的问题，通过知识图谱技术构建运行方案识别模型，实现储能运行策略一键优化。针对增量储能有待系统谋划的问题，构建储能潜力挖掘及容量配置模型，实现储能潜力用户一键筛选及配置。

该项目主要具备以下功能：

**一是实现储能定点识别，助力本地"沉睡"资源挖潜。**项目以已知储能安装用户的负荷变化特性、分时电价政策等数据为样本，采用深度学习等技术，从特征提取、数据匹配、梳理清单三个环节入手，构建储能用户智能识别模型，在专变用户范围内开展广泛筛查，精准有效地找出储能用户，减少了人工摸排成本，实现了用户侧储能无感摸排，助力电网公司摸排已建储能资源，为电网加强安全管理、丰富"迎峰度夏"灵活可调资源池。该项目在钱塘区、建德市等区域的大工业用户开展试点应用，识别用户侧储能 10 家，建设容量共 16.8 兆瓦。后续将推广至杭州市其他区县，重点针对大工业用户等大容量用户进行识别，提升电网灵活性。

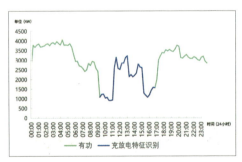 

基于用户负荷曲线的储能运行状态识别及现场核查

**二是优化储能运行策略，助力用户经济效益提升。**项目建立充分考虑"储能、用户、光伏"等多主体、"春秋季、夏冬季"等多时段、"需求响应、虚拟电厂、电力市场"等多市场机制的综合优化模型，基于 k 均值聚类算法，形成用户不同场景下的典型用电曲线，实现多元素、多场景、多时间尺度下的储能优化策略分析，生成最优运行方案，构建多场

 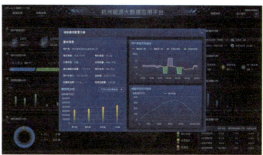

用户侧储能运行策略优化及现场调研

景运行方案知识库，模型能够结合储能安装用户的实际场景，精准匹配优化运行方法，推动储能运行策略由"单一性、计划性"向"多场景、自适应"方向转变，助力用户侧储能经济效益提升。该项目在顾家家居江东园区配套储能电站等多个案例开展应用试点，综合考虑光伏出力、负荷特性、分时电价等因素，使储能经济效益提升了近 25%。

**三是快速筛选潜力用户，精准匹配储能方案。**项目充分挖掘电力数据价值，依托能源大数据中心能源双碳数字化平台，考虑电网新能源增长趋势、保供要求等多方因素，形成杭州市域用户侧储能整体发展空间及布局规划，结合区域下专变用户的电压等级、电价类型、计费类型、负荷特性、运行容量等全方位因素，建立基于负荷数据的储能全寿命周期收益模型。在此基础上，考虑容量约束等实际运行条件，采用整数规划问题的梯度上升算法，以满足市场投资需求内部收益率 8% 为基线，以全寿命周期内经济效益最高为优化目标，实现用户侧储能潜力群体快速筛选、配置方案精细定制，有效地提高了用户侧储能筛选效率与协商进度。

### 关键突破

**充分挖掘电力数据，无须新增硬件，用户资金零投入。**电力负荷数据采样频率高、完整性好，具备较高数据价值，该项目基于电力数据，挖掘用户负荷特性，无须用户新增硬件设备，资金投入少。

**策略方案快速匹配，无须停电改造，用户优化零感知。**采用深度学习等技术，构建储能用户智能识别模型，实现了用户侧储能无感摸排；形成用户不同场景下的典型用电曲线，生成储能最优运行方案，用户侧储能无须停电即可完成策略优化，降低了对用户的影响。

**算法模型即插即用，无须重复开发，电网人力零新增。**由于电力负荷数据规范性强，且统一接入数据中台，具备较好的数据基础与应用平台，所以该项目算法可在各地推广，无须重复开发。

## 多重价值

**服务政府能源发展战略。**国网杭州供电公司测算区域储能潜力，为政府新能源发展规划提供了数据支撑，若推动杭州地区 2 万千瓦储能建设，按照新能源 20% 的配储需求，可推动该地区 10 万千瓦清洁能源的建设，满足相应容量的配储需求；若按照提升光伏，按照光伏年均利用小时数 938 小时进行计算，可以增发绿电 0.94 亿度 / 年、减少碳排放 5.1 万吨 / 年。支撑"双碳"目标实现，提供备用资源，保障杭州市"迎峰度夏"、"迎峰度冬"、亚运赛事等多场景能源安全，提供数据支撑，助力用户侧储能区县级、行业级政策制定及规划布局。

**保障电网安全经济运行。**国网杭州供电公司通过选择白鹤滩直流换流站等特高压直流输电工程馈入点、萧山中东部、钱塘下沙等负荷快速增长区域接入布局，通过短周期建设匹配负荷快速增长趋势与外来电源不确定性，延缓电网投资，项目通过数字化手段充分挖掘储能潜力，预计推广至全杭州，填补迎峰度夏时段供电缺口，缓解杭州市电网在"迎峰度夏""迎峰度冬"等典型场景下的灵活调节资源不足难题，降低对工业企业生产的影响，减弱外来电波动对电网安全稳定运行的影响，实现最大限度地保障民生。

**助力用户经济效益提升。**国网杭州供电公司针对存量用户，通过优化储能运行策略，提升用户收益 15%~35%，针对增量用户，通过提供个性化配置方案，保障用户内部收益率达到 8% 以上，储能收益达到 189 万元 / 兆瓦。

## 各方评价

**杭州市发展和改革委员会能源处曾东城：**国网杭州供电公司帮助我们全面分析了当前杭州市用户侧储能的开发潜力，利用数字化的手段筛选具备投资潜力的用户群体，并提供了基于用户负荷数据的个性化储能配置方案，既为政府提供了储能未来发展空间，为下一阶段制定相关政策细则提供了参考，又为用户提供了经济效益测算，为现阶段储能建设提供了数字化助力。

**国网杭州供电公司能源大数据中心杨翱：**在打造都市级新型电力系统样本的背景下，本次产品开发用户侧挖潜，盘活用户电力数据价值，精准定位储能潜力用户群体，一方面助力电网安全保供，另一方面提升用户经济效益。

**浙江大学教授万灿：**此案例是数学模型在新型电力系统领域的重要实践应用，算法充分考虑了用户光伏配置情况、储能年度衰减系数、需量电费折扣政策等多元边界条件，贴近用户实际运行情况，具备较好的可操作性，为都市型新型电力系统的储能建设提供了建设模板，具有一定的推广价值。

## 三、未来展望

"电力银行"数字管家在一定程度上摸排了用户侧储能的开发潜力，筛选出具备投资潜力的用户群体，从推广性上看，下一步应加强与设备厂商与投资商的合作，一方面可提升参数模型的实用性与实时性，另一方面可直面产品需求方，根据投资商需求提供更为直观的功能开发。从全面性上看，下一阶段"电力银行"数字管家方案仍需在市场机制、储能类别等多方面进行提升，一是考虑辅助服务市场开放、需求响应等多元环境下的用户侧储能运行策略，基于市场价格选择最佳盈利模式；二是加强对电网侧储能的研究，开展基于全市需求的多元储能配置方案，为储能规划运行提供数字化助力。

（撰写人：莫雅俊、赵坚鹏、戴晴、杨翾、朱佳明）

国网浙江省电力有限公司瑞安市供电公司
# "电安星"提高应急管理精细化水平

## 一、基本情况

### 公司简介

国网浙江省电力有限公司瑞安市供电公司（以下简称国网瑞安市供电公司）是国网浙江省电力有限公司的分公司，担负着瑞安行政区域内 72.82 万客户的供电任务。截至 2022 年 12 月 31 日，瑞安全域拥有 220 千伏变电所 6 座，主变 14 台，总容量 2940 兆伏安；110 千伏变电所 33 座，主变 66 台，总容量 3220 兆伏安；35 千伏变电所 5 座，主变 10 台，总容量 158 兆伏安。瑞安电网现有 220 千伏高压送电线路 16 条，110 千伏架空输电线路 75 条，35 千伏线路 13 条，10 千伏线路 764 条。

近年来，国网瑞安市供电公司创新"DOER"社会责任管理模式，即目的（Destination，D）、组织（Organize，O）、效果（Effect，E）、制度（Rule，R），规划知责于心、担责于身、固责于制、履责于行"四责协同"路径，全面推进社会责任管理工作，先后获得浙江省文明单位、国家电网公司首批"新农村电气化建设先进单位"、国家电网公司一流县供电企业、国家电网公司文明单位、浙江省"双万结对、共建文明"先进单位、"全国安康杯竞赛活动优胜单位"等荣誉称号。

### 行动概要

国网瑞安市供电公司推出基于电力大数据分析的安全智治平台——"电安星"，聚焦安全生产智能监管和自然灾害风险防范

可持续发展
**目标**

两大领域，依托国家电网数字化电力监测网络和政府公共数据监测网络，融入应急、公安、资规、气象等多部门数据，充分发挥电力数据资源、数据共享和创新应用优势，建立大数据分析模型，挖掘隐藏在电力异常波动背后的风险隐患，叠加应用 AI 智能识别、物联感知风险，计算综合风险指数，精准锁定存在安全风险的企业、设施和居民，多方联动协同处置涉电风险隐患，促进电力业务与地方应急管理业务多跨协同，推进应急管理数字化改革，有效赋能风险防范、助力除险保安，助推瑞安市社会经济可持续发展。

## 二、案例主体内容

### 背景和问题

瑞安市地处温州中部沿海地区，是浙江省重要的现代化工贸城市、历史文化名城和温州大都市区南翼中心城市，全市下辖 9 镇 12 街 2 乡，常住人口约 150 余万人。瑞安市是民营经济的先发地区和温州模式的重要发祥地，形成了汽摩配、机械电子、高分子合成材料三大主导行业，眼镜、箱包、针织、工艺品、制鞋、服装六大块状产业集群，拥有各类市场主体 16.6 万家，2022 年全市实现生产总值 1197.87 亿元。瑞安市实现社会经济可持续高质量发展，安全生产是重要保障。据统计，瑞安市 85% 以上的工业企业火灾、40% 以上的人身伤亡事故涉及用户的用电安全问题，在传统模式下，用电安全管理主要存在以下三个方面的问题：

**一是传统监管手段信息归集难，安全底数难掌握。**瑞安市有各类市场主体 16.6 万家及老旧房、易淹路段、地下配电房 900 余处，单凭传统的线下收集手段，难以及时掌握、动态更新所有监管信息，无法为用电安全管理提供有力保障。

**二是传统监管模式监测效能低，防范预警不智能。**传统的监管模式主要依靠人工排查、经验判断等，在安全监管巡查过程中容易出现监管漏洞，同时存在人工成本高、监管效果差、防范不及时等弊端。

**三是传统监管机制部门协同弱，联动处置不及时。**用电安全管理涉及部门多、范围广，政府各部门在职能上条块分割、数据上壁垒重重、机制上运转不畅，对一些用电安全问题的督办解决效果欠佳，用电社会风险闭环处置能力亟待提升。

## 行动方案

### 整体构建思路

　　"电安星"聚焦安全生产智能监管和自然灾害风险防范两大领域，以电力大数据辅助企业监管和灾情研判，融入瑞安市应急管理局、住房和城乡建设部、自然资源和规划局等部门数据，通过构建"企业明停暗开""灾前危旧房住人监测""灾时地下配电房应急处置"等 13 个子场景，对超出阈值的监测指标进行实时预警，形成了"自动研判、智能预警、现场核查、整改销号"的风险隐患动态管控闭环机制，有效地赋能风险管控，助力除险保安。

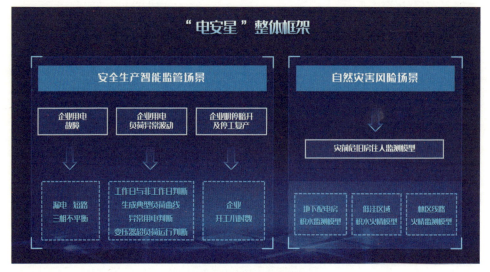

"电安星"整体思路框架

### 摸清安全底数

　　为线上动态掌握安全底数，"电安星"重点打造了"四库一模型"。

　　"四库"是指依托浙江省一体化智能化公共数据平台，联通浙江省工业企业安全在线、能源互联网营销服务系统、产业链预警平台等 11 个系统，实现各平台数据库内的对象名册清单实时动态比对，归集了老旧房、地下配电房、企业基础信息、企业用电负荷等 38 类数据项、3159 万条数据，形成全域工业企业、老旧房、易淹路段、地下配电房 4 个信息数据库。

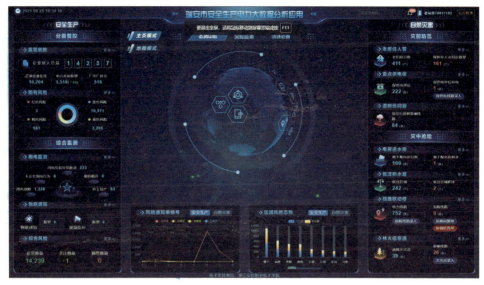

"电安星"主界面

"一模型"是指构建工业企业固有风险模型，设置事故后果、事故可能性、事故暴露程度、隐患排查、应急管理、事故情况等 9 个一级指标及 16 个二级指标，并结合全域工业企业信息库相关数据对工业企业进行画像评分，划分为红色、橙色、黄色、蓝色四档并予以分级管控。

**自动研判预警**

针对安全生产智能监管领域，"电安星"以 15 分钟为一个区间，对工业企业用电情况进行实时监控，根据不同的异常情况设置不同的风险阈值，超出阈值就会自动预警。

（1）将零序电流超限或电缆长时间超温的工业企业，初步判定为存在漏电、短路、电缆超温等用电故障风险并自动预警。

（2）与历史区间典型值相比，将连续 12 个区间用电量差异率超过 75％或连续 16 个区间用电量差异率超过 60％的红色、橙色管控企业，初步判定为存在用电负荷异常波动风险并自动预警。

（3）对日用电量达到上年日均用电量 20％以上的责令停产企业，初步判定为存在明停暗开风险并自动预警。

（4）对日用电量达到上年日均用电量 30％以上且停产 7 天以上的企业，初步判定

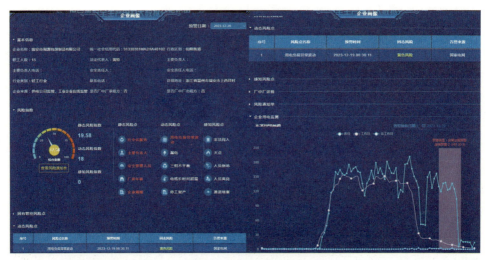

"电安星"企业风险预警功能

为存在停工复产风险并自动预警。

而针对自然灾害风险防范领域，"电安星"充分融合地方应急资源、电力数据资源，创新场景应用，补齐风险防范短板：

（1）实时监测老旧房用电情况，将日用电量超过 0.2 度的列入疑似住人老旧房清单，当应急响应达到人员转移标准时进行自动预警。

（2）利用 AI 算法对地下配电房、低洼路段进行实时监测，一旦出现积水等情况则自动预警。

（3）在台风等灾害预警阶段，对易受行道树影响线路监测分析预警处置。

（4）当自然灾害发生时，利用视频监控实时动态监测灾时线路抢险情况，同时对涉及民生保障的重点单位制定分级管控措施，一旦达到阈值则立即启动应急处置。

（5）当森林火灾发生时，利用卫星定位，并结合高位视频监控和红外成像技术，精准定位山火发生区域，智能研判起火点到输电线路的距离，并自动预警。

**现场协同核查**

"电安星"在各子场景应用中，主要针对研判疑似构成相关风险的企业、居民等监管对象相关风险形成预警通知单，根据预警类型，将预警通知单通过政务网派发至风险所在对象、网格员、对应乡镇应急管理中心、供电公司及应急管理局、住房和城乡建设部等主管部门。

相关人员通过浙政钉、浙里办移动端接收到"电安星"派发的预警通知单后，由风险预警对象根据系统检测、风险预警内容进行排查，并在移动端反馈初步排查结果，填报异常生产原因，拍照上传异常行为、生产现场、生产设备等，网格员进行现场查

"电安星"派单后多部门协同上门核实情况

看、处理预警、核查问题，并通过移动端完成核查报告，出具相应的整改、处置意见。

### 整改销号闭环

风险预警对象根据整改、处置意见完成整改后，由网格员通过移动端对整改情况进行复核，针对需要重点整改、处置的企业进行持续跟踪，实施靶向"重点复诊"，再次通知安全网格员上门复核，形成闭环管理。以时间轴串联历史安全生产处置事件发展全过程，记录事件处置关键节点信息，构建"病史档"，为后续加强安全监管、提高处置效率提供有力的数据支撑。

### 关键突破

"电安星"作为基于电力大数据分析的安全智治平台，为方便政府部门、乡镇街道在公共数据平台顺利使用，首先要突破电力数据与公共数据之间的壁垒，消除数据孤岛。"电安星"坚持"电力明细数据不出中台"的原则，在国网浙江省电力有限公司数据中台申请资源并通过内外网数据交互平台，在互联网大区部署用电负荷异常波动、明停暗开等五个模型应用，对数据模型计算结果进行归一化处理后，以 API 接口的形式，单向推送至政务网"电安星"平台，确保了电力数据传输过程的安全、可靠。一方面，"电安星"在一定程度上实现了数据共享，扩展了电力数据的应用领域和价值；另一方面，为加强供电公司和政府部门开展深化合作奠定了基础，也为创造更高的社会效益和经济效益提供了有力的支持。

### 多重价值

"电安星"从政府管理机制、企业风险管理、居民灾时救援、电力供应保障四个方

面进行改革创新，实现了从"人工排查"到"智能预警"、从"依托个人知识储备"到"多维度科学分析研判"、从"流程脱节"到"全程闭环"的转变，提高了应急管理科学化、专业化、智能化、精细化水平，切实保障了人民群众的生命财产安全。（下文涉及数据均由地方应急管理部门提供）

**政府：** 截至目前，"电安星"已在政务网、浙政钉、浙里办等官方平台上线运行，将 14355 家工业企业、752 条电力线路、567 处危旧房、242 处低洼区域、222 个重点保供单位、100 座小区地下配电房等监管对象纳入了动态的实时监管，助力政府部门"心有明、看得见、听得到、可协作、能指挥"。

**工业企业：** "电安星"自上线以来，日均向企业推送用电异常指标 30 条以上，共发现各类安全生产风险隐患 1132 条，日均隐患发现率提高了 32.7%。在相关部门的监督下完成整改工作，平均整改时间缩短了 58%，减小了企业发生涉电安全事故的概率。根据海因里希法则推算和安全事故统计分析，这相当于避免了约 113 起安全事故，挽回了 1499.25 万元的经济损失。

**群众：** "电安星"将医院、污水处理厂、垃圾处理厂、自来水厂、通信基站、广播电台等事关"城市生命线"的重要单位纳入预警清单，优化抢修和调度预案，充分保障了灾时居民的基本用电、用水、通信等需求。

强化易涝点积水预警处置。利用 AI 积水大数据算法，实时监测易涝点积水情况，及时切断低洼积水路段路灯电源，保护灾时沿路行人的安全。

摸清住人老旧房底数，由住房和城乡建设部及属地镇街联合上门处置，实现 100% 安全转移，如 2023 年台风"杜苏芮"期间，通过"电安星"发现瑞安市存在 161 户应转未转人员，有效地保障了人民群众的生命安全。

**供电企业：** 借助政府数据资源与队伍力量，在电力保供、防灾减灾等重点工作领域，以灾前防范、战时保安为核心，严密管控 100 处地下配电房、84 条易发生树障的线路、37 条林区输电线路等电力设施，防范减轻台风、内涝、山火等对电力设施的危害。截至目前，已通过"电安星"发现 10 起输电线路周边林区火灾事故，协同处置林区输电线路周边火情 6 起，确保电网安全稳定运行。2023 年 4 月 6 日，"电安星"预警瑞安市马屿镇高岙村附近发生火情，国网瑞安市供电公司及时协同瑞安市人民政府森林防火指挥部办公室安全处置了该起山火，避免了 110 千伏输电线路、2 座 110 千伏变电站紧急拉停，避免了突发停电时发生次生灾害。

## 各方评价

2023 年 6 月，"电安星"顺利通过浙江省委办公厅"七张问题清单"中关于"安全生产监管智能监测手段缺乏问题"的验收。

**中华人民共和国应急管理部：**希望"电安星"继续创新思维，先行先试，为全国应急数字化改革提供经验。

**浙江安防学院数字孪生安全城市研究中心朱安峰：**"电安星"积极创新技术手段，建立企业综合风险指数模型，及时掌握企业安全生产动态变化，精准预警高风险企业，为企业的安全生产保驾护航，是一个很有意义、很值得推广的项目。

**温州华隆汽车电子有限公司林小港：**我们之前都不知道厂里配电箱线路已经用了十几年，都老化了，幸好"电安星"发现我们厂的电缆温度太高，在应急中心和供电公司现场检查指导完后，我们马上就换了新的电缆，避免了一起可能发生的火灾。

## 三、未来展望

国网瑞安市供电公司将持续运用并优化"电安星"，从以下三个方面继续激发电力大数据的价值，深化"电力＋应急"政企双向合作机制建设，持续赋能地方应急管理部门提升应急管理水平，为瑞安市经济社会可持续发展保驾护航。

（1）针对新能源迅速发展态势，围绕应急管理部门重点关注的运用光伏、储能等敏感电气设备的企业，分析其典型用电负荷特征并构建电力大数据分析模型，摸清该类重点监管企业底数，填补应急管理部门对该类企业监管的空白。

（2）"电安星"覆盖面广、可复制性强，作为浙江省应急管理领域"一地创新、全省共享"试点项目，将在浙江省范围内进行推广应用。

（3）"电安星"作为首个将电力大数据应用至应急管理领域的国网行动，将通过政务网、浙政钉、浙里办等平台，持续为政府、企业、群众等对象持续提供服务，为保障人民群众生命财产安全和经济社会高质量发展持续发挥引领示范作用。

（撰写人：陈志威、刘舒怡、陈哲、王德麟、金如梅）

国网浙江省电力有限公司舟山供电公司

# "电税"携手，向"绿"而行

## 一、基本情况

### 公司简介

国网浙江省电力有限公司舟山供电公司（以下简称国网舟山供电公司）负责舟山电网的建设、运行、管理和经营，肩负着为舟山市经济社会发展和人民生活提供电力供应和服务的基本使命。其供电营业范围涉及三区两县，供电用户约 71 万户（涉及 87 个岛屿），供电人口约 117 万人。截至目前，舟山电网拥有 500 千伏变电站 1 座，变电容量 300 万千伏安；拥有 35 千伏及以上交流公用变电站 67 座，总计变电容量 937.5 万千伏安；拥有海缆 76 回，全长 1470.64 千米，在国网运行海缆总量中的占比超过 80%。舟山电网是典型的末端电网，承接着三个百万千瓦级海上风电基地的送出任务，预计到 2027 年舟山地区海上风电规模将达到 750 万千瓦以上。

近年来，国网舟山供电公司一直将履行社会责任作为公司的重要使命，从最初的全力加强电网建设保障可靠供电，发展到在日常运营中探索责任融入提升管理价值，再到推进全面社会责任管理创造综合价值，推动自身和经济社会共同可持续发展，逐步走出了一条具有海岛特色的社会责任之路。自 2013 年起，国网舟山供电公司连续 10 年编制和发布社会责任白皮书，获评"舟山市最具社会责任感十家企业""浙江企业社会责任标杆企业"等荣誉称号，"点亮黑楼道"获评国家电网公司优秀社会责任根植案例，"政企协作共筑舟山海缆安全网""业务办理不出岛"等项目均取得了良好的社会反响。

可持续发展
目标

舟山群岛风景

## 行动概要

　　舟山群岛新区作为首个国家级群岛新区，海洋资源和港口资源丰富，近年来经济发展迅速，工业经济增长强劲，造船、螺杆制作、水产品加工等产业也成为绿色低碳转型的重点。然而，当前舟山市政府部门治碳缺数据、企业降碳缺动力、供电公司开展能源服务缺方法，为加快舟山市率先实现"双碳"目标，国网舟山供电公司联合国家税务总局舟山市税务局（以下简称舟山市税务局），在全国首创"电碳税"指数，以碳为切口，打破数据壁垒，融合税电数据，实时反映企业碳排放量和单位碳排放量对应的经济效益，为科学治碳提供依据；建成可检测、会预警、善分析、能指挥的"电碳税"一体化智能平台，便于政府、企业更直观地看到区域、企业"电碳税"情况；开展绿色专项服务，打通绿色金融信贷服务，为企业降碳提供"一条龙"服务；搭建"电碳税"三维落地路径，推动舟山市行业、区域、城乡全方位绿色转型发展，助力政府有序治碳、企业精准降碳，服务经济社会绿色高质量发展。

## 二、案例主体内容

### 背景和问题

　　在"双碳"背景下，低碳可持续发展成为中国企业生存和发展的"及格线"，对企业产生了硬性的转型驱动力。舟山市积极布局发展"蓝碳"经济，实施减排增汇、新能源发展、生态产业提质等工程，积极拓展"双碳"应用场景，助推各产业绿色低碳发展。然而，政府治碳缺数据，碳排放指标相关数据存在不便获取、滞后性等问题，政府部门难以对企业开展精准测碳、实时控碳。企业降碳缺动力，增能效、降能耗是企业实现减碳的重中之重，企业却无法直观地看到自身绿色转型、减污降碳效果及长期经济效益，也不知道自身降碳水平在行业中所处的位置以及降碳的突破口，反而认为低碳发展会增加设备改造成本，缺乏优化用能内生动力。能源服务缺方法，国网舟山供电公司在帮助企业优化能源管理方式的过程中，前期缺乏权威的碳排效能评价标准，碳排放指标相关数据也不便获取；中期单方面推动企业开展用能优化，业务开展难度大、企业配合度低；后期缺乏碳排放动态监管工具，无法让企业直观地看到减排效能。为解决以上问题，国网舟山供电公司主动创新电力大数据应用模式，助力政府精细治碳、企业精准降碳、能源服务有序落地。

## 行动方案

针对舟山市政府治碳缺数据、企业降碳缺动力、能源服务缺方法的现状，国网舟山供电公司联合舟山市税务局，以碳为切口融合税电数据，在全国首创"电碳税"指数绿色评价体系，形成了优势互补、资源共享、协同互益、共治互信的"电碳税"绿色共治新格局，为政府治碳、企业降碳、能源服务提供了有效的依据和精准方法。

### 电税融合"一马当先"

在"双碳"目标下，舟山市税务局落实落细一系列鼓励节能环保的税收优惠政策，充分利用绿色税制，鼓励企业主动治污，推动舟山市低碳发展。国网舟山供电公司抓住契机，与舟山市税务局积极探索税电数据在服务国家绿色治理能力现代化方面的价值，联合成立了税电数智融合绿色共治创新应用合作专班，不断拓展税务、电力数据融合应用的新场景。国网舟山供电公司依托实时电量数据，将企业的所有能耗转化为标准碳排放指数；舟山市税务局则依托税收数据，根据企业税收贡献，按行业进行加权换算，形成企业税收综合贡献指数；将两者融合转换，推动大数据共享，从"电能碳""碳均税收"和"税均碳排"三个维度精准计量企业的碳排效能，形成全国首创的"电碳税"指数绿色评价体系，以此为基础，推动解决政府治碳缺数据、企业降碳缺动力、能源服务缺方法的难题。

**"电能碳"指数**

供电公司端：各行业、企业每消耗1度电所对应的碳排放量

**"碳均税收"指数**

企业端：企业每生产1吨碳排放量所对应的税收贡献金额

**"税均碳排"指数**

政府端：企业每1万元税收贡献对应的碳排放量

**"电碳税"指数综合评价体系**

电碳税指数综合评价体系

为推动"电碳税"指数绿色评价体系更科学、更精准的应用，国网舟山供电公司携手舟山市税务局，向上级相关部门、单位获取全省3万余家企业电力及税务数据，以全省"碳均税收"指数与"税均碳排"指数行业平均值为基准，分别划分三层次碳排效能等级，对舟山市企业用能、碳排和税收进行直观数据对比，帮助政府依据三层次碳排效能等级对舟山市产业进行绿色优化升级。

### 碳税数据"一目了然"

为了向政府、企业更直观地展示区域、企业"电碳税"情况，国网舟山供电公司在舟山市能源大数据中心上线"电碳税"指数评价应用，建成可检测、会预警、善分析、能指挥的"电碳税"一体化智能平台，从"电能碳指数""碳均税收"和"税均碳排"三个维度对数据进行深度加工，实现多层级、多维度、最细颗粒度的动态监管，便于政府精准控碳。同时，"浙里办 App"上线了"电碳税"指数评价小程序，便于企业及时了解用能、碳排及税收情况，推动企业节能降碳。

### 节能降税"一步到位"

依托"电碳税"指数绿色评价体系，国网舟山供电公司通过"一条龙"服务，有的放矢地推动舟山市企业开展节能降碳。一是开展绿色专项服务。国网舟山供电公司联合舟山市税务局成立"电碳税指数直通车"团队，依据"税均碳排"指数，开展"一对一"

在舟山市能源大数据中心上线应用，N 项数据尽览

上门绿色专项服务，结合税收优惠政策，推动企业进行能耗整改，实现减税降本。二是打通绿色金融信贷服务。推动"电碳税"指数综合评价体系融入舟山市绿色金融体系建设，打通数据渠道，联合中国建设银行（舟山分行）等合作伙伴，帮助融资难但单位碳排经济效益高的企业进行数据背书，为企业节能改造提供绿色金融信贷服务。

### 数智赋能"一往无前"

国网舟山供电公司携手舟山市税务局、园区、企业等利益相关方，搭建"电碳税"三维落地路径：一是行业节能降碳，选择"税均碳排"指数大的舟山螺杆制作、水产品加工、基础制造业、有色金属冶炼和压延、石油加工炼焦 5 个高能耗行业优

国网舟山供电公司到螺杆厂开展"一对一"绿色专项服务

浙江舟山鱼山绿色石化基地

先试点，帮助高能耗行业节能降碳。二是区域产业升级，优选"税均碳排"高的工业园区进行产业升级。目前，国网舟山供电公司已在舟山展茅、金塘两大工业园区试运行，并取得了一定成效。三是城乡融合发展，实现从工业到农业、从城市到乡村的带动引领，让"电碳税"成为打开舟山市绿色全面发展的新方法、新密钥。截至 2023 年 6 月底，"电碳税"指数综合评价体系已在舟山市东极镇，五联村、庙桥村、黄杨尖村等 5 个省级低（零）碳试点村的旅游等特色产业实现试点应用，助力乡村振兴。

### 关键突破

"四个一"税电一体解决方案，为政府有序治碳、企业精准降碳、能源服务加速落地探索出了可复制的有效路径，实现了以数字融合推进绿色治理跨层级、跨部门、跨业务多跨协同，取得了三大关键突破。一是"电碳税"属于全国首创，获得了国家发明专利，其可以发挥税电数据及时性、普遍性等优点，实时对企业开展碳排放效能综合评价。二是"新算法"精准高效，利用智能算法将税电地址格式统一，实现税电数据"门当户对"，并可进行实时、常态比对，同步更新。三是"数据价值"共享推广，实现对企业、行业、区域不同维度的分析和推广，并由三维落地路径的事后管理逐步向联合政府动态规划"电碳税"指数额度的事前管理过渡，保障舟山市整体持续降碳增效。

## 多重价值

### 让"首创"引领减碳降税标杆样板

随着"电碳税"指数在舟山市的全面应用，一条碳排放评价、经济运行效率判定的体系已然建成。"电碳税"指数的建设及应用推广得到舟山市政府的大力支持和认可，相关成果已通过国家知识产权局的专利申请审核，被国家税务总局、国家电网有限公司评为税电数据共享合作典型应用，并入选中国（浙江）自由贸易试验区最佳制度创新案例，为国内打造权威性碳排放评价标准体系提供了有效示范，可在全国范围内推广。

### 让"共赢"成为企业产业前行动力

"电碳税"指数是企业高效发展的"自查表"，依托碳排效能数据，企业能够获知本企业能耗情况，通过设备升级、技术改造等方式有效降低能耗、提高生产效能，同时提高单位产能，实现生产方式、经营模式的绿色转型升级。"电碳税"指数综合评价体系的出现有效地推动了舟山市各行各业的产能升级，助力舟山市政府实现能耗精准智控，为科学优化产业结构提供了有力的数据支撑，为舟山市实现"双碳"目标、经济社会绿色发展提供助力。此外，"电碳税"指数也已成为相关部门招商引资过程中衡量企业综合实力的重要依据。

### 让"精准"成为优质服务责任领域

国网舟山供电公司依托"电碳税"指数实现能源服务精准营销，积极推广"煤改电、油改电、电从远方来"的新能源用能模式，为用户提供碳排效能量化数据，分析电能替代经济效益，并积极引导用户进行电能替代改造，推动开展企业节能改造、光伏、储能等综合能源项目建设，进一步做强综合能源业务市场基础，促进综合能源产业高质量发展，截至 2023 年 6 月底，实现电能替代电量约 1.81 亿千瓦·时，降低企业能耗成本约 1500 万元，帮助企业节省税收 2000 余万元。

### 让"绿色"妆点自贸区亮丽风景线

"电碳税"指数综合评价体系得到了舟山市政府、园区、企业的大力支持，已应用到舟山市 390 余家规模以上企业，实现了舟山螺杆制作、水产品加工、基础制造业、有色金属冶炼和压延、石油加工炼焦 5 个高能耗行业全覆盖。金塘工业园区签约"光伏 + 储能"建设项目 10 个，帮助 225 家企业降低能耗成本约 1500 万元，清洁能源发电量

我国首艘五星旗豪华邮轮"招商伊敦号"正在用舟山国际油轮码头岸电进行充电

同比提升 6.76%，累计减少碳排放 19 万吨。结合地域特色，国网舟山供电公司深挖邮轮港电能替代潜能，积极引领绿色用能方式，2022 年 6 月 9 日，完成全省首个国际油轮码头岸电项目签约，2023 年 5 月 6 日，岸电为我国首艘五星旗豪华邮轮"招商伊敦号"进行"首充"，预计每年可替代电量 1440 万千瓦·时，相当于减排二氧化碳 1.4 万吨。

## 各方评价

**舟山市税务局茅俊夫：**我们税务部门对这些企业进行了一个享受增值税留抵退税、资源综合利用等税收优惠政策的辅导，帮助企业进行绿色升级。像我们试点的金塘工业园区，（全市）有 390 余家规模以上企业，其中某螺杆制造企业 2022 年度累计退税 220 万元。

**浙江华业塑料机械股份有限公司许炜炜：**我们公司在"电碳税"指数的指导下，升级了一批光伏发电设备和储能设备，每年可节省电费近 220 万元，省出的这笔费用我们将继续用在能源技术改造上，进一步推动企业节能减排。

**浙江嘉丞机械有限公司姚海峰：**国网舟山供电公司为我们制定了专属节能方案，建议对厂里的 31 台电动机进行改造，这样一来，每年可以节省用电 6 万多度，节省电费 5 万余元。

# 三、未来展望

未来，国网舟山供电公司将继续聚焦"双碳"目标，厚植生态文明底色，遵循"共建、共治、共享"理念，打造"1+1+4+N""电碳税"绿色共治体系，踏上减污降碳协同新征程，擘画绿色低碳发展新蓝图。

**强化数智融合，优化迭代"电碳税"评价体系。**运用数字技术实现税电数据的深度融合，持续优化迭代"电碳税"指数，形成精准科学、规范标准的"电碳税"指数绿色评价体系。

**强化数智赋能，建设"电碳税"绿色共治平台。**依托税电数据，实时追踪量化企业碳排效能，从碳排总量、碳排效能、降碳分析等维度对数据进行深度加工，实现多层级、多维度、最细颗粒度的动态监管，初步建成"可监测、会预警、善分析、能指挥"的"电碳税"一体化智能平台。

**强化数智驱动，拓展"电碳税"数字场景。**将"电碳税"指数嵌入绿色治理实际业务场景中，构建绿色评价、绿色服务、绿色监管和绿色共治四个数字场景，加速形成优势互补、资源共享、协同互益、共治互信的"电碳税"绿色共治新格局。

**强化数智创新，构建"电碳税"数智应用。**以数字融合推进绿色治理多跨协同，开展跨层级、跨部门、跨业务的创新实践，打造一批"电碳税+"多跨协同典型应用，实现"电碳税"绿色治理一屏掌控、一览无余、一键直达。

（撰写人：吴玲、李怡、富雨晴）

国网江苏省电力有限公司营销服务中心

# "数、智、心"服务，
# 让电动汽车消费畅通无阻

## 一、基本情况

### 公司简介

国网江苏省电力有限公司营销服务中心（以下简称中心）是国网江苏省电力有限公司营销业务的支撑与实施机构，内设 4 个职能部门和 8 个业务机构，主要负责全省营销业务和服务政策的研究与落实、营销新技术和新产品的设计与研发、计量设备和客户端电力物联网相关营销资产的管理、省级营销业务质量管控与稽查管理、营销数字化转型等业务。中心自成立以来，引领发展拥抱市场化进程，推动社会能源数据和电力数据交流融通，合作共享促进数据共赢，打通利企便民的"全链条"；建设运营国网江苏电力体验馆，用品牌体验向人民传递国家电网公司"引领清洁能源革命、服务人民美好生活"的初心使命，让社会各界了解电力与能源，并关注能源变革与社会可持续发展。

### 行动概要

电力数据蕴含大量社会信息，在推动数字经济发展方面具有广阔的应用前景和价值潜力。因此，深入挖掘电力大数据价值，发展并共享应用电力数据，既是顺应数字经济发展、服务国家发展战略的担当之举，也是打造公司新的增长点、建设能源互联网的重要内容。

为破解新能源汽车消费环境"堵点"问题，中心从多年积累的充电桩和用电等数据资产入手，基于大数据以及数据分析、人工智能等技术，对现存充电设施数据进行多维度闭环挖掘，通过数字技术提供针对新能源消费差异化需求的产品与服务。

通过聚集多源数据，打造电动汽车消费服务模块。中心通过数字化平台向电力数据价值链上的用户赋能，通过资源和能力协同，向政府、企业、用户提供更好、更高效的数据服务体验，满足电力企业在电力数据方面"取之于民、用之于民"的追求，结合客户需求场景，通过深化"互联网＋服务"应用，打造数字化、智能化的服务，实现"电动出行更智慧、充电体验更贴心"的服务目标，最终助力政府完善政策、汽车企业精准营销、充电桩企业高效运营、用户经济出行，共建"数字新基建＋新能源消费"价值链生态。

## 二、案例主体内容

### 背景和问题

2023 年 2 月，《中共中央、国务院关于做好 2023 年全面推进乡村振兴重点工作的意见》提出"鼓励有条件的地区开展新能源汽车和绿色智能家电下乡"；2023 年 5 月，国家发展和改革委员会、国家能源局发布了《关于加快推进充电基础设施建设、更好支持新能源汽车下乡和乡村振兴的实施意见》；2023 年 7 月，《国务院办公厅转发国家发展改革委关于恢复和扩大消费措施的通知》也要求"科学布局、适度超前建设充电基础设施体系，加快换电模式推广应用，有效满足居民出行充换电需求"。2022 年，江苏省新能源汽车上牌量近 50 万辆，数量为历年保有量之和；2023 年 1~5 月，全省推广应用新能源汽车 24 万辆，同比增长 58%，新能源汽车保有量达 123 万辆。

面对新能源汽车的飞速增长，用户对配套设施的需求与日俱增，然而老旧小区缺乏充电空间，新建小区充电设施建设标准也不统一，造成了充电基础设施网络建设的不均衡，在很大程度上影响了电动汽车消费市场的信心，充电难成为影响居民绿色出行的"关键小事"，如何提高充电设施网络布局的科学性，提升充电设施利用效率，成为目前亟待破解的难点。

### 行动方案

中心经过多年的数据分析，紧扣"绿色、低碳、智能、安全"主题，在满足用户隐私保护、数据安全和政府法规等多方面的要求下，发挥多方面的数据优势，在充电设施网络中积极开发公共充电资源供大众共享，用电费折减等管理手段，引导客户有序充电，提升新能源消纳比例，为能源安全与经济发展创造多赢局面。

### 夯实服务基础——为新建小区 100% 预留充电设施争取政策支持

中心结合居住区配电建设，将车位住户比纳入充电桩服务模型，推动江苏省住房和城乡建设厅修订升级本省居住区供配电设施建设地方标准，明确对新建小区车位 100% 预留充电设施建设安装条件，并按照不低于车位 10% 的比例将电气线路敷设到位，为小区后续建设充电桩、运营充电桩提供了现实基础和数据基础。

### 提供决策支持——为次新和老旧小区生成改造运营模式建议

次新小区和老旧小区基础设施条件不足，车位产权关系复杂，必须按"一小区一方案"模式进行充电网络的规划改造。例如，由供电企业介入，政府牵头开展的供配电设施改造，改造前会同社区、物业联合开展充电桩接入规划和公示，结合反馈意见和产权车位占比、电力信用体系等多维数据，提出"自建、自有、自管""共建、共享、共管""统建、统营、统管"三种模式，分别确定产权分界及改造措施，供政府、小区业主共同决定本小区充电设施建设运营模式。

中心工作人员开展充电设施智能选址容量负载评估

### 提前配套容量——缩短电力用户报装周期

用户充电桩报装容量增长迅猛，部分房地产项目、大型商业项目的单个项目报装容量即达到新建变电站的要求，中心通过充电桩客户全周期服务模型，为前台部门开展充电桩业扩报装业务提供更加准确的服务信息和决策支持，业扩配套项目做提前规划，该模型现在集成于国网营销服务系统 2.0 版本，根据分析结果，对不同行业、地区、客户属性进行聚类分析，对相似用户特征分布进行相关性分析，模型确定充电桩配套建设策略，能够帮助办电经理在评估新小区建设以及老旧小区改造的业扩报装方案时，结合现场情况开展相关业务，进而缩短建设服务周期，降低企业时间成本与投资成本。

### 供给公共服务——帮助行业开展消费潜力挖掘

中心以个人用电消费、区域经济发展、车桩比、充电站点用能特征为对象，研究对不同价位下不同品牌电动汽车销售产生影响的因素，并帮助企业建立客户消费挖掘模型：根据全年人口用电消费集中时空分布，精准有力地提升营销推广和整体服务；在充电桩建设或使用密集地区，探索有偿短期试用阶段和客户群体分级等多维度价格策略，尝试多元化销售渠道和模式，结合汽车销售市场数据，使用模型判断合资品牌和自主品牌的效果较好，而对电动汽车的新品牌应使用逐步判别模型进行判断；联动厂家销售反馈数

充电桩

据，综合电力大数据，全面建立反馈机制并作出响应，以期促进电动汽车消费市场表现。

### 助力运营成长——为充电桩建设运营单位提供优化策略

中心围绕电动汽车充电站选址定容、考虑接入配电网影响的充电站运行决策与考虑到多种不确定性的优化运行等问题展开了深入研究，基于全省营运充电桩以及居民充电桩充电情况，实现了充电站规划结果与电动汽车用户充电需求合理匹配，以及有序用电和需求响应场景下充电站优化运行。同时，综合考虑线路建设成本、预计线路改造投资成本、预计公变改造成本、车位租赁成本和运营成本等影响充电桩经济效益的因素，并通过聚类分析对这些特征进行优化建模，构建了充电桩建设规划模型，为电动汽车充电站规划与运行提供了理论支撑，提升了充电设施利用率与充电站运行经济性，保障电网安全稳定运行，进而助力交通电气化建设，促进能源结构转型。

### 回应群众关切——为用户优化出行方案

中心基于全省低压客户用电数据、居民充电桩数据、省内国网公司运营的充电站用电情况的时空数据，结合天气变化、节假日等因素，建立了居民客户流动分析模型、电动汽车出行热点分析模型，可动态反映不同时间、不同区间全省13地市居民流动、电动汽车出行热点的实时状况。新能源交通出行热点为中心提供了全面了解城市出行状况的机会，为居民客户错峰出行、错峰充电提供了便捷服务，并且政府可以借助这些数据制定更加科学合理的交通出行政策和商业策略，提高用户出行的安全性和便利性。

### 关键突破

#### 首创电力营销新能源辅助报装数据服务模型

新能源辅助报装模型基于知识图谱、模拟仿真技术，根据电力公司内部的充电桩历史数据，结合政府地块规划数据、新能源汽车相关行业数据，提取数据特征，构建了"信息挖掘""知识再建""赋能前台"三个充电桩业扩报装工作模式，实现精准预测充电桩报装情况，基于充电桩大数据报装运营的知识体系标准建设，通过信息精准投送赋能基层标准化开展业扩报装工作以及客户维护工作，形成一系列具有前瞻性、统一性和稳定性的闭环充电桩业务工作流。该模型解决了业务进行过程中基于经验造成的工作标准不统一的情况，大大降低了报装过程中的时间成本与投资成本，切实提升了电力公司在充电桩报装业务上的工作质量和标准。

**创新提出充电桩客户全生命周期服务体系**

中心注重覆盖充电设施网络建设全周期，在建设前，基于多方隐私计算技术，规划与充电设施规划的衔接，合理预留高压、大功率充电保障能力；在建设过程中，根据业扩报装与用电大数据模型，确定充电桩配套建设策略，帮助办电经理评估新地块建设以及老旧小区改造的业扩报装方案，进而在缩短建设服务周期的同时，减少信息差，从而更科学性、经济性地研判客户供电方案，进而落实"三零""三省"服务举措；在建设完成后，充电桩的数据画像为充电运营企业和个人业务办理提供契约式服务，实施限时办结，辅助政府进行供电和价格政策执行情况监管，做好数据服务支撑。

**多维数据交汇后的数据价值活力迸发**

中心打造的数据共享平台，按照集隐私计算、加密网络通信、联合学习建模等多种功能，以隐私保护为前提，进行多源数据联合建模，进一步按照主体差异，以"1+3"（电网公司＋政府、新能源汽车企业、个人）的方式设计不同的数据服务形式，形成数据价值链共享，政府公共服务数据、电力数据和行业数据交汇打破数据壁垒后，数据流带动信息流、工作流不断涌现新的内容，在公共服务、商业营销等领域迸发出新的商业活力。电网公司方面不仅可以引导车主准确定位、错峰充电，打消其"续航焦虑"，还可以模拟交通出行热点，为政府全面了解城市出行状况提供信息，从而制定更加科学合理的交通出行方案，保障人民出行的安全性和便利性。

**为电动车消费产业全链条赋能**

中心充分考虑电网公司自身精益运营体系，站在社会角度考虑汽车品牌方经营策略、电动汽车出行便利、充电桩企业运营、政府监管及规划决策支撑等，整合相关方数据资源优势，构建多方共同参与的合作共享、生态共建的新能源全链条的大数据服务合作模式，积极推动电动汽车消费产业全链条赋能，充分响应国家"新基建""新消费"政策。

## 多重价值

中心紧扣"绿色、低碳、智能、安全"主题，坚持为汽车消费充"电"，在满足用户隐私保护、数据安全和政府法规等多方面的要求下，结合多方数据联合建模，充分发挥其在充电桩业务链的数据价值，为充电桩配套服务建设以及电动汽车消费各项环节开发更多实用的服务，为国家数字经济、实体经济以及消费经济全面发展提供思路。根据本项目的研究成果，价值主要体现在服务公司经营管理、客户优质服务、经济社会发展等方面发挥重要作用和价值。

### 为政府政策出台提供"定心丸"

2022年10月，国网江苏省电力有限公司联合江苏省工业和信息化厅、江苏省发展和改革委员会、江苏省财政厅等13个部门印发了《关于进一步促进电动汽车充（换）电基础设施健康发展的实施意见》，明确了新建居住区要确保固定车位100%建设充电设施或预留安装条件，满足直接装表接电需要；同时，促请江苏省住房和城乡建设厅及时修订《居住区供配电设施建设标准》，明确居住区内100%将线路敷设至停车位，按照10%的比例将充电桩建设到位，已于2022年11月公开发布社会征集意见稿。此外，江苏省各市、县级政府均出台居住区充电设施建设的具体落实细则文件，政策覆盖率达100%。

### 为行业指导挖潜树立"主心骨"

中心综合考虑线路建设成本、预计线路改造投资成本、预计公变改造成本、车位租赁成本和运营成本等影响充电桩经济效益的因素，构建了充电桩建设规划模型，为电动汽车充电站规划与运行提供了理论支撑，提升了充电设施利用率与充电站运行经济性。江苏省在全国率先实现了公用充电设施乡镇全覆盖、高速服务区全覆盖。截至2023年5月，江苏省累计建成各类充电设施63万根，其中公共充电设施14万根，为省域新能源汽车推广应用创造了积极条件。

### 为企业销售运营注入"强心剂"

中心从产品、价格、渠道、推广四个方面结合电力大数据，辅助电动汽车厂家进行营销策略研究，从电力消费角度构建客户群体画像，联动厂家销售反馈数据，综合电力大数据，尝试多元化销售渠道和模式，全面建立反馈机制并作出响应，根据全年人口用电消费集中时空分布，精准有力地提升了汽车品牌方的营销推广策略效果和整体服务质量；提升了在充电桩报装业务模型精度，制定新能源汽车充电电价政策，发挥电动汽车的"电力海绵"作用，稳定电网运行，保障电力安全供应；针对充电桩企业在选址考量以及投资评估方面，实现了充电站精细运营。

### 为居民用桩出行筹谋"暖心策"

中心建立了基于电力大数据的客户全周期服务模型，为前台人员提供更加准确的服务信息和决策支持，降低了时间成本与投资成本。截至2023年6月底，国网江苏省电力有限公司共完成"开门接桩"改造小区 915 个。这部分小区在完成改造后，实现了充电桩报装"零投诉"，且充电桩报装平均接电时长压缩在 1.9 个工作日以内，当日申请次日装表。居民用户优质服务方面，降低个人充电桩充电成本，鼓励居民用户参与电力移峰填谷，有利于新能源消纳和能源保供工作；新能源交通出行热点为居民提供了全面了解城市出行状况的机会，为居民客户错峰出行、错峰充电提供便捷服务，并且政府和企业可以借助这些数据制定更加科学合理的交通出行方案，提高人民出行的安全性和便利性。

**为社会高质量发展提供"向心力"**

中心长期致力于充电设施网络的高质量发展，除了有效满足 2023 年上半年 90% 增长的电动汽车报装需求，支撑 24 万辆新上牌电动车安全上路外，还在充电设施网络中积极开发公共充电资源供大众共享，推动预约充电等充电续航机制，在便民服务之际，更是用电费折减等管理手段，引导客户有序充电，提升新能源消纳比例，为电网错峰调节更好地保障夏季电力供应做出了贡献。常州地区统计数据显示，有效助力试点地区增加新能源消纳比例为 23%，实现碳减排 56% 以上。

## 各方评价

**江苏省工业和信息化产业厅产业转型升级处熊斌谦：** 江苏省率先实现公用充电设施乡镇全覆盖、高速服务区全覆盖。截至 2023 年 5 月，全省累计建成各类充电设施 63 万根，其中公共充电设施 14 万根，为新能源汽车推广应用创造了积极条件。

**某汽车企业营销负责人：** 国家电网为我们汽车企业提供的公共数据，可以有效地帮助我们甄别地域营销的潜力，更好地因地施策开展车辆向乡镇的销售活动。

**江苏省盐城市阜宁县住房和城乡建设部门相关负责人：** "统建统营"模式通过利用居民小区内部公共车位配建充电基础设施，可有效解决居民小区充电桩建设进场难、建设管理难、安全隐患突出等问题。

**常州市有序充电试点区域居民：** 开启了周边医院的公共服务设施之后，我们老旧小区电动车用户的选择更加多了，在优惠时段充电的积分收益也已到账，确实方便又实惠。

## 三、未来展望

可以在满足用户隐私保护、数据安全和政府法规等多方面的要求下，充分应用电力大数据建立数据共享平台，结合多方面数据联合建模，为数据价值链上的各个环节开发更多高效的服务，促进公司内外部数据的横向协同与纵向贯通，服务产业链现代化、促进电网提质增效、数据增值变现，让电力数据大有可为，助力国家数字化经济转型发展。借鉴本项目研究成果，电力大数据将迎来全新发展局面，在服务公司经营管理、客户优质服务、经济社会发展和国家治理现代化等方面发挥重要作用和价值。

用户优质服务方面，通过建立基于电力大数据的"取之于民、用之于民"的社会责任，帮助解决困难群众的生活问题。

服务企业经营管理方面，可提升社会数据共享与融合价值，进一步挖掘企业用户能效，促进企业用户经营提质增效。

服务经济社会发展方面，推动数字经济发展，催生智慧能源等新兴业态会成为经济新动力。

服务国家治理现代化、助力政府科学决策方面，可以辅助政府掌握经济运行状态，预测经济发展趋势，推动我国数字经济更好、更快地发展。

（撰写人：陈新崛、陈奕彤、倪玉玲、章劲秋）

国网浙江省电力有限公司临海市供电公司
# "慧眼 e 站"
# 驱动眼镜产业链"逆势突围"

## 一、基本情况

### 公司简介

国网浙江省电力有限公司临海市供电公司（以下简称国网临海市供电公司）营业范围覆盖临海市，电力用户 54 万多户，现设有 7 个职能部室、3 个业务支撑机构、8 座供电所和 1 家集体企业。自开展社会责任相关工作以来，国网临海市供电公司秉承国网浙江省电力公司社会责任管理的理念，聚焦山海古城临海建设，以西部括苍山区生态绿色发展为抓手，以东部国家级台州湾经济技术开发区新型电力系统建设为着力点，致力于将社会责任理念和实践融入工作的方方面面，助力实现乡村振兴、共同富裕的大局。国网临海市供电公司连续 6 年实施社会责任根植项目，在可持续发展领域开展积极探索与实践，其中多个项目被列为省级示范项目。

### 行动概要

临海市眼镜产业兴起于改革开放时期，40 年快速发展衍生出 3000 多家上下游企业的同时，惠企政策难以精准直达、上下游信息透明度不足、发展相对粗放成为限制其进一步发展的一大难题。

国网临海市供电公司着眼政企合作，从 2020 年起打造全省首个 100% 县域全覆盖的"慧眼 e 站"数据平台，创新引入产业景气指数、产业发展指数、产业能效指数，支持政府优化营销环境、赋能企业优化产能结构。截至 2023 年 8 月，基于"慧眼 e 站"平台，国网临海市供电公司为政府提供多项政策建议，为行业内所有规模以上企业提供产能平衡诊断，对 130 家低效企业进行走访辅导，为 58 家企业提供能效管理服务，通过优化企业用电调度、生产调度，助力企业降低能耗近 45%。

## 二、案例主体内容

### 背景和问题

多年来，浙江省立足"块状经济"和民营经济基础，持续发力激发产业内部化学反应，形成"集团军"，驱动经济整体提质增效，提升应对风险能力。作为浙江县域块状经济发展的典型代表，临海市眼镜产业链完整、专业化强，历经 40 余年的发展，已成为中国太阳镜生产基地和中国眼镜出口基地。2022 年，临海市眼镜产业链工业产值达到 60 亿元，出口海内外 50 多个国家，全产业链涉及眼镜企业 3000 余家，其中规模以上企业 72 家。

"家家买机器，户户做工厂"热潮带来较高产业聚集度的同时，也延伸出产业转型难题——如何让临海"制造"转型成临海"质造"，改变低端产品占比 65% 以上的困局？2020 年，突如其来的新冠疫情，对这个小散企业众多、外贸依存度高的行业造成了极大打击。面对订单下滑、份额下降的困境，降本增效、转型升级成为眼镜行业在严峻形势下的必选项，而这些企业转型又面临着以下难题：

**惠企政策难以精准直达，企业接收政策相对被动**

在临海市眼镜行业中，中小企业占比较高，家庭作坊、前店后厂、厂中厂等商业模式丰富，临时生产、压茬生产、借厂生产等生产形式多样，企业分类"画像"模糊，惠企政策智能匹配难。一方面是政策有时间差，政策发布周期通常为月或者年，而市场信息实时波动，难以精准适配；另一方面是政策有信息差，企业接收政策只能靠等、靠要，且多数企业难以在海量的政策中匹配最适合的优惠政策进行申报。

**信息难以及时互通，企业运营决策急需一本"精细账"**

自 2022 年上半年以来，眼镜制造业出现了从产业链下游逐渐向上游传递的销售冲击。《2022 年中国眼镜行业白皮书》显示，2022 年上半年，上海市及周边区域零售营业额减少 80%~90%，中小零售商 60% 以上的年订货量受到影响，眼镜产业生存压力加大。临海市眼镜行业中小企业较多，规模小，市场敏感度较弱。企业对市场情况、货源情况只能靠估计、靠感受，无法准确判断行业平均发展情况，难以应对自下而上的压力传导。产业端急需一本"精细账"帮助中小企业做好需求管理和产能管理，以应对随时可能发生的换货、退货、压货等问题。

### 资金难以支撑转型，获取可靠资金扶持难

临海市眼镜产业链多为家庭作坊和中小微企业，单品利润不足 3%，运营开支都是一笔不小的负担。高质量转型需要设备投资、厂房建设投资、购买数字化运营工具等，对中小企业而言资金压力较大。通过走访调研发现，区域内规模以上企业尚存在数字化平台工具技术滞后、改造周期长等困难。

总体而言，眼镜产业链中小企业转型主要面临着政策信息不足、产业数据缺失、增信数据缺失三大困难。而电网是触达政策端和企业端的关键纽带，以数字化电网链接政务数据与企业数据，将是支撑企业高质量转型的关键要素。

## 行动方案

面对政府与企业的双难题，国网临海市供电公司着力打造全县域覆盖、全链条覆盖的"慧眼 e 站"，抓取眼镜产业链的所有能效数据、经营数据等资源，分析企业可能面临的潜在风险，为企业低碳可持续发展提供关键支撑。

"慧眼 e 站"的主要功能

**破解惠企难题——创新引入三大指数，绘制产业经济"晴雨表"**

国务院办公厅发布的《关于进一步优化营商环境降低市场主体制度性交易成本的意见》指出，应加强涉企信息归集共享，对企业进行分类"画像"，推动惠企政策智能匹配、快速兑现。为更好地支持政府开展惠企工作，一方面，国网临海市供电公司打破跨行业、跨部门的数据壁垒，狠抓存量信息匹配、增量信息采集、全量开具发票三个关键环节，做到财税、电力、工商等信息"按需匹配、应配尽配"，实现企业电力数据、生产运营数据、财税数据的综合分析；另一方面，国网临海市供电公司首创眼镜产业景气指数、产业发展指数、产业能效指数，综合评估市场活动强度、生产活动强度、用能效益情况，为助力惠企政策快速兑现提供数据抓手。

**破解产业难题——打破产业链信息壁垒，为企业提供决策支撑**

**发布"4 本账"实现消费测运营优化。** 通过单个企业以及供应链企业能源监控，"慧眼 e 站"可生成运营健康报告、用能分析报告、产业运行报告、总结报告，并通过 4 本账支持消费测运营提升。企业可以通过能效报告了解自身电销和电税水平在行业的情况，做好针对性降碳。

"慧眼 e 站"4 本账

**三色分级管理支持企业高效运营。** 此外，国网临海市供电公司以企业运营健康程度为依据，为企业设置红码、黄码、绿码。对于红码企业，国网临海市供电公司协同政府、上下游企业重点走访，了解企业运营困难并重点跟进；对于黄码企业，国网临海市供电公司积极跟进税电指数改进情况，定向沟通了解运营难题，致力于推进黄码企业健康生产；对于绿码企业，国网临海市供电公司组织政府、专家前往，学习其先进经验，选树标杆，推动先进经验的传播和复制。

**破解降碳难题——"一站式"服务，精准助力企业高质量转型**

**一键响应助力节能降碳。**面对双限双控要求，国网临海市供电公司根据区域能控要求，丰富"慧眼 e 站"应用场景，创新全产业链、全区域、全时间尺度的"一键响应"需求侧管理模式，每 15 秒更新一次全域数据，打破电力管理空间和时间的限制。通过"慧眼 e 站"，国网临海市供电公司可以深入探查链条和链点、高耗能企业具体能耗、用能管理与预算管控等，对企业电力和用能信息异常实现及时预警、比对和分析，挖掘企业用能异常。在国网临海市供电公司的支持下，企业可以更好地明确能效问题点是源自设备老化、管理不佳或是工艺问题等，从而提高能效，降低碳用能排放。

**帮助企业获取降碳专项资金。**面对降碳资金从哪里来、降碳成效怎么看等问题，国网临海市供电公司通过"慧眼 e 站"生成的企业用能分析报告，主动对接银行等信贷机构，将用能分析报告作为贷款审批的重要依据，支持企业获得低息贷款，帮助企业绿色转型。此外，国网临海市供电公司还会根据企业多维度数据定期跟踪降碳成效，"一企一策"助力企业高质量发展。

**破解沟通难题——打造跨部门产业生态大联盟，共建信任基础**

国网临海市供电公司拥有近 20 年数字化工具探索经验，在科技创新领域处于全省前列。为创造多方价值，国网临海市供电公司总结应用"互联网＋产业链"专项经验，高效联动内外部资源——"地方政府＋供电网点＋物资公司＋供应商＋眼镜产业企业"，着力构建产业生态大联盟。产业生态大联盟秉持属地协调、联合考评、信息互通三项机制，通过信息共享和信任共建，让数字壁垒和信息壁垒不再成为政企联动、产业联动的难题。截至 2023 年 8 月，共有 200 家单位、21 个政务部门参与联盟，产业生态大联盟初成规模。

## 多重价值

### 首创省内县域 100% 全覆盖产业链图谱

与试点方案相比，全县域覆盖的能源解决方案对即时性、稳定性、精确性要求极高，算法支撑与技术处理难度呈指数增长。国网临海市供电公司着力搭建"慧眼 e 站"，实

"慧眼 e 站"监测工作室

现临海市 3188 家工业企业测点安装 100% 覆盖、电力用能数据 24 小时全采集与实时更新，并以区域"拳头产业"——眼镜产业为抓手，绘制"时尚休闲产业"（眼镜产业）标准图谱，对链条整体及各链点用电数据和变化趋势、重点企业的用电量占比情况等实时展示，提升县域能源管理的数字化和智能化。

### 首创眼镜产业"县域—辖区—企业"三层钻点

产业一体化发展的最大难题是数据壁垒。为破解这一难题，国网临海市供电公司加强与各利益相关方沟通，深入产业园、社区走访，突破原有"县域—辖区—企业"三层钻点，将电力数据获取下钻至"县域—辖区—企业—生产线"层面，有效解决了厂中厂、借厂生产等能耗统计问题。

### 首创指标迭代管理，助力节能降碳工作闭环提升

国网临海市供电公司围绕电税、电销等指标，帮助企业制订改进计划，明确重点指标，帮助企业针对性提升。此外，为保证该流程顺利推进，国网临海市供电公司内部也设定了系列指标，如企业需求回应率、行业客户回访满意度等，定期复盘计划落实情况

国网临海市供电公司为杜桥眼镜城用户提供能效管理服务

并制定改进措施。

　　为保证改进措施的持续推进和落地，国网临海市供电公司进一步统一了"慧眼 e 站"运作标准——集成性、稳定性、保密性，即统一数据源抽取、清洗、转换标准；统一同质用户使用权限，保证企业和政府的分批数据获取稳定；统一保密标准，严格按照国家规定的最高保密要求处理数据，严防信息泄露。

## 各方评价

**临海市政协副主席陈福清：**国网临海市供电公司要进一步开拓创新，高水平引领行业示范，当好"先行官"，服务好地方经济稳增长，促进临海市企业高质量发展。

**临海市头门港工业企业：**非常感谢临海市的数据平台，之前一批眼镜滞销，多亏大数据帮我们匹配到了合适的下游厂商，我们的厂子才能发展起来！

**临海市政府财税局：**有了大数据平台，打通了很多渠道，我们的政策分析也有抓手了，国网临海市供电公司的项目有价值、有意义！

## 三、未来展望

　　眼镜行业是临海市支柱产业。我们期望以数字化的综合供电配套能力支持该行业更好地发展，支持企业从"临海制造"到"临海质造"，再到"临海智造"的转变。未来，我们将持续升级数字化服务能力，支撑各电压等级电网在线可视化诊断评价、持续落实"电网一张图、数据一个源、业务一条线"。此外，我们将联合多方力量，汇聚多方数据资源，发挥优势，利用数字技术构建多维精益管理体系，实现经营管理全过程实时感知、精益高效，促进发展质量、效率和效益全面提升，以数字化提高电力精准服务、便捷服务、智能服务水平，支撑相关部门高效决策，赋能产业链高质量转型。

　　　　　　　　　　　　　　（撰写人：汤易、童渊、蒋宜秀、周灵江、郑剑波）

国网江苏电力有限公司常州供电公司

# 电力大数据帮劳动者解"忧酬"

## 一、基本情况

### 公司简介

常州电力工业起步于 1914 年，至今已有百年的发展历程。国网江苏省电力有限公司常州供电分公司（以下简称国网常州供电公司）下辖金坛、溧阳两个供电公司，营业区覆盖溧阳 1 个县级市和金坛、武进、新北、天宁、钟楼 5 个区，营业厅数量 45 个，服务客户 304.23 万户。

截至 2023 年 8 月底，常州地区共有 35 千伏及以上变电站 236 座，其中 500 千伏换流站 1 座、500 千伏变电站 5 座、220 千伏变电站 55 座、110 千伏及以下变电站 175 座，变电容量 5045 万千伏安，35 千伏及以上输电线路 773 条，总长 7205 千米。

2023 年，常州全社会用电量 625.09 亿千瓦·时，同比增长 2.58%。工业用电量 466.36 亿千瓦·时，同比增长 3.18%。调度最高用电负荷 1016 万千瓦。

国网常州供电公司先后获得"全国文明单位""全国五一劳动奖状""全国用户满意企业（市场质量信用 AA 级）""国家电网公司先进集体""国家电网公司文明单位""江苏省先进基层党组织""江苏省文明单位标兵""常州市特别重大贡献奖""常州市五星级企业"等荣誉称号。

2023 年，国网常州供电公司坚持"稳中求进"工作总基调，坚

可持续发展目标

8 体面工作和经济增长

持"多做贡献、全面争先"的定位不动摇，全面推动公司各项工作再上新台阶，努力为国网江苏电力有限公司在全面建设具有中国特色国际领先的能源互联网企业中站排头、当先锋、作表率，为奋力书写好中国式现代化的常州答卷做出更大的贡献。

### 行动概要

拖欠劳动者工资是法律问题，也是社会问题。全面治理拖欠工资问题，不仅要以严格的政策法规约束惩处，更要从源头上杜绝和减少欠薪问题的发生。《保障农民工工资条例》第三十八条规定，县级以上地方人民政府应当建立农民工工资支付监控预警平台。在此背景下，国网常州供电公司聚焦业务创新发展和社会科学治理，建立"电力数据辅助劳动关系预警监测平台"，通过监测分析企业生产力水平和异常用电情况，实现预警因企业异常经营而发生欠薪事件的风险，协助劳动监察部门在企业出现欠薪苗头时及时堵住漏洞，监管模式由被动转向主动，与政府部门形成治理合力，切实维护广大劳动者的合法权益和劳动公平秩序。

## 二、案例主体内容

### 背景和问题

让劳动者体面地工作、有尊严地获取报酬，是文明社会的基本特征。但是，在城市化进程加快和市场经济迅速发展的过程中，拖欠劳动者薪酬事件时有发生，不仅损害了劳动者的合法权益，更引发了深层次的社会信任危机，冲击着社会的和谐与稳定。国家及各省市相关部门高度重视拖欠工资事件的治理，严厉惩处违法违规行为。2022 年，江苏省法院部门审结各类欠薪纠纷 4 万余件，帮助劳动者追索劳动报酬约 5 亿元。

采取法律手段处罚恶意欠薪行为虽然能够有效帮助劳动者追回工资，但在根除欠薪"痼疾"、防止问题发生上仍然略显乏力。一是缺乏及时有效的监测手段堵住漏洞。劳动监管部门无法及时准确地掌握企业经营状况信息，进行有效预判，提前实施干预，从源头上阻止欠薪事件发生，从而导致欠薪事件愈演愈烈。二是缺少遏制欠薪乱象的强大合力。仅仅依靠监管部门容易产生监控滞后、不全面的问题，因此需要凝聚利益相关方的力量，从监督、控制、发现、查处等各个环节遏制乱象，维护劳动公平秩序。

《保障农民工工资支付条例》第三十八条规定，县级以上地方人民政府应当建立农民工工资支付监控预警平台。在此背景下，国网常州供电公司充分发挥电力大数据实时、精准的特性优势，主动与政府职能部门（常州市人力资源和社会保障局）进行对接，建成江苏省首个涵盖电、水、气、税等要素的综合性预警监测平台，主动成为根除欠薪"痼疾"中的重要一环，推动被动"清欠"变为主动"防欠"。

## 行动方案

国网常州供电公司将自身发展融入构建和谐社会的进程中，积极响应国家政策，不断创新业务，搭建平台，加强与政府部门合作，成为劳动者合法权益的守护者和社会公平秩序的维护者。

### 搭建平台，妙用电力数据监测劳资关系

用电数据是企业的经营状况的"晴雨表"，如果企业用电数据出现明显异常，那么该企业很可能存在经营不良的情况，进而发生劳资纠纷的风险。国网常州供电公司将电力数据作为监测企业经营情况的切入点，将劳动关系与电力大数据相结合，建立"电力数据辅助劳动关系预警监测平台"（以下简称平台），采集用电客户信息、电度电费信息、违约用电窃电信息等数据，从生产水力平、欠费、欠费停电、窃电行为、用电容量变更等维度，构建劳动关系预警模型，从电力行为角度评价企业风险等级，有的放矢提高监管效率。

**企业生产力水平监测分析**

构建生产力增长指数，利用生产力增长指数对水平进行预警等级企业生产力划分，划分等级为 **无预警、黄色预警、橙色预警** 和 **红色预警**

**黄色预警** 当生产力增长指数为[-30%,-10%]时,表明该企业生产力下降了10%～30%，即设置预警等级为黄色预警

**橙色预警** 当生产力增长指数为[-70%,-30%]时,表明该企业生产力下降了30%～70%，即设置预警等级为橙色预警

**红色预警** 当生产力增长指数为小于-70%时,表明该企业生产力下降超过了70%,即设置预警等级为红色预警

生产力监测预警分析

**划分企业生产力水平等级**

国网常州供电公司利用平台将企业的用电量按权重比较，构建出生产力增长指数，经统计分析将企业生产力水平预警划分黄色、橙色、红色三个等级，分别代表生产力下降 10%~30%、30%~70%、70% 以上，相关部门可以根据不同预警制定相应措施，提高监管效率。

**重点监测分析异常用电**

针对欠费企业，国网常州供电公司对月度欠费金额 1 万元以上的企业进行欠费占比预警等级划分；针对欠费并停电的企业，在一个统计周期内计算企业累计欠费停电次数，对企业的欠费行为进行预警等级划分。

窃电模型构建流程

针对窃电行为，国网常州供电公司利用 XGBoost 算法等大数据技术构建企业窃电智能识别模型，识别非设备自然损耗原因引起的电量损失，精准识别窃电用户，输出疑似窃电用户清单，将电能表分为高、中、低三种风险等级；针对用电容量变更、监测临时性减容达到 1 个月以上的企业，根据企业当月是否申请拆除、当月是否申请暂停、一个统计周期内（从年初累计开始算起）企业累计减容次数，对企业用电容量变更情况进行预警等级划分。平台根据以上分析，输出企业欠费、欠费停电、窃电、用电容量变更的清单明细，实现异常状况预警，帮助相关政府部门及时发现企业异常经营状况。

**临时用电企业监测分析**

国网常州供电公司主要从非房屋建筑和房屋建筑这两个行业入手，对装表临时用电的企业进行监测，监测其是否正常用电，并提供异常用电的企业清单。针对非房屋建筑行业临时用电企业，利用当月电量与合同容量构建容量利用率，基于统计分析方法，根据容量利用率对非房屋建筑行业临时用电情况进行预警等级划分，根据规则分别划分为不预警、黄色预警、橙色预警和红色预警。

**形成合力，承担企业公民责任参与社会治理**

国网常州供电公司积极推动平台在相关政府部门的应用，在严格保护企业信息隐私的前提下，逐渐与各利益相关方形成合力，遏制欠薪乱象的发生。同时，国网常州供电公司提供线上线下服务，线上提供 PC 端查询、数据接口等方式；线下提供统计分析结果、分析报告等服务方式，辅助人力资源和社会保障部门监控和预警工资支付隐患。

2022 年 6 月 9 日，常州市人力资源和社会保障局与国网常州供电公司签订"劳动关系 + 电力大数据"战略合作框架协议，双方重点在劳动关系预警、企业信用管理和诚

战略合作框架协议签订仪式

信建设、劳动争议解决等方面开展合作，共同推动电力大数据在保障劳资关系、改善民生环境方面的创新探索和复制推广，积极探索构建"劳动关系 + 电力大数据"政企合作新模式、新生态。

## 关键突破

### 首创劳动关系预警监测平台，提升劳动关系预警智能化发展

平台为国网常州供电公司首创，基于自身优势，着眼于社会需求，将企业社会责任根植于业务，将平台打造为预警不良劳动关系的"哨点"，利用电力大数据技术代替传统的人工摸排手段，提升劳动关系预警的数字化、智能化发展，有效预警风险，维护劳动者合法权益。

### 以平台为基础，政企合作创新社会科学治理手段

平台的搭建为劳动监察执法工作带来了新思路，大幅度提高了基层执法人员的工作效率，实现了主动监管和防控，确保争议发现和预警在早，防范和化解在先。同时，平台的搭建实现了政企跨界合作，形成遏制乱象的强大合力，创新了社会科学治理手段，有效地维护了社会公平正义。

劳动监察支队现场执法

## 多重价值

### 遏制欠薪行为，保护劳动者合法权益

拖欠工资行为往往具有一定的隐蔽性，部分劳动者法律意识淡薄，维权行动面临重重困难。平台的应用能够实现有效的欠薪事件监测预警，在欠薪发生之前就能够及时遏制，保护了劳动者合法权益，避免了劳动者为追讨薪资而增加额外负担，让劳动者劳有所得，让工作更有保障。

### 助力政府部门创新执法思路，提高监管效率

平台的应用能够帮助常州市人力资源和社会保障局及时监测企业运营变化，及时发现企业异常经营状况，预警欠薪风险，有序开展人力资源分配和再就业指导。平台将低

效率的人工摸排转变为高效率的数据监测。国网常州供电公司将全市 22344 家高压用电企业纳入监测范围，分析其生产经营用电情况，共挖掘出 45 家疑似存在欠薪风险的企业。

2022 年 4 月，平台监测到位于常州金坛区的某企业 1~3 月用电量分别下降约四成、七成和八成，生产力水平大幅下降达到红色预警水平。常州市劳动监察支队收到平台预警后，立即组织核查，发现该企业一季度共拖欠 64 名职工工资，金额高达 260 余万元，于是依法向当地人民法院申请强制执行，并将该企业列入"拖欠农民工工资黑名单"。同月，某建设工程公司当月生产力水平下降近 30%，且该公司曾在 3 月发生窃电行为。平台通过分析电力相关数据，发出欠薪红色预警。劳动监察部门收到预警后，对该公司开展现场执法督察，确认其经营困难，已无法维持正常生产，随后将其列入重点关注名单，督促其保障工人工资 100% 支付。

### 树立电网创新形象，拓展业务机会

通过平台能够及时发现生产力有变化的企业，为其提供上门问诊、优化用电模式等个性化服务，助力营造良好营商环境。同时，平台作为国网常州供电公司首个获得计算机软件著作权的数据分析和应用成果，有效地提升了公司的自主创新能力，树立起创新、智能、高效、负责的企业形象。平台的搭建也为国网常州供电公司带来更多的业务发展机会。国网常州供电公司与常州市人力资源和社会保障局合作，依托双方业务、资源优势，加强业务交流互动，未来将挖掘更加广泛的业务合作场景。

### 维护社区公平秩序，建设美好城市

常州市劳动年龄人口超过 340 万人，保护广大劳动者的权益，维护社会和谐稳定是常州市争创全国文明典范城市、谱写"强富美高"新常州的重要一环。平台对欠薪行为的预警，更有力地维护了劳动公平秩序，保障了基本民生，助力达成全社会遵法守法的法治共识。同时，平台有助于根治欠薪"痼疾"，为弘扬社会正气，建设和谐社会和可持续发展城市贡献力量。

## 各方评价

**被企业拖欠薪资的劳动者：**相关部门从大数据平台上分析出企业存在欠薪行为，提早介入，为我们减轻了负担，解决了后顾之忧。

**常州市人力资源和社会保障局：**国网常州供电公司相关部门主动对接，沟通需求，积极发挥电力大数据在监测企业生产经营相关指标变化方面的价值应用，运用信息化和大数据技术，监测预警企业生产异常情况，辅助劳动监察部门从源头堵住欠薪漏洞，助力提升劳动关系预警的数字化和智能化发展，促进企业信用管理和诚信建设。

**《中国电力报》：** 电力大数据技术代替传统人工摸排手段，为劳动监察执法工作带来了新思路并实现主动监管和防控。这样的政企跨界合作实现了社会治理手段的创新。

## 三、未来展望

国网常州供电公司将深度联合政府部门、银行机构、单位企业、劳动者等利益相关方，创新应用社会责任理念与方法，充分发挥电力大数据实时、精准的特性优势，推动被动"清欠"变为主动"防欠"，让劳动者不再"忧酬"，携手打造和谐美好的城市营商环境。

（撰写人：范磊、王数、邱麟、金琳、刘甜、徐多、商显俊）

国网江苏省电力有限公司无锡供电分公司

# "电力警报"绘就"净美无锡"新画卷

## 一、基本情况

### 公司简介

国网江苏省电力有限公司无锡供电分公司（以下简称国网无锡供电公司）成立于 1909 年，至今已走过了百年发展历程。截至 2022 年 12 月底，国网无锡供电公司营业客户达 410.42 万户，共有 35 千伏及以上变电所 347 座，变电容量 6800.8 万千伏安，35 千伏及以上线路总长 7955.2 千米。

近年来，国网无锡供电公司先后获得了全国"五一劳动"奖状、全国文明单位、全国工人先锋号、国网公司先进集体、国家科学技术进步二等奖、全国"安康杯"竞赛优胜单位、全国实施用户满意工程先进单位、全国实施卓越绩效模式先进企业、江苏省文明单位标兵、江苏省用户满意服务明星企业、无锡市服务产业强市先进集体、无锡市服务地方发展优秀单位等荣誉。

面对新的形势和任务，国网无锡供电公司将稳中求进、担当作为，扎实抓好电力保供，全面完成各项任务，为谱写"强富美高"新无锡现代化建设新篇章做出更大贡献！

### 行动概要

水环境治理，表在水里，根在岸上。如何能够标本兼治、推动水环境持续改善，"以水兴城、以水为魂"的无锡市政府一直在努力探索。致力于以"电"与"城"同心同行的国网无锡供电公司，通过建立"电力警报"水污染监测平台，依据电力大数据场景分

可持续发展
**目标**

析,在排污、控污、治污等关键环节进行常态化监测,将全市 26394 家重点排污企业、7800 多个入河(湖)排污口纳入监测范围,通过实时监测排污企业用电量变化情况及能耗状态,生成分析报告,为精准治污、科学治污、依法治污提供数据支撑,推动无锡市政府水污染治理由散点式转变为精准化、集中化、智能化的新型水治理模式,描绘出"水与城共融、人与景共生的'净美无锡'"新画卷。

## 二、案例主体内容

### 背景和问题

太湖因水而美,江南因水而兴。太湖流域以不到全国 0.4% 的国土面积养育了全国 5% 的人口,创造了全国 10% 的 GDP,繁荣了被誉为中国最富裕地区之一的江苏、浙江、上海"两省一市"的环太湖经济圈。无锡市地处长江三角洲平原腹地,南濒太湖、北临长江,京杭大运河穿城而过,水成为无锡市最鲜明的地域特征,江苏省 15 条主要流入太湖的河道,有 13 条在无锡市。

被誉为"太湖明珠"的无锡市,拥有太湖水域面积的近三成。无锡市企业众多,其中纺织、化学、造纸、钢铁、电镀、食品等重点工业有 26394 家。2022 年,无锡市发生了多起企业非法设置地下暗管用于排污、倾倒含磷等化学物质的废液、通过雨水管网排放废液、篡改监测数据逃避监管方式等各类水污染事件。

与此同时,每年政府都会投入大量资金进行太湖治理,2022 年,国家治理太湖投入了 102 亿元,2023 年投入 110 亿元。2022 年 6 月,国家发展和改革委员会等六部门印发了新一轮《太湖流域水环境综合治理总体方案》。

电力大数据跟随电网一起联通着千家万户,具有数据量大、覆盖面广、采集频度高等特点,依托电力大数据开展的各类智慧城市应用场景与社会治理契合度极高,能有效破解城市管理难题。在太湖新一轮治理起步之时,电力作为城市的"血液",国网无锡供电公司该如何发力?又该如何唱好新时代的"太湖美"?针对全市企业及排污口精准画像,国网无锡供电公司建立了"电力警报"水污染监测平台,依据电力大数据场景分析,在排污、控污、治污等关键环节进行常态化监测,并通过实时监测排污企业用电量变化及能耗状态,生成分析报告,辅助环保部门实时掌握设施运行情况,助力无锡市政府高效开展水污染治理工作。

## 行动方案

### 新方式：全面摸排水治理数据特征

国网无锡供电公司掌握的电力数据覆盖面广、采集频率高，每15分钟采集一次数据，并能够通过数据精确地进行各种分析。国网无锡供电公司立足生态环境部门的实际需求，以水环境治理相关用电设施与下游水质环境监测点指标数据为切入点，通过接入排污源头重点企业、农业灌溉区、污水处理厂等电力数据，获取用电特征值，将日用电量进行对比分析，进行多场景、多算法、多应用等研判分析，根据变化情况判断设施是否正常工作，全面分析无锡市水污染源头情况。目前，"电力警报"水污染监测平台与无锡市生态环境综合行政执法局、市生态环境监测监控中心共享数据进行实时数据分析，对无锡市 26394 家涉污企业、168 家污水处理厂、2354 个农村污水处理设施、22 个农业灌溉点、11 个藻水分离站以及 7 个蓝藻打捞点广泛监管监测，确保污水处理达标排放。

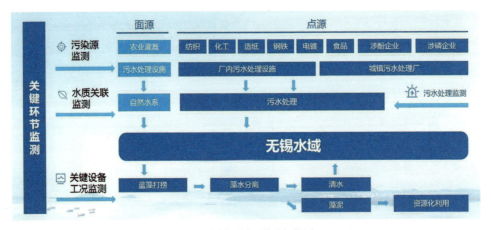

对无锡水域关键环节进行监测

### 新模型：推动水污染治理全环节管控

国网无锡供电公司利用信息处理、数据可视化、三维渲染等技术，不断提高"电力警报"水污染监测平台数据质量，拓展电力数据应用场景，为政府提供精准决策的量化依据和数据支撑。"电力警报"水污染监测平台解决了之前监管人员不足、监管面窄的问题；与传统的人工监测分析相比，其准确性更高，更具公平性和说服力。

国网无锡供电公司根据前期研判分析情况和环保专业监测需求，依据不同场景下的设施运行规律，研究电力数据与设备排污之间的深层联系，融合生产管理系统（Production Management System，PMS）、营销、配电自动化等电力数据，打通内外部壁垒，打造基于数据中台的在线数据分析工具；根据设施用电量变化情况，构建重点行业用电行为、农业灌溉设施典型用电、平滑用电抖动、环境影响预测等模型，为政府部门提供企业昼夜用电差异的清单、疑似异常用电预警服务，辅助环保部门精确掌握污水排放情况。

国网无锡供电公司水治理平台

### 新突破：协助监管部门"靶向"执法

国网无锡供电公司通过对历史关停企业构建用电数据模型，对已关停企业是否真实关停、转产情况进行常态监测，对疑似违法违规的"小化工""厂中厂"和"散乱污"企业，尤其是存在于居民集中区的企业、工业摊点和工业小作坊的用电数据信息进行采集和挖掘，助力安全监管"靶向"执法。

2022年，国网无锡供电公司共计协助生态环境部门排查414家已关停"散乱污"企业，发现10家企业存在疑似"日停夜生产"情况；对太湖上游某村开展涉酚企业专项分析，发现2家企业存在"偷生产"情况。"电力警报"水污染监测平台可以对区域内的所有污染企业进行统一监管，无论其规模大小，涉及面广且监管效率高。

2022年，国网无锡供电公司针对工业和信息化部门提供的275家关停企业名单，通过电力大数据核查，发现其中有56家企业存在生产用电情况。经无锡市各级应急管理部门工作人员现场执法检查发现，这56家企业均存在厂房出租、企业经营范围变更、

工作人员开展无人机巡检

企业转行等情形，未发现违法违规"小化工"情况。"电力警报"水污染监测平台大大提高了执法效率，实现了监测、预警、执法核查全链路闭环管理。

### 新应用，动态视频监测助力碧水青山

国网无锡供电公司开展太湖蓝藻图像识别算法研究，探索"电力＋生态"跨领域数据应用新途径。利用无锡水域输电杆塔现有视频监控设备，将输电视频监控可视化系统中的防外破、山火识别等算法应用到环境图像监测领域，改进 YOLOv3-GD（YOLOv3-Grain Depot）深度学习算法，进一步提取出有效帧图片中关键目标的类别和位置等关键信息，从而有效识别水域污染等级，实现自动预警，提升管控力度。

另外，国网无锡供电公司还构建了污水治理设施景气画像，助力精准治污。通过治污设施的电力数据特征构建景气分析模型，研判和评价治污设备的优、良、中、差等状态等级，深入分析排污、治污、控污全过程，高效分析污水治理设施运行情况及能耗状态，助力治污成效分析，提高了水域治理效率。

"电力警报"水污染监测平台定期汇总数据，对照实际情况，不断优化分析模型，

无锡水域输电杆塔视频监控设备

总结经验，为精准治污、科学治污、依法治污提供数据支撑。2022 年，国网无锡供电公司完成 1 份综合报告、5 份数据分析的编制，并将相关报告移交给无锡市生态环境部门，辅助政府部门实现了真实完整、可量化、可溯源的全程监管，并为全国水环境治理提供了可复制案例，为其他行业提供了可借鉴的依据和参考。

### 多重价值

**环境效益**。通过"电力警报"水污染监测平台，全市范围内 7800 多个入河（湖）排污口均已记录在册；截至 2022 年，列入分类整治的入河（湖）排污口已全部完成整治，整治完成率达到了 100%。

通过政企联合排查整治，有效改善了无锡市水环境质量，助力太湖流域水生生物多样性保护，助力太湖持续发挥生态支撑作用，在全国树立起湖泊治理的新标杆。2022 年，无锡市 25 个国考断面水质优Ⅲ比例为 84%，同比上升 4 个百分点；71 个省考断面水质优Ⅲ比例为 94.4%，同比上升 1.4 个百分点，两项指标均达到考核以来的最好水平，其中，河流型断面水质优Ⅲ比例首次达到 100%。

**经济效益**。与传统通过"铁脚板"开展人工抽查的方式相比，"电力警报"水污染监测平台巡查效率是人工抽查的 490 倍，查处效率提升至 100%；减轻了生态环境部门

工作人员查看平台信息

一线执法人员工作的压力，节约了大量的人力、物力、财力。有了碧波净水，再加上无锡太湖湾地区具有丰富的生态旅游资源，正在吸引越来越多的游客，成为年接待游客最多的景区之一。

**社会效益。**"电力警报"水污染监测平台赋予太湖新的发展内涵，凝聚起无锡市各方共同推动大数据应用的共识与合力，助力太湖治理效果大幅提升，让太湖这颗"江南明珠"重现生态之美。国网无锡供电公司电力大数据助力水环境治理典型成果获得2021电力人工智能与大数据优秀应用二等奖，被新华社、凤凰网等主流媒体宣传报道，为全国水环境治理提供了可复制、可推广的示范样本。同时，国网无锡供电公司发掘电力大数据价值的成功做法与经验，为其他行业大数据应用树立了标杆，有效地提升了电网企业的品牌形象。

## 各方评价

**无锡市生态环境监测监控中心严勇：**电力数据的加入，让我们的环境监测工作增加了一个重要维度，可以从更多方向综合开展分析。企业的生产运转情况，通过电力大数据可以一目了然。在这次排查中，发现 2 家涉酚企业有偷偷生产的现象。

**无锡市生态环境监测监控中心石浚哲：**有了电力大数据的辅助，就仿佛多了一双眼睛，无论是监管执法还是监测监控，都如虎添翼。

**无锡市生态环境综合行政执法局执法调查科楚龙飞：**与人工抽查相比，应用电力大数据跟踪"散乱污"企业运转情况时，工作效率获得大幅度提高。

## 三、未来展望

下一个阶段，国网无锡供电公司将持续发力，加强与生态、水利等部门的深入合作，巩固提升现有水污染防治等协作机制，织密无锡市水生态保护网；开展"电网一张图"在无锡市水域治理的应用，在电力大数据的基础上拓展分析融合气象数据、地理信息、企业档案等，构建多元预警模型，并结合实时量测中心平台，提升水闸、泵站等关键水利设备运行分析的实时性等；通过深度挖掘电力大数据的潜在价值，服务生态环境高效治理，并将"无锡样本"推广至全国，赋能国家绿色发展，助力打好打赢"蓝天、碧水、净土保卫战"。

（撰写人：丁罕、王晗卿、赵琳）

国网四川省电力公司资阳供电公司
# 数据融合打造"电力＋环保"精准治理样板

## 一、基本情况

### 公司简介

国网四川省电力公司资阳供电公司（以下简称国网资阳供电公司）成立于 2001 年，负责资阳市电力供应和电网建设。国网资阳供电公司始终秉承以利益相关方为中心，促进综合价值共创的可持续发展理念，致力于提供优质的电力服务，并积极履行社会责任，推动公司和电网的高质量发展。

一方面，国网资阳供电公司高度重视社会责任与可持续发展实践，通过多种方式履行企业社会责任。首先，在优化电力服务方面，通过上门服务，解决客户家中用电难题，提高电力服务的质量。其次，积极与民生企业、服务机构、志愿者等合作，共同构建居民身边的民生服务生态圈。此外，国网资阳供电公司还推动安全生产、优质服务、电网建设、科技创新、乡村振兴、公益项目等方面的社会责任实践。另一方面，国网资阳供电公司将社会责任理念融入公司运营管理的各个环节，从电网建设到电力服务都注重实现经济效益和社会效益的综合价值最大化，为资阳市的经济社会可持续发展提供坚强的能源保障。

### 行动概要

国网资阳供电公司与资阳市生态环境局深入探索电力和生态环境数据的融合，共同打造电力大数据助力生态环境精准治理的示范样板。通过电力大数据分析和利用，为制定科学合理的污染治理方案提供支撑；通过在数据管理、共享和分析方面的紧密协作，双方建立了高效的数据交流平台，为生态环境治理提供更全面、综合、准确的依据。

# 二、案例主体内容

### 背景和问题

倡导绿色发展、节能减排、生态文明建设已成为我国发展战略的重要组成部分。同时，环境保护也已成为社会各界关注的焦点，公众对环境污染问题的敏感度不断增加，对环境保护的要求也越来越高。

然而，环境保护（以下简称环保）工作并非一帆风顺，环保人员在进行环保检查时面临着一系列困难。一方面，环保检查工作的范围广泛。环境问题涉及各个行业和领域，覆盖大面积的企业、工厂和居民区。环保人员需要投入大量的时间和精力开展检查工作，同时还要具备广泛的专业知识和技能。另一方面，环保人员面临着技术手段和方法的限制。环境治理需要依靠科学技术的支持，但在某些方面仍存在技术瓶颈和不足。例如，监测和评估污染物排放的准确性和实时性仍然需要改进，对于一些新型污染物的监测和控制方法也需要不断研发与完善。环保人员在开展环保检查时发现，某些企业为了私利，

资阳市美景

与环保监管部门"捉迷藏""打游击"的现象仍然存在，检查人员一来，企业就停产；检查人员一走，企业又开始偷偷排污，环保部门很难抓住现行。

国网资阳供电公司利用海量用户用电数据，在确保数据安全和企业隐私的前提下，通过大数据分析手段，对企业的生产运营情况进行监测分析，为环保部门精准督查企业限产、停产落实情况提供重要的数据支撑，助力环保监管精准化、高效化、数字化。

## 行动方案

得益于国网资阳供电公司与资阳市生态环境局良好的政企协作关系，为解决生态环境局面临的督查准确率不高、成效不明显的困境，2021 年 10 月以来，国网资阳供电公司按照"政府主导、电网承建、多方参与、合作共赢"的工作原则，以提升生态环境监管执法和治理能力现代化水平为目标，依托资阳市能源大数据中心平台，强化电力大数据价值赋能，突出示范引领，坚持实用实效、阶段实施、以用促建、边用边建、有序拓展，全面构建"电力大数据 + 生态环保监测"新模式。

**一是整合电力与环保数据。**首先，双方通过数据分析可以识别和预测环境问题，包括水污染、气候变化、土壤退化等。通过分析历史数据与趋势，可以发现潜在的环境威胁和污染源，及时采取措施进行预防和治理。其次，基于大数据分析，生态环境局可以优化环境保护资源的分配和管理，提高工作效率。

**二是明确基础数据来源。**电力数据以营销业务系统和用电采集系统为主，包括企业用电编号、企业名称、监测日期和固定周期的峰、平、谷及总电量等。环保数据以环境保护在线监测系统为主，包括企业相关信息：企业名称、地理位置、企业负责人、污染物类型、生产类别等生产数据；水质相关数据：水质监测点位、化学需氧量、五日生化需氧量、溶解性正磷酸盐、总磷、氨氮、色度、悬浮物、pH 值；空气质量监测数据：监测点位名称、监测点位置、PM10、PM2.5、CO、$NO_2$、$SO_2$、$O_3$ 等。

**三是明确监测分析机制。**收集企业近 3~5 年的电力、环保数据，用于企业生产用能与环保指标的相关性分析，通过相关性分析，实现指标间的影响关系，建立自变量指标与因变量指标间的线性关系、非线性关系等回归关系。按照电力数据与环保数据"独立分析 + 综合研判"的方式进行环保监测。电力数据分析方面：以日用电量为核心，用企业当日的用电数据除以企业日基准电量（近 12 个月的月平均电量剔除未生产等异常月份，除以 30 天），其数值范围一般在 0~1.5，可反映企业生产活跃程度。环保数据分析方面：为保证数据合理性与延续性，与电力分析手段保持同样的核算周期，以环保数据监测值为核心，将企业当日环保数据除以企业基准环保值（近 12 个月的日均 30 天），其数值范围一般在 0.2~1.6，可反映企业排污、治污执行程度。

**四是形成环保贡献指数。**根据企业生产类别，对企业进行差异化环保监督管控，结合电定义企业产能指数（企业当日用电量除以企业日基准电量）和环保晴雨指数（当日环保数据除以企业基准环保值），制定不同的权重，进行加权计算，生成环保贡献指数。环保贡献指数取值以 0 为分界线，其中，大于 0 表示企业达到产能控制目标，数值越大，说明对环保的贡献程度越高；小于 0 表示企业未达到产能控制目标，数值越大，说明超产能控制目标越多，应予以重点关注。为了更加形象体现环保贡献指数的参考价值，使监测企业更易理解并自觉应用于指导生产，基于环保贡献指数，本示范项目创新性地开发了"环保贡献码"。

根据赋码规则，通过对红码、黄码、绿码各类别简单的数量统计，就可以评价出某个监测日、某个区县或某个行业的总体环保贡献程度；对于具体企业，通过环保部门公布的"环保贡献码"颜色，可以快速了解自身产能控制达标情况，及时调整生产；同时，基于"环保贡献码"的对外发布方式充分保证了企业电量数据安全。

**五是形成分析报告建立可视化场景。**按照企业生产性质，通过设置差异化、科学化的指标阈值，自动同步获取监测企业的电力数据和服务对象提供的环保数据，对所有监

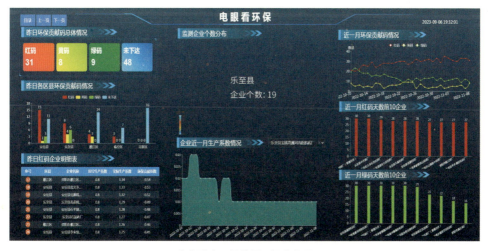

电力助力环保数据可视化场景

测对象每 15 分钟自动监测，实时反映各监测段生产企业以及环保部门需求的多维度监测情况。每日形成分析报告，自动生成数据可视化大屏，直观展示当前企业生产、治污、排污情况，动态显示疑似违规企业，环保部门可快速、精准开展现场环保督查工作。

### 关键突破

**一是实现了电力数据与环保数据融会贯通。**这种数据融合的创新性和突破性在于其打破了传统数据孤岛的局限性，将本来相互独立的电力数据和环保数据相结合，实现了全面、综合的分析。这一创新性的数据融合方案，为环保工作和电力领域带来了前所未有的机遇和潜力。①可以实现对企业生产情况的实时监测；②可以实现对企业排污、治污情况的实时监测与评估；③可以实现电力领域与环保领域的合作与创新。

跨域数据整合产生倍增效应

**二是创新型提出电力与环保相关指标。**本方案的创新性在于提出了企业产能指数、环保晴雨指数以及基于两者衍生出的环保贡献指数。环保贡献指数为企业的环境保护工作提供了一种科学化的评价方法，促使其更加注重生态环境的保护和可持续发展；可以综合评价企业在生产和环保两个方面的表现，体现其在生产活动中执行环保措施的情况；可以更准确地衡量企业的综合贡献度，推动其在经济发展的同时积极履行社会责任，促进可持续发展。

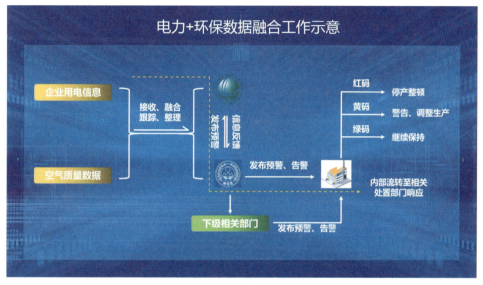

"电力 + 环保"数据融合工作示意图

## 多重价值

**经济价值。**首先，本行动的开展只是利用现有的电力及环保数据，未涉及新建信息系统，减少了大量软硬件的投入。平均每家企业每个监测点位至少需要 1000 元，以资阳市为例，纳入环保督查的企业就达 1000 家，仅此一项即可节约资金约 100 万元。其次，通过本行动，环保督查精准性得到提升，与环保监管部门"打游击""躲猫猫"的现象大量减少。之前，每日常规巡查需 90 人次，自行动开展以来，已降至日均 18 人次，年均节约人工 26000 人次。最后，环保督查实施后，企业的环境达标率明显提升。环保设施达标率平均增长了 20%，污染物排放量平均降低了 15%，减少了对环境的负面影响，降低了政府后期环保综合治理压力，预计节约环保整改资金近 2000 万元。

**社会价值。**一是公众参与意识增强。本行动环保督查定期向区域内企业及公众公开环保督查信息，提高了公众对环境问题的关注和参与意识。2022 年，环保部门接收的公众环境举报案件达到 940 件，比 2018 年增长了 116%。二是社会信任度提升。环保督查严厉执法、违法行为受到严惩，树立了法治观念和规则意识。2022 年，企业环境违法信用记录总量下降了 23%，企业的环保信用和社会信任度得到提升。

**环境价值。**一是环境质量持续提升。2022 年，资阳市颗粒物污染指数（PM2.5）平均值降低了 11.7%，环境空气质量综合指数在全国 168 个重点城市中排名第 33，在全省 15 个重点城市中排名第 5，同比上升了 4 个名次。二是生态环境保护力度加强。环保督查推动企业采取更环保的生产方式保护生态环境。2022 年，在环保督查的促进下，资阳地区减少了 1.4 吨氮和 9.3 吨二氧化碳的排放。

### 各方评价

**资阳市环保局环境监测：**我们之前开展环保督查，没有明确的目标，全凭工作人员的经验和意识进行，效果不明显，与电力公司合作以来，督查准确度大大提升，资阳市的环保成效得到了进一步提升。

**资阳市政府：**这个项目很好，对现有电力数据进行再开发、再利用，服务环保、服务社会，特别是在重污染防治期间用于我市精准治污、科学治污。希望该项目能够深入开发下去，力争取得更大成果。

**资阳市民：**通过这个项目，普通群众了解到了环保部门、电力公司为环境保护所做出的努力探索和重要贡献，这也促使我们反思自己的言行是否有不妥的地方，也要为资阳的环境保护做出应有的贡献。

## 三、未来展望

未来，国网资阳供电公司与资阳市生态环境局将继续深化电力和生态环境数据的融合，进一步探索如何利用电力大数据更准确、更快速地反映生态环境的变化，将前期治理成效与地质、水污染监测等相结合，提供更加精准的污染治理方案。

同时，国网资阳供电公司与资阳市生态环境局还将积极推广电力大数据在生态环境保护除大气污染防治外其他领域的应用，如土壤污染、水体污染、电磁染污、放射性污染等，建立一套完善的数据管理、共享和分析机制，进一步提高生态环境治理的效率和准确性，共同打造一个更加美丽、更加绿色的资阳。

此外，国网资阳供电公司和资阳市生态环境局还将继续加强与国内外相关机构和企业的合作，共同推动电力大数据和生态环境保护的深度融合，为全球生态环境保护事业做出更大的贡献。

（撰写人：林茂、魏民、凌扬珺、苏宇、张未芳）

国网山东省电力公司滨州供电公司

# "双碳大脑"推动
# "两高"企业节能降耗

## 一、基本情况

### 公司简介

国网山东省电力公司滨州供电公司（以下简称国网滨州供电公司）成立于 1970 年 12 月 21 日，是国网山东省电力公司直属大型供电企业，担负着滨州两区一市四县和经济技术开发区、高新技术产业开发区、北海经济开发区的供电任务，服务客户 167 万户。国网滨州供电公司 2021 年完成售电量 254.6 亿千瓦·时，同比增长 12.7%，居全省第八位；2022 年完成售电量 249.07 亿千瓦·时，同比下降 2.17%。国网滨州供电公司先后荣获全国五一劳动奖状、全国用户服务满意企业、国家电网有限公司文明单位、国网山东省电力公司先进单位和先进基层党委等称号；连续四年被滨州市委、市政府授予"富强滨州"建设"金星奖"；连续六届保持全国文明单位称号。截至 2022 年 9 月底，滨州电网已形成以 3 座 500 千伏变电站为核心、26 座 220 千伏变电站为支撑、各级电网协调发展的现代化电网。国网滨州供电公司切实履行社会责任，注重可持续发展，相关成果入选"2022 年度全省大数据创新应用成果""2022 企业绿色低碳发展优秀实践案例""2023 能源行业数字化建设优秀案例"。

### 行动概要

山东省滨州市传统产业占比较大，且多为电解铝、钢铁、化工、焦化、水泥等高耗能产业，产业结构难以适应"双碳"背景下经济

可持续发展
目标

社会的可持续发展需求。为促进滨州市高耗能产业实现低碳转型和高质量发展，国网滨州供电公司与滨州市政府各部门深度合作，探索将能源数据转化为社会公共价值的新模式，建立了以碳排放核算、碳排放监测、碳生产力分析等模块为基础的区域"双碳大脑"，构建了滨州市区域能源双碳地图、行业碳生产分析、企业碳能效管理、清洁能源碳减排四大类应用场景。一方面，助力政府科学、精准决策，实现"双碳"监管数字化；另一方面，支撑企业节能降碳，创新推出"企业碳效码"，对企业碳排放进行精准统计并赋码。截至 2022 年，"企业碳效码"已覆盖滨州市 12 个行业，推动超 3000 家企业实施"碳效 + 能效服务"，2022 年累计节约用能近 3000 吨标准煤。

## 二、案例主体内容

### 背景和问题

2022 年，滨州市高耗能行业工业总产值、主营业务收入和利润总额各项指标均占行业生产总值的六成以上，高耗能行业中耗煤企业产值占比约为 56%，地区经济增长对高耗能、高排放产业依赖程度较高。在"双碳"目标背景下，这种过度依靠高耗能、高排放企业的"粗放式"发展方式已无法适应当前经济高质量发展的新要求，低碳转型势在必行。然而，在转型过程中，滨州市政府和企业仍面临两大难题。

一是从政府侧来看，目前缺乏有效的手段从宏观上把握区域"双碳"现状，难以分析行业碳排放的规律，发掘各个行业碳减排的潜力，从而调整产业结构；无法聚焦重点碳排企业，识别企业碳减排的难点、痛点，难以满足政府"双碳"监管数字化的需要。

二是从企业侧来看，尚缺乏有效的平台辅助企业开展自身碳排放的统计核算和预测，企业难以判断碳配额的盈亏状况，难以实现企业碳配额自我管理。

### 行动方案

基于以上背景，国网滨州供电公司依托滨州市能源大数据中心，积极探索将能源数据转化为社会公共价值的新模式，通过前期调研、中期开发产品和后期试点应用，开启了电力大数据赋能企业节能降碳的新局面。

**主动开展调研，了解企业降碳难点**

为推进碳排放监测平台建设，国网滨州供电公司多次前往滨州市发展和改革委员会、滨州市大数据局、国家税务总局滨州市税务局等相关单位，深入调研滨州市整体碳排、清洁能源发展等情况，了解"两高"（高能耗、高排放）行业、企业降碳需求，为后续监测平台建设找准"关键靶点"。

国网滨州供电公司通过与滨州市发展和改革委员会沟通对接，了解了滨州市 16 个"两高"行业、242 家"两高"企业的基本情况，获取典型"两高"企业名录，深度剖析"两高"行业、企业的降碳难点及发展需求；通过与滨州市大数据局和国家税务总局滨州市税务局对接，获取了滨州市（区、县）的能源数据和经济数据及"两高"行业生产过程数据，深度分析滨州市"两高"行业碳生产力现状，了解企业用能特点、能源消费结构、能耗水平，助力开展企业级碳监测工作。

**关联电力数据，构建电碳指数模型**

国网滨州供电公司以区域电碳排放系数动态监测、行业电碳指数分析、碳生产力评价应用、碳生产力能效应用等多项指标为基础，构建电碳指数模型，用于反映区域、行业、企业各层级能源消耗、清洁能源发展情况。各项指标根据相应的算法模型发挥不同的功能：

（1）区域电碳排放系数动态监测模型用于精准、真实反映区域电力碳排放情况，通过独立计算滨州电网排放系数，依托数据平台，基于各类发电的单位排放量典型值，实现电碳排放系数的动态监测。

（2）行业电碳指数分析模型使用各行业的电碳指数及月用电量预测该行业当月的碳排放量。

（3）碳生产力评价应用模型用于横向对比各行业的税收能耗比，结合行业税收占比数据，综合分析测评当前行业（区域）发展优劣情况。

（4）碳生产力能效应用模型以行业、企业碳生产力为依据，通过本期碳生产力较上期碳生产力的增幅数值、增幅趋势，对比各行业、区域碳生产力纵向变化趋势，综合用电量趋势、税收趋势可以较为客观地分析各行业、区域的能源使用效率，检验产业结构和能源结构优化成果。

**创建应用场景，助力城市低碳发展**

基于前期的指标构建，国网滨州供电公司建立了以碳排放核算、碳排放监测、碳生产力分析为基础的区域"双碳大脑"，构建了区域能源双碳地图、行业碳生产分析、企业碳能效管理、清洁能源碳减排四大应用场景；通过"双碳大脑"，助力滨州市发展和改革委员会等政府部门科学、准确、透明地核算各类碳排放结果。

**看碳：区域能源双碳地图**

为实现"双碳"目标，滨州市政府需首先从宏观层面了解滨州市当地碳排放"大户"的动态。国网滨州供电公司推出的"双碳大脑"聚焦滨州市能源碳排总量及六大类 21 小类[①]能

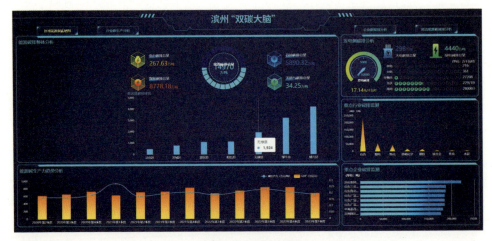

区域能源"双碳"地图

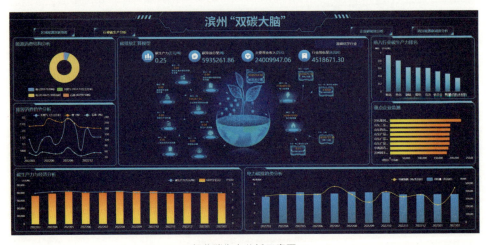

行业碳生产分析示意图

---

① 六大类 21 小类分别为：煤（包括燃煤、原煤、焦炭、洗中煤、洗精煤）、石油（包括柴油、原油、颜料油、汽油、燃油、液化石油气）、煤气（包括发生煤炉气、煤焦油、焦炭制气、压力气化煤气、重油催化裂化煤气、重油热裂解煤气）、天然气、电力、其他（包括炼厂干气、粗苯）等。

源碳排明细,对滨州市各区县进行碳排核算,形成滨州市"碳地图",实时监测本市及下辖区县的能源消耗情况、能源碳排结构。

**析碳:行业碳生产分析**

国网滨州供电公司在通过"碳地图"从宏观层面了解滨州市碳排放量后,利用"双碳大脑"从产业、行业层面深度分析具体碳排放的来源和组成,聚焦滨州市 16 个"两高"行业(如有色金属、铁合金、陶瓷、煤电、钢铁、铸造行业等),根据国家发展和改革委员会应对气候变化司相关报告,梳理"两高"行业数据清单,与滨州市统计局对接,获取"两高"行业能源数据,进而利用"两高"行业碳排模型进行碳排放核算。

**管碳:企业碳能效管理**

滨州市政府部门在制定、分配碳排放指标后,可以依托"碳管理"平台对区域、行业、企业进行数据监测。"双碳大脑"构建了企业独立碳排放核算模型,可以实现重点耗能企业的用能异常状况预警。国网滨州供电公司针对滨州市 242 家"两高"企业统计计算企业碳排情况,创新性地提出了"碳能效"概念,根据企业周期内碳排放量与企业所属行业同期平均值进行比较,制定"碳效码"等级,对企业进行统计评价并赋码(分为 A~E 级五个碳效等级),实现能源碳码"一码了然"。

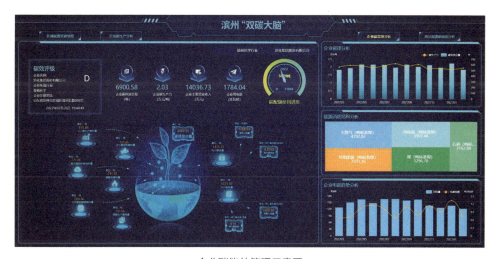

企业碳能效管理示意图

**降碳:清洁能源碳减排**

"双碳大脑"不仅是一个能耗数据接入与监测系统、"双碳"分析系统,还是一个成效展示系统。无论是对各行各业用能数据的收集，还是汇总、统计、分析，最终目的都是降碳。"双碳大脑"聚焦绿色能源碳减排，可以直观地展示滨州市清洁能源建设成效，推动区域能源结构优化。

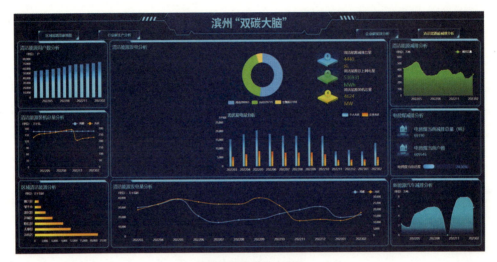

清洁能源碳减排示意图

## 关键突破

### 推动能源革命与数字革命相融并进

电力大数据赋能城市发展的优势正随着科技的日新月异不断凸显，国网滨州供电公司积极加强政企协同，将电力大数据与"双碳"目标相结合，促成了"双碳大脑"大数据平台的诞生，突出"能源转型、数字赋能"的作用，真正做到让数据动起来、跑起来、活起来。

### 形成利益相关方长效沟通机制

国网滨州供电公司依托自身技术优势和电力大数据管理优势，突破原有的"电网运营者"视角，主动引入利益相关方管理方法，将滨州市发展和改革委员会、滨州市大数据局、国家税务总局滨州市税务局、"两高"企业等利益相关方分类纳入管理，通过座谈会、上门拜访、函件往来等多种方式，建立常态化的沟通机制，整合各方优势和资源，全力保障城市低碳转型。

### 应用区块链技术促进能源低碳转型

"双碳大脑"以国家级"区块链+能源"特色领域创新应用试点为契机,依托区块链技术保证溯源、不可篡改、高效、精准、可信等特点,精准采集碳排数据,构建可信的区域、企业碳排放数据库,并以此为依据搭建科学的碳排放监测核查体系,助力"双碳"目标实现、产业转型升级。

## 多重价值

### 提高政府监管效率,赋能城市低碳转型

国网滨州供电公司利用"双碳大脑"对滨州市 16 个"两高"行业、242 家"两高"企业开展用能数据监测,现已完成燃料加工业、非金属矿物制品业等六大高耗能行业碳效核算,并形成《滨州工业下六大高耗能行业电力碳生产力分析报告》。此外,国网滨州供电公司根据滨州市能源消耗、碳排总量等维度进行综合分析,制定节能减排战略,超额完成年度减排 5% 的总目标。

### 转变企业经营方式,助力企业节能降碳

"双碳大脑"可以提供企业碳配额计算、碳排量统计等数据服务,助力企业科学降碳。以华能沾化热电有限公司为例,国网滨州供电公司运用企业碳排模型精准核算各类碳排数据[1],为企业制定节能减排方案;同时,利用"企业碳效码"将企业生产经营的用电、用气、用煤、用油等能耗数据转换成碳排放量,结合企业信息档案,精准助力重点企业感知碳控压力,按期实现企业"碳达峰"。

### 创新社会治理模式,实现多方合作共赢

通过开展"双碳大脑"项目,国网滨州市供电公司加强了与山东能源研究院、山东鲁软数字科技有限公司、生态环境部门等的合作,成立能源大数据技术联盟,形成了供电公司、政府、企业、社会多方共赢的工作机制和服务模式,为多个利益相关方创造价值。在供电公司层面,国网滨州供电公司"双碳大脑"案例获选山东省大数据创新应用成果,并在第三届中国国际数字产品博览会参展亮相,有效提升了公司的品牌形象;在

---

[1] 核算出企业化石燃料燃烧产生的碳排为 662634.64 吨、脱硫过程产生的碳排为 4076.11 吨、净购入电力产生的碳排为 67.47 吨。

滨州市政府层面，为政府部门"双碳"实施策略的制定提供数据支撑及多维度监测分析赋能、低碳成果成效展现提供平台，提高了政府侧"双碳"监管效率；在应用"双碳大脑"的企业层面，有助于企业开展自身的碳排放的统计核算、预测以及碳配额自我管理，促进其减碳增效；在社会层面，全方位降低滨州市"两高"行业、"两高"企业碳排放，助力构建滨州鲁北新能源"绿色高地"。

## 各方评价

**滨州市政府副秘书长、滨州市大数据局局长王洪民：** 国网滨州供电公司根据电力碳排放因子以及企业的用电数据完成了对企业的电力碳排放量核算结果，整体符合滨州市的电力碳排趋势，其立足于滨州市现状，与区域经济相结合，从整体上监测分析滨州市的碳排放强度以及碳生产力，为"双碳"目标落地贡献社会力量。

**华能沾化热电有限公司：** 通过"双碳大脑"应用可实现对企业的碳生产力分析，直观展示节能减排情况，辅助本单位摸清当前碳排现状及挖掘节能减排途径，实现用能异常状况预警。

**滨州市生态环境局：** 国网滨州供电公司构建的滨州区域级碳排分析应用"双碳大脑"，重点聚焦"两高"碳排企业，开展企业碳减排精细化管理，可实现我们对滨州全市区域、行业、企业碳排情况及碳减排成效的可视化监测。

# 三、未来展望

**开展应用试点，打造低碳典型示范。** 国网滨州供电公司将以郭集零碳智慧能源综合示范区、沾化区整县屋顶分布式光伏项目为试点区域，依托"绿电资产全过程聚合管理系统"，完成绿电全过程数据可信监管、分布式光伏聚合运营代理、绿电需求侧响应代理等核心业务系统开发，实现"两高"企业绿电消费碳监测，打造绿色能源消纳试点。

**开展电碳金融，助力经济低碳发展。** 国网滨州供电公司将依托滨州市能源大数据中心，充分发挥区域级碳排分析应用"双碳大脑"载体作用，实现区域、行业、企业多维度的碳排建模和分析，探索"电碳金融"立体监测服务模式，助力全市经济绿色低碳发展。

（撰写人：杨迪、王兆敏、缪传康、王颖慧、左长华）

国网山东省电力公司菏泽供电公司

# 基于数据驱动的"电力看经济"体系优化与实践

## 一、基本情况

### 公司简介

国网山东省电力公司菏泽供电公司（以下简称国网菏泽供电公司）隶属国网山东省电力公司，担负着鲁西新区、牡丹区、定陶区、曹县、成武县、单县、巨野县、郓城县、鄄城县、东明县的电力供应和服务任务，是菏泽电网规划、建设、调度、运行、检修和电力服务中心，供电面积1.2万平方千米，服务客户403万户；用工总量10275人；菏泽市境内现有1000千伏特高压站1座，220千伏统调电厂3座，通过6条500千伏、3条220千伏线路与省电网相连。

近年来，国网菏泽供电公司在乡村振兴、电力保供、安全升级、新能源发电消纳与新能源汽车充电设施建设方面均发挥了积极作用，符合可持续发展和履行社会责任的目标。2015~2022年，国网菏泽供电公司连续7年保持全国文明单位称号；2016~2017年，国网菏泽供电公司党委连续两年获评省公司先进基层党委；2020年，国网菏泽供电公司获评省公司先进基层单位；2021年，国网菏泽供电公司获评国网公司先进集体，一个组织和一个项目分别获评全国学雷锋志愿服务"四个100"最佳志愿服务组织和项目，公司党委获评省公司先进基层党委；2022年，国网菏泽供电公司所属成武县公司获评第七批全国学雷锋活动示范点。

可持续发展
**目标**

### 行动概要

为顺应能源革命、服务地方经济发展、推动国网公司数字化转型，国网菏泽供电公司基于数据驱动、以"电力看经济"体系优化与实践为目标，创建数据融合管控制度；打破公司专业壁垒，成立数字质量专班，构建"全社会日电量"平台，平台汇集调度、营销、发展、数字化等专业共计 24 张电量报表，突破了传统全社会日电量只能按月汇总的局面，首次实现全社会用电量分区域日计算；构建电力复工复产指数，建立起"企业复工复产每日一监测、工业运行五日一分析"的常态化机制，并确定电力经济关联分析，构建电力经济数据模型，分析预测了"十四五"时期的用电和经济发展情况，对电网科学决策、政府精准管理、公共高效服务提供支撑，为建设具有中国特色国际领先的能源互联网企业、助力"数字国网"建设贡献"菏泽力量"。

## 二、案例主体内容

### 背景和问题

将用电量作为具有覆盖全面、动态实时、准确客观等独特优势的先行指标，是研判经济运行形势的重要参考，但目前国网菏泽供电公司在电力数据应用方面还存在以下几个问题：一是多数据融合的问题。长期以来，以专业信息系统为主的建设导致电力生产各专业数据彼此孤立，形成信息"孤岛"。二是数据质量的问题。目前电力行业数据在可获取的颗粒程度、数据的及时性和准确性均有提升空间。三是大数据应用的问题。数据深层挖掘分析有待加强，在服务地方经济发展、分析研判经济运行趋势等方面存在较大发展空间。

针对现存问题，国网菏泽供电公司汇聚专业力量、组建数据专班、搭建数据平台、构建数据模型、多维度挖掘电力数据价值，为地区经济运行形势的研判提供重要参考。

### 行动方案

**创建数据融合管控制度，实现数据标准化、规范化**

国网菏泽供电公司于 2021 年 5 月依托发展、营销、调控等专业打造了一支由 8 人组成的数据处理柔性专业团队，构建了行动迅速、定位明确、分工有序、管控有力的数据管理机制。

**整合电力数据"资源池"，实现数据标准化。**国网菏泽供电公司专业团队以"指标＋维度"为载体,挖掘一个"大数据、标准化、多维度"的资源池,实现以轻量化的指标体系对海量数据的分类、抓取和应用,提高数据采集的效率和质量;遵循"全域数据管理"标准规范要求,抽取相关系统中的报表、分类等主数据和近十年来的全部实际数据到中间库;增设用户类型、电能类型、行业分类、用电明细、电压等级五类 20 项管理维度和往年数据、年度调整、实际完成等 10 种时间维度数据。

**绘制一张电力数据"链路图",实现流程清晰化。**国网菏泽供电公司专业团队将问题数据反馈、数据回退等线下流转节点全部纳入线上管理,将以往业务部门内部提报、审批过程以及业务部门向数据提报部门报送过程等线下流转节点全部线上化,实现电力数据审批、提报等轨迹线上可循。

**建立数据质量"规范表",促进数据规范化。**国网菏泽供电公司组织编制了《菏泽"电力看经济"实施方案》,将发展、营销、调度数据细化为 15 条可执行、可量化的审核规则,完成各专业数据收集和闭环校核。

### 搭建"全社会日电量"平台,探查各行业电量变化情况

国网菏泽供电公司于 2021 年 6 月开展"全社会日电量"平台建设,整合分析跨专业、跨系统数据,深化核心业务数据纵向贯通、横向融合。

**整体架构:多专业数据汇集、内外网安全交互。**国网菏泽供电公司以"政府需求、内部应用"为导向,以实现全社会用电量数据"线上自动计算、灵活统计分析、智能校验审核、一键对外报送"为目标,建成了包含"全景概览、综合分析、统计报表、数据服务、综合管理"5 个功能模块的全社会用电量数据产品。

**平台优势:保证数据质量,实现跨专业实时共享。**一是打破内部数据专业壁垒,实现数据信息共享。根据数据治理多部门协同、反复校验的特点,国网菏泽供电公司建立了以三级溯源理念为核心的数据治理"双循环"制度,即数据质量验证"大循环"、整改"小循环"。二是加强业务数据校准审核,提升数据源端质量。国网菏泽供电公司开展电力数据新生态的建设,坚守统计职责使命,支撑市政府"突破菏泽,后来居上"政策,完善菏泽公司现代企业制度。

**平台成果:满足细分行业电量日计算要求。**"全社会日电量"平台打破了以往全社会用电量只能按月计算的局限性,以曲线图的形式直观展示全省近 30 天来全社会用电量变化趋势,点击下降或增长较大的某日数据,可探查各行业电量变化情况。

各专业数据表单

"全社会日电量"平台消除了原有日电量只能人工预测且无法看到细分行业的弊端，可以全面反映经济发展情况、监测经济政策运行成效，突破了以往全社会用电量只能按月汇总的传统局面，为供电公司各项业务的发展提供了有力的支撑。

### 构建电力复工复产指数，助力企业复工复产

国网菏泽供电公司出台做好疫情防控、全力服务建设、助推企业复工复产举措，结合菏泽市实际情况，助力企业复工复产，为菏泽经济发展注入了"强心剂"。

电力复工复产指数以用电量为基础，参考不同行业、企业规模、能耗等之间的差异，选取当日用电量与月均用电量的差值作为判断条件，如果当日用电量大于月均用电量的 30% 及以上，将企业纳入复工清单，并以行业日用电量与月均用电量比值作为复产情况的重要参考。

### 构建电力经济数据模型，开展电力经济预测

"电力看经济"以菏泽市真实数据展开电力与经济关联性研究，主要基于相关经济与统计学理论和方法，结合电力数据进行实证分析。

**电力经济数据关联模型建立。**国网菏泽供电公司采用基于电力—经济生产函数的全社会电量预测算法，从宏观的角度分析电量和经济的相关性，从而可以更加全面地预测全社会用电量。

X 月 XX 日菏泽市复工复产情况分析

单位: 户, 万千瓦·时

| 序号 | 重点监测行业 | 基本情况 | | | 企业复工情况（用电量超过本企业本月日均用电量30%） | | 企业复产情况 | |
|---|---|---|---|---|---|---|---|---|
| | | 10kV 及以上用电客户数 | 2023 年 x 月企业日均用电量 | | 复工企业户数 | 企业复工率（%） | 当日 10kV 及以上企业用电量 | 企业复产率（%） |
| | | | 10kV 及以上用户总用电量 | 10kV 及以上用户日均用电量 | | | | |
| 1 | 纺织业 | 789 | 15172.86 | 505.76 | 619 | 78.45 | 455.67 | 90.10 |
| 2 | 化学原料和化学制品制造业 | 326 | 13830.02 | 461.00 | 267 | 81.90 | 447.53 | 97.08 |
| 3 | 医药制造业 | 196 | 2885.59 | 96.19 | 168 | 85.71 | 146.43 | 152.23 |
| 4 | 非金属矿物制品业 | 1337 | 11419.65 | 380.66 | 961 | 71.88 | 357.35 | 93.88 |
| 5 | 金属制品业 | 389 | 2769.90 | 92.33 | 319 | 82.01 | 68.57 | 74.27 |
| 6 | 通用设备制造业 | 129 | 445.48 | 14.85 | 105 | 81.40 | 14.91 | 100.41 |
| 7 | 专用设备制造业 | 104 | 449.88 | 15.00 | 85 | 81.73 | 19.48 | 129.91 |
| 8 | 电气机械和器材制造业 | 86 | 693.13 | 23.10 | 68 | 79.07 | 14.60 | 63.20 |

　　**基于电力数据的经济分析和预测。** 国网菏泽供电公司统计了自 2004 年以来菏泽市全社会用电量及各产业用电情况，结合政府部门公开的 GDP 数据，采用上文模型求得 GDP 与各类用电量的关系，为政府地区规划、各方投资决策、企业风险管理等提供参考。

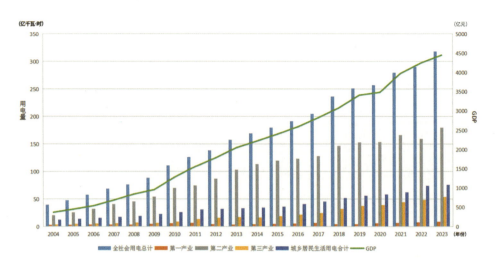

2004~2023 年菏泽市各产业用电量及 GDP 趋势

菏泽市各产业用电量与 GDP 关联系数

| 产业分类 | 用电量与 GDP 的相关性系数 |
|---|---|
| 全社会用电总计 | 0.9987 |
| 第一产业 | 0.5954 |
| 第二产业 | 0.9940 |
| 第三产业 | 0.9728 |
| 城乡居民生活用电合计 | 0.9924 |

从整体看，GDP 与全社会用电量关联系数为 0.9987，二者关联极其密切，基本呈正相关关系。

根据模型预测 2024~2025 年用电量，可以看出，菏泽市全社会用电量将于 2024 年突破 305 亿千瓦·时，"十四五"时期末达到 334 亿千瓦·时。

根据模型预测"十四五"时期的 GDP，预计 2024 年菏泽市 GDP 突破 4426.2 亿元，"十四五"时期末达到 4894.86 亿元。相关预测可以为政府部门政策制定与调整、资源分配、投资决策、制定下一步社会发展目标等提供参考。

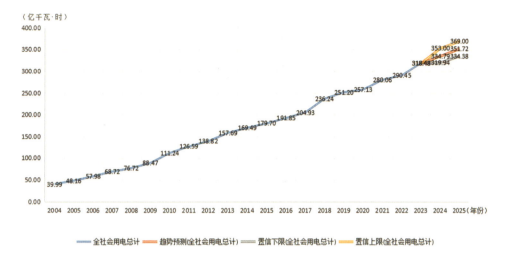

2004~2025 年用电量及"十四五"时期用电量预测

"十四五"时期菏泽市 GDP 预测 　　　　　　　　　　　　　　　　　单位：亿元

| 时间 | GDP | 第一产业 | 第二产业 | 第三产业 |
|---|---|---|---|---|
| 2023 年 | 4426.2 | 419.17 | 1928.5 | 2078.55 |
| 2024 年 | 4660.53 | 444.15 | 2002.17 | 2214.22 |
| 2025 年 | 4894.86 | 469.13 | 2075.84 | 2349.89 |

## 多重价值

**社会价值。**一是更好地服务于地方经济发展，支撑政府科学决策。国网菏泽供电公司通过建立"电力看经济"常态机制，提升电力大数据的政用、商用和民用效能；建立政企联动机制，向地方政府报送《菏泽市用电情况分析》《X 月 1 日—X 日工业电量情况的报告》等报告 50 余份，最大限度地发挥了电力数据在经济趋势分析、产业结构分析等各方面的重要作用，为政府在产业调整、经济调控等方面的科学决策提供了依据，得到了菏泽市工业和信息化局等政府部门的肯定和感谢。二是联合政府部门加强企业复工复产监测，带动关联企业、上下游企业共同发展，加快经济恢复发展若干政策，破解企业在原材料供应、产品生产、物流运输、资金保障等方面遇到的问题。目前，国网菏泽供电公司与政府重点关注和帮扶的 40 家企业基本都完成了复工复产，提供就业岗位超过 450 个。

**经济价值。**一是加强负荷控制和管理，减少企业损失。国网菏泽供电公司根据用户的用电量、分时电价、天气预报以及建筑物里的供暖特性等进行综合分析，制订最优运行和负荷控制计划，达到降低电量损耗，提升电网稳定性的目的；与此同时，利用大数据开展反窃查违嫌疑用户分析，为公司带来超过 29 万元的直接经济效益。二是助力复工复产，带动供电公司和当地企业共同发展。国网菏泽供电公司建立起疫情期间企业复工复产日监测的制度，支撑政府相关部门精准、稳妥、有序推动复工复产。菏泽市 2022 年 8 月受新冠疫情影响，工业电量较去年同期下降 1.43 亿千瓦·时，同比下降 9.82%，在疫情的有效防控和复工复产的大力推动下，2023 年同比增长 10%，给经济效益带来了巨大的推动和提升。

**管理价值。**一是打破业务数据壁垒。国网菏泽供电公司通过电力、经济等多数据深度融合、智能分析和价值挖掘"集众智、汇众力"作用，实现营销、调度、发展、数字化数据信息共享，解决了以往工作数据不贯通的问题，提高了工作效率。二是建立数据质量治理机制。国网菏泽供电公司强化数据质量管理工具支撑，做到数据状态可感知、数据使用可追溯、数据责任可落实，通过分解任务、细化目标、加强应用，促进公司提质增效。三是推动企业数字化转型。国网菏泽供电公司建立了"区域分行业电力数据中心"，进一步推动企业大脑等核心应用建设，拓宽数据应用范围，发挥电力数据赋能发展的乘数效应，打造电力数字经济新产品、新业态、新模式。

## 各方评价

**菏泽市工业和信息化局陈潇：**国网菏泽供电公司"电力看经济"专题研究从宏观层面、产业结构、重点领域等方面为经济运行画像，对研判地区经济形势有极大的参考价值。

**菏泽工业运行指挥部孙科峰：**新冠疫情期间精准监测企业复工复产情况，支撑政府相关部门精准决策，使很多企业得以渡过难关。

**国网菏泽供电公司宋红贺：**之前统计全市用电数据需要耗费大量的时间和精力，"全社会日电量平台"确实解决了工作中的大问题。

# 三、未来展望

国网菏泽供电公司基于数据驱动的"电力看经济"体系将持续聚焦能源转型与数字化发展新趋势，未来将从以下两个方面深化相关研究与实践，为服务菏泽地方经济发展贡献力量。

**服务菏泽经济发展。**一是"电力看经济"新模式借助电力数据的独特优势，持续打造"电力看工业""电力看产业""电力看企业"等全方位特色服务，支撑政府科学决策和高效治理，打造政企联动新示范。二是进一步优化经济—电量数据模型，并以市域电量数据为基础开展滚动验证，确保模型科学、及时、有效，对重点行业发展趋势开展分析预测，助力政府精准管理。

**推动公司数字化转型。**一是充分发挥海量数据和丰富应用场景优势，深入分析电网运行、售电量、线损率、财务经营等多维度指标，挖掘数据背后的价值，探索与经济发展之间的内在关联关系，加快建设以数字化转型驱动生产方式和管理方式变革，推动全面建设能源互联网企业。二是推动数据和业务融合应用，打破专业壁垒，助力增强价值创造力和核心竞争力，支撑公司战略目标实现，助力公司智慧运营，实现业务规模扩大、投资效率提高、盈利能力提升，促进"电力看经济"模式持续优化，驱动公司实现数字化转型。

（撰写人：张磊、荆树志、刘效斌、徐珂、毕中华）

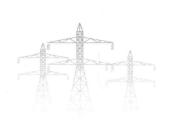

# 面向 SDG 的国网行动

# 建设绿色现代数智供应链

## State Grid SDG Solutions

## Build a Green, Modern, Digital and Intelligent Supply Chain

于志宏 ◎ 主编

王秋蓉　杜　娟 ◎ 副主编

经济管理出版社

ECONOMY & MANAGEMENT PUBLISHING HOUSE

**图书在版编目（CIP）数据**

建设绿色现代数智供应链 / 于志宏主编 . —北京：经济管理出版社，2024.5
（面向 SDG 的国网行动）
ISBN 978-7-5096-9718-4

Ⅰ.①建… Ⅱ.①于… Ⅲ.①电力工业－工业企业管理－供应链管理－中国
Ⅳ.① F426.61

中国国家版本馆 CIP 数据核字（2024）第 107611 号

组稿编辑：魏晨红
责任编辑：魏晨红
责任印制：黄章平
责任校对：张晓燕

出版发行：经济管理出版社
　　　　　（北京市海淀区北蜂窝 8 号中雅大厦 A 座 11 层　100038）
网　　址：www.E-mp.com.cn
电　　话：（010）51915602
印　　刷：北京市海淀区唐家岭福利印刷厂
经　　销：新华书店
开　　本：720mm×1000mm/16
印　　张：37.75
字　　数：690 千字
版　　次：2024 年 5 月第 1 版　2024 年 5 月第 1 次印刷
书　　号：ISBN 978-7-5096-9718-4
定　　价：380.00 元（全四册）

# 破解世界难题的"国网方案"

## ——2023"金钥匙·国家电网主题赛"介绍

2023 年 5~11 月，由国家电网有限公司与《可持续发展经济导刊》联合发起的 2023（第二届）"金钥匙·国家电网主题赛"（以下简称国网主题赛）成功举办，选拔出破解世界难题的优秀解决方案，向社会各界展现了国家电网有限公司（以下简称国家电网公司）贡献可持续发展的生动实践。

2023 年 5 月 19 日，第二届国网主题赛启动，针对"激发电力大数据的赋能价值""建设绿色现代数智供应链""电网绿倾力守护自然之美""助力消费侧节能降碳增效"4 个主题征集国网方案。自启动以来，大赛得到了国家电网系统各单位的高度重视，针对 4 个主题共提交了 259 项行动。

经过初评和预选赛的筛选，4 个主题的 70 项行动进入路演晋级环节。主办方秉持金钥匙标准和流程，邀请来自国家电网系统的专家、国内外行业组织和可持续发展的专家、企业界代表组成的评审团对 2023 国网主题赛 4 个主题 70 项行动进行了公开、公正、专业的评审，共有 17 项行动获得金奖、15 项行动获得银奖、38 项行动获得铜奖，金奖行动经过激烈角逐最终产生 4 项"金钥匙·冠军奖"，成为破解这 4 项难题的有代表性的国网方案和中国方案。

### 针对 4 个主题选拔破解世界难题的"国网方案"

国网主题赛的路演不仅是一场比赛，更是一场国家电网公司面向联合国可持续发展目标（Sustainable Development Goals，SDG）的全面行动展示。在问题的设置上，2023 国网主题赛更加紧密地围绕国际国内可持续发展热点问题，并充分结合能源行业高质量发展的需求和挑战，围绕数字化、"双碳"目标、生物多样性保护、供应链建设等重点工作发现和打造破解世界难题的"国网方案"。

#### 主题 1：激发电力大数据的赋能价值

电力大数据是能源领域和宏观经济的"晴雨表"，为服务国家发展战略、助力科学

治理、推动经济社会发展提供有力支撑。如何不断拓展应用场景，充分释放电力大数据价值，赋能经济社会发展？

国家电网系统各单位抓住"数据"这一"牛鼻子"，与行业企业、政务部门相互碰撞，实现新融合、新聚能，打造新业态、新产品，集中展现了电力大数据在助推不同行业企业低碳转型中的价值，因地制宜赋能当地的特色产业高质量发展，打通数据壁垒，助力生态环境精准监测监管及社会难题的解决等，形成了"电力＋环保""电力＋水力""电力＋信用""电力＋应急管理""电力＋产业"等各具亮点的创新应用模式。

### 主题 2：建设绿色现代数智供应链

产业链供应链的创新发展已上升为国家战略。电网连接着能源电力产业链供应链的每个环节，处于核心枢纽环节和"链主"地位。如何构建绿色化、数字化、智能化和韧性安全的现代供应链，打造能源电力产业链供应链开放生态？本赛道汇聚了电网企业发挥自身业务优势，在各要点环节发力打造可持续供应链的优秀行动。建立供应商绿色评价体系，打造数字孪生智慧绿色仓储系统……电力公司从运营、采购、仓储等供应链全环节减碳增效，为供应链上下游各方提供多重价值。

### 主题 3：电网绿倾力守护自然之美

作为重要的能源基础设施，电力银线纵横神州。如何将绿色发展理念融入电网全生命周期，探索电网和自然生态的和谐共生之路，建设环境友好型电网，助力美丽中国建设？本赛道展示了电网企业在电力基础设施的建设和使用过程中与周边自然环境的和谐融合，如预防山火和森林火灾、生态区保护、生物多样性保护、绿色施工、清洁用能……"将电力银线完美融入绿水青山的美丽画卷"。

### 主题 4：助力消费侧节能降碳增效

电力系统碳减排是服务"双碳"目标的重要组成部分。如何从自身业务和技术优势出发，提升消费侧电气化水平，推动节能提效，增加清洁能源消纳？本赛道集中呈现了电网企业在促进能源清洁低碳转型、服务"双碳"目标方面的创新性示范行动。建设分布式光伏碳普惠市场，推进源网荷储多元柔性互动……电网企业着力打造节能、降碳的绿色生态圈，提升电网支撑新能源消纳和行业降碳。

4 个主题赛道优秀行动充分展示了国家电网公司在破解不同难题方面的"金钥匙"解决方案——从关爱鸟到守护老人，从落实"双碳"目标到推动乡村振兴，从茶叶烘焙

到重卡换电，形成了事事都涉及可持续、人人都关心可持续的氛围。国家电网系统各单位积极发挥专业优势，协同各利益相关方，针对不同问题，以技术创新、模式创新、制度创新等思路寻求破解难题的"金钥匙"。

自 2020 年首届"金钥匙——面向 SDG 的中国行动"开展以来，国家电网公司积极参与、细致谋划，持续贡献高质量可持续发展解决方案，成为活动参与度最高、涉及面最广、获奖项最多的企业，彰显出扎实的可持续发展行动基础。第二届国网主题赛启动以来，国家电网系统各单位以更高的响应度和更精心的准备，展示出贡献面向 SDG 的优秀行动方案，为落实联合国 2030 年可持续发展议程汇聚更多力量。

金钥匙总教练、清华大学苏世民书院副院长、清华大学绿色经济与可持续发展研究中心主任钱小军如此评价："两届国网主题赛涌现的一大批优秀行动方案，让社会各界充分感受到国家电网扎根基层的社会责任和可持续发展理念、可持续发展实际行动，并且创造了不可低估的综合价值。"

金钥匙发起人、《可持续发展经济导刊》社长兼主编于志宏认为："作为全球领先的公用事业公司，国家电网把社会责任和可持续发展全面融入公司业务，自上而下的高涨热情、精心的组织动员、扎实的行动基础、超强的理解学习能力在国网主题赛中展现得淋漓尽致，充分展现了国家电网公司在打造可持续发展领导力方面的责任表率。"

国家电网公司经过长期实践与积累，厚积薄发，通过金钥匙平台充分展现了可持续发展的领导力风范和风采。期待更多行业企业能加入金钥匙活动的主题赛、开展本行业企业主题赛，从而在中国企业间形成"比学赶超"、为可持续发展难题寻找中国解决方案的局面，向世界展示负责任的中国形象，贡献中国智慧。

# 《面向 SDG 的国网行动 2023》

2023 年，国家电网有限公司与《可持续发展经济导刊》联合发起 2023"金钥匙·国家电网主题赛"，聚焦"激发电力大数据的赋能价值""建设绿色现代数智供应链""电网绿倾力守护自然之美""助力消费侧节能降碳增效"四大问题，选拔出具有代表性的国网方案、中国方案。这些行动案例具有"小而美"的特征，对于各方发展中的问题提供了具有针对性的解决方案。

为了向社会各界和国际社会讲好"面向 SDG 的国网行动"故事，《可持续发展经济导刊》汇总每个问题的优秀解决方案，经总结和提炼，按照"金钥匙标准"选编和出版 2023"金钥匙·国家电网主题赛"优秀成果选辑——《面向 SDG 的国网行动 2023》（共四辑）。本书收录了来自 2023"金钥匙·国家电网主题赛"的 70 项优秀行动，并按照 4 个主题，即"激发电力大数据的赋能价值""建设绿色现代数智供应链""电网绿倾力守护自然之美""助力消费侧节能降碳增效"分为四辑。

本书第二辑，聚焦"建设绿色现代数智供应链"主题。产业链、供应链是构建新发展格局的基础。作为电力系统总集成商和总运营商，国家电网各单位需要在规划设计、需求计划、招标采购、生产制造、产品交付、履约执行、施工安装、运行维护、退役回收等全链条建设中凸显"绿色、智能、韧性"等特点。本专辑针对如何建设绿色现代数智供应链的难题，汇集来自国家电网系统不同单位的 16 项优秀行动。

《面向 SDG 的国网行动 2023》（共四辑）面向高校商学院、管理学院，作为教学参考案例，可提升领导者的可持续发展意识；面向致力于贡献可持续发展目标实现的企业，可促进企业相互借鉴，推动可持续发展行动品牌建设；面向国际平台，可展示、推介国家电网可持续发展行动的经验和故事。

# 目 录

1   •—— 供应链"名侦探",引领能源产业链精准降碳(国网上海市电力公司物资公司)

10   •—— 数智零碳仓库:"厂储配"一体,推动供应链绿色发展(国网江苏省电力有限公司泰州供电分公司)

18   •—— "五星"仓储让企业供应链"韧性"起来(国网江苏省电力有限公司无锡供电分公司)

26   •—— 绿色采购,带动供应链"添绿"又"增金"(国网浙江省电力有限公司物资分公司)

34   •—— 构建以零碳仓库为核心的高效绿色"检储配"体系(国网冀北电力有限公司唐山供电公司)

42   •—— "碳排身份证"助力产业链降碳增绿(国网浙江省电力有限公司乐清市供电公司)

49   •—— "e 网户口簿","码"上助力配网物资全链绿色智慧管控(国网江苏省电力有限公司南通供电分公司)

58   •—— 见微知著,绿色数智供应链助力中小微企业纾困解难(国网江苏省电力有限公司南京供电分公司)

66   •—— "电易仓"为物资仓储插上智慧的翅膀(国网浙江省电力有限公司义乌市供电公司)

73   •—— 精心设"基",以绿色产业链金融引领新型电力系统协同发展(国网福建省电力有限公司厦门供电公司)

81 ●—— 打造新型供应商绿色评价体系，推动供应链绿色升级（国网山东省电力公司）

88 ●—— 全景智联"检储配"，打造供应链管理新生态（国网山东省电力公司威海供电公司）

95 ●—— 选购"逛电商"，"可视"看未来（国网江苏省电力有限公司物资分公司）

103 ●—— 从"供应"到"共赢"：推进绿色低碳装备更新换代（国网天津市电力公司物资公司）

111 ●—— 从"摇篮"到"退休"：打造新型智能电表绿色供应链（国网上海市电力公司营销服务中心）

118 ●—— "钧巧 e 采"：辅导供应商投标"答卷"轻松、规范（国网陕西省电力有限公司物资公司）

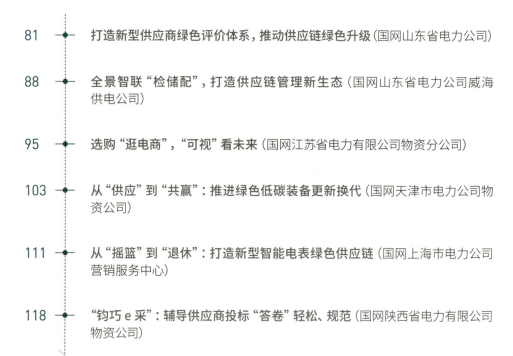

国网上海市电力公司物资公司
# 供应链"名侦探"，
# 引领能源产业链精准降碳

## 一、基本情况

### 公司简介

国网上海市电力公司物资公司（以下简称国网上海物资公司）作为国网上海市电力公司下属的专业物资公司，负责上海市电力公司范围内物资需求的计划管理、采购管理、合同管理、仓储管理、配送管理、废旧物资处置管理、质量监督管理、供应商管理和应急物资管理九大核心业务的供应链全过程专业化工作。

为贯彻落实国家电网有限公司（以下简称国家电网公司）和上海市电力公司关于推进绿色现代数智供应链建设的要求，国网上海物资公司紧紧围绕上海市电力公司发展战略，深度融入现代智慧供应链体系，应用大云物移智链技术，以"5E"（电子商务平台 ECP、企业资源系统 ERP、电工装备智慧物联平台 EIP、电力物流服务平台 ELP、掌上应用"e 物资"）供应链平台为支撑，开展智慧供应链建设及运营。

### 行动概要

能源电力是现代产业体系的重要组成部分，做强做优能源电力产业链、供应链，加快全产业链供应链绿色低碳、数字化智能化转型，对构建新发展格局、实现"双碳"目标、发展数字经济和支撑公司发展布局具有重大意义。

国网上海物资公司聚焦解决电工装备产业链面临的"碳足迹"

1

计量不准确、绿色评价不可靠、绿色转型没方向、数据价值难变现等问题，提出了能源产业链供应链"碳管家"业务新模式。

依托国网上海物资公司现代智慧供应链专家创新工作室，在物资部和数字化部的指导下，瞄准供应链绿色转型的发展目标，强化数据要素赋能，探索出了一条适应电工装备行业绿色转型发展的"1+1+1"绿色降碳路径——1套《电工装备制造企业绿色评价标准》、1套工业互联网碳排放感知装置、1个工业互联网碳足迹感知平台，实现碳足迹精准分析、准确识别供应链低碳弱项、改进路径和提升点，精准降碳。

围绕供应链生态圈绿色协同发展，团队联合国网英大国际控股集团有限公司（以下简称国网英大集团）对接中国工商银行、中国农业银行、民生银行等金融资源，以绿色评价为切入点，设计低成本的绿色金融产品，为企业量身定制"碳系列"绿色转型金融服务，涵盖了保险、融资及综合金融产品，助力企业绿色低碳转型。该方案实施以来，已累计为企业提供了超 1.8 亿元的资金支持。

## 二、案例主体内容

### 背景和问题

党的二十大报告中指出，"加快发展方式绿色转型""完善支持绿色发展的财税、金融、投资、价格政策和标准体系，发展绿色低碳产业"。在"双碳"战略目标和国家电网公司的"双碳"发展要求指引下，国网上海物资公司以数字化转型为载体，发挥数据要素价值，助力国家电网公司驱动电工装备产业链升级，推动能源电力行业绿色发展，既是现实的急迫需求，也是中央企业的责任担当。

国家电网公司积极发挥在能源电力产业链供应链的战略响应力和生态主导力，率先发布了首份中央企业"碳达峰、碳中和"行动方案，提出了当好"双碳"的"引领者""推动者""先行者"的目标定位，建设绿色现代数智供应链，引导上下游企业绿色低碳协同发展。

然而，产业链企业缺乏绿色转型的有效经验，电工装备行业绿色评价无标准、优质供应商难识别、绿色金融待对接等问题日趋突出。大量的链上电工装备制造企业亟待享受绿色金融释放的红利，进一步降低融资成本，但缺乏绿色企业信用的权威认证。

对此，国网上海物资公司积极探索"供应链＋绿色金融"创新实践，综合分析供应商经营持续性、健康性、合规化的基本素质以及绿色发展能力，助力供应链上下游企业摸清"去碳"路径，实现供应商评价模式创新；联合国网英大集团打造融合应用场景和供应商绿色画像数据服务产品，为信贷融资等金融机构产品赋能，助推金融服务能力提升，加快电工装备产业链整体绿色转型，最终实现"智慧观碳、精准去碳、赋能碳资产"的供应链金融绿色新生态。

## 行动方案

项目以推动电工装备制造企业去碳化发展作为支撑产业链绿色低碳发展的路径，通过开展电工装备企业的绿色评价，构建供应商特征画像模型，挖掘企业降碳的潜力，实现"双碳"路径靶向管理，共享链上企业转型需求和跨界融合场景，实现多方共赢。

国网上海物资公司员工研究碳计量表计

### 供应链全流程碳排放感知，实现跨专业融合分析

依托工业互联网电力行业二级节点和公司数据中台建设，进一步将数据感知能力向上游延伸，实时跟踪监测碳排放数据，实现了设备原材料采购、设计参数、生产制造、物流配送等关键环节的数据反向追溯解析；为供应链端到端数据的采集、感知、储存以及分析提供了平台保障，确保数据安全高效，实现了与供应商关键信息的协同共享和状态可视。

国网上海物资公司员工进行项目模型交流研讨

### 构建供应商特征画像模型，实现"双碳"路径靶向管理

围绕绿色战略、管理体系等维度，融合环境治理与排放、绿色绩效等指标，兼具实用性和系统性，研究制定了由 7 个一级维度、29 个二级维度、53 个三级指标构成的电工装备制造企业绿色评价指标体系，并以 10 家具有典型特征的供应商进行画像试算，再运用 BP 神经网络算法对指标进行迭代优化，以 AHP-BP 算法模型为支撑，根据不同的供应链金融应用场景，动态调整指标权重，量身定制特征画像，一键生成绿色认证报告，精准掌握企业去碳管理薄弱环节。

### 打造供应链管理样板间，全面降低供应链运营成本

通过流程电子化减少包含投标文件、合同文本、结算单据、仓储作业单据、监造报告等业务环节减少的纸张消耗量，实现耗材低碳化运行。通过业务线上化，如实行在线审查、远程投标、在线签约、在线结算等活动，以及降低运输押运与现场监造等人员差旅费用，实现人力低碳化管控。

国网上海市电力公司、国网英大碳资产管理（上海）有限公司与中国工商银行开展项目沟通交流

积极发挥招标采购全流程电子化的优势，推动"远程异地、网络协同"招投标模式，促进业务环节移动办和无纸化。积极推动供需资源可视，优化配送网络，缩短运输里程，整合运输资源，更新并使用新能源载具，降低车辆空载率；积极采购节能型设备，推广使用可回收绿色包装材料，降低供应链全流程各环节的碳排放量。

### 以高质量的供应链金融促进强链、固链

在电网供应商中推广和应用《电工装备制造企业绿色评价标准》，实现评价结果互认。联合国网英大集团拓宽绿色企业融资渠道，对接金融机构，以绿色评价为切入点，提供低成本的中国工商银行"融 e 贷"等绿色金融产品，用以推动企业开展绿色去碳改造升级，支撑产业链、供应链的补链、固链、强链，推动行业整体健康可持续发展。

### 关键突破

国网上海物资公司运用链式思维创新生产组织服务方式，聚焦数字化转型，优化营商环境，以在线绿色服务带动产业链"碳中和"为导向，以供应链运营平台生态为基础，

国网上海物资公司员工正在观察平台数据并分析

以数据增值服务产品为工具，以撮合绿色金融服务为手段，发挥供应链"链主"的行业引领作用，推动电工装备产业链上下游去碳，促进产业链全面升级。

### 挖掘数据价值，助力企业识别发展水平及转型潜力的提升

深化运用国家电网公司绿色现代数智供应链体系建设成果，发挥供应链运营中心（ESC）数据采集与分析能力，创新绿色服务，结合企业绿色评价标准，设置量化评价标准、配置分值权重，并固化企业绿色评价业务逻辑、供应商数据应用规范等，升级供应商画像分析工具从而智能评价绿色企业，根据评价结果为企业设定相应的绿色标签，实现精准识别低碳发展弱项和提升点，帮助电工装备供应链、产业链企业科学评估自身的绿色发展水平。

### 推动供应链管理数字化转型，全面优化营商环境

多渠道、多维度开展供应链去碳化管理，通过业务电子化、数字化、智能化升级，进一步减少人员活动、纸质消耗等关键产碳环节，实现降碳目标。对内形成"云采购、云签约、云结算、云质检、云物流"等新业态，推动业务办理"零接触、不见面""业

务办理一次都不跑"。对外建立一套科学、准确且可复制的电网供应链管理碳排放测算模型，带动上下游企业实现供应链"业务数据化、数据业务化"，提升供应链的整体运营效率，促进供应链运营降耗。

### 深化供应链产融合作，提升电工装备产业供应链韧性

识别金融服务在支持电工装备产业链"双碳"发展场景的结合点，推动优质绿色金融产品嵌入供应链环节，在助力供应商升级绿色生产工艺、开发节能减排设施、提升业务效率和效益等方面提供支持。因此，建立了三方共赢的绿色数智发展生态圈，服务"双碳"建设。

### 多重价值

通过项目实践，打造出了一条"平台经济价值共赢的生态圈价值链"，有力地支撑了国家构建绿色低碳循环发展经济体系，成效显著。

**显著带动供应链链上企业提升运营效能。**有效促进链上企业绿色、数字化、智能化转型，在招标采购、合同结算、物流配送等业务环节的时间成本投入减少 39.4%。建立健全信息发布机制，畅通供应商线上咨询等联系渠道，实现供应商服务"云见面"，7×24 小时在线答疑解惑。2022 年及时反馈、处理 500 余家供应商咨询的各类问题，持续助力链上企业提升运营效能。

**积极打造电工装备绿色发展生态圈。**绿色评价指标体系受到了多家金融机构的充分认可，自实施以来，累计为变压器、电力电缆、开关柜三个品类 11 家链上企业提供了超 1.8 亿元的融资支持，平均利率低于贷款市场报价利率 10~20 个基点。持续推广履约保证金保险和投标保证金保险替代业务，释放履约等额资金 1.6 亿元、投标等额资金 26.11 亿元。"电工装备供应链绿色评价关键技术与应用"项目荣获 2022 年中国电力发展促进会科学技术奖（数智电力类）三等奖。

**有效提升电工装备产业链国际竞争力。**通过建立健全链上企业全息数据库，开展供应商全息绿色评价，促进电工装备企业及时掌握自身的碳资产情况，合理制订生产及碳排放计划，改进生产管理系统、自动化和信息化生产线提升设备质量。截至 2022 年底，淘汰落后产能，采购高效节能配电变压器 5618 台，促进电工制造产业转型升级，通过对链上企业开展精准碳管理，仅供应链管理环节一项累计实现碳减排 2.91 万吨。

项目有效激活电工装备产业链供应链数据资产价值，积极引导电工装备企业树立"双

碳"发展意识，以碳聚融、以融促产、产融结合，助力产业链绿色转型升级，以产业链供应链集成打造能源电力产业生态圈，形成"国网样板"，为国家提供可信的碳排放数据，提升中国在碳足迹认证领域的话语权，在能源转型的大国竞争中占据领先地位。

### 各方评价

**互联网数据中心（IDC，国际第三方咨询机构）**：基于供应链控制塔理念工具，打造电网企业现代供应链智慧运营中心，汇聚内外部业务数据和物联数据，实现了供应链的全局实时监控、资源智能调配和风险自动感知。发挥指挥大脑作用，推动供应链运营优化和流程创新，引入大数据、人工智能等新技术，以更低的成本、更快的速度和更好的服务实现业务目标，助力公司提质增效。发挥中心枢纽作用，整合供应链上下游数据资产，主动识别业务风险，提高供应时效，促进供应链生态圈协同发展。

**中国质量协会质量保证中心上海审核中心主任胡文宏**：《电工装备制造企业绿色评价标准》规定的基本要求、战略目标、组织治理、管理体系、生产经营、环境排放与治理、绿色绩效等评价指标，具有较好的前瞻性和适用性，有助于推动电工装备制造企业的能级提升。该标准在制定过程中，充分开展了市场调研和信息收集，广泛征求了相关部门、电工装备制造企业、行业协会的意见，并在国网上海市电力公司上游制造企业中进行了标准草案的验证，具有较强的可操作性。该标准的发布将有助于指引电工装备制造企业绿色转型方向，推动电工装备产业链乃至电力行业低碳发展，为实现"碳达峰、碳中和"目标发挥重要引领示范作用。

**宝胜高压电缆有限公司设备部经理谭明华**：《电工装备制造企业绿色评价标准》的作用相当于办了一张绿色信用卡，依托国网英大集团推出的"碳 E 融"服务，让我厂顺利获得了 5000 万元的绿色信贷资金，利率比我们自己去银行贷款低了 20 个基点，我厂已经把这笔专款全部用于节能减排和生产工艺的改造。

## 三、未来展望

未来，国网上海物资公司将坚持可持续发展理念，进一步聚焦国家电网公司"一体四翼"发展布局的落地实践，积极开展绿色现代数智供应链探索建设，着力发挥全链数据要素价值，推动能源产业链绿色创新发展，促进生态圈数智协同共赢。紧跟国家"双碳"战略，积极稳妥推进碳达峰、碳中和计量工作，以能源碳排放计量为突破口，探索计量领域可信计量合作模式，推动计量监管工作改革创新，加快诚信计量、数字计量、法制计量进程，加大计量数据价值挖掘，推进计量国际互认，抢占碳计量国际标准高地。

同时融入工业互联网体系，接入链上企业碳排放数据，端到端客观量化链上企业产品制造的碳排放情况，电网企业可构建"双碳"管理全息数字档案，精准跟踪供应链碳足迹，推动构建绿色企业和绿色产品评价认证体系，探索绿色调度新模式，打造能源电力绿色发展生态，带动供应链绿色生产运营和绿色消费。激活绿色发展新动能，促进人与自然和谐共生。

（撰写人：洪芳华、孙浩、徐弘道、周洁、夏云舒）

国网江苏省电力有限公司泰州供电分公司

# 数智零碳仓库：
# "厂储配"一体，推动供应链绿色发展

## 一、基本情况

### 公司简介

泰州供电局组建于 1996 年 12 月，2001 年成立国网江苏省电力有限公司泰州供电分公司（以下简称国网泰州供电公司）。国网泰州供电公司下辖 4 个市（县、区）公司，本部设有职能部室 14 个、业务支撑和实施机构 12 个，全民员工 1898 人、农电员工 2566 人，供电所 80 座，营业户数 278 万户。2022 年，泰州市全社会用电量为 362.22 亿千瓦·时，同比增长 7.23%。调度最高用电负荷 616 万千瓦，同比增长 9.88%，创历史新高。近年来，国网泰州供电公司先后获得"全国文明单位""全国五一劳动奖状""国家电网有限公司先进集体""全国实施卓越绩效模式先进企业""全国'安康杯'竞赛优胜电网企业""江苏省五一劳动奖状""江苏省质量管理优秀奖"，两次获得泰州市"骏马奖"，连续 15 年获评"十佳服务地方发展单位"，获得服务地方经济社会发展"特别贡献奖"。

国网泰州供电公司以国家"双碳"战略目标和国网公司绿色现代数智供应链建设为指导思想，在物资管理业务现有软硬件基础条件和业务运营模式的基础上，以"技术创新、业务创新、管理创新"为手段，从需求、计划、履约、仓储、供应等多个环节发力，致力于提高物资管理业务的绿色数智水平。在此基础上，发挥供应链链主作用，引领供应链上下游协同发展，不断提高供应链可持续发展水平。

可持续发展
目标

### 行动概要

国网泰州供电公司针对公司物资供应链存在的上游供应商供货成本高、物资仓库运营效能低、下游施工单位现场协调难等痛点，探索开展厂储配一体化实践。以祥泰仓库为主阵地，提出了"三点一链"的解决思路，即以仓库改造为核心点，以共享容器为着力点，以主动服务为支撑点，共同构建了包括物资"生产工厂、存储仓库、物流配送"的"厂储配"一体供应链，推动供应链绿色发展。

在建设"厂储配"一体供应链的过程中，国网泰州供电公司面向祥泰仓库运营管理需求，打造集能耗可视监测、能源系统规划、碳排放全面核算、碳减排辅助决策功能于一体的碳管理"大脑中枢"；以物资包装为切入点，推动建立物流包装循环共享体系，促进物流包装在供应链各主体、各环节间的一体化运营、协同化共用；推行新能源车辆绿色配送方式，并鼓励使用汽车绿色节能技术，全面降低配送环节的碳排放。

## 二、案例主体内容

### 背景和问题

**响应国家绿色低碳循环发展政策部署的需要。** 2021 年，国务院发布了《关于加快建立健全绿色低碳循环发展经济体系的指导意见》，要求坚定不移贯彻新发展理念，统筹推进高质量发展和高水平保护，建立健全绿色低碳循环发展的经济体系，确保实现碳达峰、碳中和目标，推动我国绿色发展迈上新台阶。面对紧随而来的新一轮特高压及其配套工程建设高峰、城市配电网可靠性提升工程以及世界一流城市配电网管理提升行动，国家电网有限公司必须将企业发展和电网建设建立在高效利用资源、严格保护生态环境、有效控制温室气体排放的基础上，在电力供应链活动中，研究推动绿色仓储、绿色物流，尽可能地减少资源能源浪费、降低碳排放量，推动绿色低碳循环发展生产体系和流通体系建设。

**支撑国网绿色现代数智供应链发展建设的需要。** 2022 年，国家电网有限公司发布了《绿色现代数智供应链发展行动方案》，全网组织开展绿色现代数智供应链建设，促进能源电力全产业链供应链绿色低碳、数字智能转型，更好地支撑公司"双碳"目标实现、能源转型和新型电力系统建设。物资作为保障电网建设的主力军，应主动适应国家电网有限公司发展规划，在仓库规划、建设、改造、管理、运营全方位系统性融入绿色化、数字化、智能化理念，通过充分利用智能设备设施、清洁能源、数字管控系统等手段，创建向外界环境综合碳排放为零的数智零碳仓库，推动电力供应链绿色转型。

国网泰州供电公司针对电力物资供应链运营管理现状开展重点调研、客观分析，系统总结分析供应链存在的"痛点"问题。对于上游供应商来说，由于电力物资种类多、标准化程度低，供应商往往需要准备多种规格的包装箱，且传统木质包装箱仅供一次性使用，拆解后便作为废品回收处理，供应商物资包装采购、使用成本颇高。对于物资存储仓库来说，在传统仓库作业模式下，传统的电力供能方式导致仓库运营管理能耗较高；仓库需要大量人工管理和现场调度，且仓储装卸、盘点等环节人工依赖度高，不仅影响仓库作业效率，还有可能存在安全隐患；电力物资包装可重复使用性低、物流容器标准性差，存在资源浪费现象；仓库只能被动响应下游企业的物资需求，无法充分发挥物资供应保障作用。对于下游施工单位来说，在传统物资供应模式下，无法实时获取需求物资的在途物流信息，且物资送达现场后还需额外组装，物资投用时间滞后导致现场施工周期长，进而导致停电时间延长。

### 行动方案

国网泰州供电公司积极响应国家"双碳"战略目标和国家电网公司绿色现代数智供应链建设要求，针对物资供应链存在的"痛点和难点"，以祥泰仓库为主阵地，提出了"三点一链"的解决思路，即以仓库改造为核心点，以共享容器为着力点，以主动服务为支撑点，共同构建了包括物资"生产工厂、存储仓库、物流配送"的"厂储配"一体供应链，推动供应链绿色发展。

仓库绿色化改造

**以仓库改造为核心点**

**一是开展绿色化改造。**引入光伏发电技术,在仓库屋顶铺设分布式光伏电站装置,为整个仓库供给绿电;建设"光储充"一体车棚,为仓库车辆与社会车辆供给绿电。打造由电池管理系统、控制系统、监控系统以及能量管理系统构成的储能系统,对电网负荷"削峰填谷",多余电量并入电网,助力仓库实现由"耗能者"向"供能者"转变。

**二是开展数智化改造。**一方面,应用 U-bot 叉车机器人、AGV 搬运机器人、堆垛机、巡盘机器狗、无人视觉平库等智能化设备,提高物资装卸、存储、拣选、巡盘作业效率,有效降低仓库运营人力成本。另一方面,开发应用数智零碳仓库驾驶舱,配置生产物流

仓库数智化改造(依次为 U-bot 叉车机器人、AGV 搬运机器人、堆垛机、巡盘机器狗、无人视觉平库)

管理、仓储作业管理、现场配送管理等功能模块，实现生产物流跟踪、库区能耗管理优化、作业综合调度、配送在线管理等多维数字化管理。

### 以共享容器为着力点

将"绿色物流"从仓库内部延伸到电力物资供应链上下游，协同供应商、承运商、项目施工单位等相关方，打造覆盖包装设计、制作、使用、运输、回收利用等全周期的循环体系。同时，在容器上安装定位芯片，依托现场配送管理模块，在线跟踪管理物流容器，进而构建完整的电力行业绿色包装循环生态圈，实现绿色容器共享，减少包装材料浪费，降低上游供应商物流包装成本。

共享容器

### 以主动服务为支撑点

改变以往电力设备在施工现场制作安装的工作方式，在仓库内规划建设电力设备预制化工厂。按照标准工艺，电力设备在工厂内完成预制后，以成套配送的方式将设备主动配送至施工现场，满足施工物资需求。"预制化工厂＋绿色配送"一站式主动服务模式既可以节约装卸搬运成本、运输成本，又可以缩短工程建设周期和施工现场停电时长，提升客户满意度，有效解决施工单位现场"协调难"的问题。

物资在库预制

### 关键突破

**一是打造碳管理"大脑中枢"。** 面向祥泰仓库运营管理需求，开发部署数智零碳仓库驾驶舱，打造集能耗可视监测、能源系统规划、碳排放全面核算、碳减排辅助决策功能于一体的碳管理"大脑中枢"，助力仓库实时分析碳减排潜力、制订减排计划，最大程度地发挥数字化价值，实现企业节能与减碳的双目标优化。

**二是建立物流包装循环共享体系。** 以物资包装为切入点，引导生产制造、物流配送、现场施工等上下游单位加强合作，推动建立物流包装循环共享体系，促进物流包装在供应链各主体、各环节间的一体化运营、协同化共用，共同培育电力物资物流包装生产研发循环共用市场。

**三是施行电力物资绿色配送转型。** 在开展物资主动配送时，使用新能源车辆，同时引导合作物流承运商进行绿色配送，并鼓励使用汽车轻量化技术、降低空气阻力技术、节能轮胎、低黏度润滑油、发动机节能技术等，全面降低配送环节的碳排放。

### 多重价值

**降低供应链运营成本。** 通过构建厂储配一体供应链，有效降低了整个供应链运营过程中的人力成本、物力成本和能源成本，为供应链运营降本节支提供了全新的思路。具体来看，仓库分布式光伏电站装置年均发电收入为 26.8 万元；仓库智能化、无人化作业，年均减少作业人员人工成本 75 万元；物资绿色包装年均可节约供应商物流包装费用 45 万元、仓库装卸搬运成本约 10 万元；"预制化工厂 + 主动配送"服务模式，可年均减少二次搬运及运输成本 200 万元 / 年；仓库绿电供应，可年均节约电费 7.2 万元。

**提升供应链运营效能。**一是通过仓库改造，年均减少 550 吨碳排放，仓储作业效率提升 20%。二是采用"预制化工厂 + 主动配送"服务模式，施工单位物资组装工期缩短 30%，停电时长减少约 25%，同时物流信息实时跟踪，加强仓库与施工现场联系，高效满足施工需求，客户满意度得到显著提升。

**共建供应链协同生态。**开展环保循环物资包装标准的研究应用，已完成 37 类物资包装选材工艺、循环利用、平台共享体系设计，创建了完整的电力行业绿色包装循环生态圈；制定了两项国家电网公司零碳仓库建设企业标准——《电力物资零碳仓库设计与评价》《电力物资零碳仓库建设技术导则》，带动行业零碳仓库建设，发挥了链主生态引领作用，提高了供应链可持续发展水平。

## 各方评价

**上游供应商：**物资供应商对标准化共享容器的设计、使用致以感谢："在绿色物流包装方案的指导下，我们的产品现在能够以更环保、更经济的方式包装和运输。这不仅降低了我们产品包装的成本，还提高了我们产品的形象和市场竞争力。"

**下游施工单位：**电网工程施工单位对"预制化工厂 + 主动配送"服务模式致以感谢："'预制化工厂 + 主动配送'服务模式，为我们的工程施工提供了巨大的便利和帮助。通过预制化工厂，我们可以提前将所需设备进行组装，大大缩短了工期，提高了施工效率。主动配送的服务，则保证了我们需求设备的及时供应，避免了因为物资不足而延误施工情况的发生。"

**仓库工作人员：**关于仓库绿色化、数智化改造，祥泰仓库工作人员黄谢成表示，"现在的屋顶光伏能支撑整个仓库的日常用电，富余的电量存在储能设备里还能应急。此外自动化设备的运用，可以快速地实现物资的上下架，减轻了我们的工作强度，大幅提高了整个仓储的工作效率"。

**网约车司机：**关于面向仓库内和社会车辆充电的光储充一体车棚，新能源车辆网约车司机小李表示，"这个光伏车棚不仅仅给我的车充电，还能遮阳，非常便利"。

## 三、未来展望

下一阶段，国网泰州供电公司将以数智零碳仓库建设经验为基础，继续以绿色化、数智化和韧性安全为目标，不断提升仓储物流建设及运营能力，深化光伏发电、智能作业、共享容器、工厂化预制等新技术、新模式的应用，积极拓展物资供应链服务边界，搭建资源共享、互利合作的桥梁，协同供应链上下游单位向供应链零碳化、数智化转型。同时，总结数智零碳仓库建设经验做法，向国家电网系统内其他电力物资仓库以及物流行业所有仓库推广，引领带动行业绿色数智发展，为推动供应链可持续发展做出更大的贡献。

（撰写人：常宏）

国网江苏省电力有限公司无锡供电分公司

# "五星"仓储让企业供应链"韧性"起来

## 一、基本情况

### 公司简介

无锡电力工业起步于 1909 年，至今已走过了百年发展历程。截至 2022 年 12 月底，国网江苏省电力有限公司无锡供电分公司（以下简称国网无锡供电公司）营业客户总数达 410.42 万户，下设 35 千伏及以上变电所 347 座，变电容量为 6800.8 万千伏安，35 千伏及以上线路长度为 7955.2 千米。

近年来，国网无锡供电公司先后获得了"全国五一劳动奖状""全国文明单位""全国工人先锋号""国家电网有限公司先进集体""国家科学技术进步二等奖""全国'安康杯'竞赛优胜单位""全国实施用户满意工程先进单位""全国实施卓越绩效模式先进企业""江苏省文明单位标兵""江苏省用户满意服务明星企业""无锡市服务产业强市先进集体""无锡市'服务地方发展优秀单位'"等荣誉。

面对新形势和新任务，国网无锡供电公司将稳中求进、担当作为，扎实抓好电力保供，全面完成各项任务，为谱写"强富美高"新无锡现代化建设新篇章做出更大贡献。

### 行动概要

在国家电网系统中，物资仓储链接着供应商、项目单位和其他兄弟单位，存储着数目庞大、种类繁杂的货物，在供应链管理中发挥着至关重要的作用。传统仓库货物清点费时费力、货物存放不规范、不能实时掌握库内各类资源的总体情况，无法高效统筹调动各

可持续发展目标

类资源。仓储物资管理不科学、业务智慧化程度不高，也造成作业效率低、现场管理乱、安全隐患明显等诸多难题。国网无锡供电公司以数字孪生云平台、3D建模多种新技术，打造"五星"供应链平台智慧仓库，实现业务办理自动化、仓库全息可视化、资源调度智能化、运营管理低碳化，能够让企业在突发巨大冲击的环境下，有"转得动、产得出、送得到"的能力，助力企业高韧性发展，极大地提升服务效率和质量，同时盘活仓储物资，持续提高供应链的发展支撑力、行业带动力、风险防控力。

## 二、案例主体内容

### 背景和问题

在国网无锡供电公司，物流仓储每年服务790家供应商，涉及5585个项目，物流仓储业务流程复杂，众多供应商与项目单位需通过电话进行业务预约、确认等，沟通成本高，过程性数据无法收集；由于出入库管理计划性不强，会造成业务办理时间段集中，仓储现场作业压力大，工作量无法把控，存在明显的安全隐患；物资调配管理确认烦琐，每年各类业务单据约11.65万份，线下审批盖章手续烦琐，既造成相关供应商、项目单位、物流单位人员两头跑，很容易耽误工程进度，也造成人员的时间浪费。

国网无锡供电公司仓储每年物资出库金额约为21亿元、入库金额约为22亿元，由于货物种类繁杂、数目庞大，以人力管理为主的传统仓库，存在货物清点费时费力、货物存放不规范等问题。部分物资仓库虽然实现了简单的自动化作业和信息化管理，但业务的智能化程度不高，各业务的信息化管理平台存在壁垒，条块分割严重，不能实时掌握和高效统筹调动各类资源，诸多难题对电网公司的发展形成了很大的障碍。

如何建设现代智慧仓储数字可视化平台，拉动和保障供应链畅通运转，提升国家电网公司供应链的安全性、稳定性和竞争力，是各供电公司需要解决的重要课题。

### 行动方案

国网无锡供电公司应用数字孪生、大数据、物联网、移动互联、人工智能等先进技术，持续开展供应链运营平台"智慧仓库"功能建设，打造便捷、智能、高效、安全、绿色的"五星"仓储，以统一的标准、丰富的场景、可靠的信息、科学的算法，不断丰富供应链运营平台功能，实现物资供应链体系仓储管理的智能化作业、智慧化运营，让供应链"韧性"起来。

无锡仓储数字可视化平台

**业务办理自动化。** 国网无锡供电公司开发的远程业务辅助系统，使供应商、项目单位人员可以通过手机 App 端实现办理全流程、远程盘点物资、远程到货验收，避免造成物资业务无法办理的窘境。同时，利用云平台对电子凭证进行自动传输和存档，实现电子单据的集中在线查询，收货操作中的交接单、验收单和入库单都将以电子单据的形式留存，以前需要 2 天内上传单据的工作变成了即时上传，缩短了结算时长。以往供应商在交付物资的过程中，需要到多个单位和部门签署到货验收单等单据，如今线上就能轻松办理，原来的纸质单据打印、签字环节由系统线上流转的方式代替，在线移动办理到货验收单据由原来的 3 天缩短到了 10 分钟。供应商可通过一体机实现各项业务发票自助校验，缩短了费用结算时间。平台实现数据全过程记录及管控，方便业务溯源，也为后期的业务大数据分析、智能决策提供数据支撑。截至

业务预约系统

2023 年底，已有 700 余家供应商办理电子签章，享受到了线上办理业务的便捷。

**仓库全息可视化。**国网无锡供电公司通过数字孪生技术、基于 3D 建模技术打造了"智慧"仓库系统。该系统对仓库全量资源进行等比例还原，结合视频、定位、物联传感等物联网技术，语音识别、图像识别等人工智能技术，实现了库内全量资源可视化，实现了知人、知货、知场景。物资一键定位、即刻调动、转储，仓储作业效率大大提升。以往仓储出入库、存储等都依靠人工，物资存放、物资手工台账全部掌握在保管员手中，一旦保管员休假，物资的收发和盘点等都存在困难。现在通过数字孪生系统，运营工作人员可以直观地在智慧仓库平台上看到各货位物资的存放情况，各类先进仓储设备的引入，更是由传统的"人找货"转变为"货找人"，仓储作业效率得到了较大的提高。

数字孪生仓库平台

**资源调度智能化。**系统通过算法模型、物资存储规划、资源智能分配并推送物资存储坐标位置，实现堆场存储空间最大化利用，提高物资存储率。运营监测人员可参考趋势数据及历史数据分析、库容预测仿真，阶段性预测库容使用趋势，辅助指导供应链供应计划、出入库环节业务开展，最大限度综合利用库容资源，提高存储及周转效率，降低仓储成本。供应链运营人员通过平台即可监测各类仓储业务的实时进度和工作计划，

| | |
|---|---|
| 物料编码： | 500108108 |
| 物料描述： | 电力电缆,AC10kV,YJV,400,3,22,ZC,无阻水 |
| 批次： | 2112B00520 |
| 库存数量： | 0.45 |
| 单位： | 千米 |
| 工厂： | 01B0 |
| 仓位号： | G01-011001 |

仓库内资源智能调度

即时处置各类实时预警，提高运营监测工作针对性和及时性，实现与下属公司协同联动，使下属公司的物资周转率上升了约 50%。

**安全预警实时化。**国网无锡供电公司打造的智慧仓库系统平台，能够将仓库内涉及的人、车、物资的实时位置信息，库内设备的运行状态，以及 ERP 系统中的 WM 模块、视频监控、安防消防、门禁道闸等信息集成到市公司供应链运营中心，实现各个平台数据的互通。平台基于内网环境开发，与 ERP 实时互通，避免了内外网数据频繁切换，保证了数据交互的安全性、实时性。

国网无锡供电公司智慧仓库平台利用监控预警模块，实时监测生产环境，智能处理实现可视化预警，提高整体安全管控能力。监控预警模块还可以接收江苏省电力有限公司供应链运营中心预警督办信息，根据业务需要合理设置市公司监控指标和监控阈值，开展供应链业务合规、业务效能和外部风险监控预警，并协调相关业务部门、供应商对异常数据进行核实和处置，对超期未处理的预警事项进行限期督办，实现闭环管控。对仓储作业、物资抽检封样送检、物资到货验收等现场作业的规范性进行监控，

预警界面

下发系统人工智能提出的预警处理方案，责令相关责任人进行整改，当统计现场出现预警情况时，进行汇总分析，改进业务流程。

## 多重价值

**社会效益方面**，实现更安全的管理。将安防、消防系统接入数字孪生仓库集控平台可视化模块，点击智慧平台上仓库内任意摄像头模型，即可远程控制对应位置的摄像设备，调取现场的视频图像，方便监测工作人员查看仓库现场情况。对未戴安全帽、进入禁区、可疑人员、火灾、未按规定巡更、仓库温湿度异常指标进行可视化预警，提高仓库整体安全管控能力。此外，将智能化的物流设备和现代化的仓储管理信息系统相结合，能够减轻运营人员的作业强度，提高工作效率。

**经济效益方面**，建成智慧仓库后，国网无锡供电公司每年物资出库金额约为21亿元、入库金额约为22亿元，平均库存金额约为2亿元，较以往下降了21.5%，库存周转率为6.61，较以往提升了20.2%。出入库时间缩减了50%，人力资源节约了54%，仓储作业效率提高了2倍。以国网无锡供电公司石门仓库为例，业务办理时间整体压缩了 62%，约等于每年减少供应商、项目单位等的等待时间 1012 小时。

**环境效益方面，**国网无锡供电公司每年办理各类仓储业务的单据约有 11.65 万份，全部通过无纸化办理后，节约成本约 165.1 万元，减少碳排放 536 吨（按照一张纸减少碳排放 4.6 千克计算）。国网无锡供电公司坚持以绿色低碳为导向，创建从物资入库到报废回收全程绿色管理。建设破拆基地对废旧物资进行绿色处置，避免二次回流电网，破拆基地全年破拆量为 2000 余吨，创造经济收益 60 余万元，减少碳排放量 1600 吨。处于无锡市区的石门仓库、江阴青阳仓库均为绿色智慧仓库，安装了屋顶光伏，年发电量约 26 万千瓦·时，减少碳排约 260 吨。

国网无锡供电公司仓库的屋顶光伏

破拆基地整理水泥电杆分解出的钢筋

## 各方评价

国网无锡供电公司现代绿色数智供应链工作成果得到了江苏省电力有限公司的高度认可,《中国电力报》及华东能源头条对项目成果进行了报道。该成果获得了 2021 年第六届无锡市青年创新创意大赛三等奖。

**江苏上上电缆集团有限公司某业务员:** 通过手机就能签字签章,不用再跑去办理了,真是太方便了。

**无锡供电公司仓储专职丁渊:** 以往我们需要时刻在仓库作业现场盯着,费时费力。现在我们在运营大厅就能通过运营系统实时掌握库内各类资源的运转情况,极大地提高了工作效率。

**无锡供电公司物资部湘烨:** 通过供应链运营平台,可以对供应链全链业务开展运营监控及智能决策。除了统筹智能调配物资,还可以进行实物资源监控和预警,加快库存周转,降低资金占用。

## 三、未来展望

国网无锡供电公司物资供应链数字化升级,以智能化决策、信息化管理、自动化运作、可视化管控、智慧运营管理为方向,建成互通互联的智能化"智慧"仓库,旨在提升供应链上下游业务效率及质量,打造高效便利的营商环境,对江苏省各级仓库以及社会各企业仓库的智能化、数字化转型发展有着极高的实践借鉴价值。

未来,国网无锡供电公司将继续致力于提升供应链运营中心大数据技术应用能力,实现各类报表自动生成,开展供应链运营多维分析和诊断评价;继续完善智慧仓库的技术迭代更新,不断丰富业务场景应用;继续探索库容预测仿真,制定库容资源预警阈值和联动供应计划,以便供应链运营中心快速调整物资到货供应计划;继续完善数据仿真逻辑,深化库容数据应用场景,形成仓库库容的动态负荷使用曲线,根据历史库容数据,及时调整仓库物资存储结构,以便加快物资周转。

（撰写人:陆剑云、许涵慎、薛程、王晗卿）

国网浙江省电力有限公司物资分公司
# 绿色采购,
# 带动供应链"添绿"又"增金"

## 一、基本情况

### 公司简介

国网浙江省电力有限公司物资分公司(以下简称国网浙江物资公司)是国网浙江省电力有限公司(以下简称国网浙江电力)直属单位,为其集中招标代理平台和重大工程物资供应服务的专业机构。国网浙江物资公司全面贯彻落实国家电网战略和国网浙江电力工作部署,坚持稳中求进总基调,以"好设备、好服务、好环境"为指引,聚焦服务经济社会转型、服务电网发展转型,走在前,作示范,加快建设全链智能的数字物资示范窗口,为建设国家电网新型电力系统省级示范区提供坚实的物资保障。

国网浙江物资公司始终坚持"人民电业为人民"的宗旨,创新形成了"红色——责任担当、绿色——生态友好、蓝色——智慧物联"为核心特征的可持续供应链价值体系,引导物资供应工作创造经济、环境、社会综合价值。近年来,国网浙江物资公司不断加快绿色现代数智供应链建设及成果应用,建立了"供应链安全韧性体系",有效确保供应链风险"可控、能控、在控",全力支持电网安全稳定运行;构建"绿色低碳 数智安全"供应链体系,积极主动响应新时代新形势新要求,贯彻中央"双碳"战略目标和构建新型电力系统的要求,落实国家电网"一体四翼"(一体即高质高效的经济发展;四翼即市场主体发展新活力、创新驱动发展新动力、现代产业

可持续发展 **目标**

发展新体系、开放型经济发展新优势）总体要求。同时，以绿色技术指引全链发展，以数智升级牵引塑链赋能，全力支撑国家电网绿色现代数智供应链体系建设。

### 行动概要

随着"双碳"目标的持续推进和新型电力系统建设的不断加速，国家电网有限公司（以下简称国家电网公司）提出建设绿色现代数智化供应链，全面推动能源电力产业链升级和绿色转型发展。然而，供应链上游企业绿色转型能力不足、供应链中游企业管理效率不高、供应链下游企业信息反馈不畅等问题，阻碍着绿色现代数智化供应链的建设和发展。国网浙江物资公司坚持将全链"添绿"和全链"增金"的理念融入供应链管理过程中，以绿色采购引领价值创造，充分发挥供应链核心企业的桥梁纽带作用，搭建多方协作平台，共同解决供应链企业面临的实际困难。同时，通过数智化管理手段，不断增强供应链管理服务质效，推动绿色理念充分融入供应链管理全过程，也为供应链各参与主体带来了切实的经济效益。

## 二、案例主体内容

### 背景和问题

实现"双碳"目标，能源是主战场，电力是主力军。作为我国碳排放大户之一，电力行业碳排放占我国碳排放总量的近 50%。随着"双碳"目标的持续推进，加强电力行业供应链低碳管理刻不容缓。为落实"双碳"目标、保障新型电力系统建设顺利开展，国家电网公司于 2022 年 9 月起启动实施《绿色现代数智供应链发展行动方案》，全面部署"绿链八大行动"，以优质高效的物资采购和供应服务，推动能源电力产业链供应链高质量发展。国网浙江物资公司作为浙江省电网物资供应链管理专业支撑机构，在推动供应链低碳管理过程中面临三个难题。

**一是上游管理对象，低碳发展水平需提升。**作为供应链的上游企业，各供应商尤其是其中的中小微企业，在能力、资金、技术方面往往相对薄弱，面对高额的低碳转型成本和不确定的转型成效，主动开展绿色低碳转型的意愿往往不强。

**二是中游管理方式，低碳管理质效需提升。**作为供应链的中游，一方面，面对涵盖诸多行业的超过万家供应商时，采购管理单位在如何结合具体项目的需求，公正、快速地筛选、评价绿色优质供应商方面存在困难；另一方面，传统的采购管理方式在招标采购全流程、投标档案管理等方面因供应商差旅、纸质文件制作、文件保存管理等而产生较大的间接性碳排放。

**三是下游管理内容，低碳应用意识需强化。**作为供应链的下游，一方面，物资使用单位的低碳物资服务需求信息难以及时传导至上游供应商，影响节能设备的开发、推广、应用；另一方面，物流环节、仓储环节、应用环节和废旧物资回收环节也是供应链碳排放的重要来源，在传统的供应链管理方式下，尚缺乏绿色低碳发展的意识。

## 行动方案

国网浙江物资公司重新审视供应链管理全流程，全面分析供应链低碳发展各环节难题产生的深层次原因，引入低碳全生命周期管理理念，聚焦供应商管理、业务管理、内部协同管理，坚持将"绿色低碳"与"价值创造"深度融入供应链管理全链，积极联合不同利益相关方，畅通供应链上下游互动协同渠道，在实现供应链低碳管理的同时，使低碳发展给利益相关方带来真正、切实的收益，实现供应链低碳可持续循环发展。

### 上游多维赋能——绿色低成本，低碳有效益

聚焦供应商绿色发展能力不足和意愿不强等问题，国网浙江物资公司将供应商纳入低碳管理过程，重塑供应商管理理念，实现从以产品为中心的供求关系向以低碳可持续发展为核心的伙伴关系转变。通过发挥自身平台价值，主动联合政府部门、金融机构、国家绿色技术交易中心、浙江能源大数据中心等单位，构建多元赋能平台，加强对供应商低碳发展的全方位支持。一方面标准引领，将绿色工厂目录、绿色供应链管理企业目录、环境管理体系证书、能效管理体系证书等纳入采购评审要素，增强绿色企业的市场竞争力。另一方面赋能提升，联合国网英大集团定制"智网减排贷"等绿色金融产品，积极为中小微企业提供授信、贷款等金融服务；研发、应用国内首套电力供应链碳足迹采集装置，与浙江省能源大数据中心开展协作，获取供应商全面、客观的能源消耗和碳排放数据，推动地方金融主管部门持续推出多项金融优惠政策，解决企业绿色发展资金不足问题；联动国家绿色技术交易中心，鼓励支持企业参与绿色技术交易和交流，在降低绿色技术获取成本的同时，促进企业先进绿色技术推广应用，实现绿色技术供需的"双向奔赴"。

国网浙江物资公司研发国内首套电力供应链碳足迹采集装置

### 中游低碳采购——全程数智化，服务高效化

聚焦供应链低碳管理质效问题，国网浙江物资公司创新供应链管理，充分依托数智化技术，提高供应链管理效率，增强供应链管理透明度，降低供应商各类成本，减少供

全流程电子化招标现场

应链管理环节本身的碳排放。一方面，采购数智化，通过智慧采购数字机器人建设，实现结构化投标、智能辅助否决、智能辅助评分、智能开标查询四大功能，公正、高效评判供应商绿色发展水平，推动绿色产品、绿色企业评价结果与采购联动；另一方面，采购低碳化，通过移动服务平台建设，实现供应商履约单据签署、中标信息推送等 20 余项功能，服务供应商"一次都不跑"，减少供应商差旅成本和差旅过程中的碳排放。同时，通过电子档案管理系统，实现招标文件及过程资料的电子"单轨制"归档，减少纸质化档案，实现采购管理环节的节能减排。

### 下游循环互通——闭环管理，综合利用

聚焦供应链低碳闭环管理难题，国网浙江物资公司引入低碳全生命周期管理理念，将低碳管理理念和行动延伸至下游的物流、使用和回收利用环节。一是常态沟通，双向互动。组织开展供应商与物资使用单位的常态沟通和技术交流，沟通物资使用和项目推进过程中的低碳发展需求，实现信息的及时互通。二是绿色物流，深入降碳。提出了国家电网公司首个"四节体系"，形成绿色仓储建设标准，开展智能路径规划，预计每年可减少配送里程约 13500 千米。推广绿色包装，制定物资最小包装标准、仓储单元化标

供应商大会现场

准，每年可节省耗材和人工搬运成本约 3000 万元。三是绿色回收，综合利用。编制了《报废物资处置全流程作业指导书》，规范了浙江省报废物资集中处置流程，创新了危废框架处置模式，实现了废旧物资的综合有效利用。

## 关键突破

### 理念转变，促进全链低碳管理

国网浙江物资公司在低碳供应链管理过程中，践行 ESG 战略理念，将绿色低碳理念贯穿于供应链全生命周期管理过程。一方面，从供应链全链视角出发，深入分析不同环节的管理重点和难点，明确不同利益相关方的核心诉求，以 ESG 理念助力绿色供应链实践深化，将绿色低碳目标贯穿于企业从产品生产到运输、储存、使用和报废处理的全过程，促进供应链全链的绿色转型；另一方面，既关注供应链低碳管理对于绿色发展和环境保护的重要价值，也将"价值创造"融入管理过程，注重低碳管理给不同利益相关方带来的实际效益，在供应链可持续管理的基础上赋能经济要素，使企业的经济活动与环境保护相协调。

### 数智赋能，提升过程管理效率

国网浙江物资公司在供应链低碳管理过程中，充分重视数字化、信息化技术手段的应用和数据平台的共享，构建以需求为驱动的动态、协同、智能、可持续的数字供应链，进一步提高供应商低碳管理和低碳服务的工作效率，确保低碳供应链管理和实施过程的高效、透明，提升供应链风险预测与风险响应能力，降低供应链低碳管理的成本，提高供应链全链协作能力，为供应链持续健康发展保驾护航。

### 生态联动，打造协作共赢机制

国网浙江物资公司在供应链低碳管理过程中，积极拓展供应链生态圈网络互连，聚焦生产、运输、使用等供应链生态，充分发挥各方的资源优势、信息优势和平台优势，搭建各方沟通和协作平台，释放供应链协同管理价值，推动供应链上下游和利益相关方协同合作，服务供应链上下游企业高质量发展，助力多方在合作过程中实现共赢。

## 多重价值

**全链"添绿"，共同"增金"。**一是激励链上企业绿色升级。国网浙江物资公司将绿色采购评审要素纳入招标采购环节，自推广应用以来，以国网浙江电力的 1614 家材料供应商为例，已有 1023 家企业取得了环境管理体系认证，865 家企业取得了绿色专利,7.7% 的企业取得了绿色企业认证,7 家企业取得了绿色设计产品认证。2022 年绿色采购金额累计超 21 亿元,2023 年绿色采购从材料类物资扩展到设备类物资,采购金额超 90 亿元。二是降低电网运行碳排放。2022 年共采购一级、二级能效变压器 6200 台。据测算,就浙江省而言,每降低 0.1% 的综合线损率,即可挽回电量损失约 5 亿千瓦·时,相当于减少近 38 万吨的二氧化碳排放。三是为供应商绿色发展提供有力支持。定制国网首款绿色金融产品"智网减排贷",向链上中小微企业授信 2 亿元,放款 6400 余万元。国内首套电力供应链碳足迹采集装置成功投运,为企业低碳数智转型提供了科学决策依据,后续将在仓储物流等供应链各环节推广应用。四是实现自身运营降本增效。通过电子化采购,每年帮助供应商节约招投标成本超 1 亿元,其中,标书制作费用 1500 万元、差旅费用 6500 万元、邮寄费 2000 万元,每年还可省耗材和人工搬运成本约 3000 万元。

**数智管理,示范带动。**国网浙江物资公司积极转变管理思维,积极探索供应链数智化管理道路,提升供应链各环节的信息透明度,增强供应链风险管理能力。联动浙江省能源大数据中心,有效识别供应商的环境风险,充分发挥自身业务特点,以管理思维转变带动供应链绿色低碳转型,以数智升级牵引塑链赋能,其经验做法不仅在引领国网绿色现代数智供应链建设过程中提供了实践示范,而且对实现供应链智能化作业、智慧化运营具有推广价值。

**生态赋能,战略引领。**国网浙江物资公司充分发挥供应链核心企业的优势,积极构建生态联动机制,促进供应链上下游常态化沟通,推动供应链上下游企业可持续发展,实现上下游企业各环节、产品全生命周期的有效衔接、高效运转,提升供应链的系统性、整体性、协同性。同时,发起智慧供应链平台与政府、金融机构等利益相关者的"破壁"互通,提升产业链供应链协同广度和深度,为供应链上下游推进绿色低碳转型提供了平台和各方面支持。

## 各方评价

国网浙江物资公司自实施绿色采购,推动供应链低碳管理以来,受到了广大供应商和物资使用单位的一致好评,同时也受到了上级领导的高度肯定。2022 年,国网浙江物资公司供应链金融项目荣获第三届中国工业互联网大赛"工业互联网 + 产融合作专业赛"一等奖;绿色金融产品——"智网减排贷",被评为中国物流和采购联合会"2022

年度全球产业链供应链数字经济杰出案例"；获评"2022 年度国家中小企业公共服务示范平台"。同时，受到了中央电视台《新闻联播》、《人民日报》、新华社等多家权威媒体的报道，获得了广泛的好评。

## 三、未来展望

国网浙江物资公司在新理念、新机制、新技术的支撑下，积极发挥供应链重要企业引领、带动作用，在促进全链参与绿色低碳转型的同时，实现更高质量、更大成效的可持续发展，绿链生态圈正在逐步形成，绿链影响力正在不断扩大。国网浙江物资公司将牢牢把握高质量发展的根本要求，加快"绿色低碳 数智安全"供应链体系建设，继续发挥供应链核心企业的重要作用，持续探索供应链低碳转型的创新路径，以绿色采购为引领，联动内外部多方主体资源，共同推动行业供应链低碳转型，提升供应链的发展支撑力、行业带动力、风险防控力，持续打造绿色低碳供应链生态体系，为建设新型电力系统提供坚强物资支撑，助力"双碳"目标早日实现。

（撰写人：吴波、李统、杨岸涛）

国网冀北电力有限公司唐山供电公司

# 构建以零碳仓库为核心的高效绿色"检储配"体系

## 一、基本情况

### 公司简介

国网冀北电力有限公司唐山供电公司（以下简称国网唐山供电公司）是国家电网有限公司 34 家大型重点供电企业之一，担负着唐山市 16 个区县（含开发区）的供电任务，供电面积为 13184 平方千米，供电人口 771.8 万。国网唐山供电公司连续多年获评全国"安康杯"竞赛优胜单位，连续 36 年被命名为"河北省文明单位"，连续 38 年被命名为"唐山市文明单位"。国网唐山供电公司被中共河北省委、省政府评为"2022 年冬奥会、冬残奥会河北省先进集体"，被国家电网公司评为"北京 2022 年冬奥会和冬残奥会电力保障先进集体"。近年来，在"双碳"目标的指引下，国网唐山供电公司打造典型示范项目，加速唐山地区绿电通道建设，打造新型电力系统建设样板，谋划供应链绿色数智化转型，以"深海蓝、工业绿、服务金"描绘重工业城市低碳转型新图景。

### 行动概要

为响应国家"双碳"政策号召，牢固树立"能源转型、绿色发展"理念、积极探索供应链运营新模式，国网唐山供电公司创新提出了以"零碳仓库"为核心构建的国网冀北电力有限公司"检储配"一体化基地（以下简称基地），通过实施绿能降碳、节能降碳、环保降碳、智控降碳四个维度的十八项举措，实现了能源生产、调度、消费全周期智能高效管控，使可再生、绿色、零碳能源全面覆盖仓库的能源消耗，积极推动仓储业务绿色低碳转型。

目前，基地绿色零碳建设一期工程已经完成，根据当地风光资源测算，预计每年可生产清洁能源 120 万千瓦·时，减少二氧化碳排放约 972 吨，实现基地用能全部由清洁能源供给，基地二氧化碳排放由 803 吨降为 0 吨。基地绿色零碳的成功建设，具有标杆示范效应，将为实现国网"绿色供应链建设"目标探索行之有效的实践路径和创新手段，助力电力行业尽早实现碳达峰、碳中和。

## 二、案例主体内容

### 背景和问题

#### 响应国家"双碳"政策，探索绿色供应链发展新模式

我国"双碳"目标给推动能源清洁转型提出了明确要求。2022 年 8 月 1 日，《工业和信息化部、国家发展改革委、生态环境部关于印发工业领域碳达峰实施方案的通知》指出，构建绿色低碳供应链，支持行业龙头企业在供应链整合、创新低碳管理等关键领域发挥引领作用，将绿色低碳理念贯穿于产品设计、原料采购、生产、运输、储存、使用、回收处理的全过程，加快推进构建统一的绿色产品认证与标识体系，推动供应链全链条绿色低碳发展。积极探索供应链运营新模式，创新开展基地绿色零碳建设，以点带面推动供应链上下游、能源电力行业尽早实现碳达峰、碳中和。

#### 打造零碳仓库示范，提升"检储配"效率效能

基地始建于 1989 年，历经 30 多年，仓库设备老化，物资"检储配"效率较低，难以满足省公司日益增长的物资供应要求。由于初建时尚未有节能设计标准，基地建筑能耗比新建建筑高出 70% 以上，远远达不到现行的节能设计标准要求，亟待实施节能改造。

目前，国家"零碳仓库"建设处于研究阶段，"零碳仓库"的行业标准尚未建立，仓库减排技术和碳管理人才缺乏，亟须打造"零碳仓库"示范工程，全面整合仓储资源，加强公司仓库碳排放管理，争创系统内零碳仓库建设的引领者，实现"零碳仓库"标准引领、减排技术引领、建设示范引领，为仓储行业碳排放总量和强度的"双控"做出贡献。

### 行动方案

为了应对基地绿色零碳建设面临的挑战，国网唐山供电公司开展"检储配"全链条

能碳双控平台展示基地全貌

碳盘查，依据世界资源研究所（WRI）和世界可持续发展工商理事会（WBCSD）发布的温室气体核算体系（GHG Protocol）开展"检储配"碳排放核算，摸清"碳家底"，针对碳盘查的结果，提出了四个维度的十八项举措。

**绿能降碳**

通过研究"零碳仓库"对绿色能源的技术要求、运营要求，国网唐山供电公司探索构建了"风能＋光伏＋储能＋充电桩"一体化系统，打造以"风光储充"为引擎的多元融合的"零碳仓库"。

**分布式光伏：**在建筑物屋顶上安装了共计 895.95 千瓦的分布式光伏系统，利用太阳能发电。这可以减少基地对传统电力的依赖，降低了碳排放量。光伏系统的电能产出可以满足一部分基地的用电需求，并且多余的电力可以回馈电网，进一步减少对外购电的需求。

**微型风机：**在建筑物顶部安装了 4 台 1 千瓦微型风机，利用风能进行发电。通过使用微型风机，增强基地绿电微网的发电能力及持续性。

**充电桩：**在基地内设立了 2 台交流充电桩和 2 台直流充电桩，以促进电动汽车的普及和使用。

**零碳示范：**在基地内设置零碳示范区域，采用光伏树、光伏板凳、光伏步道等零碳技术和设备，展示绿色环保的实践成果，推广零碳理念和技术，促进零碳发展。

**储能：**在基地内设置了 215 千瓦·时储能系统，储存绿色电能，供基地绿电微网"削

微风发电　　　　　　　　　　零碳体验区：雨水回收、光伏树等

峰填谷"使用，进一步优化能源消耗结构，助力基地降低碳排放。

### 节能降碳

国网唐山供电公司将"零碳仓库"的理念贯彻到建筑物的设计、建造和长期运行全过程。对基地进行节能诊断，分析基地建筑物能耗情况，挖掘节能空间，提出了有针对性的节能方案，并综合经济效益和节能效果制订节能改造计划。

**VRV 空调：**采用可变制冷量制热量的 VRV 空调系统，实现空调运行状态智能调节。与传统空调系统相比，VRV 空调具有更高的能效，减少了能源消耗。

**智慧照明：**基于智能感知和控制技术，实现对照明系统的精细化管理。自动调节照明亮度、开关灯光等方式，降低不必要的能耗。

**电动作业：**替代传统燃油作业设备，采用电动设备，具有零排放和低噪声的特点，以电能为动力源，能够降低基地的碳排放。

**新能源物流：**优化物资配送和仓储过程，采用新能源车辆和设备。使用电动货车、自动仓储系统、无人搬运车等，基地作业燃油消耗降为零。

### 环保降碳

"零碳仓库"的建设要关注生产运营对生态环境的影响。建立污染排放控制机制和应急管理机制，包括基地建筑维护，基地雨水利用，固体废弃物的分类、收集和处理等方面。

**围护结构：**对建筑围护结构进行改造，加强保温、隔热和通风性能，减少能源损耗。

**雨水回收：**设置雨水收集系统，将雨水用于植物浇灌、车辆清洁、生活用水等，节约水资源，同时减少水生产所带来的碳排放。

**危废回收：** 建立科学的危险废物回收体系，对危险废物进行分类、收集和处理，减少环境污染和对资源的消耗。

**废旧物资拆解：** 建立废旧物资拆解工作站，对报废的物资进行拆解和回收利用，减少对原材料的需求，降低碳排放。

**可回收包装：** 在物资运输和储存的过程中，使用可回收的包装材料，降低碳排放和环境污染。

### 智控降碳

能源优化调度与能耗优化控制是降低基地碳排放的关键环节。利用物联网和传感器技术，打造能碳双控平台，实时监测、采集和分析基地的能源消耗，通过智能化技术和数据分析，实现对能源利用的优化、基地业务最优排程，减少能耗和碳排放。

能碳双控平台

**风、光、储、充一体化：** 使用智能算法和模型，结合天气预报和生产计划等信息，对能源需求进行预测和调度。通过调度"风、光、储"设备，实现电力供应的优化，减少对传统电力的需求。

**能源消费管理：** 实时监测和分析基地的能源消耗情况。应用物联网技术，辅以利用智能算法，实现对"源网荷储"设备的精细化控制。通过实时监测能耗，借助大数据分析技术，分析历史数据和实时数据，为决策支持和优化方案提供依据，调节设备的工作状态和运行参数，提高能源利用效率，减少能源消耗、能源浪费和降低碳排放。

**智慧碳管理：** 采用智能化技术对碳排放进行管理和监控。通过建立碳排放台账、制定碳排放指标、实施碳减排措施等，有效降低基地的碳排放。基于物联网信息采集技术与物资仓库碳排核查模型的建立，实现对未来碳排放预测，实时展示物资仓库零碳态势分析，通过数据实时监测、碳排放结果预测匹配度报警提醒，以及仓库实时运行智能报告自动推送等方式提升仓库碳排放管理效率。

**智能仓储：** 利用物联网、人工智能等技术手段，实现对仓储空间的智能管理。采用立体式存储，使用立体货架后，仓库空间的利用率比使用传统货架提高了至少 2 倍，且进出库均由自动化设备完成，提高了仓库的日吞吐量和物资周转率，同样的能耗下仓库效能提升了近 70%。

智慧无人立体仓储

## 关键突破
### 建立仓储智慧减碳技术清单

通过产学研用合作，深入开展"检储配"碳减研究，通过消化、引进、吸收，推进融合创新。开展建筑节能技术、"风光储充"绿色能源技术、供应链能效提升技术、能源优化调度与能耗优化控制技术引进和融合创新，最终达到资源节约、能源降耗、防止污染等"零碳"目标。其中，最突出的是融合大数据、物联网、移动应用、三维数字化等先进技术，搭建能碳双控平台，对基地内用能集中调控，实现了基地"检储配"核心业务节能降碳、源网荷储绿色能源高效利用。

**"零碳仓库"标准创新**

聚焦先发优势的关键核心技术和基础前沿科技，推进产学研用紧密结合，跨专业、跨学科协同攻关。目前，基于国网冀北"检储配"基地"零碳仓库"创建实践编制的《电力物资零碳仓库要求与评价》成功发布，申请国家专利 6 项，申报冀北公司科技项目 1 项，发表科技论文 4 篇，其中 SCI 论文及核心期刊各 1 篇，申报软著 1 项，获得省部级及以上科技创新和管理创新成果 4 项，全力打造原创技术策源地。

**"检储配"流程优化**

打造线上、线下智慧服务管理体系，通过对物资赋予唯一身份码，实现"检储配"全流程业务办理一码贯穿，有效提高了检测业务的保密性，防范廉洁风险，同时以"零碳仓库"为核心的业务体系使各业务环节衔接得更加紧密，形成了相互督促的业务生态，全面实现了业务办理智能化、无人化、高效化、可视化。

## 多重价值

**环境价值方面，**通过能源优化管理和建筑能效改造，可以显著降低基地的能源消耗；通过绿化环境改善，可以提高基地整体舒适度。同时，基地的二氧化碳排放量降到 0 吨，实现基地用能全部由清洁能源供给，助力"双碳"目标的达成。

**经济价值方面，**通过实施节能减排措施，可以降低基地的能源成本和运营成本，提高经济效益。同时，智能、高效、可靠的"检储配"体系的建立，有效阻止了劣质设备、劣质材料进入电网，保障了电网高质量运行，无形中节约了大量的电网运行维护成本，为地区社会经济发展提供了有力的能源保障。

**社会价值方面，**基地在实现碳减排的同时，也为实现国网"绿色供应链建设"目标探索了行之有效的实践路径和创新手段。通过推广和分享经验，可以进一步扩大绿色低碳建设的影响力和推动力，在推动绿色供应链建设方面发挥示范作用，促进电力行业绿色转型。

## 各方评价

**政府评价：**当地政府高度认可基地绿色零碳建设的成果和经验，视其为推动绿色低碳转型的示范项目。同时给予基地政策支持，鼓励其他企事业单位借鉴学习，共同推动绿色供应链建设，实现国家减排目标。

**行业评价：**基地于 2022 年 12 月 26 日通过中国仓储与配送协会认证，获得了全国首张"零碳仓库"认证证书，业内认为基地在节能减排、智能管理等方面取得了创新突破。基地的成功经验被广泛宣传和分享，对行业的绿色转型具有积极的示范作用。

**社会评价：**新华社、《河北日报》、《唐山劳动日报》等媒体对基地的绿色零碳建设给予了一致的积极评价，认为基地为实现"双碳"树立了国网典范，让公众对国网的形象和社会价值有了更深刻的认识，并呼吁更多企业效仿基地的做法，共同构建一个绿色的未来。

**员工评价：**员工对基地的绿色零碳建设给予高度评价，认为基地提供了良好的工作环境和学习环境，注重员工培训和发展。国网唐山供电公司已有 6 人考取了碳管理师证书。

## 三、未来展望

未来，国网唐山供电公司将持续深化绿色现代数智供应链建设，实现唐山供电公司供应链运营中心、"检储配"基地、贾庵子仓储基地协同、联动运营，建立全面数智化的供应链运营模式和深度绿色化的"检储配"运转体系。

**一是全面提升数智化水平。**基于国网唐山供电公司供应链运营"检储配"业务现状，升级仓储设施、合理规划布局、优化仓配协同、提升多库联动水平为工作目标，依托唐山供应链运营中心与玉田检储配基地、贾庵子仓储基地，构建"一中心、两基地"数智运营管理模式，打造贯通供应链运营平台、能碳双控平台和仓储数据的检储配数字化资源池，充分发挥"大脑中枢""驾驶舱"效能，进一步提升供应链运营数智化能力。

**二是加快提升仓储绿色化程度。**全力打造和"检储配"基地联动的智慧仓库，建设"检储配"一体化、多库联动一体化、数据平台一体化及人工智能一体化仓库，在国网冀北电力有限公司的指引下，贯彻零碳仓库建设理念，智慧高效、智能先进、物资集约，同时预留光伏板、风力发电提升空间，强化绿色能源、绿色用能、绿色建筑，推进运行降碳、环保降碳、智控降碳，为绿色现代数值供应链建设贡献唐山力量。

（撰写人：梁吉、钟诚、赵文炎、卢泽钰、田殿雄）

国网浙江省电力有限公司乐清市供电公司

# "碳排身份证"助力产业链降碳增绿

## 一、基本情况

### 公司简介

国网浙江省电力有限公司乐清市供电公司（以下简称国网乐清市供电公司）始建于 1958 年，承担着乐清市 25 个乡镇（街道）的供电任务，供电营业面积 1385 平方千米，供电营业区用户 76.11 万户。国网乐清市供电公司曾获得"浙江省文明单位""浙江省模范集体""国家电网有限公司'红旗党委'""国网公司新农村电气化建设先进单位""国网公司全国模范职工之家""国网公司一流县供电企业"等荣誉。获乐清市人民政府颁发集体嘉奖令，被授予集体三等功，连续 14 年获评"温州公司精神文明建设"先进单位，连续 3 年获得"乐清市年度市直单位工作优秀单位"荣誉。

近年来，国网乐清市供电公司积极践行"责任在乐，履责在心"的社会责任目标，探索社会责任内生于企业运营管理实践，将社会责任管理视为业务发展和价值创造的管理变革路径，创新引领全面社会责任管理新模式；运用现代运营技术和管理方法，创新内质外形建设方式和企业发展方式，推动建立科学、高效的现代管理体系，提升企业核心竞争力，实现更具活力、更具价值、更具影响力的可持续发展能力的全面提升。

### 行动概要

国网乐清市供电公司聚焦电力数据枢纽作用，着眼于乐清市低压电气产业集群的发展潜力，通过"碳效"评价的视角，以"科创中国"国网近零碳数智技术实验室为载体,联合多方力量在全国率先开展电力电气产品碳标签体系化建设。项目旨在通过开展电力电气产品"碳标签"体系化评价和全国首个"城市碳标签碳链管理平台"建设,提升产业生态链的低碳建设水平,实现电力电气产品碳足迹全生命周期核算,将"双碳"落实到企业和产品层面,精准优化地方供应链结构,促进电气企业转型升级。鼓励企业和政府共同构建绿色供应生态圈,打造"双碳"行动乐清模式,建成浙江省首个县域"双碳"公共服务体系。

## 二、案例主体内容

### 背景和问题

浙江温州乐清市是我国工业百强县(市)之一,也是改革开放中"温州模式"的典型代表。作为浙江省首批产业转型类低碳试点县市,乐清拥有千亿级的电气产业集群,产业规模达 1399 亿元,拥有超过 1.4 万家电气企业,其中约有 400 家是国家电网公司的直接供应商,95% 的电气企业与电网公司存在直接或间接的供应关系。在欧盟实施国际碳关税以及国网"双碳"目标的双重压力下,探索电力电气产业低碳转型与碳中和模式路径势在必行,同时也面临着巨大的压力和挑战。

**一是碳关税启动箭在弦上,企业转型迫在眉睫。**2023 年 4 月 25 日,欧盟理事会通过了欧盟碳边境调节机制(也称欧盟碳关税),并于 2023 年 10 月 1 日正式执行、2034 年全面运行。随着欧盟碳关税的实施,乐清电气企业面临出口产品受到碳关税限制的风险,未来市场准入条件将更加严格。企业需要满足碳排放核算、减排措施和绿色低碳认证等的标准要求,并与国际标准无缝衔接。部分企业在相关知识和技术方面存在一定欠缺,打造产品差异化竞争属性,提升市场竞争力仍然存在难题。

**二是推动产业链低碳转型,政府缺乏有力抓手。**为积极响应国家"双碳"目标,落实"双碳"战略,全社会各行各业启动绿色发展转型。当前,乐清地区落后产能仍然较多,如何加快淘汰地区落后产能、推动产业绿色转型以及提升绿色制造和低碳制造能力成为重要课题。政府需要制定统一标准和推动工具,为乐清市电力电气产业的绿色低碳转型提供支持和引导,促进可持续发展。

**三是绿色标准仍待完善,国内缺乏统一体系。**当前,国内市场上的绿色低碳标准和认证体系仍待建立和进一步完善,市场碳排放核算和管理工具较为缺乏,企业参与碳标签认证的成本较高，数据真实性和信息公信力也面临挑战。迫切需要加强标准制定与认证机构建设，促进信息共享与合作，建立统一绿色标准体系，提升企业的绿色低碳水平和市场竞争力，推动乐清市电力电气产业向可持续发展迈进。

**四是低碳供应链困境重重，绿色采购急需加码**。国家电网公司作为"双碳"目标行动的主力军，正在探索研究绿色数字供应链采购体系，然而产业链上各环节的碳足迹核查和数据采集困难，限制了绿色低碳供应链的建设，企业的绿色转型进程受阻。乐清企业在这方面的知识和技术储备相对不足，难以满足市场需求和采购方的要求。将各环节消耗碳排放量清晰直观地标识，能够加快助推电网绿色供应链建设。

## 行动方案

国网乐清市供电公司围绕绿色低碳可持续发展总体目标，联合多方力量开展电力电气碳标签体系化建设，打造中国电力电气产品碳标签评价认证基地。深入促进乐清电气产业绿色低碳转型，并推动整个电气行业供应链绿色低碳可持续发展，最终建成浙江省首个落地县域的"双碳"公共服务体系。

**"碳"路导航，构建绿色低碳新标准**。根据行业特点，参照国际标准，主导制定《电力电气产品碳标签评价技术通则》，先后编制了 ESG（环境、社会和公司治理）专项报告、碳排放核算等 12 项标准，填补了国内电力电气行业碳标签认证标准的空白。

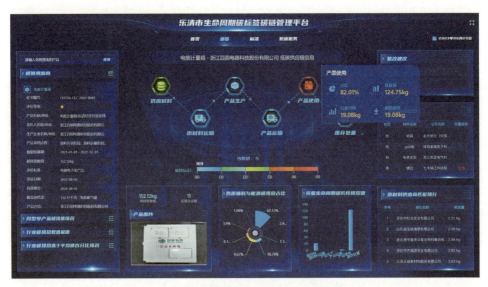

乐清市生命周期碳标签碳链管理平台应用界面

**"碳"智大脑，建设绿色管理平台。**开发上线集碳标签监测、碳链管理、标准在线、减碳服务四大功能于一身的"城市生命周期碳标签碳链管理平台"，帮助企业精准识别碳排放情况，对症下药，优化产业结构。以维益宏基集团为例，企业通过平台得知产品在原材料供应环节碳排放量为 1207 千克，占总碳排放量的一半以上。通过平台监测，发现其上游的一家铜排生产供应商的碳排放量最高，平台为其匹配了优质的供应商，最终实现了产品碳排量优化。

　　**"碳"排有数，开展绿色低碳评价。**通过与德国机动车监督协会（DEKRA）、中国质量认证中心的认证结果"互认互通"，建设公信权威的评价体系，目前已为 11 家企业 29 个产品开展碳标签评价，并颁发了相应的证书，并在国网江苏省电力有限公司、国网浙江省电力有限公司、国网冀北电力有限公司等省网的绿色供应链招标及出口贸易中得到了应用。

产品碳标签证书

　　**"碳"效共振，打造低碳转型共同体。**将碳标签评价结果融入政府的企业管理评价体系，辅助政府科学决策；为企业量身订制节能评估等"碳标签＋能效服务"产品，拓展光伏安装等应用场景；在国网物资采购环节推动低碳评价体系应用，加快绿色供应链建设；将碳标签等级与碳金融贷款挂钩，推出"绿色交碳保"等金融产品，帮助企业获取更多的金融支持。

## 关键突破

　　**落地中国首个电力电气产品碳标签评价试点基地。**以"科创中国"国网近零碳数智技术实验室为载体，整合多方力量在全国率先开展电力电气供应链试点"一室三中心"建设。不断完善功能定位，打造辐射长三角乃至全国的整合型、一站式碳足迹核算、"碳标签"评价的供需平台。

　　**上线全国首个城市生命周期碳标签碳链管理平台。**构建企业降碳智慧大脑，通过全产业链碳足迹的核算和管理服务，以及产品全程碳排追踪和智慧减排，实现电力电气供应链绿色管理。让企业和政府对绿色碳排放数据更直观透明，绿色低碳转型的路径更明

供电员工在能源数据中心进行区域能效监测分析

确可信，为企业提供更多降碳管理的选择和方案，为政府制定环保政策和产业激励提供科学依据，为产业链可持续发展打下坚实基础，实现经济效益和环境效益的双赢。

**可复制、可推广的浙江省首个县域降碳新模式。** 在降碳管理工作中，探索出了一条符合产业链可持续发展的"双碳"行动乐清模式。将碳足迹核查与绿色供应链充分融合，使企业实现产品碳排优化，降低运营成本，提高市场竞争力；帮助供应商优化能源消耗，提高资源利用效率；政府参考数据完善政策法规，推动产业链低碳转型和乐清低碳试点县建设。为其他地区提供了可复制、可推广的范本，引领绿色转型升级，推动全国各产业绿色低碳发展进程。

## 多重价值

**经济价值。** 促进产业转型，拉动地方经济增长，以乐清 1.4 万家电气企业统计，每年贡献约 6.02 亿数字经济产值；并且带动地方碳金融业务，2023 年上半年，乐清市绿色贷款累计 263 亿元，同比增长 41%。

**社会价值。** 提升低碳品牌竞争力，推动企业低碳化转型。打造绿色低碳供应链，推动绿色低碳生产和运营，实现从采购到生产再到销售的全程绿色化。制定的《电力电气产品碳标签评价技术通则》填补了电气行业标准的空白。积极参与 12 项 ESG、碳排放核算等相关标准编制，逐步建立统一规范的电气行业碳标签评价标准体系。此外，乐清 11 家企业的 29 个电气产品已经通过了碳足迹核查和"碳标签"认证，成功在国内绿色供应链招标批次和国际贸易中应用，巩固了国际竞争力，帮助企业扩展了国际市场份额。

**环境价值。**推动电力电气产业绿色转型，促进低碳经济的正循环。鼓励和引导企业加快节能技改和低碳管理，目前已验收了 44 个节能改造项目，总计减少碳排放量达 650 万吨，实现了经济增长与环境保护的协同进展。积极践行可持续发展理念，向国内其他行业地区提供了可借鉴的创新模式。

## 各方评价

**中国电子节能技术协会理事长黄建忠：**数字化"碳标签"认证和"碳标签"认证数字化，体现了思想创新、模式创新。国网乐清市供电公司构建多元化应用场景，积极探索"数字＋双碳"行动路径做法值得肯定。

**中国电子节能技术协会执行秘书长、碳中和大数据研究院院长、国务院研究室中国政策专家库成员李鹏：**乐清市开展电力电气产品"碳标签"认证具有独特优势，与乐清市低碳试点县建设相得益彰，在各行业中率先启动"碳标签"认证试点具有积极示范意义。

中国电力电气产品碳标签评价认证基地的城市"碳管家"主题展示

**乐清市发展和改革局相关负责人：**建立完善的"城市生命周期碳标签碳链管理平台"数字化应用场景，积极探索低碳发展创新路径，将引领产业低碳转型，推动千亿级产业集群绿色低碳化发展迈上新步伐、见到新气象。

**国网乐清市供电公司总经理李建宇：**通过链主企业带动产业上下游共同发展，形成融合全产业链、全价值链的绿色产业生态圈，让乐清在"碳跑道"上不断探索低碳发展创新路径，努力抢抓"碳机遇"。

**固力发集团股份有限公司技术总监郑哲：**企业不仅要提供优质的产品，更是要倡导文明消费，"碳标签"是一种价值主张，也是一种社会文化，更是企业的责任和担当。

## 三、未来展望

完善碳标签评价认证，服务乐清市电力电气产业和战略性新兴产业的运行机制。完成 400 个产品碳标签评价认证应用示范，鼓励企业不断降低产品碳排放，逐步实现碳标签评价产品在绿色生产、绿色贸易、绿色消费场景应用，初步建立适应产业发展的制度健全、管理规范、运作良好的碳标签评价认证运行机制。

实现碳足迹数据产业化应用，引领和推动产业结构、生产生活方式、国际贸易绿色低碳转型升级。完成 600 个产品碳标签评价认证应用示范，鼓励企业不断实施"碳减排"，参与自愿减排交易、碳普惠等，最终实现"碳中和"，基本建成规则流程清晰、应用场景丰富、系统完善的公共服务平台。

（撰写人：邱依如、黄慧慧、林士勇、刘芳）

国网江苏省电力有限公司南通供电分公司

# "e 网户口簿"，"码"上助力配网物资全链绿色智慧管控

## 一、基本情况

### 公司简介

国网江苏省电力有限公司南通供电分公司（以下简称国网南通供电公司）担负着南通市崇川、通州、海门三区和南通经济技术开发区，以及如皋、海安、启东三市和如东一县的电网发展、输配电和电力服务任务。营业网点 91 个，营业户数 452 万户。现有 35 千伏及以上变电站 274 座，变电容量 5046.27 万千伏安；35 千伏及以上线路 774 条，总长度 9827.03 千米，配电线路 3072 条，总长度 38452.41 千米。南通电网已形成了 500 千伏七站环网、220 千伏双片区环网、110 千伏辐射互联、10 千伏"手拉手"、400 伏"密布点"的坚强电网。

国网南通供电公司深刻践行"四个革命、一个合作"能源安全新战略，坚持以客户为中心、以市场为导向，率先构建现代服务体系，全面履行供电服务职责，着力优化电力营商环境，在助力打赢"三大攻坚战"、服务经济社会发展、持续改善民生等方面发挥了重要作用。国网南通供电公司荣获全国"爱国拥军模范单位"，是江苏省唯一、国网系统唯一获此殊荣的单位。先后获得"全国文明单位""全国市场质量信用 A 等企业""国网公司安全生产先进集体""江苏省服务质量奖明星企业"等荣誉，连续五次获得"市级机关综合绩效考评优秀单位"荣誉。

可持续发展
目标

## 行动概要

电力行业作为我国能源绿色低碳转型的主力军，构建绿色现代数智供应链、加强设备物资精益管理是推动全链条协同减排、促进可持续发展的重要路径。当前全国电网投资持续增长，其中配网项目因数量多、施工周期短，对提高供应时效、加快库存周转、引导物料优选提出了更高的要求。国网南通供电公司积极联合供应商、承运商、项目单位、施工单位等多方链上企业，打造"e 网户口簿"，通过首创"项目唯一码"贯穿项目全周期、首建项目高端智库平台掌握物资信息链、首推"后评价体系"追根溯源，探索出"需求驱动、数智运行、绿色评价、决策引领"的配网工程项目化闭环管控新模式，从源头精准管控配网物资，引领链上企业绿色转型，打造绿色化、数字化、智能化和韧性安全的配网可持续发展供应链。

# 二、案例主体内容

## 背景和问题

2022 年，南通地区共完成配网工程 6346 项，其中 2148 项为配网业扩工程，工程总量较 2021 年增长了 12.8%。供应物资金额为 8.03 亿元，涉及 342 个供应商，供应需求数量更多、频次更高、时效更急。在配网项目建设过程中主要存在以下三大难点：

**协同降碳"各自为战"**。在建设配网系统过程中，电力企业、供应商、承运商等各相关方合作方式单一，存在"大量生产、大量消耗、大量排放"的生产模式和消费模式，亟须充分发挥集中采购优势和市场效应，建立绿色采购体系，实现经济社会发展和生态环境保护协调统一。

**信息交互"各行其是"**。链上各企业之间存在信息壁垒，需求预测、物资生产、运输交付与工程可研、初设、施工亦存在一定脱节，可能出现供应商方面原材料不足、生产能力不足；承运商方面无法精准安排运输计划，从而影响项目建设进度和用户需求响应。

**资源利用"各不相谋"**。在传统的管理模式下，物资管理粗放，难以确保物资与项目精准匹配，且无法精准追溯偏差原因，造成大量物资积压，挤占库存资源。例如，2022 年南通公司配网积压物资金额约为 1930 万元，占全公司物资积压总金额的 87.72%。

## 行动方案

### 各方普查,前移关口达成协同共识

深度对接供应商、承运商、项目单位、用户及其他社会群体等主要利益相关方,通过调研、访问等方式,汇聚各相关方痛难点及核心诉求,共同构建"需求驱动、数智运行、绿色评价、决策引领"的绿色化、数智化、韧性安全的项目化闭环管控新模式。2022年7月,国网南通供电公司会同多家社会责任感和环保意识强的优质供应商、承运商,开展了现场调研活动,探讨实现供应商精准排产、承运商精准排运的协同路径。

### 项目立户,推行单体项目数据管控

综合考虑各利益相关方共同的基础因素,寻找配网项目管控的着力点,改变传统管理模式,开展"e 网户口簿"协同管理,将物资全寿命周期与项目挂钩,在项目储备阶段新增"项目唯一码"(主要由年份+工厂代码+序列号构成,如项目唯一码"202202F00001"由"年份(2022 年)+工厂代码(02F0)+序列号(0001)"构成),以项目、物资信息为关键点,横向贯穿配网项目前期、项目实施、项目评价等过程,纵向追踪生产、采购、领用等各节点物资数据变化情况,打通供应链全流程物资情况的实时查询渠道。目前,立户工作覆盖南通 7 个区县,已给 6346 个项目完成"上户口"。

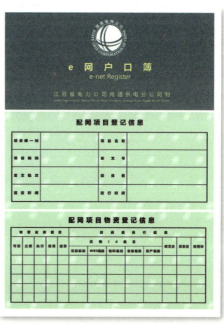

"e 网户口簿"示意图

### 集户建档,搭建贯通高端智库平台

遵行"一项目,多物资,全流程"的原则,应用配网物资计划管理数据平台,实时监测配网项目从可研、发文、建设到结算等数据信息,实施项目全周期管理模式,提升配网项目管理数字化、智能化能力,有效解决业务脱节、信息不贯通、物资信息与项目精准匹配难等问题。建立"e 网户口簿"智库,涵盖物资"身份证"在供应链全过程的"碳

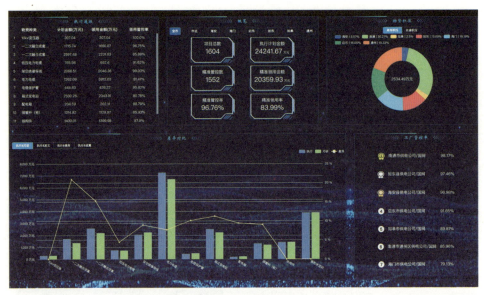

"e 网户口簿"智库系统界面

足迹""质量值""使用率"等基本信息，对项目全流程、物资全数据密切跟踪，深入分析需求预测、执行、领用、结算精准性程度，利用大数据 BI 分析工具，为后续类似项目投资导向、物资精准供应等智能决策提供支撑。

### 户码同追，建立"后评价"联动体系

将南通全市域"户口簿"中的物资"身份证"流转信息纳入后评价体系采集范围，构建后评价体系：横向维度前期将设备能效根植项目可研环节，源头把控碳排放，后期结合业务条线，把控物资预测与领用、结算各环节衔接风险节点，通过积压库存映射配网项目精益管控水平，形成项目闭环评价；纵向维度由浅入深，从物资品类管控到单体项目管控，分析单体项目各环

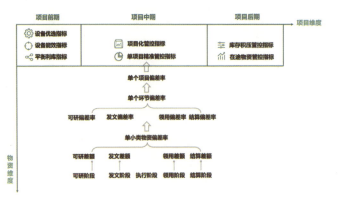

后评价体系架构

节物资偏差，提高项目单位需求上报准确率。通过横纵双向维度，共建南通 6346 个项目、电力电缆等 12 类物资后评价，客观、量化反映配网物资精准供应管理水平及配网项目运营能力。

### 链主引领，构建绿色循环共赢生态

发挥产业链供应链"链主"作用，通过对单体项目数据追踪，实现积压物资循环使用，避免企业资源的积压和浪费；深化项目评价，提高物资需求准确度，引领供应商科学排产；智库平台辅助决策投资导向，强化可研深度、广度，在项目前端提升优选物料成果源头应用水平，例如 10 千伏变压器设备能效的选取，以需求引导市场，促进供

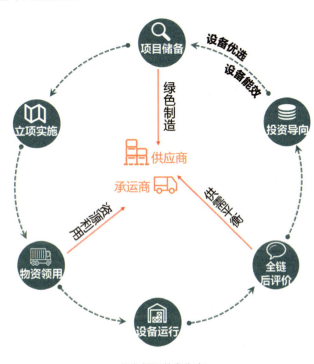

绿色循环共赢生态

应商绿色生产，打造经济高效、供需协同灵活的健康运营环境，引导供应链生态圈节能提效，构建绿色循环共赢生态。

## 关键突破

### 首创"项目唯一码"，一码贯通多环节、全周期

在项目储备阶段，首创"项目唯一码"，贯穿项目储备、项目立项、项目下达、项目执行、项目结算等关键环节，实时查询项目物资执行情况，实现项目与物资的全周期闭环管理。创新项目化管控新模式，打造统一、高效的配网项目管控精细流程，实现流程管控有效衔接，解决配网项目全流程存在的各阶段未实现一体化管控、阶段关键点之间缺乏连接、物资领用难以精准对接等问题。

### 首建项目高端智库，一户掌握多身份全覆盖

推行项目全周期管理模式，依托配网物资计划管理数据平台，建立"e网户口簿"智库，归集展示各专业、各部门、各单位的物资数据与项目信息，涵盖各项目全流程管理信息及对应物资全生命周期信息数据，包括物资"身份证"（实物 ID）、"碳足迹"、"质量值"、"使用率"等，打通资产管理业务全流程；以项目"户口簿"为纽带汇聚项目需求、领用、执行信息，打造数据融合共享生态，为电力企业后续项目的后评价及配网项目投资、采购优质设备做好基础数据支撑，面向链上企业提供可靠、可信的采购需求，深化配网建设精益管理。

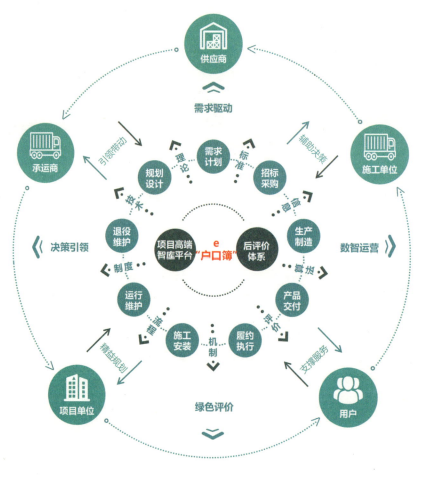

项目化管控新模式

**首推"后评价"体系，一链多相关服务全方位**

国网南通供电公司深度应用后评价体系，并于 2023 年推广应用至国网宿迁供电公司，对宿迁 1100 个配网项目数据及评价结果追根溯源，推动链上各相关方做优供应链过程控制，提升国网宿迁供电公司供应链产业链韧性安全、在线协作、资源共享、专业整合的价值创造能力。融合项目智库，科学量化项目绿色运营效能，为绿色采购策略调整提供数据支撑，通过需求侧绿色采购标准带动供给侧的绿色建设、绿色制造，打造能源电力产业链供应链开放生态。

## 多重价值

### 经济价值

**降本增效：** 对于电力企业来说，首推实行项目管控机制，需求预测准确性提升约67%，降低可视化与实际需求执行偏差，整体配网投资效益有效性提升约 10%。对于供应商企业而言，配网工程项目前期需求预测的准确性能促进供应商科学排产，提高供应链源头韧性，减少物资损耗成本；合理安排发货时间和运输方式，避免运输过程中的空载和满载率低等问题的发生，降低运输成本。

**绿色库存：** 2022 年，国网南通供电公司累计完成 8.03 亿元配网物资的全流程管理，较 2021 年同期配网库存物资下降了 38.72%，积压一年以上的物资下降了 49.01%，预计节约仓储面积 3680.1 平方米，南通市仓库平均租赁单价为 14.23 元 / 平方米·月，预计每年可节省 62.84 万元租赁费用，降低了运营成本。

**高效匹配：** 实现全流程精准需求、精益采购、精确履约、精严质控、精管实物、精细处置、精算分析，在最大化仓库利用率的同时，实现配网物资精准保供稳供、资源节约集约。

### 社会价值

**和谐生态：** 以后评价体系为导向，带动产业链供应链可持续发展，强化生产者责任逐级延伸和层层追溯，提升产业链供应链自主可控和安全能力，推动供应链上下游企业、项目全生命周期绿色低碳发展。

**绿色运营：** 通过实现对项目全过程的统筹管理，物资工作计划前移，把控 2148 项工程有序生产、实施、运营，持续为可再生能源的接入提供基础数据设施支持，促进能源转型和绿色发展，减少对传统能源的依赖，给用户提供更加便捷、舒适和安全的生活环境。

**推广复制：**推行"e 网户口簿"项目化管控，通过数智化手段，跟踪物资状态，掌握项目运行信息，追根溯源并辅助决策，为配网项目效能提升提供数据、服务和技术支撑。以"小切口"撬动"大变革"，为"双碳"背景下配网项目低碳转型发展提供一条能复制、能推广的创新路径。

## 环境价值

**节能减排：**电力企业依托项目高端智库平台及后评价体系，为项目前期物资选取提供依据，避免因前期需求预测不准而导致后期项目实施物资缺失需跨区域调拨的情况，预计可减少 40396 千米的物资运输。货运卡车百公里的碳排放量为 18.9 千克，因此可减少约 7.63 吨碳排放，节约 24.56 万元运输成本；承运商企业可以减少短距离运输且空载率高的尴尬局面，有助于优化物资装载及运输计划，助力承运商增加班车化运输，降低运营成本。

**绿色采购：**践行配网项目"绿色电网建设"，充分发挥"链主"作用，在设计前端推荐绿色设施设备、绿色包装等绿色应用。例如，2022 年，在配网项目中选用 10 千伏节能变压器 1319 台，比普通变压器减少碳排放 527.6 吨，可引导近百家供应商生产节能设备，助力社会绿色发展，打造全流程业务低碳管理的供应链生态圈，促进电力企业物资管理的良性可持续发展。

## 各方评价

**江苏中天科技股份有限公司丛颖鹏：**我们可以更精准地掌握实际物资需求，制订合理的排产计划，避免因产能不足而导致的物资供应延迟，能够更好地满足项目需求，也让我们获得了更多的商业机会和提高了市场竞争力。

**中国外运股份有限公司张晨阳：**我们现在运输压力小了，运输满载率也提高了，现在能够合理地安排车辆和人员，提高了配送的准确性和效率。

**嘉御龙庭小区业主许强唯：**国网南通供电公司可以快速响应用户的需求，充电桩上门安装速度快、服务好、质量高，以后充电就快速便捷了，使用体验很不错。

**《中国电力报》：**流程打通了，效益提升了，项目化管控提升了计划精度，后评价机制强化了精益投资，辅助分析平台激发了数据动能，国网南通供电公司精准推动了配网物资项目管理的提质增效。

## 三、未来展望

依托高端智库平台，国网南通供电公司深化供应链大数据服务和决策分析模型构建与应用，打通供应链上下游，将配网各项目物资全寿命信息汇聚"一张网"，打通各专业数据链条，实现需求预测、采购安排、物资生产、运输交付与工程可研、初设、施工、结算进度的精准衔接、科学排程。统筹"实物资源池"和全域产能，建立储能、产能缓冲，实现供需智能匹配、计划动态调整、就近领用配送，工程建设物资精准到场，提升物资采购供应服务质效，推动电网装备迈向中高端，支撑坚强智能电网建设，向能源互联网全面升级。

（撰写人：殷俊、曹锦晖、张清玉、刘佳宏、张珂铭）

国网江苏省电力有限公司南京供电分公司

# 见微知著，绿色数智供应链助力中小微企业纾困解难

## 一、基本情况

### 公司简介

国网江苏省电力有限公司南京供电分公司（以下简称国网南京供电公司）是国家电网有限公司下属的大型供电企业，负责向南京市 11 个区的 500 万余户电力客户提供安全、经济、清洁、可持续的能源供应服务。国网南京供电公司始终坚持以人民为中心的发展思想，完整、准确、全面贯彻新发展理念，着力解决好发展不平衡、不充分问题，全面履行经济责任、政治责任、社会责任，做好电力"先行官"，切实做到一切为了人民、一切依靠人民、一切服务人民。

"努力超越、追求卓越"是国网南京供电公司的企业精神，"为美好生活充电、为美丽生活赋能"是国网南京供电公司的使命。国网南京供电公司始终保持强烈的事业心、责任感，自觉将企业改革发展融入党和国家工作大局，发挥电网企业的特点和优势，在全面建设具有中国特色国际领先的能源互联网企业中敢于担当、勇争第一，为全面推进中国式现代化南京新实践做出积极贡献。

近年来，国网南京供电公司的各项工作赢得了政府、企业客户以及社会各界的广泛认可和充分肯定。例如，南京"获得电力"获评全国标杆，获得"全国用户满意标杆企业""全国市场质量信用标杆（AAA 级）"荣誉。先后荣获"全国质量奖""亚洲质量卓越奖"。获得"南京市行业作风建设先进单位"称号，连续 11 年获南京市行业单位作风评议第一名。

可持续发展
目标

### 行动概要

市场环境复杂多变，链上中小微企业面临生产成本高、履约风险大、扩大融资难，国网南京供电公司也面临着需求及时响应、物资精准匹配、链条韧性塑造的再提升需求。

国网南京供电公司以物资为纽带，创新链式驱动"V"引擎模式，在精准供应、共享仓储、绿色运输、源头价格联动、融资支持等方面创新实践。2022 年，国网南京供电公司高效完成 6050 项电网工程、1752 项业扩工程物资供应，累计金额 22.7 亿元；寄存物资供应周期可缩短至 30 天以内，供应商回款周期降低至 30 天以内，有效缓解了近 500 家中小微企业的资金中转需求；周岗仓库节约碳排放 11.66 吨，取得科技专利 17 项，打造出了协作共赢的绿色现代数智供应链新生态。

## 二、案例主体内容

### 背景和问题

中小微企业是国民经济发展的"毛细血管"，在促进就业、鼓励创新和保持社会稳定方面起着不可替代的作用。在国家电网公司的合作供应商中有 96.7% 是中小微企业，国网南京供电公司链上中小微企业超九成。经济下行压力加大，帮助链上中小微企业活下去、活得好，是保证供应链安全稳定的职责，也是国有企业的使命担当。

国网南京供电公司针对电力产业链供应链上中小微企业履约过程中的难点及痛点，进行有针对性的分析，识别出了迫在眉睫的三个问题。

**生产成本水涨船高。** 国网南京供电公司链上 35% 的中小微企业反映，当前制约发展最突出的困难是成本上升、人力不足、资源短缺；同时，对物资配送时效的要求持续提升，在将物资从中小微企业运往项目现场的过程中，整车零担运输、紧急专车运输情况时常出现，运输资源未能精准整合匹配，物流成本波动上涨，但受限于自身物资的零散性，一直未得到根本性解决；传统的现场投标、结算耗费大量的人力、物力，人力成本、资金流动成本及时间成本不容忽视。

**履约风险持续攀升。** 目前，一些工程项目对物资的需求变得更快、更多、更急。为满足更高效、更快捷的需求诉求，中小微企业的生产和供应压力日趋增大，无法提前备料、提前排产导致产能难以在规定期限内满足需求；市场经济的波动带动原材料价格短时间大幅上涨情况频发，"原材料价格上涨了谁来承担？合同都签了要硬着头皮赔本做吗？"

成为中小微企业供应的"地雷"，接单风险陡增，极易出现断供、违约。

**周转资金捉襟见肘。**资金周转不足成为中小微企业的"卡脖子"难题，《中国小微经营者调查报告》显示，近一半小微企业的季度营业收入低于 2.5 万元，33.2% 的小微企业现金流可维持时间不超过 1 个月。链上中小微企业由于缺少抵押物、信用等级低等多方面的原因，导致融资贷款难、贷款利率高，无法低成本、高效率地完成资金周转；并且由于链上中小微企业的资金规模有限，投资发展领域局限、产品转型升级缓慢、风险抵御能力不足，间接影响全链物资供应保障能力，亟须为链上中小微企业特设信用背书，助其解困。

## 行动方案

国网南京供电公司充分发挥链主引领作用，从供应链各环节出发，创新链式驱动"V"引擎模式，精准解决中小微企业的三大难题。

链式驱动"V"引擎模式

### 解烦恼：需求计划更精准

国网南京供电公司从中小微企业生产供应入手，创新构建协同模式，有效降低履约风险。一方面，优化"精准供应"服务，率先研发"周转库自适应智能补货决策模型"，利用科学算法精准制定补库需求，提前一个月将准确的需求告知供应商，给供应商留有充足的排产、生产时间，在下单的源头提升计划精准度，可以避免后期积压；另一方面，针对原材料价格市场变动导致的生产风险问题，首创"原材料价格实时联动"模式，改变以往合同"死"价格，执行随市而动"活"价格，保障物资成本趋于市场合理水平，从源头帮助中小微企业降低履约风险，缓解产能压力。

### 慧分享：仓储管理更数智

在中小微企业按照大批量需求订单生产后，国网南京供电公司密切关注物资流向，协同解决中小微企业仓储难题。基于现有的地市公司仓库资源，创新"绿色共享智慧仓储"模式，在南京周岗仓库开辟了 8500 平方米的共享存储区，为供应商提供变压器、低压电力电缆等 21 类配网物资寄存服务；同步引入行业领先的智能装卸机器人、线缆自动装卸行吊等智能作业设备，应用"数字孪生"智能平台系统，对物资仓储进行高效管控，开展仓储资源实时管理及共享，实现仓库人员、设备、物资、业务流程在内的全链路数字化展示，最大限度地提升仓储利用率，在实现资源集聚的同时，有效减少供应商的人工成本和土地成本，促进供应链仓储板块绿色数智升级。

班车化配送

**顺风路：物资供应更绿色**

供应物资进入共享仓库后，国网南京供电公司协调物流资源，推动以最集约的方式解决中小微企业满载率低的难题。通过重新调整配送组织结构，应用智能匹配统筹管理，改变以往的各项目物资"专送"模式，实施多项目、多物资、多地点的整合班车化配送、慢车多点配送，打造物资"顺道"模式；同时选取配农网小型物资开展清洁能源车辆短驳配送，提升承运商满载率，降低供应商配送成本，实现节能减排。

最具特色的是，国网南京供电公司周岗仓库作为江苏省极其重要的周转库之一，辐射南京、句容、溧阳三地，可实现智能跨区域调配，更大范围提高配送车辆的满载率和班车化运输效率，有效缩短供货周期，提升物资的需求响应速度，实现物资供应与现场实际需求高度对接的精准化供应，有效解决中小微企业配送成本高的难题。

南京公司仓库智能装卸机器人

**快回血：资金周转更迅速**

结算周期长、资金压力大、现金流不足是中小微企业发展面临的主要挑战。为缩短供应商回款周期，国网南京供电公司从两个方面入手：一是打造云投标、云签约、云结算供应商新型服务模式，投标、合同签订、单据办理、交票全流程线上办，实现供应商业务办理"一次不用跑"，降低中小微企业办理业务的运营成本，提高结算流转效率；

二是构建单个订单分批结算模式，构建物资耗用清单，根据中小微企业实际耗用物资，线上分批通过耗用清单办理到货验收及后续结算手续，实现寄存物资即用即付，加快供应商资金回笼速度。

### 向未来：转型驱动更强劲

国网南京供电公司创新供应链中小微企业融资方式，基于寄存物资订单，形成信用数据背书，联合金融机构推出"寄存物资融资租赁""物资e融"金融产品，助力中小微企业获得低息贷款，缓解供应端资金压力和业务压力；同时厚植可持续发展理念，针对物资包装过程中的材料不环保、包装浪费、包装不可重复利用等问题，创新试点线缆盘回收循环利用，建立电力物资包装材质信息库，指导供应商采用绿色包装形式，引领中小微企业绿色转型发展，实现产业链的多方互利共赢。

## 关键突破

### 数智化仓储共享共管，解决供应协同痛点

共享仓储是国网南京供电公司解决电力产业链供应链上供需对接的关键性突破，通过减少供应商在仓储租赁、仓库管理、设施设备、人工等环节的投入，实现双方共同管理，并创新接入数智化、绿色化增值服务，后续配套集约化满载装车运输，利用专车操作人员进行发货、分拣、运输，使物资到项目的供需链条得以重塑。

### 互动化源头价格联动，解决成本波动困境

借鉴"价格联动"的优秀经验，国网南京供电公司持续优化"原材料价格联动"模式，在生成物资订单的同时，链接原材料源头价格，不断优化价格联动时限和方式，有效抵御供应链风险，同时不断扩大原材料价格联动的范围和品类，特别注重对原材料价格影响较大的电力电缆、塔材类原材料，供应价格由之前至少执行1年的合约签订价格调整为供货前3天市场情况协商价格，持续增强供应链韧性。

### 资源化物资精准供应，解决订单履约风险

为进一步加强物资供应的时效性和精确性，国网南京供电公司将订单"化整为零"，根据实际需求，将框架订单分解为若干个零散订单，依托智能算法精准预测需求订单并安排生产供应，根据按需计划、按需下单、按需生产、按需供应的要求，进一步提升需求计划的精准性，避免过度生产和滞后生产；同时，为每个订单对应生成耗用清单，并依此办理相应的结算手续，大幅提升资金结算的及时性，有效缓解资金流转和生产压力。

**个性化企业融资方案，解决企业资金难题**

面对中小微企业的融资难题，国网南京供电公司创新"供应链金融＋线上便捷服务"模式，为中小微企业提供信用背书，通过物资订单即可申请办理供应链金融服务；同时帮助中小微企业通过线上业务办理平台快捷办理各类结算手续，协助改进供应商资金状况，全力释放供应商发展活力，缓解供应商资金流转压力，优化供应链上下游生态。

## 多重价值

### "链"美好，全力支撑区域发展

通过合理储备、按需配送，服务各地工程建设有序推进，大幅缩短物资供应周期，高效完成 11175 条工程需求计划供应，涉及金额 24.76 亿元，保障了 1752 项业扩工程顺利竣工，解决了千余用户的用电需求。以周岗仓库为例，年均出入库量约为 7 亿元，仓库库容利用率保持在 80% 以上，寄存物资供应周期可缩短至 30 天以内，全库物资可实现每月周转一次。2022 年，应用共享仓储模式存储供应商物资金额 13480.42 万元，大幅提升了仓储及物流效率，节约了供应商仓储成本；为供应商提供了 7525 个物资共享货位，通过云结算、供应链金融等方式，线上快捷结算共计 22.1 亿元，节约中小微企业超千万元经营成本；寄存物资类供应商回款周期降低至 30 天以内，缓解了近 500 家中小微企业的资金周转需求，助力中小微企业高质量发展。

### "链"低碳，合力贡献绿色发展

项目连接生产和消费端，集生产、仓储、运输、配送、结算、融资等流程为一体，实现了低消耗、低排放、高效能、高效率。以南京公司周岗仓库为例，2023 年以来，入库物资约 142 车，节约中小微企业 8449 平方米仓储面积，利用电力装备、自动化装备代替人工作业，减少碳排放 4.2225 吨，助力供应链低碳运营水平提升；开展定制满车、班车式配送，完成 108 次车辆运输，294 条物资供应，涉及金额 10013.48 万元，共节约 46.8482 万元仓储成本与配送成本；匹配需求计划 338 条，涉及金额 15426.03 万元，有效降低碳排放 7.436 吨，在确保物资精准供应的同时，有效降低运输碳排。通过实施绿色包装，使用可降解、可拆解的材料，每年回收利用 124 盘线缆盘，预计减少碳排放 180.450 吨。

### "链"高质，提升全链价值创造

打造"伙伴式"合作模式，全面引燃"V"引擎驱动力，通过持续强化智能技术应用、链接智能作业设备、开发 EMS 设备管理系统等，推动中小微企业高效利用仓储资源，助力电力产业链供应链绿色、韧性、数智提升。周岗仓库创新成果先后获得了 17 项科技专利，获国家电网有限公司青年创新创意大赛"金奖"，连续 10 年获评"全国五星级仓库"荣誉称号，助力链上 10 余家中小企业申报"专精特新"企业认定，推动供应链运营体系智慧、协同、高效运转。

## 各方评价

**中国仓储与配送协会专家委员会副秘书长李忠良：** 国网南京供电公司开创了一种共享、绿色、高效的供应链合作方式，既解决了链上中小微企业的诸多难题，也提高了电力物资供应效率，为扶持企业发展、解决痛点问题、拉动地方经济做出了积极贡献。

**江苏镇德电力设备有限公司总经理郑瞿敏：** 国网南京供电公司周岗仓库为国网南京供电公司提供了物资集中存储服务和智能化、专业化的管理，给国网南京供电公司降低了不少人力成本和仓库运营成本。

**江苏康泰物流集团有限公司总经理曹平：** 国网南京供电公司采用物资智能匹配模式进一步提高单车装载率及运输利润空间，在提高整体物流运输效率的同时有效降低了运输成本和人力成本。

**国网国际融资租赁公司江苏电网业务负责人孙盛阳：** 通过寄存物资融资租赁，扩大和稳固了公司的客户群，开辟了新的利润来源。国网南京供电公司作为第三方，提供了可靠的质押物监管服务，降低了信息不对称带来的信贷风险，保障款项能够及时收回。

## 三、未来展望

下一步，国网南京供电公司将围绕链式驱动"V"引擎模式持续发力，充分发挥电力产业链供应链链主的示范引领作用，精确需求计划匹配、优化价格联动模式、开展仓库数智升级、提升物资供应效率、普及线上履约应用、加快资金周转速度、拓展多样融资形式、推进绿色循环发展，最大化统筹各方资源、发挥技术优势，在计划、仓储、运输、回收等多个供应链关键环节开拓创新，激发"V"引擎内生动力，全方位助力中小微企业纾困解难，推动电力产业链供应链绿色现代数智升级。

（撰写人：徐宁婷、李金霞、朱超、彭冲）

国网浙江省电力有限公司义乌市供电公司

# "电易仓"为物资仓储插上智慧的翅膀

## 一、基本情况

### 公司简介

国网浙江省电力有限公司义乌市供电公司（以下简称国网义乌市供电公司）始建于 1951 年，现下设 10 个职能部室、4 个业务机构、5 个全能型供电所，服务用户 46.09 万户。国网义乌供电公司曾获得"全国文明单位""全国五一劳动奖状""国家电网公司先进集体""国家电网公司文明单位""全国电力行业用户满意企业"等荣誉。2022 年，国网义乌市供电公司获评国网浙江省电力有限公司首批"卓越管理示范单位"。

近年来，国网义乌市供电公司与国网浙江省电力有限公司、国网金华供电公司等上级单位时刻保持紧密联系，促进科技合作，推动创新成果转化，积极将社会责任理念、可持续发展理念与实践融入企业经营理念、发展战略和企业文化，以科技力量服务民生、美丽乡村建设等，助力智慧社区和数字乡村建设，实现了企业和全社会可持续发展。

### 行动概要

针对传统电力物资仓储配送存在的物资存储孤立、效率低下、响应迟缓等问题，国网义乌市供电公司与国网金华供电公司强强联合，从需求方面着手，有针对性地联合电力物资上下游企业全面搭建绿色智能专业平台，打造了智能化物资仓储配送体系和电力仓储

可持续发展
**目标**

智能管家——"电易仓"。国网义乌市供电公司通过与政府、供应商、物流公司积极合作，为其提供定制化仓库智能改造策略，共同搭建平台，积极响应多方需求"一揽子"管理；通过绿色化、数字化、智能化手段实现电力物资分区统一调度管理，作业效率成倍提升，缩减了千万级的用地成本，提升了电网供应链韧性和安全水平，利用现代科技的优势，解决了人工管理难度大、效率低下等问题。

电力仓储智能管家——"电易仓"

## 二、案例主体内容

### 背景和问题

当前，作为电网发展的重要依托，供应链体系是电网安全稳定运行的重要保障，是电网企业运营发展的核心要素。电网快速发展和对物资需求的快速增长对物资配送能力提出了更高的要求，及时、高效地完成物资供应，保障电网生产、建设的现实需要是目前的重要任务。

国网金华供电公司经过走访调研、数据统计、归纳总结，发现传统的物资供应模式存在以下三个问题。

**一是物资存储孤立。**在传统的电力物资仓储管理模式中，各个仓储区块分类不明显且相对独立，一旦缺少良好的信息共享和互通体系，仓库物资很难及时进行调配和利用。社会上的仓储也普遍存在仓库资源分散、利用率不高等问题。

**二是管理方式落后。**多数库存物资在存储的过程中应用的是平面堆垛的形式，空间利用率难以提升，且仍采用人工操作方式，人力资源作业成本高，操作效率低。遇到抢修时，物资配送慢，抢修时间长。

**三是废旧物资回收周期长。**危险品存储不当，易造成环境污染、生态破坏，危及人身安全。

## 行动方案

国务院印发的《关于积极推动供应链创新与应用的指导意见》，提出建设大数据支撑、网络化共享、智能化协作的智慧供应链体系，国网义乌市供电公司为解决传统物资供应链中产生的弊病与漏洞，与国网金华供电公司强化合作共赢理念，统筹全域资源，依托科技力量加速智慧转型，自主研发了仓储智能化集成管控平台——"电易仓"，针对工作中遇到的问题与难点，创新实施相关解决方案。

**建立高效协同的运作机制，确保物资运转有度。**"电易仓"是信息"周转"中心，高效协同的运作机制确保信息实时畅通，打破沟通屏障、专业壁垒，实现互联互通与数据共享，便于各业务部门、项目单位及时了解物资供应状态，跨部门合作也能保障业务顺畅进行，杜绝重复申报、漏报、错报等问题，避免给物资仓储管理工作带来不必要的影响。依托协同机制，"电易仓"还能进行广泛的数据采集，针对物资种类的不同特性，结合区域内电网发展建设以及运维情况进行有效预判，从而拟订完善的物资储备管理计划。协同相关部门制定"抢修包"，将常见的抢修材料直接配置到抢修队伍一线。

**打造绿色智能专业平台，实现物资全链管控。**"电易仓"可根据电力物资仓储特点，智能控制多种自动化设备，实现高效的货到人拣配、无人闲时智能盘存、无人智能专业仓、科学预测自动补货等功能。平台还可以基于大数据对物资供应策略提出优化建议，通过供应链全链预警、批次主动推荐、利库自动推荐等智慧功能应用，提升物资供应保障能力，物资整体供应时效提升了 30%。目前，"电易仓"项目已通过中国电力科学研究院安全测评认证，自动化、智能化水平位居国网前列，已获得软件专著授权。

**坚持绿色低碳转型模式，提高电力产业链发展韧性。**以柔性算法模型为支撑，以数智化操作为优势，根据金融、贸易、科技、教育等不同的电力供应链应用场景，为上下游企业量身打造"专属绿色画像",摸清去碳路径,精准掌握企业物资管理动向,深入研判电力装备绿色低碳转型模式,有效激活电工装备产业链供应链数据资产价值。作为已经投入运营的国网金华供电公司刚中仓库,绿色低碳理念贯穿仓库建设全过程,优先选择新型环保材料以及可循环利用的建筑材料,采用微波感应 LED、光感调节等节能高效的照明系统,每年累计为各大电力仓库降低碳排放 35% 以上,充分保障电力企业加速运转,实现绿色可持续发展。现已获评"国家一级绿色仓库""全国数字化仓库标杆单位"。

国网金华供电公司刚中仓库获评"国家一级绿色仓库"

**整合利益相关方社会资源,形成可复制推广的业务体系。**"电易仓"立足资产管理全过程、多维度的大数据分析场景储备及构建,全面支撑规划计划、物资采购、工程建设、运行维护、退役处置等阶段业务提升和辅助决策,织成"一张网"。为浙江正泰电缆有限公司等电力供应链上下游企业提供"一站式"解决方案,贯穿商品从需求、生产到存储、配送的全过程,综合生产水平、配送半径及效率,建立配送体系,制定配送方案,为利益相关方定制仓库智能改造策略,以点覆面实现可复制推广的业务模式,促进产业链供应链智能化、绿色化全面升级。截至 2023 年上半年,累计为金华地区及省内外合作单位近 3000 个仓库提供了改造方案,通过技术嫁接移植,为每家仓库平均节能 20 万千瓦·时;及时反馈处理国内 400 余家电力设备企业各类咨询问题,累计帮助企业减碳 96000 吨，节省成本 2.8 亿元，助力构建绿色低碳、畅通高效、安全稳定的电力装备产业链供应链体系。

## 关键突破

**独创柔性算法，强力运行有支撑。**"电易仓"的联动策略体系，拥有多种高效可配置的出入库、移库调度算法，独有的智能线缆段长匹配、最优拣货库位和平衡配重策略算法，为电力物资仓储自动化、智能化运作提供强大策略算法支撑。通过技术升级，只需 1 名操作监护人员，可替代原有的叉车人员、堆场作业人员和系统入库人员，同时确保作业安全性，提升业务质效。依托"电易仓"，实现全省资源数据融合贯通，打造全量可视、统筹管控的一体化应急物资储备资源库，实现各层级单位应急物资智能搜索、及时匹配、精准定位。

**接口规范集成，技术管理有章法。**研发"多接口数据归一"技术，实现"电易仓"多业务系统集成数据交互、多设备接入联动运营。针对不同物资、不同场景，开启多渠道盘点模式，只需要"一键"就能完成。盘点全过程信息同步推送至运营平台，整个过程只用 30 分钟，较传统模式效率提升了 20 倍以上。

**仓储高效互联，精准识别有保障。**"电易仓"采用高频 RFID+AP 技术，形成网络化识别空间区域，实现网络空间内物资实时识别，入库、出库、盘点等操作流程自动顺畅运行，仓储运行精准、快速、高效，进一步简化繁杂的工作流程，有效改善仓库管理效率，实现更高效精确的管理。

## 多重价值

**经济价值。**通过物资智慧仓储管理，企业可实现更有效的库存成本控制，提高物资利用和管理效率，同时减少流通成本，进一步降低综合成本，提高企业竞争力。仓储作业由传统仓库约 10 托 / 小时提升至 60 托 / 小时，实现 8 小时日出库量约 500 托，并可实现 24 小时自动出库，年人工成本节约近 120 万元。使用"电易仓"平台后，再未发生人为原因造成的出入库差错，同时由原来的 2 人周盘、月盘提升为每日空闲时段算法自动盘点，且准确率达到 100%。在库房面积不变的前提下，可用存储货位由 500 个提升至 2288 个，在同等存储规模下，每年节约土地租赁费 1810 多万元。通过对拆旧物资的全流程管控，实现对废旧物资回收不及时、数量有偏差的预警，全年回收总金额较历年提升了 25%。

**社会价值。** 通过与政府、供应商合作，以点带面，不断完善运营模式，有效解放人力、节省人工，大幅提升了应急业务物资和扩展业务物资快速响应能力，实现了电力物资供应"零差错"，客户满意度大幅提升，为当地的社会经济建设提供了强有力的能源保障。结合应急抢险事件，建立可复制的一整套应急事件物资保供管理机制，在线受理应急物资需求，完成物资调配、协议库存资源供应、应急采购等；配置一线抢修队伍定额抢修包，提升应急事件在线管控能力，为抢险救灾打造样板。

**环境价值。** 面向有条件的仓库对接开展光伏并网发电项目，积极打造"数智零碳仓库"。推进操作全程线上化，坚守绿色、低碳、循环理念，使用可再生能源和节能设备，减少对环境的影响；完成拆旧配变油机分离场地和废变压器油、废蓄电池存储场地改造，并重塑合规的废物分类、回收和处理流程，降低环境污染风险，为推动清洁能源的发展、建设无废城市做出贡献 。

## 各方评价

**国家电网公司物资部主任：** "电易仓"是对电力物资高效存储配送的有益探索，值得全国借鉴推广。

**时任国网浙江省电力有限公司副总工程师：** "电易仓"实现了浙中地区仓储智能化管理，构建了浙中地区物资 100 千米辐射圈、2 小时内响应的物资配送高效运作模式，降本、增效、提质成果显著。

**中国物流与采购联合会物联网技术与应用专业委员会副秘书长：** "电易仓"是电力物资数字化管控有益探索，在全国电力物资数字化仓储管理中具有先进水平，也为我们拓展行业物资供应链提供了很好的范例。

**浙江正泰电缆有限公司负责人：** 电力仓储智能管家——"电易仓"的建成对于我们电力设备制造公司来说具有重要意义，通过对配送在途轨迹的跟踪、在途预警事项的查看，加强了物资配送环节的监控，确保物资在途运输安全。促进仓配作业衔接，仓配各方能够提前规划相关资源，减少无效等待，提升业务效率。

## 三、未来展望

国网义乌市供电公司在数字孪生、大数据、云计算的推动下，将不断提升电力仓储管理智能化水平。接下来，"电易仓"将借助自动化技术和物联网技术实现更高程度的

智能化操作和管理，在义乌商贸城进行率先试点，不断形成可复制参考的经验模式，为更多类型的企业提供准确的决策支持，帮助管理者更好地了解仓储状况、预测需求，并进行优化调整，以满足用户需求。后续"电易仓"还将通过智能设备的运用和能源利用优化，减少不必要的能源浪费，提高资源利用效率，降低对环境的影响，实现可持续发展，并建立起完备的安全保障体系，防范各类风险和威胁。作为智慧仓储的先锋代表，"电易仓"将持续进行变革发展，在自动化、智能化、数据驱动决策、节能环保、灵活性与可扩展性、安全与风险管理等方面求新求变，为电力行业乃至全行业提供更加高效、可靠、可持续的仓储解决方案。

（撰写人：陈姣姣、宋晓飞、江晓昱、陈思远、王婧）

国网福建省电力有限公司厦门供电公司

# 精心设"基"，以绿色产业链金融引领新型电力系统协同发展

## 一、基本情况

### 公司简介

国网福建省电力有限公司厦门供电公司（以下简称国网厦门供电公司）成立于 1979 年，是国家电网公司辖区内唯一服务特区的大型重点供电企业，服务供电客户 166 万户。厦门电网是以 500 千伏电网为主干、±320 千伏柔性直流为辅、220 千伏多环互联架构，厦门域内由"四通道八回路""交直并济"输电线路供电，厦门电网全口径供电可靠率达 99.9944%，连续 4 年位列全国主要城市第一方阵。

国网厦门供电公司始终践行"人民电业为人民"的企业宗旨，立足于自身的角色定位，在电网建设、供电服务、综合能源、绿色金融等方面，有效管理自身决策和活动对利益相关方、社会和环境的影响，共同推进可持续发展，追求经济、社会和环境的综合价值最大化。

### 行动概要

厦门是福建省唯一的新型电力系统市级示范区，国网厦门供电公司以新型电力系统综合示范建设为契机，秉持"政府主导、电网主动、社会参与"模式，创新推动政府出台新电双碳基金财政贴息政策，向链上企业提供"低息、延期、提额"的绿色产业链金融服务，支持区域新型电力系统产业链供应链生态体系迭代升级、集链成群。

实施以来先后协助 5 家企业获得年化 2%、合计 2.424 亿元的绿色融资，每年为企业节约融资成本 533 万元。

新电双碳基金以优化新型电力系统产业链供应链为切入口，整合链上资源、搭建链上平台、凝聚链内共识、集聚链内力量，促进新型电力系统产业绿色创新与应用，以绿色产业链供应链生态圈助力厦门加快国家绿色金融改革创新示范区建设。

# 二、案例主体内容

## 背景和问题

新型电力系统是新型能源体系的重要组成和实现"双碳"目标的关键载体。国家能源局发布的《新型电力系统发展蓝皮书》指出，当前至 2030 年是新型电力系统建设的加速转型期，在新能源占比逐渐提高的同时，亦将带动相关产业快速发展。作为福建省唯一的新型电力系统市级示范区，厦门市政府出台了《新型电力系统建设方案》，加快培育新型电力系统产业链协同发展生态。

作为能源领域的中央企业，国网厦门供电公司坚持发挥好电网"桥梁"和"纽带"作用，积极推动新型电力系统综合示范建设，促进能源清洁低碳转型，然而在实施过程中却发现，新型电力系统产业链在协同发展方面存在以下症结。

**发展伙伴少。**当前新型电力系统产业处于加速转型期，规模化布局逐步加强，缺乏统一机制带动新电产业链上下游企业协同发展，培育壮大新能源产业集群。

**融资成本贵。**目前，尚无针对支持绿色产业链金融的相关政策出台，新型电力系统建设企业难以获得低成本融资。同时，新型电力系统项目结构功能复杂，银行缺乏专业知识和政策方向把关，放贷意愿不强。

**投资门槛高。**新型电力系统建设属于资金密集型产业，初始投入大，回报周期长，关键技术突破应用耗时长，企业投资成本高、风险大，对资金额度、期限有更高的需求。

## 行动方案

国网厦门供电公司以新型电力系统综合示范建设为契机，秉持"政府主导、电网主动、社会参与"模式，创新推动政府出台新电双碳基金财政贴息政策，向链上企业提供"低息、延期、提额"的绿色产业链金融服务，支持区域新型电力系统产业链供应链生态体系迭代升级、集链成群。

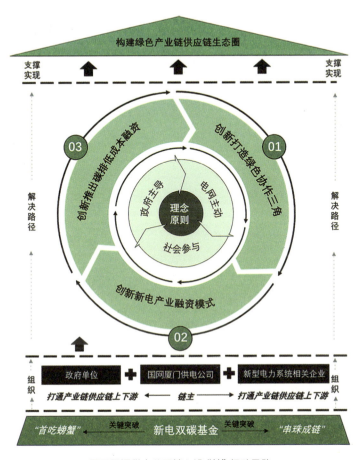

国网厦门供电公司精心设"基"行动思路

### 创新打造绿色协作三角，建强组织体系

国网厦门供电公司贯彻落实"双碳"战略目标，凸显"财政＋金融"的绿色导向，积极发挥中央企业的"链主"作用，推动形成"政府主导、电网主动、社会参与"的"绿色三角"，推动构建"能效＋碳排＋金融"产业链生态圈，形成一批引领新型电力系统建设方向的优势产业群。

一方面，国网厦门供电公司积极与厦门市发展和改革委员会、工业和信息化局、财政局、金融局、银行金融机构、能源转型企业、英大碳资产公司等利益相关方沟通，对新型电力系统产业链上下游企业进行摸底调研，梳理核心诉求，找准共同发力点，"各尽其能、各司其职、合作共赢"，壮大厦门新型电力系统产业发展"朋友圈"。

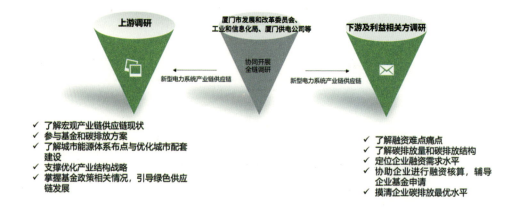

开展绿色金融支持供应链上下游调研

另一方面，国网厦门供电公司牵头制定支持新型电力系统产业链发展的建设方案，形成新电双碳基金运作机制。政府把大局，了解产业链供应链现状，有针对性地提供政策和资金支持，引导产业壮大；国网厦门供电公司抓落实，发挥专业优势明确基金具体细节，协助推动政策落地，提供政策指导、主持项目初审，并负责对接基金会提供低成本融资；社会各方管落地，链上企业负责基金申报及项目实施，由厦门国际信托有限公司配合政府和国家电网提供信贷支持，上下游企业获得融资并实施项目，实现产业链发展壮大。

**创新推出碳排低成本融资，降低融资成本**

国网厦门供电公司发挥专业优势，把关新电双碳基金的支持范围，向链上企业提供"低息、延期、提额"的绿色产业链金融服务，融资成本低至每年 2%，吸引企业广泛参与新型电力系统建设；创新推动出台碳效益挂钩贷款机制，在贴息政策结束后的贷款剩余期限内，企业还将享有申请碳效益挂钩贷款的权利，关键绩效指标每满足可持续发展绩效目标之一，贷款利率至少挂钩下调 10 个基点，通过绿色金融和供应链金融的有机融合，实现项目低碳化、智能化。

同时，国网厦门供电公司将碳效益评估纳入项目审核、执行、贷款延期等环节，为银行绿色信贷提供支撑。在项目申报阶段，将企业年度碳排放数据列为新电双碳基金白名单的加分项，鼓励企业积极参与低碳项目建设；在项目执行阶段，利用电碳生态地图平台，评估企业绿色生产程度，加强过程低碳管理；在项目贷款延期阶段，利用碳效益评估挂钩贷款利率，引导企业以低碳经济发展的视野优化资源配置；以项目融资全过程组合拳加强政府、行业、企业等主体合作互动，"倒逼"企业减排转型，实现新型电力系统产业链绿色统筹与升级。

### 创新新电产业融资模式，倡导绿色金融

针对企业投资成本高的问题，国网厦门供电公司首次推动基金贷款年限突破 5 年的传统贷款期限，与新型电力系统建设相关产业链生产周期实现良好契合，"拉长"的贷款期限让产业链企业安心生产研发，共建绿色数智产业链供应链。

针对企业融资风险大的问题，国网厦门供电公司发挥专业技术优势，创新将主体前置，牵头新电双碳基金项目初审，围绕鼓励新型电力系统产业与电网协调发展，与电网平衡发展，数字化、智能化和低碳技术发展三大支持方向，聚焦新能源发电、新能源设备及材料生产、节能型电力设备生产、用能设备节能改造、电能替代、储能设施建设六大链条环节，将企业的项目建设和产品研发投入纳入基金扶持范围，实现新电产业全链覆盖。

## 关键突破

### 新电双碳基金"首吃螃蟹"，推出首个新电产业专项基金

2022 年 11 月，厦门率先推出国内首个专门支持新型电力系统建设的专项基金，基金资金池首期蓄资 150 亿元，并将根据企业项目融资情况灵活补充，从而更好地支持厦门市新型电力系统产业发展。同时，厦门市工业和信息化局、厦门供电公司、厦门国际信托有限公司联合举办新型电力系统建设方案及技术创新基金政策宣讲会，为近 30 家新型电力系统建设投资意向企业，公开透明解读基金申报事宜。

此外，国网厦门供电公司加强与厦门市政府、市发展和改革委员会、市工业和信息化局、市金融局等部门沟通，推动发布了《厦门市新型电力系统建设方案》《关于厦门市电力系统企业申请技术创新基金有关事项的通知》《关于开展技术创新基金项下碳效益挂钩贷款有关工作的通知》等，完善各类政策保障，有序引导社会广泛参与厦门市新型电力系统示范建设。

### 生产环节"串珠成链"，融资覆盖新电产业链上下游

国网厦门供电公司积极推动新电双碳基金项目落地，通过示范引领带动作用，促进厦门市新型电力系统建设上下游企业享受"低息、延期、提额"的绿色产业链金融服务，帮助链上企业实施转型升级、打造绿色产业体系，推动厦门市相关企业向高端化、智能化、绿色化发展。

基金面向生产端（新能源发电、储能设施建设）、供应端（新能源设备及材料生产、节能型电力设备生产）、消费端（用能设备节能改造、电能替代），惠及各新电产业链供应链上下游，实现新型电力系统源网荷储全方位覆盖。

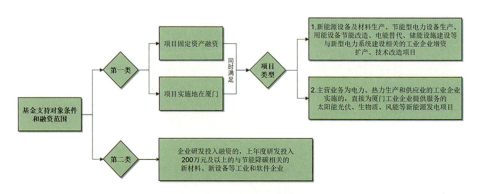

基金支持对象条件和融资范围

## 管理机制合规透明，高效加强闭环管理

新电双碳基金申报实行"白名单"双审核制和实施全程线上管理，三步走完融资申请全流程。与此同时，国网厦门供电公司牵头成立新型电力系统双碳基金评审委员会，制定《新型电力系统发展专项基金行业评定委员会议事规则》，细化《新电双碳基金评分表》，持续做好企业投资政策支持和服务引导。

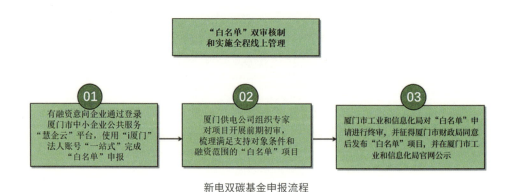

新电双碳基金申报流程

## 多重价值

**壮大新电产业发展"朋友圈"。**政府是"主管家"、电网是"排头兵"、企业是"主人翁"，通过政府信用增信、风险分担、项目贴息，鼓励企业主动参与能源低碳转型，目前新电双碳基金政策已获 200 多家企业咨询关注。基金促成产业链共同受益，有效吸引企业广泛来厦参与新型电力系统建设，推动宁德时代、海辰储能等相关产业总部集群聚合厦门，

祥达光学屋顶分布式光伏项目是厦门新电双碳基金首个落地项目，每年为企业节约超过 100 万元财务成本

壮大新能源产业集群。同时，政策也吸引越来越多的非新电企业加入产业链，如祥达光学等企业也开展屋顶光伏建设，太平货柜开展储能、光伏建设，壮大新电产业发展"朋友圈"，促进新电产业发展。

**降低新电项目融资门槛和成本。**新电双碳基金为广大企业，特别是中小微企业和民营企业降低了融资门槛和成本。按 100 万元的融资需求测算，2% 的融资成本每年可为企业节约超 1.53 万元的财务成本，切实降低中小微企业融资成本，增强绿色产业链生态圈活力。厦门富力阳机械有限公司利用厂房屋顶自建 1.5 兆瓦的分布式光伏项目，项目总投资 900 万元，为企业节省了 13.84 万元的融资成本，平均年发电量 150 万千瓦·时以上，自发自用也为用户节省近 90 万元的经营费用。同时，白名单的准入机制也为企业的融资征信保驾护航，加快银行放贷速度，增强企业投资信心。

**加速厦门新电产业转型升级。**新电双碳基金把碳能力评估体系融入厦门绿色金融标准，以"双碳"数据助力厦门"绿色金改"和新型电力系统综合示范区建设。基金广泛适用燃气—蒸汽设备更新改造、分布式光伏发电项目、先进产能扩张、节能设备改造等产业集群，形成全市 1796 个光伏项目，容量 47.4 万千瓦；储能项目 5 个，容量为 0.23 万千瓦·时，并助推福建省内首个"虚拟电厂"平台于 2023 年 6 月 7 日上线。

## 各方评价

**厦门市工业和信息化局代表：**厦门将持续做好企业投资政策支持和服务引导，大力

支持重要工业企业参与新电项目建设，打造绿色企业、绿色园区的示范典范。同时，积极培育厦门优质负荷聚合商市场，吸引更多优质、有潜力的企业入驻厦门，以融促产，加快推进绿色金融改革创新试验区建设。

**祥达光学（厦门）有限公司设施管理处处长毛圣鉴：**成本降低，效益可观，这为我们投资新能源项目坚定了信心，希望国网厦门供电公司能进一步助推屋顶生"金"，赋能厦门各企业实现提档升级再跨越。

**宸鸿科技集团财务资金处副处长李少华：**降低成本，效益很可观，相信一定能吸引更多企业参与到新型电力系统建设中来，可以为企业节约财务成本，切实减轻企业融资成本的压力，极大地鼓舞企业投资新能源项目的信心。

## 三、未来展望

随着新电双碳基金利好政策的支持，行业龙头的带动，以及各家企业的共同努力，新型电力系统建设和节能减排的工作必将加速推进，能源产业智能化升级进程也将加快，互联网、大数据、人工智能等现代化信息技术加速与电网深度融合。

未来，加快建设清洁低碳、安全充裕、经济高效、供需协同、灵活智能的新型电力系统，将是我国构建新型能源体系的重中之重。国网厦门供电公司将继续运用专业能力，融汇"绿色三角"各方智慧和资源，不断先行先试，深化新电双碳基金运作，力争实现建立一个引领绿色金融改革的创新政策，打造一批新型电力系统建设示范企业、示范项目，引导全社会关注碳管理，实现降碳减排，推动电力技术创新、市场机制创新、商业模式创新，推动路径从政府引导转向市场化，在市场化需求的推动下，有望在一些特定应用场景实现商业化，助力构建更智能、更现代的新型电力系统产业链供应链。

（撰写人：徐铭伟、蔡文悦、张昕悦、陈颖颖、梅超、郭丹）

## 国网山东省电力公司
# 打造新型供应商绿色评价体系，
# 推动供应链绿色升级

## 一、基本情况

### 公司简介

国网山东省电力公司（以下简称国网山东电力）是国家电网有限公司的全资子公司，现有 22 个部门，下辖 17 家地市级供电企业、17 家业务支撑单位和综合单位、3 家新兴产业单位及 98 家县供电公司，服务电力客户 5347 万户。2022 年，山东省全社会用电量 7559.19 亿千瓦·时，国网山东电力完成售电量 4877.94 亿千瓦·时，同比增长 4.76%。

山东电网通过多条特高压交直流线路与华北、西北、东北电网联网，已成为特高压交直流混联大电网，接纳省外来电能力达到 3000 万千瓦以上，为山东省经济社会发展和大气污染防治提供了坚强保障。成为全国第一家"中国一流管理的省级电力公司"，先后获得"全国五一劳动奖状""全国文明单位""中国电力行业责任沟通创新卓越企业奖""首届山东工业突出贡献奖""山东十大责任企业"等荣誉。

国网山东电力秉承绿色低碳理念，积极倡导和践行绿色价值观念，加快能源转型升级，提高"外电入鲁"规模，推进新能源并网消纳，推广可再生能源项目智慧平台应用，全链条激励绿色低碳、节能环保产品和服务供给，积极探索新型供应商管理体系创新实践，打造全程自动作业绿色仓储、全程数字作业节能质检、全程信息跟踪低碳配送的数智化供应链新模式，为经济社会发展提供源源不断的绿色动能。

## 行动概要

围绕《联合国 2030 年可持续发展议程》与"双碳"形势及相关工作部署，国网山东电力组织力量探索研究供应链绿色升级路径与举措，将绿色可持续发展理念与公司战略充分融合，针对传统供应商评价体系指标单一、缺乏绿色指标、忽视供应商环境绩效、社会发展责任等问题，在传统的供应商评价与选择指标体系的基础上，结合可持续发展目标、国家"双碳"战略、国网公司绿色现代数智供应链建设的要求，增加绿色指标，通过设计供应商绿色评价指标、构建供应商绿色评价模型、设置供应商绿色评价指标权重、试点开展供应商绿色评价应用、实施绿色采购等举措，率先打造了新型的"1+N"供应商绿色评价指标体系，基于层次分析法对指标进行权重构建，实现绿色供应链采购评价管理创新，并在企业供应链实践活动中加以应用，取得良好效益与多方正向评价。充分发挥核心企业作用，推动供应链全面绿色升级。

# 二、案例主体内容

## 背景和问题

"推动供应链全面绿色升级"成为服务国家"双碳"目标的必然选择、发挥行业引领效用的重要战略。既是破解行业污染和可持续发展诸多难题的重要手段，也可满足电网企业节能减排的迫切需要，更有利于提高电网企业的竞争力。

正确地评价与选择绿色供应商是推动供应链管理绿色升级的重要条件。在传统的供应商管理模式中，电网企业在建立和完善供应商评估体系的基础上实行供应商分类分级管理，同时建立准入、退出机制。虽然供应商评价与选择的流程较为完善，但是评价指标仍比较单一，缺乏绿色指标，忽视了供应商环境绩效、社会发展责任等因素，且该指标体系已沿用多年，一直未能得到更新。供应商的环境绩效和社会责任已经作为不可或缺的因素被纳入供应商评价指标体系，原有的评估结果作为供应商选择的依据，明显不能满足绿色环保战略和相关法律法规的要求，会大大降低供应商评估结果的有效性，使企业面临一定的供应链风险。

国家电网有限公司作为关系国民经济命脉和国家能源安全的特大型国有重点骨干企业，连接着能源电力产业链供应链每一个环节，处于产业链供应链核心枢纽环节和链主地位。在众多中央企业中，国网山东电力率先发布《国家电网"碳达峰、碳中和"行动方案》及《国家电网绿色现代数智供应链发展行动方案》，贯彻绿色发展理念，发挥核心企业作用，协同产业链上下游绿色化共同发展，打造电网绿色现代数智供应链示范样板。

## 行动方案

### 设计供应商绿色评价指标

首先利用文献综述法，以中国知网数据库为文献数据来源，以"供应商绿色评价"为检索词进行检索，选取 2018~2022 年的学术期刊、学位论文共计 51 篇，并对统计结果进行除重、筛选处理后，选取被引频次高、获得认同的代表性指标作为备选指标。其次，根据《绿色工厂评价通则》（GB/T36132—2018）、《绿色产品评价通则》（GB/T33761—2017）、《绿色制造—制造企业绿色供应链管理—评价规范》（GB/T39257—2020）等 7 项国家发布的供应商绿色评价相关政策标准，分析整理各个政策及标准所含的绿色指标，进行统计分析。基于文献、现行政策及标准的研究结果，结合评价指标体系构建的目标、原则和依据，最终构建了绿色战略与目标、绿色管理体系、绿色生产、绿色产品、环境排放与治理、绿色信息管理及披露 6 个一级指标，环境管理体系、产品绿色设计等 26 个二级指标对供应商进行绿色评价。

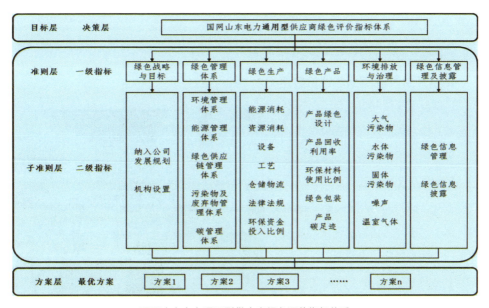

国网山东电力通用型供应商绿色评价指标体系

### 构建供应商绿色评价模型

电力企业采购需求量大，涉及的物资类别众多，行业供应商相对复杂。不同物资品类所涉及的绿色指标不同，各类物资分处不同行业，所关注的具体绿色环境内涵也不一致，权重不同。如果仅使用一套供应商绿色评价指标体系，将难以做出有针对性的评价，而且如果相同的绿色指标的权重是一致的，将无法把不同物资所涉及的重点绿色指标凸显出来，最终导致评价结果缺乏准确性和实用性。

综上所述，国网山东电力搭建了国内首个"1+N"模式的供应商绿色评价指标体系。"1"即率先搭建适用于通用型物资的评价体系，包含适合一般常用物资供应商的评价指标，如能耗水平、碳排放披露情况等。而"N"则是根据实际采购需要，选取重要典型物资供应商 N 类，有针对性地为其建立更加细致和全面的评价指标，如增加有害物质使用情况、产品回收水平等。当前主要选取电力行业采购比例较大、对安全系数要求高的电缆、变压器、开关设备 3 个重要典型物资供应商建立评价体系，作为整个"1+N"评价体系的示范，后续可根据实际需求进行扩充调整。

### 配置供应商绿色评价指标权重

根据供应商评价指标体系层次结构模型，利用层次分析法获得指标权重的方法步骤：首先向供应商评价专家组发出问卷，回收有效问卷 30 份，得出专家组对一级指标与二级指标相对重要程度的初步数据。其次结合权重计算方法，构造判断矩阵，将指标整体代入判断矩阵归一化并计算出各指标的权重。

### 试点开展供应商绿色评价应用

选取典型变压器供应商（山东电力设备）作为供应商绿色评价试点，收集绿色评价审核材料，根据评价规则，了解供应商绿色管理水平。初步取得 50.5 分的评分结果。根据绿色评价体系内容，评估管理现状，提出改建建议，实施服务提升方案。重新评估的绿色评价总分值达到了 88.9 分。共提升了 38.4 分，有效提高了

对供应商生产工艺及产品质量开展检测评价

企业绿色管理水平。

### 开展绿色采购实践应用

完善招投标绿色条款，将环保失信行为、政府绿色制造认证、清洁生产、企业碳核查、产品碳足迹等供应商绿色评价体系的关键要素，逐步纳入招投标环节；将绿色采购、绿色物流、绿色供应商、绿色产品等方面要求和违约处置条款，逐步纳入合同文本。在 2022 年度和 2023 年度山东公司配网协议库存招标采购中加以实践，加强采购评审绿色导向。

## 关键突破

**形成了国内首个特色型的"1+N"模式的供应商绿色评价体系。** 国网山东电力率先搭建了国内首个适用于通用型物资的评价体系，同时根据实际采购需要，选取重要典型物资供应商有针对性地为其建立更加细致和全面的评价指标，使该体系更加适用于电力行业这种具有极高复杂度的行业。

**选用定性与定量结合的分析方法，评价可信度提高。** 相较于其他的分析评价方法，选择层次分析法更加科学。实际操作方面与过程显示方面，更为简单与清晰，问题的定性分析和定量分析巧妙结合，化繁为简，有效地解决了过去的复杂问题，问题的本质根系更加透彻，得出的评价结果可信度更高。

**试点供应商绿色评价与绿色采购，实现绿色评价的价值发挥与传递增值。** 通过对供应商科学全面的绿色评价，为绿色采购奠定了理论基础，更好地优化了采购策略，发挥绿色低碳消费引领作用，在电网工程建设中扩大了绿色低碳产品和服务的有效供给，有效实现绿色供应链价值发挥与传递增值。

## 多重价值

**经济效益。** 在 2022 年、2023 年山东公司配电网协议库存招标采购中，将供应商绿色评价结果纳入评标细则，加大绿色低碳导向力度，试点绿色采购，绿色认证企业采购占比提升 10%。通过开展业务电子化、网络化协同共享等绿色节能措施，山东公司供应链管理全环节实现每年降碳约 3.5 万吨，依据当前碳交易市场单价估算，每年可实现电网供应链降低成本约 200 万元。

**环境效益。** 通过对供应商的环境绩效评分，将企业在环境保护方面的可持续性和生态绩效通过供应链传递到上下游的各个环节，从而提高了整条供应链的绩效。同时，具

数智化"检储配"一体化基地高效运行
实现大幅降碳增效

废旧变压器拆解回收处理
有效降低环境污染

有良好环境效益的供应商也为企业供给了符合环保要求的设备材料，减少对于环境的污染和对能源的消耗，使企业更加顺利地开展绿色创新。

**社会效益**。国网山东电力通过率先构建电力行业的供应商绿色评价体系，建立电力行业绿色供应链管理的整体框架，推动了绿色供应链队伍建设，实现了带动上下游供应商绿色协同发展，降低供应链及国网自身绿色低碳发展的成本，推进产业链全面绿色化升级的目标。既为行业内实现能源转型和节能提效起到了示范引领作用，也体现了国有企业的社会责任，彰显了企业的社会价值。国网山东电力"供应商绿色评价体系成果"入选国家电网供应链发展报告，获得了"国家电网现代智慧供应链创新与应用突出贡献单位""山东省供应链创新与示范企业"等荣誉称号。

## 各方评价

**国网山东省电力公司企业管理部张志伟：**通过将企业绿色发展战略、生产经营、环境排放与治理、绿色绩效等关键因素纳入新型供应商绿色评价指标体系，能够实现对供应链企业绿色水平进行科学评估与分级，为构建绿色供应链管理制度体系，实现绿色供应商筛选、管理及考核提供科学依据。

**山东电工电气集团市场营销经理张勋帅：**通过开展供应商绿色评价工作，淘汰一批高污染、高耗能的技术水平低的供应商，可以引领一批中端供应商改善环境绩效，逐步转型成为绿色供应商。带动上下游供应商绿色协同发展，共同打造绿色产业链。

## 三、未来展望

国网山东电力将加快构建新型电力系统，加快绿色供应链数智转型、推进新型供应商绿色评价体系推广应用，科学规划、精准投资、精益管理，在具有中国特色国际领先的能源互联网企业建设中走前列、做表率，争当能源转型的推动者、先行者、引领者，实现新型电力系统助力碳达峰、碳中和的新跃升。

下一步，一是加强市场需求引导，推动全产业链低碳发展。促进制造企业绿色化、标准化转型带动制造端节能降耗。二是打造数智供应链绿色信息平台。汇聚全供应链绿色信息，将供应商绿色评价成果充分共享。三是深化数智运营。将绿色平台延伸至上下游企业，通过电子化推动供应链全流程节能降碳。

（撰写人：吴焱鑫、郑准、尹明、张川、张斌、林雨姗）

国网山东省电力公司威海供电公司

# 全景智联"检储配"，
# 打造供应链管理新生态

## 一、基本情况

### 公司简介

国网山东省电力公司威海供电公司（以下简称国网威海供电公司）成立于 1990 年，是国网山东省电力公司直属供电企业，担负着威海市 4 个区县的供电任务，服务客户 175 万户。国网威海供电公司现有 14 个职能部门、12 个业务支撑机构、4 家产业单位和 3 个县公司。国网威海供电公司始终坚持"人民电业为人民"，深化构建现代供电服务体系，着力打造政府信任、百姓认可、专业一流的服务品牌，矢志擦亮精致名片。先后获评"全国文明单位""全国用户满意企业""山东省企业文化建设示范单位"，蝉联威海市政风行风评议公共服务类第一名。

一直以来，国网威海供电公司勇担央企责任，坚持可持续发展理念，积极履行社会责任，3 个项目获评国网山东省电力公司"2022 年度优秀社会责任根植示范项目"。"精致电网"案例获评中国能源研究会品牌创新成果典型案例，在首届"510 中国品牌日·能源产业品牌宣传周"活动中做主旨发言，荣获 2023 年全国能源产业"绿能星"高质量评选特等奖。《多方共建低碳海洋牧场》获评中国电力企业联合会企业品牌创新成果一等奖。

### 行动概要

电力企业"检储配"基地在电网发展、建设、运行、维护中起着重要支撑保障作用，是供应链最典型的集成应用场景。国网威海供电公司借助现有仓储管理平台、物资质量一体化管控平台等"云资源"，自主研发质检卫士等系统，接入各类自动作业设备，推动质量检测全景控、实物资源全量管、数字物流全在线三个过程的全景智联，实现检测、仓储、配送三个过程的信息流、实物流、控制流"九全"融合，做到了检测作业全程高效、检测流程全链物联、取样送检全域加密、到货物资全码管理、物资信息全时感知、业务流程全链管控、配送运输全域提效、配送车辆全绿用能、配送作业全息追踪，实现了电网管理平台和全域物联网平台的无缝对接，推动电力供应链管理数智提升。

## 二、案例主体内容

### 背景和问题

#### 响应国家要求，践行高质量发展

党的二十大报告明确提出，要着力提升产业链供应链韧性和安全水平；中央经济工作会议要求"增强产业链供应链自主可控能力"。安全稳定高效的产业链供应链对保障国民经济和国家安全的重要作用越发凸显，以需求驱动和标准引领的电力供应链生态构建也至关重要，对推动电力上下游供给侧数字化、标准化制造水平提升具有十分重要的推进意义。为了进一步提升供应链信息化、现代化水平，增强供应链自主可控能力，深化电力体制改革，国家电网有限公司提出要围绕"绿色、数字、智能"现代化发展方向，聚焦供应链"效率、效益、效能"提升，供应链数智化转型势在必行。

#### 改善电网环境，实现转型升级

电力行业作为事关国家能源安全的关键重点骨干行业，电网的安全稳定运行直接关系到民生用电和经济发展。在传统的"检储配"基地中，物资出入库业务、质量检测、装卸配送等业务大量需要人工完成，智能化、数字化、一体化程度仍需进一步提升。基于智能化设备、一体化平台的"检储配"基地建设与运营，是对"检储配"效率低下等难题的有力突破，也为绿色现代数智供应链建设注入了新的动力。

#### 支撑公司战略，助力提质增效

在传统的"检储配"基地中，取样送检、试验检测、仓储配送等环节存在样品易调换、结果被篡改、人工作业多、运输管控难的问题。开展数字化、智能化的"检储配"基地建设，建设具有威海特色的智慧"检储配"基地体系，推进供应链管理改革提升，加快供应链数字化转型，有助于对内提升发展的支撑力，提高物资保障、质量管控、价值创造能力，对外提升行业的带动力，增强链上企业数字赋能、质量管控水平，全面提升风险的防控力。

## 行动方案

以智能化、数字化设备全流程应用为核心，基于现有的仓储管理系统、质量检测一体化管控系统等平台，深化系统间的整体联动，将检储配全过程的信息流、实物流、控制流作为一个有机整体加以管理，实现物资"集中储备、就地抽检、主动配送"，助力电网本质安全，有效助推绿色现代数智供应链建设，提升运营效率和管理水平。

### 质量检测全景控，打造"智检"新生态

**检测作业"全程高效"**。深度融合先进检测技术、数字技术，建成全自动抽检流水线，引入三维立体识别配变自动接线机器人等自动检测设备，实现了"机器人 + 3D 视觉"技术与质量检测的有效融合，做到了接线、试验、检测的 100% 全程自动化。应用箱变移动快检装置、电缆移动快检仪器、电缆保护管预筛检设备，实现物资到货即检，缩短常规检测时长 30% 以上。

配变自动接线机器人和移动快检装置

**检测流程"全链物联"**。打通仓储管理系统、智能化检测系统、物资质量检测平台等多平台断点，结合仓储自动装卸机器人、自动化检测设备，实现实物一键入库、检测计划实时下达、检测过程自动记录、检测报告自动生成，真正做到了检测数据"不落地"传输、检测结果自动研判、质量问题线上处理。应用区块链技术实现多节点上链存储，

全方位保证了检测结果的公平公正，降低了检测过程中的廉洁风险。

**取样过程"全域加密"。**针对当前物资取样送检存在的抽检信息泄露、样品损坏以及调包等问题，采用移动互联、无线射频识别、物联网、GPS 定位等技术，自主研发"质检移动应用平台 + 智能加密送检箱"，具备现场样品随机获取、物资样品状态跟踪、送检进度一键查询、异常状态实时报警等功能，实现了抽检全过程盲样处理、全周期安全防护，杜绝了样品调换、运输损坏等现象，真正达到物资盲检目的，确保了入网设备质量，保障了电网供电可靠性。

### 实物资源全量管，打造"智储"新生态

**到货物资"全码管理"。**基于移动互联技术和 RFID 射频识别技术，打造物资仓库"码"上管理体系。拓展二维码标签应用范围，对实物 ID 管理尚未完全覆盖的物资，部署自主研发的标签管理系统，引入物料标签码、包装标签码、整托标签码，采取"一物一码、一箱一码、一托一码"的灵活管理方式，实现对千余种物资的全量赋码管理，为仓库的全量物资打造了一张独有的"物资身份证"。

**物资信息"全时感知"。**入库赋码后，可采取手持终端、手机背夹、射频门等方式灵活读取标签，灵活调整标签读取方式，实现不拆箱信息采集，全时段、全场景感知物资信息，为自动化作业提供信息支撑，实现物资入库、复核出库、实物盘点等仓储作业全程智能化应用。

**业务流程"全链管控"。**构建打造"立体孪生"三维园区，赋码后系统自动提供仓位存储建议，实现物资存储信息实时掌握，推动智能调度、数据可视。仓储人员通过手持终端远程即可遥控智能作业设备实现出库、入库、盘点等作业的快捷操作，实现了库存物资的"一键定位、全程无接触配送"；项目现场人员通过扫码实现施工现场物资的接收、领用、结余退库等业务的全流程记录，提高了现场物资的管理质效水平，做到了物资的"全链管控"。

### 数字物流全在线，打造"智配"新生态

**配送运输"全域提效"。**结合自有运力和社会运力，构建电力配送资源池，引入良性竞争机制，实行"抢单 + 派单""专车 + 公交"配送模式，在配送管理系统内统一发布运单，由承运商抢单执行；综合配网物资铁件、金具、配变等尺寸特点，应用车载配送架进行打包式、成套化配送，车辆配载率大幅提升。

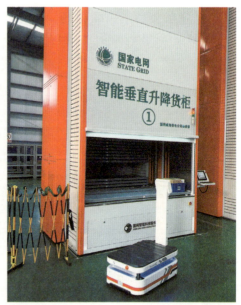

智能设备移动作业

**配送车辆"全绿用能"。**与承运商签订绿色配送协议，采用新能源电动汽车代替原有燃油汽车的运输方式，全面降低运输成本。配置标准化快充充电桩，运用 100% 太阳能光伏供电，在保证"限时达"的基础上进一步降本增效。

**配送作业"全息追踪"。**依托 5G 通信、北斗定位技术，应用电力物流服务平台 ELP，并基于配送订单信息、综合起止点位置信息、实时地图路况等多重变量进行智能路径规划，自动推荐最优路径，实现了物资配送过程的订单执行监控和异常预警，解决了"最后一公里配送"的问题，做到了配送过程可视化管理。

## 多重价值

**全业务协同运转，实现降本增效。**依托绿色现代数智供应链体系汇聚各方资源，打通覆盖检测、仓储、配送各环节的数据链路，实现设备检测、自动存储、精准配送的有序协同，推动"检储配"基地内各环节协同联动，形成跨地域、跨专业、跨系统高度融合的业务协同模式，每年可节约库存成本 72 万元，降低配送成本 37 万元，平均每次减少配送装卸等待时长 1.5 小时以上。

**全要素互联互通，提升作业效率**。推行"自主赋码＋实物 ID 码"互补的管理模式，一码贯通仓储、配送、检测全过程，协同仓储自动搬运设备、自动检测装置，实现了信息流、实物流的全面感知，做到了自动作业、态势感知、数据可视，形成了基于数据驱动的物理系统与数字空间全面互联与深度协同，提升了"检储配"基地多维态势感知、运营数据监测、全域实时预警、实时调度指挥的能力，降低了作业安全风险，提升了作业效率，每年可节约管理成本 15 万元。

**全流程线上贯通，严把质量关口**。物资到货一键入库，抽检计划自动生成，检测结果在线传输，质量问题分级处理，一方面引导供应商主动提高物资质量，提高电网供电可靠性，助推"质量强网"方针的落地实施；另一方面采用物资码贯穿"检储配"全过程，推进原材料和组部件信息、试验报告、检测数据关联汇聚，形成设备全生命周期数据，建立"数字哨兵"阵线，严把设备质量入网关。

### 各方评价

**顺丰速运有限公司威海分公司负责人王经理：**我们现在的运输满载率基本能够保证在 80% 以上，车辆运输效率提高了不少，运输压力较之前也小了许多。

**施工单位负责人张经理："**检储配"基地的建设运营，不仅给我们业扩工程提供了质量可靠的电网物资，还压缩了物资领料出库的业务办理周期，大大减少了运输装卸、搬运分拣的等待时长，为客户提前用电争取了宝贵的时间。

**青岛华东电缆电器有限公司负责人袁经理：**取样送检的全部加密、检测数据的不落地传输为我们公平竞争奠定了良好的基础，能够促使电力上下游供应商主动提高设备质量，更好地为电网建设提供物资支撑保障。

**国网山东省电力公司物资部专责：**国网威海供电公司打造的全景智联检储配基地，开创了一种高效的供应链合作模式，提升了电力物资入网质量和服务水平，解决了传统检测结果被篡改、人工作业多、运输管控难的问题，为扶持企业良性竞争、拉动经济社会高质量发展做出了积极贡献。

## 三、未来展望

下一步，全景智联"检储配"模式将不断优化改进、升级提升，全面推进"数字化透明检测实验室"建设、推进零碳仓库部署，形成可复制、可参考的经验模式，为更多

类型的企业提供精准决策支持。国网威海供电公司将持续聚焦供应链"效率、效益、效能"提升，形成"标准引领、需求驱动、数智运营、平台服务"的供应链绿色数智发展新业态，不断提升发展的支撑力、行业的带动力、风险的防控力，服务公司和经济社会高质量、可持续发展，为实现可持续目标做出新的更大的贡献。

（撰写人：裴亚莉、蔡海沧、李钢、任杰、马蔷）

国网江苏省电力有限公司物资分公司
# 选购"逛电商"，"可视"看未来

## 一、基本情况

### 公司简介

国网江苏省电力有限公司物资分公司（以下简称国网江苏物资公司）成立于 2012 年 8 月，按照江苏省电力公司推进"三集五大"体系深化建设的决策部署，由原江苏省电力公司物流服务中心和原江苏天源招标有限公司成建制合并组建。国网江苏物资公司主要负责承担省公司招标代理服务和需求计划管理、合同签订、供应履约、质量管控、资金结算等全方位支撑工作。近年来，国网江苏物资公司围绕建设具有中国特色国际领先的能源互联网企业的战略目标，紧扣省公司战略部署，牢记职责使命，持续创新突破，应用新技术推进供应链绿色数智转型，率先建成省级供应链运营中心和智能评标基地，不断提升物资服务品质，在电网建设、应急抢险、优质服务等方面发挥重要支撑保障作用。

国网江苏物资公司将社会责任理念融入公司文化实践主题，践行"物善用、资善成、责善为"的责任文化理念，坚持"以链传责、以责固链"的社会责任管理目标，聚焦可持续采购、高质量发展，以"善"为核心，让物资善用善成，让责任有为善为，用责任理念、责任采购进一步稳固强化电力产业链供应链，助力国网绿链"绿色现代，数智升级"。

可持续发展
**目标**

### 行动概要

国网江苏物资公司以提升产业链供应链韧性和安全水平为主线，聚焦数智、现代等国网绿链发展核心，创新升级"协议库存"采购供应模式，首创建设"协议库存可视化选购"场景，打造电力版"C2M"（用户直连制造商），并在国网系统内率先开展落地试运行，为项目单位提供"电商"式物资选购新体验。"可视化选购"平台注重平衡利库，支持 24 小时点选下单、履约实时跟踪，实现采购供应"可看、可选、可查"，全方位提升物资供应服务水平。目前平台服务已在全省范围的配网工程物资采购供应中落地应用，并逐步向营销、人资等其他业务链条渗透。截至 2023 年 9 月，平台已接入供应商 1272家，物资类别 317 个；已自动生成 32.13 万份电子供货单，监控展示 14.51 万笔订单的绿色物流供应情况，选购下单总金额达 589.91 亿元；以配农网物资为例，平均采购周期由 85 天压缩至 34 天，采购周期缩短了 60.00%。

## 二、案例主体内容

### 背景和问题

党的二十大报告提出"着力提高全要素生产率，着力提升产业链供应链韧性和安全水平"；2023 年，国务院国资委提出打造精益化、协同化、国际化、智慧化、绿色化的现代供应链。国家电网公司积极响应、对标一流、学习先进，主动实施国家电网绿色现代数智供应链发展行动，致力深化全场景智能应用、全过程阳光透明。

物资供应质效直接影响着整条电力产业链供应链质效，"协议库存"采购模式在配网工程物资采购上已经广泛应用，大大缩短采购供应周期。2023 年，江苏配农网物资供应量超 162 亿元，江苏电网物资需求数量、质量持续攀升。为匹配新时代超大规模物资供应体量，进一步提升物资供应服务水平、降低采购供应运营成本、增强科技创新竞争水平，"协议库存"采购模式亟须优化以下不足之处：

**一是节点较多，业务链条亟待"瘦身"。**"协议库存"模式在物资采购供应业务链条中，涉及计划申报、平衡利库、协议库存匹配、匹配结果审核、采购订单创建、供应计划生成、物资生产运输等 13 个流程节点，业务流程节点众多，且各环节审批流转周期较长，间接影响了物资响应速度和供应时效。

**二是沟通不畅，信息传递亟待"同频"。**"协议库存"模式中，需求方、物资部门、供应商三方之间常常出现信息断层。物资部门在协议库存分配时，无法直接获取供应商绩效评价、是否涉法、违约等信息；需求方在提报物资需求时，无法直接获取物资部门现有库存数量、供应商供货周期等信息，无法准确判断提报的物资数量是否可通过现有库存领用，交货期是否在供应商的合理生产周期内。

**三是响应滞后，"多样"需求亟待满足。** 为保证江苏省内高峰时百余个项目工作同步顺利开展，需求方在实际需求提报过程中，往往因项目要求不同，对物资供应存在供应及时、质量最优、价格可控等各类个性化需求。尤其是对于部分开工时间紧迫的项目来说，需求方希望分配的供应商应能够及时供货，但传统模式下可能匹配到一个执行进度较低但到货及时性较差的供应商，不能满足需求单位的个性化需求，在一定程度上降低了急迫需求的响应速度，对物资供应服务满意度产生了不利影响。

## 行动方案

国网江苏物资公司积极建设绿色现代数智供应链，结合"两精简、两提升"（精简物料、精简程序、提升质量、提升效率），创新引入电商化管理理念，首创建设"协议库存可视化选购"场景，打造电力版"C2M"（用户直连制造商），并在国网系统内率先开展落地试运行，为项目单位（需求方）提供"电商"式物资选购体验，目前已在全省范围推广应用。

### 选购"需求化"：捕捉市场诉求

组建专项工作小组，在分析"协议库存"采购模式痛点堵点的过程中，利用调研问卷、实地考察等形式，与需求方、供应商建立定期座谈、长期电联等沟通机制，全面梳理业务提升需求：需求方需要在最优的时效内收到最合适的货物；供应商需要有更合理的排产时间应对货物生产；物资部门需要有更简便的操作流程提升工作质效。通过了解各方的能力与优势、诉求与期望，实现切实有效参与、保障信息实时共享、激发资源优势互补。

### 选购"明晰化"：精简业务流程

针对跨部门跨专业的复杂业务流程，"协议库存可视化选购"精简执行配农网物资常规协议库存中需求提报、审核及匹配等业务节点，将流程节点由13个压缩至7个（信息维护、合同上架、需求提报、平衡利库、选购下单、订单审批、订单创建）；接入原材料网站数据，实现实时自动价格联动；全面应用合同电子签章，实现采购供货单的自动生成和在线确认，全面提升物资采购效率。

"协议库存可视化选购"业务流程

## 选购"数字化"：搭建可视平台

率先开展"协议库存可视化选购"场景建设，在全面梳理业务流程的基础上，结合具体业务的难点和痛点，依托国网"5E—中心"中的 ERP 系统，打造可视化选购平台，创新研发了从资源查找到选购、到货等多项数智化功能，成为国网电力公司第一家实现可视化选购的公司。

针对断层的物资信息传递，"协议库存可视化选购"平台实现了对需求数据完整性、标段可用金额、工厂资金管控金额、需求数量及交货期等进行自动校验与审查。同时实现了全量资源互联可查，以可视化手段多维展示供应商产品图片、技术参数、价格以及履约、质量、所在地等关键信息，跟踪记录选购、到货等全流程信息，支持多维查询，便捷掌握订单状态。

## 选购"智慧化"：灵活操作方式

"协议库存可视化选购"平台优化提升传统协议库存采购模式，以多维物资采购供应需求为靶向，提供"一站式"服务。在建设"协议库存可视化选购"平台的同时，以"线上＋线下"方式组织需求方、供应商开展同步培训，发布了《协议库存可视化选购管理用户操作手册》《协议库存可视化选购宣传折页》等。平台具有操作简单、智能化水平高的特点，可满足项目单位实时、自主、个性化需求，提升物资供应质效，实现"物资自主选购、全局统筹管控、供需在线协同、履约实时跟踪"，支持 24 小时点选下单，推动配（农）网物资由物资部门主导定期集中匹配向需求单位自主实时选购的转变。

### 选购"协同化"：提升供应质效

"协议库存可视化选购"平台贯通 ERP、质量监控平台等信息系统，可向需求方全面展示供应商的产品质量合格率、供货及时率、价格、所在地等辅助决策信息，并进行综合评分，实现供、需的精准对接，确保"所选即所需"。

同时在平台内创新构建了智能平衡利库模型，改进物资状态信息的获取方式，精准全面获取实物库存物资状态信息，完善利库匹配策略，结合库存地、库龄、数量三个维度，一键智能生成需求平衡利库方案，从选购角度最大限度地减少物资积压。此外，各地市公司还可以结合自身管理需要，灵活确认专属利库优先级规则，助推物资管理提质增效，盘活存量资源，实现资源利用最大化。

### 选购"规范化"：深化合规管控

在推行"协议库存可视化选购"平台的同时，合理设置需求管控及合同执行管控策略，采取多阶梯式执行进度管控方式，从选购层面杜绝因项目单位选购差异产生风险，保证同标段、同批次下的多个合同间执行进度均衡。多维比较历史数据，将年度项目投资计划金额、各单位历史需求预测数据接入平台进行比对，保证了实际需求与投资计划、需求预测相匹配。建立两级审批机制，对相应的物资需求及平衡利库情况进行二级确认，确保物资管理工作规范高效开展，有效防范各项风险。积极进行大数据分析，研判选购行为、相关供应商执行地区、执行物料价格等，及时发现选购过程中的潜在廉洁风险，真正做到服务优质、管住底线、提升质效。

在"协议库存可视化选购"平台运行过程中，组织定期维护、专项审核，发布监控风险预警，编制《电网协议库存及零星物资执行情况分析月报》，有效预测和防范采购风险，保障平台稳定安全运行。

## 关键突破

### 可看："首创型"可视化选购，协同促高效

依托协议库存可视化选购平台，全面展现物资型号、描述、图片、厂家、价格、送货及时性等信息，提供"电商"式购物体验。同时围绕带动链上企业绿色化、数字化、

智能化转型的目标,优化供应商绩效评价标准和指标体系,将全生命周期成本、绿色低碳、数字化协同等因素纳入绩效评价维度,引导和推动供应商产品服务、供应时效再升级。

### 可选:"友好型"自主化选购,便捷促使用

无时空限制 24 小时可供选购,压缩采购周期,提升选购自主性。签订协议库存合同后立刻组织图片上架,可提前跟踪合同签订进度。实现自动审批、自动纠正,降低人工操作可能导致的错误率,信息多向传递。平台体验感好,具有推广复制的优势。应用互联网思维,改变传统 ERP 列表界面,打造可视化的系统操作方式,提升用户体验,操作便捷灵活。

### 可查:"数字型"智能化选购,精准促匹配

协议库存可视化选购平台归集了供应商所在地、联系人、联系方式以及供应商履约、抽检、价格等关键数据,协议库存物资由物资部门集中匹配、项目单位被动等待匹配结果,转为项目单位自主选购下单,供需双方在线对接,物资信息直接传递,充分满足个性化需求,实现供需精准匹配。

## 多重价值

### "视发展":带动物资全链降本增效

"协议库存可视化选购"通过精简常规协议库存执行的需求提报、审核及匹配业务流程,进一步压缩采购提前期,大幅压缩采购供应周期、提高采购供应效率,直接缩减项目单位(需求方)工程建设"空窗期",大幅降低物资供应运营成本,通过采购供应关键环节带动物资全链高质量发展。

以配农网物资为例,平均采购周期由 85 天压缩至 34 天(等待周期由 30 天压缩至 0 天,匹配周期由 15 天压缩至 2 天,订单生成周期由 10 天压缩至 2 天,生产周期为 30 天),采购周期缩短了 60.00%。截至 2023 年 6 月,"协议库存可视化选购"平台已自动生成 29.48 万份电子供货单,监控展示 11.86 万笔订单的绿色物流供应情况,选购下单总金额达 550.59 亿元;同时,实际到货比例由 2019 年的 55.72% 提升至 72.92%,供应计划调整率由 58.22% 降到 49.93%。

### "视全域":推广普及应用简单高效

"协议库存可视化选购"平台采用"配置化"设计方案,从业务校验规则设置到协议库存匹配规则设置,均可根据国家电网各省公司的实际情况进行灵活调整,既满足了

协议库存可视化业务的设计思路，又可灵活适应国家电网各省公司的具体需求，推广复制简单、价值高，具有全国推广的适应性。

**全省推广。**自平台开发运行以来，凭借其"首创型""友好""数字型"的核心优势，并通过在扬州、泰州公司开展多次试运行，目前江苏省已实现全量配农网协议库存物资全覆盖。截至 2023 年 6 月，有效服务江苏省 13 市的百余家项目单位。

**全业务推广。**2023 年正持续推广服务于营销、人资等多个专业的物资需求，已渗透物资其他业务链条，通过验证物资采购实效明显提升。截至 2023 年 6 月，平台已接入供应商 1206 家，物资类别 305 个。2023 年，国网江苏电力公司 70823 套职工劳保服装通过平台成功采购。

**"视未来"：引领采购行业提档升级**

依托江苏省本地业务实际，在系统梳理需求提报、选购下单、合同执行管控、订单创建等全流程业务需求的基础上，与阿里巴巴、京东等头部互联网电商企业充分交流，联合系统内信息化支撑单位，协同开发优化完善协议库存可视化选购平台功能，从行业先进经验的"学习者"成为"引领者"。截至 2023 年 7 月，已完成 ERP 系统数据贯通、合同执行管控、采购任务自动接收等多项功能开发。

## 各方评价

**国网徐州供电公司项目管理中心计艳红：**现在我们需要什么物资，就可以立刻打开可视化选购平台，根据产品参数，参考供应商履约、质量、价格等信息直接下单，需求更准了，物资情况也可以第一时间掌握。

**江苏东西柿科技有限公司：**自从有了可视化选购平台，物资需求订单下达速度更快更准，排产供货也更得心应手。

**江苏上上电缆集团有限公司：**之前接到的是批量集中订单，我们要提前好几个月着手备货，库存积压、供货不足等状况时有发生。现在，项目单位都按需下单，我们排产供货安排也更加精准了。

# 三、未来展望

下一步，国网江苏物资公司将在技术创新方面，重点完善质控平台抽检数据对接、平衡利库优化、实时价格联动等功能开发以及与检储配协同运作信息系统贯通，并联合国网数科公司深入开展技术交流，逐步推广关键技术在同类采购平台上的应用，持续优化"可视化选购"的技术成熟度，拓宽延伸技术应用边界，推动平台应用更全面、更简洁、更快捷、更高效，加速采购平台现代化数智化转型。在推广应用方面，依托营销、人资专业的物资采购试点，逐步向全业务链条渗透，提升自行采购质效；同时扩大全国各网省公司合作交流范围，发挥平台"配置化"设计方案优势，灵活适配、专业融合，将"可视化选购"推向全国。

"'可视'苏电，智链未来"。国网江苏物资公司将充分发挥专业技术优势、采购资源优势和优势，总结"苏电物资经验"，创新示范引领作用，以优质高效的物资采购和供应服务，助力国网绿色现代数智供应链新发展，推动能源电力产业链供应链高质量发展。

（撰写人：韩爱芹、姚曦娴、李峻、严强、屈璐瑶）

## 国网天津市电力公司物资公司
# 从"供应"到"共赢"：
# 推进绿色低碳装备更新换代

## 一、基本情况

### 公司简介

国网天津市电力公司物资公司（国网天津招标有限公司）（以下简称国网天津物资公司）成立于 2012 年 4 月，是国网天津市电力公司的分公司。作为国网天津市电力公司集中招标代理平台和重大工程物资供应服务的专业机构，国网天津物资公司为电网建设、生产运行和经营管理提供招标代理和物资供应服务。

国网天津物资公司深入贯彻"人民电业为人民"的企业宗旨，持之以恒履行社会责任，围绕员工、政府、供应商、监管部门等 7 大利益相关方，梳理物资保供、绿色供应链、全生命周期环境监督等 20 个议题，形成了一系列生动实践。国网天津物资公司将社会责任理念有机融入物资供应链建设，积极构建"1+2+3+4"根植模式，全力打造领先行业、赋能产业的低碳供应链。精准识别招标方、供应商等利益相关方诉求，进一步明晰"明确一流目标、促进双向沟通、推动三个转变、整合四类资源"的推进实施路径，坚持精准、高效、价值沟通，促进利益相关方双向有效沟通；推动仓储模式、物流模式、供应模式向利益相关方多方参与、多方受益转化；整合平台、管理、技术、队伍四项资源，扩展低碳供应链"朋友圈"，通过优化平台建设，完善工作流程，加强行业交流，推进实现建设低碳、绿色、可持续物资供应链的目标。通过推进社会责任管理体系策划、建立、运行，打造社会责任管理典型范式，先后获评"企业社会责任·中国榜"责任采购企业、国家电网公司优秀社会责任根植重点项目等。

### 行动概要

党的二十大报告提出，加快节能降碳先进技术研发和推广应用。自 2021 年以来，我国大力推行新型电力系统建设，为尽快实现"双碳"目标，在加快能源转型的同时，同步开启了电力装备的更新换代，越来越多高能耗老旧变压器被新型节能变压器所替代。国网天津物资公司是为电网建设发展提供物资支撑的保障单位，作为电网工程背后的"助推器"、维护电力安全稳定的"粮草官"，在节能变压器替代过程中，发挥了"枢纽"作用，同时，也发现了两个问题：一是节能变压器因缺乏统一技术标准、工艺水平不一，导致其质量参差不齐。二是节能变压器在采购、检测、配送等多环节均为单兵作战，缺乏整合，全链效率较低。

为应对并解决上述问题，国网天津物资公司一是厘清各方责任边界，整合优势资源。分析问题痛点，引入利益相关方参与，搭建多元化沟通渠道，充分发挥各方自身优势。二是构建"1+1+4"机制，推动变压器更新换代。即"一个平台、一套机制、四方施策"，以数字化平台为支撑、创新供应链管理机制，从物资公司、供应商、项目单位、检测机构四方发力，共同推动高效节能变压器更新换代。三是以"两个试点、多面推广"方式，凝聚绿色共识。以天津置信电气及天津市特变电工为试点，总结先进经验，在行业内广泛推广，凝聚供应链低碳绿色转型升级共识。

## 二、案例主体内容

### 背景和问题

变压器在电网建设中大量使用，是配电网中能量损耗的主要一环。目前，我国变压器自身消耗电能占全国发电量的 3%~10%，在配电网损耗中，变压器损耗占 40%~60%，节能潜力巨大。变压器节能化已是大势所趋，其相比于传统变压器，空载损耗可下降约 80%，虽有相关技术作为支撑，但在产业化方面并不成熟。

国网天津物资公司首先对供应商、项目单位、检测机构等 168 家项目实施客体进行调查研究、精细分析，有层次、有针对性地开展项目工作。发现问题主要集中在以下五方面：一是在招标采购阶段，缺少统一技术评审标准；二是在合同签订阶段，缺乏透明管理；三是在生产制造阶段，供应商工艺水平不一；四是在质量检测阶段，设备质量参差不齐；五是在物资配送阶段，缺少协同，流程烦琐配送慢。通过调研，充分识别各利益相关方及其关键诉求，分析了解主要问题原因，主要为：供应商缺能力，供应商能效管理意识及工艺水平存在提升空间；物资公司缺统筹，业务边界不清晰，行业内的数据资源没有得到充分利用；项目单位缺方法，现有节能设备管理方法存在改善空间；检测机构缺平台，需要平台整合资源，提升检测效率；互相之间缺沟通，利益相关方之间需要加强常态化沟通。

利益相关方诉求与期望分析

| 利益相关方 | 意愿 | 核心诉求 | 可供资源 | 可获利益 |
|---|---|---|---|---|
| 供应商 | 很强 | 加强行业对比分析 | 设备生产信息 | 获得供应商生产全过程数据，为对比分析提供依据 |
| | | 加强生产过程指导 | | |
| | | 协调原材料供货 | | |
| 物资公司 | 很强 | 协调全链资源 | 厘清全链业务边界 | 完成《利益相关方角色任务表》，完善边界管理，提升工作效率 |
| | | | 搭建行业数据平台 | 集成行业数据，输出分析报告 |
| | | | 宣传发动 | 打造典型案例，加强宣传推广 |
| 项目单位 | 很强 | 提升设备质量 | 明确技术标准 | 在采购环节明确技术标准，保证高效节能变压器质量 |
| 检测机构 | 较强 | 利用数字化手段开展检测 | 赴供应商厂内指导生产 | 提升高效节能变压器检测效率 |

## 行动方案

通过调研，充分识别各利益相关方及其关键诉求，分析了解主要问题原因，针对四类相关方的难题和痛点，结合绿色现代数智供应链建设，构建"1+1+4"机制，即"一个平台（一把技术金钥匙）、一套机制（一把管理金钥匙）、四方施策"，在推进绿色低碳装备更新换代的过程中穿针引线，共同寻找解题答案。

### 分类施策，协同利益相关方参与项目实施

供应商梳理高效节能变压器生产制造全过程数据，配合物资公司、检测机构做好生产全过程管控，获得物资公司提供的《设备分析报告》后，做好工艺提升；物资公司梳理全品类原材料供应商产能，在采购环节明确技术标准，面向供应商宣传绿色低碳发展理念；项目单位集合专家资源，与供应商协同完成高效节能变压器落地更换；检测机构提供检测技术资源，从质量检测"抽样检"转变为"台台检"。

### 搭建平台，构建利益相关方合作共赢体系

搭建数字化平台（电工装备智慧物联平台 EIP），对接供应商工艺质量信息和检测机构的试验信息，向供应商提供质量评价、产能分析等，向项目单位提供工程物资进度等，同时编制《利益相关方角色任务手册》，提升全链工作效率。在采购环节明确有关技术标准，推进采购技术标准升级，提高原材料、关键技术参数、核心器件和组部件配置水平，引导电力装备制造企业低碳化升级，实现将质量监督关口前移到生产制造环节，运用数字化平台提升设备质量和供应链运营水平。

提升高效节能变压器检测效率

### 先行先试，典型案例凝聚供应链绿色共识

通过首批节能变压器全流程试行，各环节在正常流转时间基础上大幅压缩，物资公司从受理采购申请到采购供货单生效时间由 10 天缩短至 4 天；供应商设备生产周期，变压器、柱上成套由 60 天缩短至 20 天，箱式变电站约为 30 天。由"直供"模式变为"库供"模式，检测机构于仓储现场安装检测设备，可于现场完成 90% 高效节能变压器的

能效项目检测。通过社会责任根植，将社会责任管理工具理念融入管理流程，供应链全流程工作效率提升 30% 以上。

社会责任根植试点成效

| 业务流程 | 根植前 | 根植后 | 成效 |
|---|---|---|---|
| 从受理采购申请到采购供货单生效 | 10 天 | 4 天 | 流程压缩 60% |
| 变压器、柱上成套生产周期 | 60 天 | 20 天 | 流程压缩 66.67% |
| 箱式变电站 | 60 天 | 30 天 | 流程压缩 50% |
| 供货模式 | 供应商"直供" | 仓库"库供" | 减少一项流程 |
| 检测模式 | 送至检测机构 | 仓库内检测 | 现场完成 90% 项目检测 |

以天津置信电气有限责任公司及天津市特变电工变压器有限公司为试点先行实施，跟踪其原材料组部件生产制造工艺、检验和出厂试验，与企业共同有的放矢提升生产进

国网天津物资公司相关人员前往企业宣传推广

度、制造质量。通过社会责任根植项目开展，天津置信电气有限责任公司产品合格率从原来的 99.1% 提升至 99.6%，同时其油浸式非晶合金配电变压器被工业和信息化部评为"能效之星"产品，先进经验在新华社、《国家电网报》《亮报》等媒体刊登，进一步提升供应链上下游的节能降碳意识。

## 关键突破

### 根植透明理念，强化沟通明确各方需求

引入透明理念，将"信息共享"植入节能变压器更新换代全过程，将供应商、项目单位、检测机构等利益相关方纳入透明对象，搭建联络平台，立足节能变压器的"招标采购—合同签订—生产制造—质量检测—物资配送"全流程，主动收集各方需求。通过沟通对话明确问题所在、积极响应各方诉求，搭建平台，丰富信息沟通渠道，对相关信息通过公告、会议、开放日、支部共建等活动形式向利益相关方进行信息披露，扩宽宣传渠道和宣传范围。

### 根植协作理念，争取利益相关方共识

改变以往企业内部"单打独斗"的物资供应工作方式，通过引入利益相关方参与的理念，理顺各方利益关系，区分主次利益诉求，找到项目关键难点和资源，引导推动多方参与合作，由依靠自身力量向汇聚各方优势资源进行转变，共同开展节能变压器更新换代工作。厘清责任边界，梳理责任分工，通过资源置换或沟通的方式求同存异，实现各方资源优势的有效整合。

### 根植共赢理念，挖掘综合价值最大化

以各利益相关方诉求为出发点和落脚点，整合利益相关方平台、管理、技术、队伍四项资源优势，针对各方不同需求，发挥各自优势，实现优势互补、互利共赢，从而实现经济、社会、环境综合价值最大化，协同制造商、检测机构等利益相关方在提质增效上寻求新突破，形成合作共赢的良性局面。

## 多重价值

**企业内部管理价值。**通过该项目实施，改变以往企业内部"单打独斗"的物资供应工作方式，通过引入利益相关方参与的理念，找到项目关键难点和资源，在推广高效节能变压器过程中，由依靠自身力量向汇聚各方优势资源进行转变。建立物资公司、检测

机构、供应商工作例会机制，专项分析解决施工进度、物资排产、入库抽检、物资领用、二级协调、违约处罚等具体业务环节问题，引导发挥各方优势，充分考虑项目实施与核心利益相关方诉求的契合点，整合各方资源，发挥各自优势，协力破解"不愿改""不敢改"难题，更进一步推动高效节能变压器更新换代顺利开展，全面提升高效节能变压器的产、检、储、运工作质效。

**供应链行业价值。** 探索构建物资公司、项目单位、供应商、电科院、监造抽检单位等各方的互联互动、合作共赢机制，搭建电工装备智慧物联平台EIP，实时采集供应商生产、试验数据，并依据生产工艺标准对生产过程自动监测、智能告警，达到设备制造关键工序和出厂试验远程可视化全方位监造。国网天津物资公司按照EIP平台统一的接入标准和接口规范，对接供应商订单信息、排产信息、工艺质量和出厂试验信息，全力打造"透明工厂"，应用EIP的行业对标、产能分析、质控协同等功能，向供应商提供质量评价、工程进度、金融咨询和数据挖掘等行业服务，构筑产业生态，提升电力设备采购质量、供应链运营管理水平，促进电力装备行业制造能力稳步提升。

**社会环境增量贡献。** "十四五"时期是实现"双碳"目标的关键期，此项目布局供应链行业"双碳"研究，聚焦高效节能设备技术工艺提升，在减少供应链生产成本和运营成本的同时，降低电力设备碳排放，与制造单位、供应商、项目单位共同探讨低碳供应链建设过程中待改进及迭代提升问题，融入社会资源整合的理念，整合社会化的物联平台，共同构建低碳和谐的绿色供应链，国家战略和政府部署得到贯彻落实，为实现"双碳"目标构筑坚强的供应链保障。

## 各方评价

**天津置信电气有限责任公司负责人黄健：** 物资公司指导我们加强生产过程管控，节能变压器获得碳足迹证书，节能设备涉及33个省市，碳减排近百万吨。

**经济参考报、新华社等媒体：** 国网天津电力以党的二十大精神为引领，将"党建+"融入电网建设、低碳发展等方方面面，既实现有机融合，又注重催化转化，促进党的领导与服务经济高质量发展"两翼齐飞"，助力形成绿色低碳生产方式和生活方式，充分展现国企责任担当。

# 三、未来展望

　　未来，国网天津物资公司将以此为起点，与高新产业、金融机构、物流平台等广大合作伙伴共创共享，以各利益相关方的诉求为出发点和落脚点，整合利益相关方平台、管理、技术、队伍四项资源优势，探索更加节能低碳的物资设备，协同制造商、检测机构等利益相关方在提质增效上寻求新突破，打造产业链供应链和谐共赢生态圈，让绿色现代数智供应链更智慧、更坚强，为经济社会高质量发展保驾护航。

（撰写人：张梦瑶、宋菲、辛建平、刘玥、孙晓琛）

国网上海市电力公司营销服务中心

# 从"摇篮"到"退休"：
# 打造新型智能电表绿色供应链

## 一、基本情况

### 公司简介

国网上海市电力公司营销服务中心（计量中心）（以下简称国网上海营服中心）作为一家从事电力营销业务的专业公司，是国网上海市电力公司营销条线的重要支撑力量，是上海电力的"总服务"、营销服务的"新名片"和用户需求的"代言人"。国网上海营服中心始终紧扣上海电力市场营销"一个体系、两个支撑、三个转型、四个责任、五个服务"总体布局，围绕面向新型电力系统高质量构建现代营销卓越服务体系，做实营销集约业务的实施中心，做优营销创新的实践中心，打造专业横向协同、业务纵向贯通的营销服务监控中心，助力国网上海市电力公司营销高质量发展和服务品质国际领先。

在国网上海市电力公司的领导下，国网上海营服中心践行"人民电业为人民"企业宗旨，以国家电网有限公司制定的社会责任根植项目制为抓手，将社会责任理念融入专业工作中，近几年相继开展了"虚拟电厂精细化能源调节助力打造新时代智慧城市能源生态圈"、"'城市电仓'打造能源互动新生态"、"'万电齐发'构建智慧减碳背景下的车网互动虚拟电厂体系"等行动，努力实现经济、生活、环境综合价值最大化，生动诠释了"人民城市人民建，人民城市为人民"的深刻内涵。

### 行动概要

国网上海营服中心立足电能表这一重要电力设备，聚焦打造"双碳"背景下绿色数智供应链主题，以服务"双碳"目标大局、助力节能减碳为基本方向，引入"碳足迹"的概念，基于生命周期评价（LCA）体系框架，细化分析产品生产至报废中各类活动的碳排，构建电能表碳足迹追踪模型，追踪智能电表供应链中各环节碳排放量，并通过一系列技术手段助力智能电表供应链各环节节能减碳，最大限度提升资源使用效率，将绿色低碳智能运行作为增进国网上海电力电能计量管理服务水平的重要措施，探索推动电能表供应链全流程绿色低碳、数字智能转型。

## 二、案例主体内容

### 背景和问题

在"双碳"背景下，发展低碳经济、促进节能减排已列入我国经济及社会发展的重要议事日程。近年来，随着智慧城市和智能电能表的发展，国网公司范围内已实现智能电表全覆盖，打造智能计量服务已成为促进智慧城市建设的必然趋势。运用电能表作为整个电力系统中的重要一环，其在供应链、产业链各环节中产生的碳排放不可忽视。

通过追踪单相费控智能电能表生命周期各阶段的碳足迹可发现，智能电表原材料的获取和运输、产品的生产、运输、使用及回收各个阶段都会产生大量的碳排放。其中，在原材料获取及产品使用环节中产生的碳排放量尤为显著。1 台单相费控智能电能表产品运行 1 年可产生 182 千克二氧化碳，在原材料获取及产品使用阶段分别产生约 45.6 千克及 136.4 千克排放量。当前，上海约有 1100 万电力用户，碳排放总量难以估量。

当前，尚未有相关标准能够准确识别并测算出电能表供应链各环节的碳排放量。为找到电能表供应链上的主要碳排放源，实现精准降碳，本项目寻找突破点，推动智能电表供应链各环节不断向绿色智能转型。

### 行动方案

在调研分析的基础上，项目通过联合各利益相关方，发挥各方优势实现资源整合优化，以在智能电表供应链各环节中引入节能减碳技术为切入点，开展体系建设、技术创新，探索提升电能表供应链条新模式，促使智能电表全供应链不断向绿色低碳、数字智能转型。

**摇篮中的"绿色基因"优化：深化电能表可靠性试验，从源头提升电能表质量标准**

为适应新型电力系统结构形态的变化，需要对智能量测类设备的计量性能、非计量功能可靠性进行重新评估、改进和创新。项目在现有可靠性评价与寿命评估技术的基础上，不断优化基于加速退化试验的民用电能表寿命评估方法，实现民用电能表薄弱环节精准定位、深入分析，并不断缩短试验时间、有效发现电能表产品的固有缺陷、降低试验成本，通过更加高效、精准的试验不断提升电能表质量标准。

国网上海营服中心工作人员对电能表开展可靠性试验

通过开展民用电能表可靠性分析与寿命评价关键技术研究与应用，结合产品监造、供应商质量评价及供货前技术联络会机制，可有效地提升电能表制造企业生产工艺和质量水平，引导电能表生产制造企业不断进行技术创新，优化原材料物资的选择、分配和使用，从生产源头上打造"基因"更加绿色、"体格"更加强健的高标准高质量智能电能表，强化产品生产全过程的节能减排运行管理，提高入网运行电能表的性能和可靠性，降低故障率，在有效延长智能电表使用寿命、减少电能表报废造成大量资源浪费的同时，确保电能贸易过程的公平、公正、准确、可靠，并为能源效率提高和绿色低碳发展打下良好基础。

**上岗前的"安全体检"：持续优化"四线一库"全自动系统应用，推动数字化升级**

为进一步提升电能表仓储、检定及配送效率，减少运输及仓储环节的碳排放，项目将持续优化电能表"四线一库"全自动化"到货、检定、配送"系统应用，不断推动电

智能电能表通过自动传送带入库

能表供应链各环节数字化升级。

"四线一库"包含 1 个大型智能立体仓库、2 条电能表自动化检定流水线、2 条互感器自动化检定流水线。整套系统肩负着上海 1000 多万用户计量装置的检定工作。

智能化仓库大大节省了人力和时间成本，提高了仓储运转效率。在极限情况下，智能化仓库每小时入库数量超过 240 垛，即每小时入库 14400 只单相电能表，仅一天便可入库 10 万只电能表。仓库另外配有液压升降平台，作为装卸货时平台装卸区与卡车的过渡设备，使叉车能够在一个平坦平面上进出货车、装卸货物。

自动化检定流水线的投入意味着检定效率的提升。在此基础上，为灵活应对各种生产场景，进一步提速增效开展检定，流水线在设计时考虑了多种优化举措，极大地提升了生产效率和检定物流传输效率。同时，对于不合格电能表设计了预处理环节和在线复检功能，降低了误检率，还可最大程度地保证电能表检定环节的公平公正，有效保证计量器具运行状态稳定可靠，保障公平贸易及公众知情权。

**成长中的"碳足迹"追踪：构建电能表碳计量标准体系，落实"双碳"要求**

为推动电能表在运行过程中的碳减排，本项目将引入针对在运行电能表的碳计量，建立并逐渐完善一套针对运行中电能表碳排放核算方法的团体标准，严格监控、测算电能表运维、更换、功耗三大环节产生的碳排放量。而目前国内现行的电能表相关国家标准 20 余项，主要集中在电能表检验、外形和安装、通用要求、特殊要求和技术要求等方面。截至当前，我国无运行中电能表碳排放测算方向的相关标准。

一是构建运行中电能表的碳排放测算方法，完善电能表标准体系。弥补电能表标准在碳排放测算方向的空白，助力上海市市场监管局加快碳计量标准体系建设。

二是实现碳足迹监测追踪，助力电能表更换模式优化。通过碳排放量定量分析，追踪碳排放行为，精确掌握电能表全寿命周期碳排放演变态势，服务监管机构高效监控，优化更换模式，服务企业减排控排，提升产品质量。

三是助力电能表碳排放核查管理，推动"电能表＋双碳管理"落地。精准掌握碳排放的环节，为电能表碳减排工作提供决策支撑，有效推动低压配电网计量环节节能降碳，促进地区、行业"双碳"目标的实现。

### 健康电表"延迟退休"：优化电能表状态更换管理模式，助力提升优质服务

随着智能电能表大范围推广应用，电能表生产制造水平不断加强，其质量性能已十分稳定。原有的"限期使用、到期轮换"管理模式在电能表周期轮换业务开展、公司精益化运营以及国家绿色发展理念落地方面带来越来越多的客户诉求、成本控制、低碳环保等方面的挑战。

为避免花费大量的人力、物力去更换性能仍良好的电能表，减少电能表报废产生的电子垃圾及资源浪费，本项目将持续优化电能表状态更换管理模式，以不断提升居民用电舒适感为目标，围绕电能表轮换工作造成的资源浪费、停电扰民等诉求，持续优化电能表状态更换管理模式。

国网上海营服中心工作人员对电能表进行状态更换

电能表状态更换是一种基于电能表运行质量状态而决定是否更换的运行管理方法。通过对使用中的电能表开展抽样检定进而对电能表批次的极限质量水平进行判断，从而确定该批次电能表是需要到期更换还是延期使用。2016 年，国网上海电力作为主要起草单位编写的上海市地方计量检定规程——《JJG（沪）56—2016 电子式交流电能表使用中检定规程》正式发布，上海成为国内首个出台状态更换地方法律法规的地区。从 2019 年开始，国网上海电力在全市范围内复制推广了电能表状态更换管理模式，截至 2022 年，已累计有 274 批 568.7 万只电能表获上海市市场监督管理局批准延期使用。本项目将不断完善电能表状态更换工作流程，提升工作效率，落实绿色发展理念，有效助力节能减排及资源节约。

## 多重价值

**解决用户诉求，提升用电体验。**通过持续优化电能表状态更换工作机制，可有效减少换表对居民生活用电的影响，减少因信息不畅、沟通不足以及对相关工作不理解等引起的投诉，降低各类舆论事件和次生安全事件发生的风险，提升服务水平。

**减少资源浪费，有效节能减碳。**电能表状态更换管理模式可大大减少每年因到期更换而产生的调表数量，进而大大减少电能表报废产生的电子垃圾，节能降耗，符合绿色环保理念。通过开展电能表状态更换工作，预计平均每年可减少塑料消耗约 429.96 吨，节约金属约 358.30 吨，减少电子垃圾约 204.74 吨，减少二氧化碳排放约 8151.71 吨。若在国网公司范围内实施电能表状态更换管理模式，则预计平均每年可减少塑料消耗 2.268 万吨，节约金属 1.89 万吨，减少电子垃圾 1.08 万吨，减少二氧化碳排放 43 万吨。

**降低计量服务成本。**目前，仅上海市已有 568.7 万只电能表通过状态更换延长 4 年使用时间。按照国网公司历年电能表平均招标采购价格，即按单相电能表 180 元 / 只、三相电能表 500 元 / 只的标准计算，仅电能表采购费用就减少了 12.1 亿元，经济效益显著。

**提升管理效率及服务水平。**电能表状态更换管理模式通过对即将到期电能表的运行质量水平进行科学评价，延长质量水平较好的电能表批的检定周期，显著减少因电能表采购、检测、安装等工作造成的人力、物力的投入，有利于计量设备资产的精益化运营管理。

**拓展智能计量服务业务。**通过开展技术创新、进一步深挖电力大数据价值、加强用户沟通，可协助各供电公司更清晰地掌握用户的需求，为后续拓展更具个性化的服务模式以及技术应用奠定了良好的基础。

**具有良好的可复制性，发挥行业示范引领作用。**电能表状态更换管理模式获得了来自国家市场监管总局及北京、浙江、江苏等经济发达地区市场监管局系统专家领导的一致肯定。目前，北京、山东、湖南、黑龙江、宁夏等省份已借鉴上海提出的电能表状态更换管理模式对在运电能表开展质量监督工作。此外，电能表状态更换管理模式已在其他强制检定类产品中进行推广应用，目前水表、燃气表等主管部门已开始状态更换的探索和实践。

**助力落实"双碳"目标。**智能电表安装运行后，引入对电能表运行阶段碳排放进行精确核算，将为电网企业评价电能表工艺水平、生产批次、可靠运行时间提供科学依据，促进电网企业实现碳排目标。

## 各方评价

**上海市计量协会发展部部长、教授级高工陈洪岗：** 电能表状态更换方式一方面可避免花费大量的人力、物力去更换性能依旧良好的电能表，减少频繁换表对居民用电生活的影响，提升服务水平；另一方面换表数量的下降可大大减少电子垃圾的产生，符合绿色发展理念。

**国网上海市电力公司营销部计量处主管戴辰：** 国网上海市电力公司依托运行中电能表的碳排放核算方法标准，通过碳排放量定量分析，追踪碳排放行为，精确掌握电能表全寿命周期碳排放演变态势，有助于公司对电能表更换模式进行优化，不断提高精益化管理水平。

**烟台东方威思顿有限公司上海分公司负责人杨琦：** 通过碳排放核算方法，全方位比对不同类型、不同工艺、不同材料的电能表碳排放量，分析电能表的组件材料、到货运输等碳排放量差异，为电能表供应商改进工艺、优化物流提供了数据支持，可以帮电能表供应商有效地提升电能表的质量。

**上海长宁区紫云小区居民用户沈先生：** 以前对换表工作不了解，对智能电表的更换以及停电可能会带来的影响也有很大的误解和抵触。现在，跟供电公司的沟通渠道多了，能及时了解到供电计量工作的开展情况，有了疑问和质疑，也能够及时得到反馈和解决。

## 三、未来展望

接下来，国网上海营服中心将继续助力政府计量主管部门创新强制检定计量器具管理模式，开展"碳计量"体系建设在上海的落地实践。结合"双碳"的要求以及新型电力系统建设的要求，持续开展基于大数据技术的电能表适前精准更换模式技术储备与数据积累；深入挖掘电能表可靠性技术与"碳计量"的结合点，研究电能表运行环节碳排放测算方法，为"碳计量"表计的研发和应用打下基础，逐步构建电能表相关碳计量系列标准，全方位、全流程打造计量器具的绿色数智供应链。

（撰写人：王旻桦、江剑锋、沈滢）

国网陕西省电力有限公司物资公司

# "钧巧 e 采"：
# 辅导供应商投标"答卷"轻松、规范

## 一、基本情况

### 公司简介

国网陕西省电力有限公司物资公司（以下简称国网陕西物资公司）成立于 1980 年，作为国网陕西省电力有限公司所属大型物资供应保障支撑单位，负责配合省公司做好物资计划申报、招标采购、物资供应、供应商管理、应急物资管理和废旧物资处置工作，负责供应链运营、履约服务、催交催运、中心库管理、移交验收、现场服务、质量监督等具体业务工作。2021 年，国网陕西物资公司全面开启数字化转型，紧抓"党建引领、服务高效、专业专注、创新发展、依法合规"物资"铁军精神"内核，围绕"三步走"转型部署，持续深化以电子商务平台（ECP）全流程采购、企业资源管理平台（ERP）业务协同贯通、电工装备智慧物联平台（EIP）在线质量管控、电力物流服务平台（ELP）运输统筹监控、"e"物资移动应用和供应链运营中心（ESC）智慧运营决策为核心的"5E—中心"一体化供应链平台，引领计划、采购、合同、履约、仓储、质量、供应商关系、应急、废旧九大传统物资业务全流程融合贯通，驱动供应链向数字化、智慧化运营转变，为服务构建新型电力系统、建设具有中国特色国际领先的能源互联网企业提供优质高效供应链服务支撑。

### 行动概要

投标成本高、文件编制难、评标量化难、评标维度信息少等招

可持续发展
目标

投标过程中存在的难题，不仅一直困扰着供应商，也影响着物资采购的效率和质量，制约着绿色现代数智供应链的建设步伐。国网陕西物资公司充分利用数字化、智能化技术手段，搭建形成贯穿招标采购全流程的"钧巧 e 采"平台。一是实现全流程的电子化，将"线下考"变为"线上考"，大幅降低供应商投标文件制作和差旅支出等成本。二是实现招投标模板结构化，将"论述题"变为"填空题"，让供应商实现轻松响应，降低文件编制难度。三是实现了评审标准的客观量化，用统一、客观的"打分标准"减少人工评审导致的"评卷"不公、耗时耗力等问题。四是打通数据壁垒，融合多维度信息，实现对供应商的全面考察，促进供应商"德智体"全面发展。自"钧巧 e 采"平台应用以来，不仅将投标业务办理时间压减 95%，还为供应商节约投标相关成本 7833 万元，让招投标更加轻松、省钱，更加高效、公正地选拔供应商"优等生"，为电力保供和能源转型提供坚强、优质的物资保障。

## 二、案例主体内容

### 背景和问题

国家电网公司印发了《绿色现代数智供应链发展行动方案》，推动提升供应链的发展支撑力、行业带动力、风险防控力，促进能源电力产业链供应链高质量发展。与此同时，随着陕西地方经济社会的快速发展，对电力的需求进一步加大，国网陕西物资公司的物资采购规模从 60 亿元激增至近 230 亿元，传统的招标采购模式逐渐难以满足优质、及时的电力物资采购供应需求，直接影响着电网工程建设的效率与质量，而电力物资招投标活动的规范性和效率，对供应商物资供应及时性更是有着直接影响。

在过去很长一段时间内，电网企业与供应商之间只是简单的买卖关系，电网企业的部分员工对提高服务意识、优化营商环境，以及如何发挥中央企业产业带动和科技引领能力的认识不够。但在现代供应链环境下，双赢伙伴关系成为采购管理中企业与供应商之间关系的典范，电网公司需要及时转换视角，充分站在供应商角度为其排忧解难，从而加强合作协调，共同推动招投标采购的数智化转型。为此，国网陕西物资公司破除以往从自身出发的工作模式，转变为从利益相关方需求诉求出发，对供应商在招投标过程中遇到各类问题、难点展开细致梳理。

一是传统的招投标工作中多采用人工、书面文件的方式操作，导致整个招投标流程漫长而烦琐，投标的时间成本与费用成本也随之不断增加，国网陕西物资公司现有11000家供应商，仅差旅费一项，一年累计费用就高达2500万元；二是由于投标文件多要求以附件形式上传，文件编制的自由度较高，很难做到与招标要求一一对应，即使出现内容错误、报价遗漏等问题，也不容易及时发现，使供应商难以准确回应招标要求，影响投标文件编制的准确度与效率；三是由于评标专家专业评审水平差异较大，人为因素对评标的客观、公正有一定影响，让投标人在编制投标文件时难以找到重点、抓手，从而影响招投标效率；四是在供应商全面评价过程中，由于社会规模诚信机构信息和供应商评价等数据，因多源、异构（结构化、半结构和非结构化），以及数据壁垒等导致难以高效地实现对供应商的全面综合考察，影响最终采购质量。

## 行动方案

国网陕西物资公司站在供应商的角度，结合供应链数智化转型发展需求与公司采购业务激增的严峻局面，重新审视招标采购活动的全过程，切实考虑供应商需求，解决供应商实际困难，与供应商共同推进物资采购工作效率的不断提升。

### "线下考"变为"线上考"，让投标人"一次都不跑"

针对传统招投标模式下，招投标采购流程漫长、烦琐，投标人时间成本与各类费用成本高等问题，国网陕西物资公司搭建起贯穿发标、投标、开标、评标、定标、存档环节的招投标系统——"钧巧e采"平台，充分打通各业务环节中的断点，实现招投标采购业务全流程电子化，原来需要45~60天的开标至存档环节，现在只需25天就可完成，大大缩短了采购周期。目前，平台累计覆盖供应商约11000家，日均活跃用户达到720家。

贯穿招投标全流程的电子化，将"线下考"转变为"线上考"，不仅减少了纸质投标文件印刷费用和投标差旅费，降低了投标费用成本，还让投标人"一次都不跑"就可完成获取招标文件、投标、开标、下载中标通知书等环节，节省了大量的时间成本，有效提高了供应商投标响应速度，共同推进招投标采购业务高效、高质开展。

### 变"论述题"为"填空题"答卷，让投标文件制作更便捷、规范

普通的招标文件大多有几百页，一份可能有几万字甚至十万字，不仅为供应商投标文件编制带来巨大的工作负担，也为电网内部评审投标文件增加了难度。其实招标文件中的很多信息是固化的、通用的内容，完全可以进行结构固化。国网陕西物资公司从投

标环节入手，通过柔性智能匹配技术自动关联采购标准模板，实现采购标准结构化模板在技术规范书编制、提报、审查环节的全面应用。

对于供应商来说，有了结构化标书编制模板，便可将复杂的"论述题"变为简洁、清晰的"填空题"，只需根据"钧巧 e 采"平台提前设置好的结构化清单"填空式"制作投标文件，并经过系统自检后上传，确保了投标文件与招标要求的一一对应，在大幅提高供应商投标文件编制效率的同时，也减少了基础性错误对投标文件质量的影响，让投标文件制作工作更便捷、更规范。

**"考卷"主观打分变为客观打分，确保竞争公平、公正**

针对招标评审环节存在的标准不一、尺度不一、人为因素影响较大等问题，国网陕西物资公司将采购标准、关键参数项、对应参数值等数据架构部署至"钧巧 e 采"平台中，建立标准技术参数数据库，并结合住建部、能源局网站等大数据信息，提前对投标人合同业绩、绩效评价、关键技术参数、财务指标、信用行为等 13 项评审细则均设置了量化分值，由平台进行自动打分，客观量化分值占比达到 60%。有了客观、统一的评审标准，在评判投标"考卷"过程中，平台能够自动对投标文件中的技术参数等内容进行精益化评审，一键生成否决情况，并根据客观量化评审规则对标准化内容进行智能赋分，自动推荐评审得分最高的投标人为中标候选人。

通过对评审因素的细化与客观量化，一方面为投标人编制投标文件提供了更加明晰的抓手；另一方面保障了投标文件在衡量尺度上的统一，尽量避免或者最大限度地减少了因评标专家专业评审水平差异大而导致的人为因素对评标的客观性、公正性的影响。

**变"应试考"为"综合素质"测评，考评更加全面客观**

针对招标采购全过程、社会规模诚信机构信息和供应商评价等数据因多源、庞杂，以及存在数据壁垒等导致的评审因素不全面问题，国网陕西物资公司坚持以物资为核心，融合历史评标、社会规模诚信机构信息、供应商评价信息等元素建立"电力物资全量数据一张图"，综合考虑设备采购成本、制造工艺、技术水平、服务能力等多维度信息，基于全量数据与图计算，实现了采购策略多参数变化下的并行计算及采购策略优化，从而选出质量更优、技术更强、服务更好的供应商，实现采购从"选好选优"向"好中选优"的跨越发展。

### 关键突破

**技术创新："钧巧 e 采"平台集成各类技术创新促进采购管理效率提升**

国网陕西物资公司通过"钧巧 e 采"平台，集成了各类技术支撑，包括大文件加密传输、虚拟机器人、灵活扩展构架、云存储、图计算研究等技术应用，实现以微应用形式集成，以一平台形式呈现，并推进"钧巧 e 采"平台更新升级、集成其他功能平台。例如，通过"钧巧 e 采"平台调阅招投标档案资料时，系统会自动跳转，用户可快速获取调用信息，让用户享受平台与各类技术应用的无感融合，着力打造更安全、更便捷、更智能的招标采购平台，全面提升招投标采购业务管理效率。

**机制创新：建立资源共享机制，推动各利益相关方互惠共生**

国网陕西物资公司通过在"钧巧 e 采"平台内建立的供应链数据中心以及信息共享云，聚集内、外部分散的社会资源，将供应商、第三方服务商的信息与资源分别纳入供应链生态圈，实现信息、数字资产技术资源、知识资源、信用资产等各类信息与资源的互联互通与全面共享，使供应链生态参与方的需求得到最大程度的满足，进一步实现供应链生态圈内部各方互惠共生，实现各方良性发展。

**模式创新：从简单买卖关系到共同探索电力装备行业硬实力提升的合作模式**

国网陕西物资公司在推动招投标采购的数智化转型过程中，及时转换视角，从过去与供应商之间"买卖关系"的合作模式，到站在供应商角度为其排忧解难，共同探索电力装备行业硬实力提升的共赢合作模式。在应用"钧巧 e 采"平台的基础上，国网陕西物资公司充分汇聚行业内外部信息，联合供应商、高校、变压器行业协会、第三方检验检测机构等利益相关方共商共建，借助平台的数据资源、理论模型算法等工具，提出共同促进变压器产业技术提升的新采购策略，引领行业变革，力求对电力装备行业的发展起到"车头"带动作用。

### 多重价值

**经济效益。**通过"钧巧 e 采"平台的应用，不仅提升了招投标流程的规范化和透明度，吸引供应商积极参与，还充分激活了供应链上下游的生产活力，2022 年采购金额为 212.06 亿元，带动社会投资超过 400 亿元。同时，招标采购业务全流程的电子化，也大幅降低了供需双方在招投标采购交易中的资金与时间成本。对于供应商而言，帮助供应商将投标业务办理时间减少了 95%，累计为供应商节约投标、差旅、办公、物流等成本约 7833 万元；对于电网企业而言，将综合采购成本降低了 60%，平均每批次评审时长由 60 小时缩短至 30 小时，降低了 50%。

**管理效益。**贯穿发标、投标、开标、评标、定标、存档环节的"钧巧 e 采"平台，充分打通了各业务环节中的断点，将 45~60 天的开标至存档环节压缩至 25 天，大幅缩短了招投标项目的整体周期，切实推进招投标采购业务高效、高质运行。同时，在资源共享机制的作用下，"钧巧 e 采"平台成功推动了供应链生态圈内企业间进行信息共享、战略合作与协同创新，为有效提升行业整体竞争力提供强有力的支撑。

此外，在"钧巧 e 采"平台应用落地的过程中，逐渐形成了标准化采购体系（如标准化采购文件、标准化操作流程、标准化资料归档、标准化采购员工），并不断积累投标人库、价格库等，实现了知识的积累与利用，也大幅提高了"钧巧 e 采"平台的品牌推广效益，其开放包容的系统架构，为未来采购业务的纵向扩展（深度分析）与横向扩张（业务融合）提供了无限可能。

**环境效益。**助力招投标全业务流程低碳运行。基于"钧巧 e 采"平台招投标业务模式的落地应用，实现了物资管理全流程电子化，降低了企业在采购管理过程中的物资使用，供应商差旅外出过程中产生的碳排放约为 236 吨。同时，通过不断优化采购策略，强化绿色采购导向作用，向供应链前端层层追溯，带动最终的原材料供应商，实现供应链整体绿色环保，服务供应链生态区年均减少碳排放 1.3 万吨。

## 各方评价

**投标人：**原来投标我们两三个人好几天才能完成标书编制，还需要到指定地点递交标书，不但费时费力还产生了很多成本。"钧巧 e 采"平台上线后，足不出门，一台电脑、一个人就可以完成标书编制，鼠标轻轻一点，"一次都不跑"就能完成标书递交，实在太方便了。

**主管部门：**"钧巧 e 采"平台上线后，评标专家工作效率和评审质量不断提升，营造了更公平的招标环境。

**项目单位：**"钧巧 e 采"平台上线后，一次采购成功率得到了进一步的提升，"买得快买得好"为我们工程建设提供了坚实的物资保障。

**招标采购工作人员：**我从事招标采购工作的时间比较早，见证了这几年招标采购业务数字化转型和发展，10 年前评标工作轻脑力、重体力，一个批次十几个人熬夜接收纸质标书、搬运资料，5 年前，标书电子化后通过扫描二维码收标书，评标工作变成了脑力与体力相结合。2022 年，"钧巧 e 采"平台上线后，评标工作变成了脑力与智力相结合，工作效率、企业效益都得到了极大的提升。

## 三、未来展望

经过一年的数据积累及可靠运行后，"钧巧 e 采"平台已具备向其他省公司招标采购业务推广应用的条件，将服务于更多的用户场景。未来，国网陕西物资公司将持续强化"链主"企业的引领作用，以绿色化、数字化、智能化为方向带动上下游企业协同创新发展，为建设具有中国特色、国际领先的能源互联网企业，打造更具韧性的供应链生态圈做出新的更大的贡献。

（撰写人：张宇、王蕊、吕挺、孔莹、郝佳齐）

# 面向 SDG 的国网行动

## 电网绿倾力守护自然之美

## State Grid SDG Solutions

## Eco-friendly Grids Protect the Beauty of Nature

于志宏 ◎ 主编

王秋蓉　杜　娟 ◎ 副主编

经济管理出版社

ECONOMY & MANAGEMENT PUBLISHING HOUSE

**图书在版编目（CIP）数据**

电网绿倾力守护自然之美 / 于志宏主编 . —北京：经济管理出版社，2024.5

（面向 SDG 的国网行动）

ISBN 978-7-5096-9718-4

Ⅰ.①电… Ⅱ.①于… Ⅲ.①电力工业－工业企业管理－案例－中国 Ⅳ.① F426.61

中国国家版本馆 CIP 数据核字（2024）第 107612 号

组稿编辑：魏晨红

责任编辑：魏晨红

责任印制：黄章平

责任校对：张晓燕

出版发行：经济管理出版社

　　　　（北京市海淀区北蜂窝 8 号中雅大厦 A 座 11 层　100038）

网　　　址：www.E-mp.com.cn

电　　　话：（010）51915602

印　　　刷．北京市海淀区唐家岭福利印刷厂

经　　　销：新华书店

开　　　本：720mm×1000mm/16

印　　　张：37.75

字　　　数：690 千字

版　　　次：2024 年 5 月第 1 版　2024 年 5 月第 1 次印刷

书　　　号：ISBN 978-7-5096-9718-4

定　　　价：380.00 元（全四册）

## 《面向 SDG 的国网行动——电网绿倾力守护自然之美》编委会

# 破解世界难题的"国网方案"

## ——2023"金钥匙·国家电网主题赛"介绍

2023 年 5~11 月，由国家电网有限公司与《可持续发展经济导刊》联合发起的 2023（第二届）"金钥匙·国家电网主题赛"（以下简称国网主题赛）成功举办，选拔出破解世界难题的优秀解决方案，向社会各界展现了国家电网有限公司（以下简称国家电网公司）贡献可持续发展的生动实践。

2023 年 5 月 19 日，第二届国网主题赛启动，针对"激发电力大数据的赋能价值""建设绿色现代数智供应链""电网绿倾力守护自然之美""助力消费侧节能降碳增效"4 个主题征集国网方案。自启动以来，大赛得到了国家电网系统各单位的高度重视，针对 4 个主题共提交了 259 项行动。

经过初评和预选赛的筛选，4 个主题的 70 项行动进入路演晋级环节。主办方秉持金钥匙标准和流程，邀请来自国家电网系统的专家、国内外行业组织和可持续发展的专家、企业界代表组成的评审团对 2023 国网主题赛 4 个主题 70 项行动进行了公开、公正、专业的评审，共有 17 项行动获得金奖、15 项行动获得银奖、38 项行动获得铜奖，金奖行动经过激烈角逐最终产生 4 项"金钥匙·冠军奖"，成为破解这 4 项难题的有代表性的国网方案和中国方案。

### 针对 4 个主题选拔破解世界难题的"国网方案"

国网主题赛的路演不仅是一场比赛，更是一场国家电网公司面向联合国可持续发展目标（Sustainable Development Goals，SDG）的全面行动展示。在问题的设置上，2023 国网主题赛更加紧密地围绕国际国内可持续发展热点问题，并充分结合能源行业高质量发展的需求和挑战，围绕数字化、"双碳"目标、生物多样性保护、供应链建设等重点工作发现和打造破解世界难题的"国网方案"。

#### 主题 1：激发电力大数据的赋能价值

电力大数据是能源领域和宏观经济的"晴雨表"，为服务国家发展战略、助力科学

治理、推动经济社会发展提供有力支撑。如何不断拓展应用场景，充分释放电力大数据价值，赋能经济社会发展？

国家电网系统各单位抓住"数据"这一"牛鼻子"，与行业企业、政务部门相互碰撞，实现新融合、新聚能，打造新业态、新产品，集中展现了电力大数据在助推不同行业企业低碳转型中的价值，因地制宜赋能当地的特色产业高质量发展，打通数据壁垒，助力生态环境精准监测监管及社会难题的解决等，形成了"电力＋环保""电力＋水力""电力＋信用""电力＋应急管理""电力＋产业"等各具亮点的创新应用模式。

### 主题 2：建设绿色现代数智供应链

产业链供应链的创新发展已上升为国家战略。电网连接着能源电力产业链供应链的每个环节，处于核心枢纽环节和"链主"地位。如何构建绿色化、数字化、智能化和韧性安全的现代供应链，打造能源电力产业链供应链开放生态？本赛道汇聚了电网企业发挥自身业务优势，在各要点环节发力打造可持续供应链的优秀行动。建立供应商绿色评价体系，打造数字孪生智慧绿色仓储系统……电力公司从运营、采购、仓储等供应链全环节减碳增效，为供应链上下游各方提供多重价值。

### 主题 3：电网绿倾力守护自然之美

作为重要的能源基础设施，电力银线纵横神州。如何将绿色发展理念融入电网全生命周期，探索电网和自然生态的和谐共生之路，建设环境友好型电网，助力美丽中国建设？本赛道展示了电网企业在电力基础设施的建设和使用过程中与周边自然环境的和谐融合，如预防山火和森林火灾、生态区保护、生物多样性保护、绿色施工、清洁用能……"将电力银线完美融入绿水青山的美丽画卷"。

### 主题 4：助力消费侧节能降碳增效

电力系统碳减排是服务"双碳"目标的重要组成部分。如何从自身业务和技术优势出发，提升消费侧电气化水平，推动节能提效，增加清洁能源消纳？本赛道集中呈现了电网企业在促进能源清洁低碳转型、服务"双碳"目标方面的创新性示范行动。建设分布式光伏碳普惠市场，推进源网荷储多元柔性互动……电网企业着力打造节能、降碳的绿色生态圈，提升电网支撑新能源消纳和行业降碳。

4 个主题赛道优秀行动充分展示了国家电网公司在破解不同难题方面的"金钥匙"解决方案——从关爱鸟到守护老人，从落实"双碳"目标到推动乡村振兴，从茶叶烘焙

到重卡换电，形成了事事都涉及可持续、人人都关心可持续的氛围。国家电网系统各单位积极发挥专业优势，协同各利益相关方，针对不同问题，以技术创新、模式创新、制度创新等思路寻求破解难题的"金钥匙"。

自2020年首届"金钥匙——面向SDG的中国行动"开展以来，国家电网公司积极参与、细致谋划，持续贡献高质量可持续发展解决方案，成为活动参与度最高、涉及面最广、获奖项最多的企业，彰显出扎实的可持续发展行动基础。第二届国网主题赛启动以来，国家电网系统各单位以更高的响应度和更精心的准备，展示出贡献面向SDG的优秀行动方案，为落实联合国2030年可持续发展议程汇聚更多力量。

金钥匙总教练、清华大学苏世民书院副院长、清华大学绿色经济与可持续发展研究中心主任钱小军如此评价："两届国网主题赛涌现的一大批优秀行动方案，让社会各界充分感受到国家电网扎根基层的社会责任和可持续发展理念、可持续发展实际行动，并且创造了不可低估的综合价值。"

金钥匙发起人、《可持续发展经济导刊》社长兼主编于志宏认为："作为全球领先的公用事业公司，国家电网把社会责任和可持续发展全面融入公司业务，自上而下的高涨热情、精心的组织动员、扎实的行动基础、超强的理解学习能力在国网主题赛中展现得淋漓尽致，充分展现了国家电网公司在打造可持续发展领导力方面的责任表率。"

国家电网公司经过长期实践与积累，厚积薄发，通过金钥匙平台充分展现了可持续发展的领导力风范和风采。期待更多行业企业能加入金钥匙活动的主题赛、开展本行业企业主题赛，从而在中国企业间形成"比学赶超"、为可持续发展难题寻找中国解决方案的局面，向世界展示负责任的中国形象，贡献中国智慧。

# 《面向 SDG 的国网行动 2023》

2023 年，国家电网有限公司与《可持续发展经济导刊》联合发起 2023"金钥匙·国家电网主题赛"，聚焦"激发电力大数据的赋能价值""建设绿色现代数智供应链""电网绿倾力守护自然之美""助力消费侧节能降碳增效"四大问题，选拔出具有代表性的国网方案、中国方案。这些行动案例具有"小而美"的特征，对于各方发展中的问题提供了具有针对性的解决方案。

为了向社会各界和国际社会讲好"面向 SDG 的国网行动"故事，《可持续发展经济导刊》汇总每个问题的优秀解决方案，经总结和提炼，按照"金钥匙标准"选编和出版 2023"金钥匙·国家电网主题赛"优秀成果选辑——《面向 SDG 的国网行动 2023》（共四辑）。本书收录了来自 2023"金钥匙·国家电网主题赛"的 70 项优秀行动，并按照 4 个主题，即"激发电力大数据的赋能价值""建设绿色现代数智供应链""电网绿倾力守护自然之美""助力消费侧节能降碳增效"分为四辑。

本书第三辑，聚焦"电网绿倾力守护自然之美"主题。电网不仅是重要的能源基础设施，也是践行生态文明理念、建设美丽中国的重要载体。电网在规划、设计、建设、运营维护及电网设备退役后的全生命周期当中对于生态环境都会造成影响，在各个环节中保护好绿水青山责无旁贷，也极具挑战。本专辑针对如何建设"绿色电网"守护自然之美的难题，汇集来自国家电网系统不同单位的 19 项优秀行动。

《面向 SDG 的国网行动 2023》（共四辑）面向高校商学院、管理学院，作为教学参考案例，可提升领导者的可持续发展意识；面向致力于贡献可持续发展目标实现的企业，可促进企业相互借鉴，推动可持续发展行动品牌建设；面向国际平台，可展示、推介国家电网可持续发展行动的经验和故事。

# 目 录

1 ● 线路"小红伞",让电网与鸟儿比邻而居(国网山东省电力公司电力科学研究院)

12 ● 长岛电力"海陆空"三维呵护万物和谐(国网山东省电力公司烟台市长岛供电公司)

20 ● 守护"华北明珠"——河北雄安新区绿色建造与环境融合研究与实践(国网河北省电力有限公司建设公司)

32 ● 山区电网护金山丽水锦绣生态(国网浙江省电力有限公司遂昌县供电公司)

40 ● 电力"铁塔天眼",让城市开发区域污染无处遁形(国网江苏省电力有限公司苏州供电分公司)

47 ● 共治水土流失,编织闽粤电力联网工程"绿色防护网"(国网福建省电力有限公司电力科学研究院)

56 ● 百草"箱"助,探寻沙地电网运行新出路(国网内蒙古东部电力有限公司奈曼旗供电分公司)

62 ● 三种影响、三道防线,当好秦岭生态卫士(国网陕西省电力有限公司)

70 ● 建设听鱼儿"指挥"的海岛"生命线"(国网浙江省电力有限公司平阳县供电公司)

76 ● 建造绿色低碳变电站,赋能美丽宜居公园城市建设(国网四川电力送变电建设有限公司)

84 ● 赋能湿地绿色发展,用心守护"地球之肾"(国网江苏省电力有限公司盐城供电公司)

93 ● 电靓"八百里",洞庭"美如画"——破解城市发展与湿地生态保护的共生难题(国网湖南省电力有限公司岳阳供电分公司)

102 数智赋能，筑牢森林草原"防火墙"（国网四川省电力公司凉山供电公司）

110 "绿色＋智慧"电靓大美泰山（国网山东省电力公司泰安供电公司）

118 "双长双通道"助力"共建共享共治"生态文明建设新格局（国网湖北省电力有限公司神农架供电公司）

126 地热能重塑变电站"绿色空调"新体系（国网江苏省电力有限公司连云港供电分公司）

133 电耀"最美本溪"，为生态旅游产业发展注入新动能（国网辽宁省电力有限公司本溪供电公司）

141 守绿换金、智慧赋能，打造高原生态电建（甘肃送变电工程有限公司）

149 一路生"花"——因地制宜建设线路走廊，助力"电网绿"守护自然之美（国网重庆市电力公司北碚供电分公司）

国网山东省电力公司电力科学研究院

# 线路"小红伞"，
# 让电网与鸟儿比邻而居

## 一、基本情况

### 公司简介

国网山东省电力公司电力科学研究院（以下简称国网山东电科院）前身系 1954 年成立的鲁中电业局中心试验所，多年来始终坚守"党建统领、支撑为本、创新为魂"的工作理念，坚持"一个统领、七大支撑、两大服务、一个创新"的工作主线，打造了一批行业领先的实验研发平台，创出了一批国际领先的硬核成果，培育了一支国家级高端人才队伍，实现了"源网荷储"全链条技术支撑引领，为能源低碳转型与经济社会发展提供了坚实的人才和技术保障。国网山东电科院现有长期职工 453 人，其中博士 75 人，硕士及以上学历员工占员工总数的 70.0%，建有国网山东电力公司院士工作站、博士后科研工作站、校企联合培养站、优秀人才流动站，逐步形成了以首席专家为引领、以专业首席工程师为骨干、以专业工程师为基础、以青年人才为后备的专业人才梯队，人才当量密度 1.35。近年来，国网山东电科院深入贯彻黄河流域生态保护和高质量发展以及"碳达峰、碳中和"战略，全面推动构建"黄河三角洲绿色生态电力系统"，推动绿色低碳发展，助力山东实现"碳达峰、碳中和"。在国网山东电科院的大力支持下，线路"小红伞"应运而生，为实现输电线路"线鸟和谐"做出了重要贡献。

### 行动概要

山东是东方白鹳等多种国家保护鸟类的重要栖息地和迁徙途经地，不少鸟类喜欢在高高的输电塔架上筑巢，很容易造成输电线路跳闸。针对鸟类活动与输电线路安全运行之间的矛盾，国网山东电科院转变工作思路，取缔了拆鸟窝、安装防鸟刺等驱鸟措施，以"爱鸟护线"为目标，调研鸟类生活习性，开展输电线路鸟粪闪络机理研究，自主研发了输电线路"小红伞"——复合绝缘防鸟罩，使鸟类能够自由地在铁塔上筑巢产卵、嬉戏打闹，让电网与鸟类成为和谐共处的好邻居。

## 二、案例主体内容

### 背景和问题

山东拥有世界上暖温带保存最广阔、最完善、最年轻的湿地系统，每年迁徙过境的候鸟达 600 多万只，被国际鸟类专家誉为鸟类的"国际机场"，山东已经成为鸟类重要的栖息地和迁徙中转站。东方白鹳属于世界濒危物种、国家一级重点保护动物，全球数量约有 6300 只，其中，每年到山东安家的东方白鹳多达 3000 只，被誉为"中国东方白鹳之乡"。东方白鹳喜欢在高处筑巢，输电塔架成为其筑巢的首选，2010 年至今，输电杆塔已成为东方白鹳、红隼等国家珍稀鸟类筑巢的主要阵地。

近 10 年来，山东电网 110 千伏及以上电压等级输电线路涉鸟故障 600 余次，已成为线路跳闸的主要原因。为防治输电线路涉鸟故障，安装防鸟风车等成为线路运维的主要工作之一，山东电网 220 千伏及以上电压等级输电线路已达 4 万余千米，点多面广，防治工作量巨大且给鸟类活动带来一定影响。传统防鸟措施主要为拆除鸟巢、加装防鸟刺等，运维工作量大、成效不佳，亟须更新。激光驱鸟、模仿猛禽叫声等新型驱鸟手段因鸟类的适应性增强而收效甚微。

输电线路杆塔一般处于复杂的野外环境中，如农田、村庄、高山和森林等，因此导致输电线路出现故障的原因、部位和形式都极其复杂。随着电网的建设及生态环境的改善，鸟类在架空输电线路附近的活动日益增多，由鸟类活动引起的输电线路故障数量也明显增加。

根据运行经验与统计数据，涉鸟故障已经成为威胁输电线路安全运行的一个重要因素，其危害仅次于外力破坏和雷击。例如，2013~2022 年，山东电网 220 千伏及以上电压等级输电线路发生涉鸟故障 232 次，其中，220 千伏线路涉鸟故障 213 次，占总涉鸟故障次数的 90.64%；500 千伏输电线路涉鸟故障 22 次，占总涉鸟故障次数的 9.36%。2019 年，220 千伏及以上电压等级输电线路共发生涉鸟故障 31 次，比 2018 年增加了 14 次，占当年总故障次数的 32.98%，是第二大故障原因。从历年的故障统计结果可以看到，涉鸟故障已经严重影响了电网的安全稳定运行，因此开展输电线路涉鸟故障防治对人民生活和社会稳定具有重要的意义。

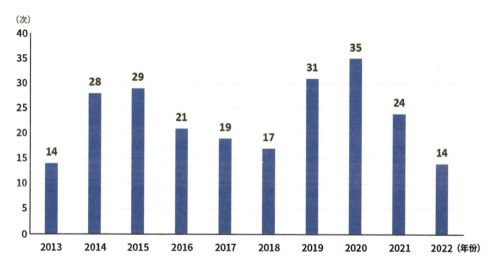

2013~2022 年山东电网 220 千伏及以上电压等级输电线路涉鸟故障统计

## 行动方案

解决线鸟矛盾、实现电网与鸟类和谐共处的关键在于厘清鸟类对输电线路的影响，找准切入点，采取针对性防治措施。国网山东电科院研究团队调研了典型涉事鸟种东方白鹳的生活习性，提出了"小红伞"——复合绝缘防鸟罩的设计思路。

### 鸟类对输电线路的影响

鸟类对架空输电线路的影响具体形式有鸟粪闪络故障、鸟类筑巢故障、鸟类捕食故障、鸟类飞行故障，其中鸟粪闪络是涉鸟故障中导致输电线路故障放电主要的原因，占所有涉鸟故障的 95% 以上，具体可分为鸟粪污染绝缘子闪络故障和鸟粪短接空气间隙故障。

鸟类在输电线路杆塔上筑巢、产卵、育雏、休息、打斗时都有可能发生排便行为。同时，鸟类属于杂食性动物，其粪便较稀且黏度较高，具有良好的导电性，在下落过程中受重力作用易拉伸成长条状。鸟类在杆塔上排泄时，长条状鸟粪形成的导电通道可能会直接引起架空输电线路短路跳闸，也可能附着于绝缘子表面引起沿面闪络。

鸟粪闪络故障通常分为以下两类：

沿串闪络发展过程

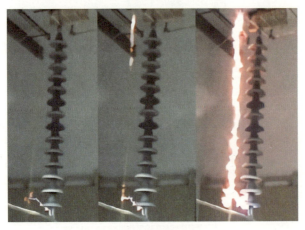

空间闪络发展过程

一是鸟粪沿串闪络，即鸟类在排泄时，鸟粪附着于绝缘子，严重污染绝缘子串，造成导线侧（高压）与横担侧（地电位）之间的短路放电，导致线路跳闸。这种形式的涉鸟故障不要求鸟粪下落时为连续状态，易发生于 V 串上，因为 V 串的上绝缘子对下绝缘子的遮挡作用相较于 I 串弱，易受鸟粪污染。但是，要形成这种形式的跳闸需要体型较大的鸟类或数量较多的鸟群同时排便。鸟粪引起的空间闪络现象，是因为鸟类附着于绝缘子表面，部分绝缘子伞裙失效，缩短了高压金具与接地端之间的爬电距离，电场分布发生畸变，其端部场强呈阶段性上升，最终达到棒—棒电极的击穿场强，击穿空间间隙，产生电弧并完成闪络。

二是鸟粪空间闪络，即鸟类在排泄时，鸟粪沿绝缘子串外侧下落，不污染或少量污染绝缘子串，直接造成导线侧与横担侧之间的短路放电，导致线路跳闸。鸟粪沿串下落引起的闪络现象，是因为在下落过程中，鸟粪通道缩短了绝缘子串有效绝缘距离，导致电场分布发生畸变，最终击穿空气间隙造成跳闸。

国网山东电科院对鸟粪通道进行了建模，通过模拟试验和仿真计算获得了鸟粪闪络机理。

（1）鸟粪通道形成，电场分布发生畸变。当鸟类在绝缘子附近排泄，鸟粪从横担处下落时，鸟粪通道开始形成。鸟粪具有较高的电导率，能够等效为一段逐渐延长的地电位导电体，逐渐改变绝缘子周围的电场分布情况，由于鸟粪端部具有较大的曲率，在端部附近会产生局部强电场。此时，鸟粪端部和高压端金具是空间中两处场强分布集中的区域。两者之间形成类似棒—棒结构的极不均匀电场。在鸟粪长度较短（小于 1 米）时，其端部场强随下落距离的增大呈线性增加，但因为与高压金具和导线距离尚远，电场分布畸变情况并不严重，故鸟粪端部场强值并不是很大。

（2）鸟粪继续下落，当鸟粪通道长度超过 1.5 米后，其端部场强再度开始大幅上升。此时，鸟粪与高压金具端的距离已经非常接近，两者组成的棒—棒间隙结构开始改变，电场畸变情况突然加剧，导致电场强度大幅上升。当鸟粪长度为 1.6 米时，高压端金具的场强变化梯度相对鸟粪端部而言已经非常小，而鸟粪端部的场强有效值已达 28.7 千伏 / 厘米。此时，鸟粪端部的局部电场强度已经超过空气的耐受强度 30 千伏 / 厘米，在强电场的作用下，电子崩内部电离过程非常剧烈，开始演变为电晕放电。根据气体放电理论，当起晕电极的曲率很大时，电晕层比较薄且比较均匀，放电电流比较稳定，自持放电采取汤逊放电的形式，为电子崩式的电晕。电晕的形成在一定程度上增加了端部的等效半径，改善了鸟粪端部的电场分布。电晕的产生虽然能改善端部场强，但随着鸟粪通道的延伸，场强继续上升的趋势仍然非常明显，最后空气间隙击穿，导致跳闸。

## 东方白鹳的习性

**（1）形态特征。** 东方白鹳是一种大型的涉禽，嘴长而粗壮，十分坚硬，呈黑色。身体上的羽毛主要为纯白色，翅膀外缘为黑色。腿很长，为鲜红色。东方白鹳体型较大，体长约 1 米，张开翅膀后能达到 1.5 米。

**（2）觅食习性。** 东方白鹳常在沼泽、湿地、塘边涉水觅食，主要以小鱼、蛙、昆虫等为食。东方白鹳的觅食主要在白天，以早晨 6~7 点和下午 4~6 点最为频繁，中午在树上休息或在领地上空盘旋滑翔。繁殖期的觅食范围为 500 米左右，在食物缺乏时也常飞到 1~2 千米，甚至 5~6 千米的地方觅食。

**（3）繁殖习性。**东方白鹳的繁殖期为每年的 2~8 月，主要包括筑巢、交配、产卵等环节。筑巢：自 2 月下旬开始至繁殖期结束。主要在水泥电线杆、人工招引杆或者高压输电铁塔上筑巢。巢基本呈圆框形，硬巢材为枯死的柽柳枝或旱柳枝，软巢材为芦苇絮。交配：2~5 月为交配期，其间，雄性会为争夺交配权而竞争。产卵：交配后不久即产卵，每窝产卵 3~5 枚，白色。孵化：孵化期一般为 33 天，雌雄亲鸟轮流孵卵。育雏：一般为 45 天，雌雄亲鸟均参加育雏。幼鸟出壳：大部分在 4~5 月出壳，也有因受到干扰而重新交配，从而出现出壳时间推迟的情况。离巢：幼鸟一般在 6 月底至 7 月初离巢，个别会延迟到 8 月上旬。

**（4）迁徙习性。**东方白鹳主要分布在东亚，山东地区东方白鹳主要由三部分组成：第一部分为留鸟，即长时间栖息于东营黄河三角洲的东方白鹳，无迁徙行为；第二部分为迷鸟，即由于天气恶劣或者其他自然原因，偏离自身迁徙路线的东方白鹳，数量较少，会出现在本不应该出现的区域；第三部分为候鸟，即在迁徙过程中途经山东的东方白鹳。东方白鹳的迁徙路线北起黑龙江，向南沿松花江和嫩江经辽东湾和渤海湾的沿海地带、山东和安徽到达长江中下游湿地。迁徙路线穿过山东中部地区，主要包括东营、滨州、淄博、潍坊、临沂、枣庄等地。东方白鹳于 9 月末至 10 月初开始离开繁殖地，组成群分批往南迁徙。迁徙时常集聚在开阔的草原湖泊和芦苇沼泽地带活动，沿途需要选择适当的地点停歇，在一些地方可以停歇 40 天以上。

## 关键突破

统计表明，山东地区涉鸟故障主要为鸟粪闪络，切断鸟粪闪络通道是防止涉鸟故障的核心措施。国网山东电科院以"爱鸟护线"为目标，根据鸟类生活习性，结合涉鸟故障机理，积极转变工作思路，取缔拆鸟窝、安装防鸟刺等驱鸟手段，通过开展鸟粪闪络模拟试验，成功研制了输电线路"小红伞"——复合绝缘防鸟罩。

## "小红伞"防护原理

基于鸟粪闪络短接长度模拟和典型涉鸟故障特征，国网山东电科院研发的复合绝缘防鸟罩就像一把"小红伞"，一方面可以有效阻挡鸟粪的下落，减少鸟类活动对输电线路造成的影响；另一方面可以将单段绝缘变为多段组合绝缘，有效增大了防护范围。复合绝缘防鸟罩以环氧树脂材料为基体，采用硅橡胶进行包覆，具有抗老化性能好、使用

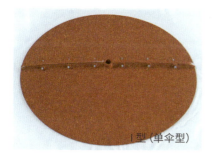

I 型（单伞型）

II 型（双伞型）

输电线路"小红伞"——复合绝缘防鸟罩

寿命长等优点。硅橡胶具有优异的憎水性和憎水迁移性，绝缘防护范围和闪络电压提高 50% 以上，大幅降低了鸟粪闪络概率。

## "小红伞"优势

（1）**防护范围大。**复合绝缘防鸟罩具有 800~1600 毫米超大直径，将单段的空气绝缘变为多段空气和硅橡胶的组合绝缘，可彻底阻挡鸟粪闪络通道，防护范围提高 50% 以上。

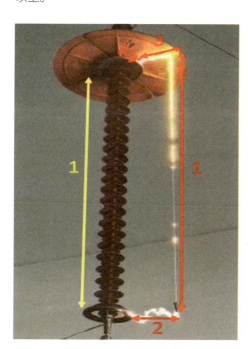

复合绝缘防鸟罩闪络试验

（2）**使用寿命长。**复合绝缘防鸟罩表面使用了高性能憎水抗老化 RTV 涂料，预期使用寿命大于 15 年。

（3）**抗风能力强。**复合绝缘防鸟罩采用优化流场结构，调节罩面倾角，角度控制在 5°时，水平受风面积小于 0.01 平方米，风洞试验表明，在 11 级台风（30 米 / 秒）风速条件下，装置结构依然稳定，具有非常好的抗风性能。

（4）**通用易安装。**首创通用性半伞连接方式，通过增加调节板，可以适用 400~800 毫米间距的复合绝缘子双串结构，可安装于绝缘子端部金具上，不占用横担空间。

**（5）与鸟类和谐共处。**使用复合绝缘防鸟罩后可不拆除鸟巢，减少对鸟类筑巢繁衍等活动的影响。

## 多重价值

**经济效益。**企业供电稳定性显著提升。自 2020 年复合绝缘防鸟罩全面推广应用以来，山东电网涉鸟故障跳闸次数逐年降低，2022 年国网山东电力公司 220 千伏及以上电压等级输电线路涉鸟故障跳闸次数较 2021 年减少了约 60%，线路安全稳定运行，电能质量得到增强，有效提升了对企业客户供电的可靠性，提升了用户对供电质量的满意度。电网供电稳定性的提升，大幅减少了因电力故障导致的生产损失，节省了企业大量的运营成本，增强了企业的竞争力，进一步提高了服务质量，践行了"人民电业为人民"的企业宗旨。

复合绝缘防鸟罩自 2020 年生产以来，得到了大规模应用，规范安装复合绝缘防鸟罩的线路未发生涉鸟故障，大幅降低了输电线路故障率。目前，该装置已安装 20 余万套，实现销售额 1.33 亿元，累计节约开支 3.36 亿元。

**社会效益。**企业社会职责突出体现。国网山东电科院改变传统的工作思路，将单一的"护线驱鸟"优化为"护线爱鸟"，通过应用复合绝缘防鸟罩，减少了线路运维对鸟类活动的干扰，既能保护鸟类又能保证线路安全运行。复合绝缘防鸟罩成功入选国家电网公司可持续发展典型案例，实现了鸟类与电网和谐共处。使用复合绝缘防鸟罩的目标

防鸟罩风洞试验（30 米/秒）

复合绝缘防鸟罩双串调节板性能试验

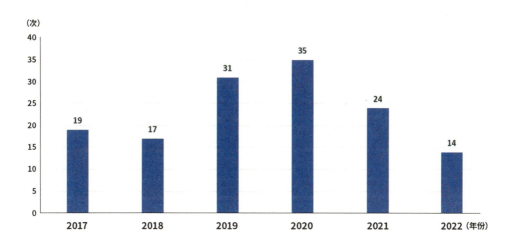

2017~2022 年国网山东电力公司 220 千伏及以上电压等级输电线路跳闸次数

在于有效减少涉鸟故障的发生，减小架空输电线路对鸟类迁徙、栖息等习性和生活环境的影响，真正实现鸟类和电网的和谐共处，共建地球生命共同体，同时体现国家电网公司的社会责任和企业担当。

**生态效益。** 2022 年组织开展的东方白鹳繁殖专项调查显示，2022 年山东地区黄河入海口附近共发现 152 巢东方白鹳繁殖，孵化雏鸟 470 只，其中自然保护区内繁殖巢数 98 个，孵化雏鸟 300 只；自然保护区周围繁殖巢数 54 个，孵化雏鸟 170 只。较 2021 年增加了 32 巢、146 只雏鸟。电力设施是东方白鹳筑巢的主要场所，2022 年新增的东方白鹳鸟巢和雏鸟全部分布在输电杆塔上。

## 各方评价

**《齐鲁晚报》：** 2021 年 4 月 16 日以"高压线上安好'保护伞'，鸟儿可安心筑巢"为题，报道了复合绝缘防鸟罩的研发和应用情况，突出了复合绝缘防鸟罩的技术独特和创新引领性，推动了线路巡视和防鸟领域的技术进步，强调了复合绝缘防鸟罩重大的生态环保效益和社会效益。

**山东电视台《新闻联播》节目和闪电新闻客户端：** 2021 年 5 月 4 日以"输电线路上的'小红伞'让鸟儿安全筑巢"为题，介绍了国网山东电科院发明的复合绝缘防鸟罩

东方白鹳在输电杆塔上安心筑巢

和"三重防线"应用情况，突出了综合防鸟方案显著的生态环保和经济社会效益。

**中央电视台《晚间新闻》节目：**2023 年 4 月 1 日以"国际爱鸟日·守护美丽的'飞羽精灵'"为题，介绍了山东公司复合绝缘防鸟罩的应用情况和防治效果，肯定了复合绝缘防鸟罩在生态保护和线鸟和谐上的重要作用。

## 三、未来展望

未来，国网山东电科院将继续开展线路"小红伞"结构优化，扩大防护范围，持续提高"小红伞"的可靠性和安装的便利性。目前，山东地区已完成 220 千伏输电线路的全面应用，后续将逐步在 110 千伏、500 千伏和 ±660 千伏线路开展应用，最终实现山东地区输电线路的全覆盖，彻底解决线鸟矛盾。

同时，国网山东电科院也将加大力度、协同打造"小红伞"爱鸟护线品牌，通过党建宣传，增加"小红伞"在全国的知名度，逐步在江苏、河北等周边省份推广应用，并进一步辐射全国，帮助东部沿海以及处在鸟类迁徙路线上的省份解决线鸟矛盾，实现电网和鸟类和谐共处，全面推进绿色电网建设。

随着线路"小红伞"的应用，鸟类将不再是电网的隐患，电网运维将不再影响鸟类的生活，鸟类将成为电网的好邻居。

（撰写人：沈浩、刘辉、周超、贾然、郑珊珊）

国网山东省电力公司烟台市长岛供电公司

# 长岛电力"海陆空"三维呵护万物和谐

## 一、基本情况

### 公司简介

国网山东省电力公司烟台市长岛供电公司（以下简称国网烟台市长岛供电公司）是国网山东省电力公司烟台供电公司所属县级供电企业，山东省唯一的驻岛供电企业，承担着 12 个军民岛屿、40 个行政村的供电任务。国网烟台市长岛供电公司现有 9 个职能部室、1 个业务支撑机构，3 个乡镇供电所服务各类电力用户 2.5 万余户。多年来，国网烟台市长岛供电公司聚焦电力与生态保护，推动可持续发展与企业运营管理相结合，培育了"暖电蓝海 360""1+9+N"特色彩虹服务驿站等特色生态融合实践品牌，为电力发展做出生态贡献，助力长岛"国际零碳岛"和国家公园的创建。

### 行动概要

国网烟台市长岛供电公司聚焦生物群落保护，坚持绿色发展、人与自然和谐共生理念，联合政府、研究院所、联凯风电厂商等利益相关方，构建"生态融合"政企联动机制。在北方五岛建设智能微电网群，前瞻性探索分布式波浪能发电，推动海洋能源清洁高效利用，开发"用户侧分散式储能＋共享储能电站"生态储能。推行电网绿色设计、建造、施工、运维技术，修复山体内废弃坑道作为电缆通道，施工废料再利用打造"海底森林""人工鱼礁"。拆除全部风电机组，打造"候鸟保护"空中家园。实施海缆监测、绿电监测、

可持续发展
目标

无人机智能防护的"海陆空"三维监测，建立"碳账户"绿电积分及电网建设自然资产评估体系，推动传统电网向绿色电网发展转型，倾力守护自然之美。

## 二、案例主体内容

### 背景和问题

长岛又称庙岛群岛，是国家级重点生态功能区和渤海最重要的生态屏障。盛产贝藻鱼类海珍品 217 种，每年洄游栖息西太平洋斑海豹近 400 头、东亚江豚 5000 头以上，迁徙过境候鸟 320 余种、120 多万只，被誉为"海上秘境""国际候鸟驿站"。受制于海岛生态脆弱、保护要求高等因素，长岛电网发展与生态保护之间存在诸多矛盾。

从海上来看，海缆施工破坏海洋生态。长岛域内风电被列为禁止开发项目，集中式光伏被列为限制开发项目，电能自给严重不足，外电进岛主要通过海缆输送。海缆输电成本高、损耗大，且施工采用冲沟敷设或开沟犁敷设，易给海底生物群落造成损伤。

从陆地来看，林区施工影响山体生态。长岛全域森林覆盖率达 60% 以上，自然保护区面积达到全境的 70%。长岛岛陆以剥蚀山丘和海岸地貌为主要特征，基岩裸露或仅有薄层土壤，水土保持和生态恢复能力差。电力施工、人工巡检设备设施等常规工作，既影响生物廊道，又破坏山体生态。

从空中来看，高压线影响鸟类栖息。长岛是大型猛禽的主要栖息地与觅食地，其活动高度通常距离地面 100 米以内。大型猛禽俯冲降落或在线路杆塔上嬉戏、起飞时，极易误碰高压线路受到伤害。通过每年对鸟类环志普查发现，2008~2020 年，长岛每年环志猛禽数量由 4000 只减少到 800 只。

### 行动方案

国网烟台市长岛供电公司将生态电网建设嵌入政府"零碳海岛"规划，打造政企联动、相关方利益共享生态圈，以电网可持续发展之道创生物多样之美。

**科技领航，打造"海上能源"绿色生态。**联合长岛县人民政府、国网山东省电力科学研究院等单位，建设海岛智能微电网群，在各节点加装智能监测元件，实现交直流互联互济、孤网独立可靠供电等 11 种运行模式间平滑切换、一键顺控，整体节能降耗30% 以上。联合国网山东省电力科学研究院、山东大学等科研单位，前瞻性地开展分布式波浪能发电系统与海岛供电系统的协同开发，在砣矶岛海域试验部署 1 台波浪能发电装置，岸基部署 150 千瓦分布式储能系统，实时调节波浪能输出间歇性功率，确保波浪能高效利用、全额消纳。采用"共享储能电站 + 用户侧分散式储能"模式，大电网端部署 5.4 兆瓦·时多类型混合式储能电站，用户侧按 100% 民生负荷保障部署储能电源。带动社会资本参与，促成大电网储能由供电企业投资、用户侧由居民自主投资，形成产业生态链，有效降低建设成本。

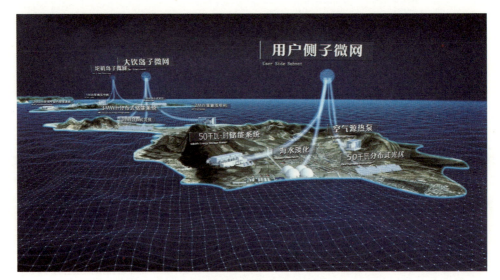

长岛智能微电网群电网结构

**技术革新，实施"少扰强抚"绿色施工。** 推动多方资源整合，与铁塔、移动公司协作，因地制宜实施电缆与通信光缆同杆架设；与环保等机构合作，对山体内废弃坑道采用重新加固、安装支架、增设排管等方式，修复成电缆通道，最大限度地节约土地资源。采取生态美化与"融景"设计，将变电站、微网中心等电力设施一体化规划建设，减少土地占用和环境破坏，所有建筑涂刷生态环保漆，附以海洋元素点缀，与周边景观融为一体。施工废料再利用，打造"海底森林""人工鱼礁"，提高海洋生态稳定性。

**多方协同，打造"鸟类栖息"空中家园。** 配合政府和联凯风电等设备厂商，将分布在保护区内的 80 台风机和电力设施全部拆除。对风机拆除后的硬化路面粉碎作业，破碎后场地和周边区域栽种龙柏、侧柏和金叶榆等植物 8.4 万余株，恢复 5 万余平方米的自然生态原始风貌。实施爱鸟护线联合行动。联合候鸟保护环志中心开展鸟类迁徙专项

长岛智能微电网控制中心海洋元素融景设计

国网烟台市长岛供电公司电力职工巡视鸟类栖息情况

调研，掌握鸟类习性、分布第一手资料，针对性开展"鸟—线"双护。在高压线路铁塔上安装防鸟挡板，以防鸟类受到电击伤害。在鸟类迁徙、筑巢时期，加强线路巡查，因地制宜处置。

**数字赋能，建立"海陆空"三维监测体系。**成立海洋应急指挥中心，创新研发海缆在线监测及故障定位系统，将海缆监测平台纳入政府生态保护监测体系，同步接入海事AIS船舶信息，可第一时间监测海缆漏油隐患，提升海上突发环境事故应急能力。成立电力环保大数据中心，联合长岛环保局研发"环保＋电力大数据"应用，构建基于能源大数据的海岛双碳监测体系，打造生态保护数据链。成立天空智能巡检中心，以岛屿为

长岛公司运维人员进行无人机智慧巡检

单元进行无人机巢网格化部署，完成 40 千米低空自主巡检路径规划，全域生态保护区域线路逐步由"人工巡检"转变为"全自主无人机巡检"，减小人群流动对生物的影响。通过英大碳管家综合服务平台，开通山东省首家供应链企业碳账户，记录"碳画像"，评估碳能力，测算碳积分。对接金融机构"碳 e 融"，帮助上游供应商和下游企业客户实现营运融资，更好地降碳降本。

## 关键突破

**率先构建"生态融合"政企联动机制。** 将生态电网建设嵌入政府"零碳海岛"十大零碳场景规划，依托政府零碳建设管控平台，打造政企联动、利益共享生态圈。联合政府、科研院所、环保组织等多方机构成立专项领导小组，形成长效沟通共赢机制，推行节能、绿色、环保的电网发展项目。促请政府出台《山东省长岛海洋生态保护条例》，明确生态修复与培育、污染防治等多方面管控机制，实现传统电网到"生态和谐共生"的绿色电网转型。

**首次实现海底电缆"大数据地图"全维度监测。** 联合政府、海事等相关单位建立海缆区界防护系统，综合中程雷达、船舶自动识别基站、水下巡检机器人、海缆扰动及温度检测等多维度监控设备的实时数据信息，实现海面、水下、海缆本体全面立体化监控，建立海缆防护"大数据地图"。

**全国率先实现"海岛智能微网群"供电。** 在全国范围内，首次实现基于柔性直流配电技术的多微网广域互联组网，有效解决微电网群互联、多模态优化控制以及电网环境融合共生等技术难题，四项技术创新达到全国领先水平，同步探索海洋波浪能开发利用，为全国海洋能源清洁消纳和环境保护提供样板。

**创新打造电网建设自然资产评估体系。** 推进电网建设可持续发展，采用自然资本核算方法，量化电网项目对生物多样性保护产生的生态效应，对环保投入、海洋生态、鸟类保护等具有实质性的影响进行定性、定量和货币化评估，对利益相关方公示披露核算研究和相关成果，为提升生物多样性保护、强化电网与生态融合效益奠定基础。

**省内率先开展"碳账户"绿电积分。** 设立供应链企业碳账户，从低碳经营、降碳潜力、政策响应、绿色项目开展等维度，评估碳能力、了解碳排放、测算碳积分，通过节能、降碳等表现获取碳积分。帮助信用好、积分高的供应链企业获得"碳 e 融"——交通银行"交碳保"或英大民生"碳快贷"融资贷款。

## 多重价值

### 环境效益

**海洋生态持续改善。**鲸、白江豚、斑海豹等海洋生物频频现身，几近绝迹的江蓠、大叶藻、羊栖菜等藻类有机恢复，近岸原生马尾藻、石莼数量成倍增长，北海狮、黑天鹅首次出现，90%以上近岸海水质量达到了国家一类标准。

**森林气候更为怡人。**林木覆盖率达到60%以上，凤蝶幼虫、造桥虫等昆虫种数大幅提升。长岛全年空气优良率达到93.3%，二氧化硫、一氧化碳浓度达到国家一级标准，可吸入颗粒物达到了国家二级标准。2022年，大黑山岛成为全国首个负碳超过2000吨二氧化碳当量的"负碳海岛"。

**鸟类栖息更为适宜。**目前，长岛境内发现的鸟类数量已达到全国鸟类种类的24.2%，猛禽环志种类数量占到全国的70%，更引来黄嘴白鹭、海鸬鹚等国家重点保护珍稀鸟类在此安家。

### 经济效益

利用自然资本核算法，综合分析各方投入1.2亿元，取得经济效益和生态效益6.8亿元，投入产出比为1：5.6，取得可持续的积极成效。其中，相关微网技术应用，带来直接收益800万元；清洁能源并网增加收入0.11亿元；电能替代增加电费收益0.96亿

长岛自然环境

元；电力损耗实现压降，年均节约电费成本 145 万元；打造长岛坚强电网，避免大面积停电引起的经济损失 1.2 亿元。

### 相关方效益

**带动相关方共同参与，实现上下游产业链可持续发展。**项目开展以来，国网烟台市长岛公司投资 9800 余万元用于采购电网改造设备，为当地技术工人就业、供应链企业盈利创造良好机遇。基于新型绿电供应的电网体系，为政府降低 20% 的电力碳排放。新能源发电和生态渔业为村民带来额外收入，助力乡村脱贫致富。

### 社会效益

**企业社会责任充分彰显。**2020 年，《"山东长岛智能微网群互联工程"组网并试运行成功》在山东电视台新闻联播放。2022 年 3 月，"长岛智能微网群协调控制示范工程"案例入编国家能源局《百县千项清洁能源示范工程典型案例目录（2022）》。2023 年 2 月，编制的《山东长岛：打造蓝色生态岛》入选《国家电网公司生物多样性管理与价值创造（山东卷）》。

**生态文化接力传承。**以"野生白江豚"为契机，聚焦海洋生态保护，以 VR 形式实景展示，制作发布反映电网三十载与生态和谐共存的融媒作品。拍摄全景式海岛纪录片《长山列岛》、斑海豹专题片和中央电视台的《秘境之眼》专题片，清洁能源助力绿色发展的典型经验在中央电视台一套播放，收获百万点击量。联合生态环境局开展"从协议到协力：复元生物多样性"主题宣传活动，呼吁公众自觉保护生物多样性，引发社会各界共鸣。

**和谐生态成为亮丽名片。**基于人与自然和谐共生的良好生态，长岛先后荣获"中国十大全域旅游示范县市""中国最佳生态旅游目的地"称号，进岛游客"过夜游"比例由 2020 年的 45% 提高到目前的 72.6%。成功举办了 4 次海洋生态文明长岛论坛，发布了《2022 海洋生态文明长岛共识》，有力地扩大了长岛生态保护名片的影响力。2023 年 6 月 8 日，南北长山岛群、大黑山岛、小黑山岛入选自然资源部"和美海岛"名录，长岛生态保护获得了社会各界的广泛认可。2023 年 8 月 28 日，长岛庙岛诸湾入选国家第二批美丽海湾优秀案例。

### 各方评价

**长岛环境监测中心副主任杨超：**烟台市长岛供电公司通过建设智能微电网群、开发储能共享电站等生态电网建设措施，为保护海岛经济发展、提高生态环境质量提供了电力保障。

**共泰电力能源装备有限公司负责人郑耀霖：**通过海岛能源发展和电力生态保护项目的实施，我们找到了推广能源生态服务的新市场，同时政府和供电公司有关人员的加入，帮助我们解决了技术应用和推广难题，真正实现了互利共赢。

**砣矶镇冷藏厂厂长孙长兴：**2021 年 9 月，砣矶镇及其北部 5 个乡镇因海缆遭到外力破坏停电。当时，岛上居民刚打捞了 150 吨小红虾，亟待加工并冷冻贮藏。供电公司快速启动了智能微电网系统，及时为岛上居民供上了电。

**砣矶镇北村居民赵乐：**自从实施了电力生态保护工程，拆除原有的山顶风机后，鸟更多了，山更绿了，水更清了，东方白鹳都能飞到我家里了。

**游客孙红梅：**对比前几年，长岛的天更蓝了、水更清了，全岛用上了绿色电，污染也少了，让天南海北的游客感受到了海岛的生态风情。

**国网电科院研究院副主任张爱芳：**微网在海岛城市智能化建设中具有重要作用，长岛微网对绿色能源发电、多元化储能系统、提高生物多样性保护具有巨大的优势。

**山东电视台《新闻联播》：**长岛牢记嘱托、走在前列、全面开创，推进全域生态保护修复，打造了海洋生态文明样板。

## 三、未来展望

通过"长岛电力'海陆空'三维呵护万物和谐"项目，国网烟台市长岛供电公司与社会各方共同构建了"创新驱动"的发展业务链、"互利共享"的发展产业链、"合作共赢"的生态价值链，形成海岛电力发展与生态保护的典型示范，解决了国内外海岛特殊地域的生态保护难题。下一步，国网烟台市长岛供电公司将加大与社会各方共建共享力度，向全国地区推广智能微网、生态施工、鸟线双护和三维生态监测等新兴技术，并以新产业、新技术带动全区绿色低碳发展，助力全国首个"国际零碳岛"发展示范。依托海洋能源开发探索新能源发展之路，不断在电力能源领域取得更高突破，打造长岛"零碳发展、绿色发展"的亮丽名片。

（撰写人：郭浩、杨嵛岑、杨军、赵鑫、宋滕飞、张维康）

国网河北省电力有限公司建设公司

# 守护"华北明珠"

——河北雄安新区绿色建造与环境融合研究与实践

## 一、基本情况

### 公司简介

国网河北省电力有限公司建设公司（以下简称国网河北建设公司）成立于 2018 年 4 月，是河北省电网工程建设管理的专业机构，承担河北省超高压、特高压输变电工程建设管理任务，同时负责河北雄安新区全电压等级电网工程建设管理。国网河北建设公司荣获国家优质工程金奖 2 项、银奖 1 项，荣获国家水土保持示范工程奖 1 项，是国家电网公司特高压工程建设先进单位。在科技创新方面取得了显著成绩，荣获省部级科技奖项 2 项，2020~2022 年承担各类科技项目 10 项，授权国家专利 12 项，发表论文 11 篇。

2021 年 3 月，国网河北建设公司成立了国网公司首个"电网绿色建造技术研究中心"，聚焦电网工程"近零碳""超低能耗"建设技术、工程与环境协调统一解决方案进行深入探索和研究。2022 年，国网河北建设公司获批成立"河北省输变电工程绿色建造与管控技术创新中心"，深入贯彻绿色发展、高质量发展理念，将绿色发展理念融入输变电工程策划、设计、施工、交付的建造全过程，推进输变电工程建设由传统模式向绿色、智能方式转型。自开展河北雄安新区建设以来，国网河北建设公司全面践行"绿色雄安""千年大计、雄安质量"建设要求，通过科学管理和技术创新，采用有利于节约资源、保护环境、减少排放、提高效率、保障品质的建造方式，推进输变电工程建设由传统模式向绿色、智能方式转型，实现人与自然和谐共生。自2017年河北雄安新区建设以来，完成"山水城市""桃园梦境""廊桥翠谷""城市森林"等多项主题电站建设，获得"绿色建筑三星认证"。

### 行动概要

河北雄安新区是在新发展理念指引下建设的绿色智能新城。电力网络是由钢筋铁塔与混凝土融合的能源通道。如何将新区建设与电力网络两者有机融合，在开展电网建设的过程中可靠保护"华北明珠"的天然生态环境是摆在新区电网建设者面前的一道难题。

国网河北建设公司聚焦全过程全要素绿色建造关键目标，从理念创新、技术突破、措施升级等多个维度进行提升，通过开展建筑表皮功能化设计、零污染建设技术攻关、零排放施工措施改进，实现了工业与自然的和谐统一，"用绿色建造，守护自然之美；用绿色电网，点亮绿色新城"。

## 二、案例主体内容

### 背景和问题

#### 工业建造与自然生态的矛盾日益凸显

随着世界能源结构的变化与"双碳"目标的提出，以新型电力系统构建为主体的电网建设快速开启。雄安新区电网以打造国际一流电网为目标，对电网设施建设有着更高的要求，变电站布点建设的数量也越来越多。但是，变电站作为一种工业建筑，传统的建造形式与施工方法在生态环保、环境融合、土地利用等方面存在诸多问题，是解决"城市建设与自然环境共生"问题的关键环节。

#### 建造技术亟待提升

传统变电站在采用的建造技术、建筑材料、建筑设备以及能源综合利用方面，与国家倡导的绿色低碳要求还有一定的差距，主要体现在节能不够充分、建材不够环保、运行能耗较高、能源综合利用少等方面。作为关系国计民生的重要市政基础行业，电网必须成为推动发展方式绿色低碳转型的战略支点，通过建设可持续发展的绿色低碳变电站，推动能源综合利用，提高清洁能源比重，才能有效地促进国家绿色低碳经济的发展。

## 行动方案

### 隐于城市，融于自然

转变理念，破解变电站与城市环境协调难题。创新"表皮功能化"变电站设计理念，提出"一站一主题"的建设原则，开展以绿色低碳、外观协调、开放共享为核心的变电站规划设计，实现变电站建设与自然风貌、城市发展相得益彰。

### 凝练景观立意

书画著文讲求"意在笔先"，建筑设计同样如此。让变电站成为物质产物与精神产品的结合、技术成果与艺术结晶的统一，赋予建筑独具特色的精神属性，通过创新赋予的四项属性（文化属性、时代属性、象征属性、参与属性），唤起人们丰富的想象。让变电站在"是与不是"的徘徊中，隐于城市、融入自然。

文化属性。引用"文脉"一词，赋予建筑物文化属性。其含义有两层：一是项目所处地域的历史渊源和文化传统，二是项目建设场所及周边自然环境和城市景观。坚持中西合璧、以中为主、古今交融，依托现状自然景观，深入挖掘雄州宋辽边关文化内涵，汲取、提炼传统建筑特色，运用现代建筑设计手法，塑造"林田环绕、古今交融、人文科创融合"的整体风貌。

河谷站

时代属性。变电站设计应该适应当今时代的特点和要求，表达这个时代的观念，揭示思想和审美观。创新重构传统建筑理念、大胆采用新工艺传统建材，在传统建筑中融入现代设计理念，使中式古典焕发出新的时代魅力。金属瓦、青砖、陶土板、金属格栅等工艺的有机结合，在田园景观中重塑了和谐美，契合当今社会"以人为本""崇尚自然"的时代主题。

荷露站

象征属性。变电站设计可以利用建筑物的象征属性提炼立意，传递一种精神。这个象征属性的立意可以来自大千万物，可以是一枝花，也可以是一朵云；可以是一叶扁舟，也可以是一面风帆；可以兼具柔美与硬朗，也可以如雕塑般具有标志性。如昝西220千伏变电站设计立意包含了建筑的象征属性，其选取中国山水画作为设计的形体处理源泉，将画中连绵起伏的山脉抽象化提取，得到了一组前后错落的山形景墙，象征着"电力是现代文明之基石"，隐喻着电力事业在祖国建设中的重要作用。

参与属性。为新建变电站融入"参与属性"，创造性地利用这些基础设施。其内核包括社区功能、互动参与、开放共享。取消围墙，让公众能够在这些基础设施的日常运

山水城市——眢西站站顶花园

行中受益，除了原本功能性的使用，还可以让这些基础设施成为城市公共休闲空间和精神场所。

**融合美学设计**

在满足上位规划和城市设计要求的前提下，循形式美学的相关设计理念开展变电站"形"的设计，依据现代化工业化产品的要求，结合艺术或美学知识与技能开展"视觉融合设计""空间美学设计"和"建筑肌理设计"。

视觉融合设计——衔接、协调、消隐。衔接区域总体规划、地域特征、文化底蕴，衔接城市风貌、空间布局、天际流线。从虚构立意和实体表达两个方面实现对区域规划的消化和城市风貌的衔接，让变电站建筑拥有融入城市脉络的独立精神内核。把握建筑的气质、色彩、延展、功能、流线五要素。匹配区域规划中土地结构、功能分区、蓝绿空间、城市尺度和风貌特点，通过对建筑实体的刻画、场地的营造，融入主次分明的建筑群体，成为消隐城市天际线和腰线风景的一块拼图、一组群像。

空间美学设计。在满足功能的前提下，提升变电站空间的层次性、连续性和导向性。从聚焦于房屋的承重、绝缘、通风，到更多关注建筑实体延续出来的场所空间的雕刻。例如，在河谷 110 千伏变电站设计中，从建设田园式变电站的角度出发，首先，将变电站主要功能设备房间体量做极致压缩和削减，可以得到四个主变设备房构成的四个立方体块;其次,利用"礼序营城""田园城市"两个理念,将四个体块呈分散布置的方格组团式;再次,继续细分空间将 GIS、盘柜等各类功能间再重构、集中填补至组团中部;最后,实现了一座传统变电站向园林式变电站的奇特转化。

建筑肌理设计。具有肌理视觉特征的表皮设计为当代建筑提供新的系统设计途径,也让人们从新的角度理解当代建筑所要表达的意境。这里所说的肌理不局限于表皮上某种材料的纹理,同时也包含变电站外表皮整体的韵律、虚实、色彩、尺度等,给人们带来触觉和视觉上的感受。

表皮肌理不仅是变电站设计过程中塑造形体、表达质感的手段,也提升了整体场所空间的审美价值。例如,变电站外墙上面,采光需要的外窗很少,而是需要通风洞口,并以防雨防虫百叶遮挡。整体来说,其原本的功能性表皮,实大于虚,略显沉闷。设计师要运用多种材质、多层表皮搭配、灵活运用点、线、面的组合形式,构成虚实相间、变化中有统一的表皮肌理。

智慧能源视窗——河西站　　　　　　　桃园梦境——段沙站

## 起于尘器,烟尘不染

实施绿色施工策划管理,从临建布置、节能施工措施、环境保护、低碳工艺等多个维度制定施工方案,打造生态文明工地,确保"三零"成果(环境"零扰动"、电磁"零辐射"、厂界噪声"零类排放"),实现绿色建设。

### 变电站工程的绿色建造

预制化于装配化。大力推广、应用装配式建筑,实现建设的可持续发展。装配式结构主体构件在工厂预制、现场拼装,其优点在于工厂化生产、标准化作业、质量保证率高，符合国家节能减排和建筑工业化的发展战略，解决了传统建筑生产方式存在的建筑能耗高、资源能源消耗大、建筑业科技含量较低及生产效率低等问题。

预制构件通过工厂化生产，预制构件截面尺寸、钢筋位置及构件的平整度、垂直度等生产精度达到毫米级，产品质量更易得到有效控制。

施工现场直接安装，提高了施工生产效率，缩短了施工工期，降低生产成本。

施工现场湿作业量大大减少，现场钢筋、混凝土等实体材料及模板、架料等周转材料大大减少，现场水电使用量及材料浪费大大减少，做到"五节一环保"。

消声与降噪。积极应用施工噪声控制技术，通过选用低噪声设备、隔声屏、隔声罩等措施有效降低施工过程噪声和振动污染，噪声限值、振动限值应满足现行的国家标准。设备降噪控制。工程机械全部使用环保型低噪声设备，专人、定期对作业现场进行噪声监测。空压机、搅拌机等搭设降噪棚，采取遮挡、封闭、绿化等吸声、隔声措施，从噪声源减少噪声。施工噪声控制。木料、砌块、电缆桥架等材料架构宜采用工厂化加工，减少现场加工作业，若必须在现场加工时，应设封闭场所集中加工，并采取隔声措施。混凝土振捣应采用低噪声振捣设备，并采取消声围挡等降噪措施；在噪声敏感环境或钢筋密集时，宜采用自密实混凝土。

### 隧道工程的绿色建造

绿色装配式护坡的应用与全国两会提出的"双碳"目标相契合，同时也是绿色施工的一个重要体现。能有效稳定边坡土体。整个绿色装配式护坡支护体系所使用的

铝合金滑膜隧道施工工艺

材料均为可重复利用,不产生固体废物;不受季节、气候的影响,冬季也可施工,工艺简单、施工速度快、无须大型设备且人员投入少,不扩大临时用地;成型外表美观、防水防坍塌效果佳、护坡支护强度高,不造成感官不适。

雄东—昝西 220 千伏线路工程约 21 万平方米基坑边坡支护全部使用绿色装配式护坡,整体节约混凝土用量 16800 立方米、钢筋用量为 380 吨,节约锚喷机械及用工 100 余台班,减少建筑垃圾 33600 吨,相当于减少二氧化碳排放 6530 吨。

绿色装配式护坡

铝合金滑模工艺。在电缆隧道工程首创铝合金滑模技术,实现模板体系全机械化施工。与常规的模板支撑体系相比,铝合金滑模将模板支撑体系提前在工厂加工,现场一次性组装完成,减少了现场安装的工作量,同时具有更好的安全性。雄东—昝西 220 千伏电缆工程首创并应用铝合金滑模技术,实现模板体系全机械化施工。与常规木模相比,每 30 米可节约工期 7 天,节约模板 500 平方米,降低施工成本 14000 余元,提高工效近 5 倍。工程共 1000 米明挖隧道进行了试点应用,共计节约模板 1.68 万平方米,木材辅料 1512 立方米,相当于减少砍伐树木 10584 棵,节约成本 47 万元。

### 恒于创新,守护久远

多年的实践表明,创新是深入践行绿色发展理念的核心动力,是促进工程建设向低碳、近零碳、零碳不断迈进的催化剂。研究新材料、改进新工艺、提炼新方法,并且在实践中研究、验证、迭代提升，才能让"华北明珠"永葆青春。

**利用数字化推进绿色建造体系落地**

数字化技术在工程施工建设中有利于绿色转型的开展。BIM 技术是施工建设数字化管理提升的关键技术，BIM 模型具有数据承载丰富、信息交互便捷等特点，以其为核心开展的三维正向设计可实现工程建设的碳排放模拟，包括对工程建设应用材料、施工方案的碳排折算，在配合 GIS 信息的情况下，还可对临时占地、植被砍伐、水土破坏等可能存在的生态扰动进行分析、预测，实现工程施工之前得到工程绿色设计、绿色施工的最优解，推动绿色建造的深入开展。国家首个获得水土保持示范工程的"张北—雄安 1000 千伏特高压线路工程"就深入应用了三维设计和遥感测量技术。数字化技术为施工环境的实测监督、管控提供了支撑。环境有害气体、噪声、辐射的实时测量，边缘物联代理设备的实时分析和现场闭环，数据平台的远程监督及控制，使施工现场的环境控制向着智能化、自动化发展，促进绿色施工措施的落地。从设计、施工到建设管理，数字化技术已成为绿色建造理念落地实践的可靠保障。

**打造绿色建造创新与转化生态链**

组建电网绿色技术研究中心，构建组织保障。依托公司组建雄安电网建设的核心支撑团队。深入贯彻绿色发展、高质量发展理念，全面践行"绿色雄安""千年大计、雄安质量"建设要求，依托河北雄安新区高标准、高要求建设平台，全力服务新型电力系统建设，积极推动电网建设提档升级，成立了国网公司首家"电网绿色建造技术研究中心"和"工程质量数字化实验室"。负责开展以绿色建造为方向的技术创新成果研发、应用和推广，负责电网建设质量数字化实验室管理和运营，质量管控、检测平台搭建。

搭建产学研用一体化创新成果"供应链"。围绕"绿色建造"课题，获批组建"河北省输变电工程绿色建造管控技术创新中心"。该中心设立输变电工程绿色建造协同优化技术、输变电工程绿色施工智能管控技术、输变电工程建设质量检测分析技术三个研究方向。

开展基于"表皮功能化"理念的建筑节能研究，利用"烟囱效应"产生的对流进行自然通风，可以实现主变负荷在 40% 以下时，完全不用开启风机散热，有效减少变电站的自身能耗，助力昝西站成为我国首批获得中电建协绿色建造"三星级"的变电站工程。同时开展多项课题研究攻关，例如：利用工厂化预制来促进固废混凝土这种新材料可靠应用；研发可以装配式安装的一体化保温墙板，节能降碳；研究可以免去后续装修的"镜面清水混凝土"工法，减污环保等。近年来，共开展绿色建造创新 12 项，取得专利 48 件，获得省部级绿色建造、科技创新奖项 12 项，经过院士鉴定，评定为国际领先成果 2 项。形成了一系列的成果与经验，构建了一套系统的、具有河北特色的"绿色建造，建造绿色"的成果体系，实现了设计理念、建造方式、管理模式的转型升级，建成一系列标杆示范工程。成果经验先后在北京西—石家庄、山东—河北环网、张北—雄安、青海—河南等24 项特高压输变电工程中推广应用，涉及 15 个省，同时在 500 千伏及雄安全电压等级电网建设中推行，有力推动了电网高质量建设，取得了显著的经济效益和社会效益。

## 关键突破

**从节能减排实践，再到建造方式革新，实现设计理念的突破。** 从工程可行性研究阶段深度聚焦电网工程建设绿色转型目标，构建生态优先的原则和谐自然的城市空间格局。全面开展电力设施"表皮"功能化设计，充分运用"表皮"理念及多样的"表皮"技术，形成具有雄安特色"一站一主题"深化设计模式，将变电站建构筑物、电力隧道地面通风亭等地上建筑与自然环境和城市风貌有机结合规避或降低对环境的影响。合理利用地形，因地制宜采用非居合建或地下变电站，形成以"覆土空间"分层确权为代表的雄安新区土地资源综合应用的典型方法，实现了工业建筑与社会民生的完美融合和协调发展。电气设备优选先进节能绿色设备并进行适应性设计。所有电气设备 100% 户内布置，采用低噪声、低损耗变压器和环保气体充气柜，结合吸声墙面、顶棚等辅助措施，实现变电站安全静音运行、污染气体零排放。

**以技术创新为驱动，探索河北绿色建造新模式，实现绿色建造技术的突破。** 实施绿色施工策划管理，从临建布置、节能施工措施、环境保护、低碳工艺等多个维度制定施工方案，打造生态文明工地，实现绿色建设。临建区域使用低能耗材料的集装箱活动房，节约临时占地的同时，开展超低能耗、零能耗、负能耗历史建筑研究实践。采用绿色环保、电能驱动的施工机具，最大限度地减少施工过程中化石燃料的燃烧，降低碳排放。施工区域设置全封闭的隔音板，降低施工噪声，全场铺设抑尘涵水的土工布，作业期间喷雾降尘，减少飞尘。积极研究推广环保节能施工工艺工法，推动建筑构件标准化设计、工厂化生产、集中式配送，提高施工效率，降低施工能耗，落实节地、节能、节水、节材、环境保护"四节一环保"的要求。

## 多重价值

创新提出表皮功能化设计理念，综合利用风、光、热等多类清洁能源，实现工程节能降耗、资源节约和稳定运行。增加变电站风光储设备，朱河 110 千伏变电站工程实现年发电约 9470 千瓦·时，代替站内年消耗约 6000 千瓦·时的日常生活用电，配备 28.8 千瓦功率地源热泵，在满足站内需求的同时，热能可供应邻近的用户使用；裕翔 110 千伏变电站工程应用光导照明技术，替代昼间用电照明；昝西 220 千伏变电站工程利用"烟囱效应"热驱动实现被动节能，在负荷 40% 以下时，无须启动风机散热；石家庄 1000 千伏变电站率先在全国工业建筑中采用"被动房技术"，建筑节能率达到 80%，变电工程全面使用节能变压器，实现节能降耗。线路工程全面应用同塔双回高精度选线技术，减少线路走廊占用 50%，山区全面采用高低腿设计，减少土地占用 20%，全面应用节能导线和高强钢减少碳排放。

严格执行"四节一环保"，实现全过程绿色施工。河西 110 千伏变电站工程整体结构应用镜面清水混凝土技术，浇筑一次成优，减少了二次装修和后期维护；衡沧 500 千伏变电站工程采用固体废弃物搅拌凝胶的环保材料，替代普通混凝土铺筑站内道路，实现了工业废弃物的综合利用，变电站 GIS 安装全面应用防尘车间实现全部组件的超高洁净低碳安装和 SF6 气体"零排放"，临建全面采用可周转预制舱，全面应用焊烟回收装置，实现施工现场"零排放、零污染"。山区架空线路工程全面应用工程索道开展物资运输，实现山区树木高跨，大幅减少土地扰动和树木砍伐，施工完成后及时进行植被恢复，增加碳汇量。雄东—昝西 220 千伏电缆工程中研究应用铝合金滑模系统，实现了模板支护体系的机械化和整体行进，提高功效 5 倍，减少模板用量 60%；应用绿色装配式护坡，实现建筑垃圾"零排放"，同时避免了扬尘和土壤污染。

## 各方评价

该项"金钥匙"成果已在河北雄安新区 86 项电网工程中进行全面推广，投资规模将达到 970 亿元，取得了显著的经济效益和社会效益。

雄东 500 千伏变电站、昝西 220 千伏变电站首次获得中电建协三星级绿色建筑水平评价；剧村 220 千伏变电站、河西 110 千伏变电站获得河北省住建厅颁发的二星级绿色工业建筑标识；国网绿色建造示范工程。雄安全域输变电工程均达到了国家绿色建筑二星级水平。

目前，绿色建造关键技术，已在全部的雄安电网工程中得到应用，在电网绿色建造技术实践的过程中，形成了国内6个首创、6个第一。累计减少碳排放近9万吨，产生直接经济效益2.7亿元，并在央视新闻、《国家电网报》等主流媒体进行报道，取得了较大的社会影响。

## 三、未来展望

随着绿色发展理念贯彻的不断深入，新区电网的建设也从绿色建造向近零碳、零碳建造进行探索。从绿色施工高标准执行到绿色建设全面推动，再到绿色建造成熟运用，经过长期的创新与实践，必将形成一套系统的、成熟的、创新的环境友好型建设体系。坚持"绿色建造，建造绿色"，我们在电网工程全生命周期的实践与探索也许只是绿色转型的一个缩影，但在这5年的实践与迭代中，我们已经基本完成了一个贯穿规划设计、施工建设、运维管理全过程以及囊括上下游供应链和产学研攻关体系的"绿色生态"的搭建。形成了一系列的成果与经验，构建了一套系统的、具有河北特色的"绿色建造，建造绿色"成果体系，实现了设计理念、建造方式、管理模式的转型升级，建成了"山水城市""桃源梦境""廊桥翠谷""能源立方"等绿色示范工程。

绿色建造是个综合性的课题，创新是绿色建造不断深入的最核心动力。理念上的创新离不开新技术、新方法的支撑。未来，国网河北建设公司将在"绿色生态"中，通过新技术、新材料的攻关和新工艺、新成果的应用，为绿色可持续发展奠定坚实的基础，为绿色发展理念赋予更丰富的内容。

（撰写人：李刚、齐金定、韩阳、李青、张立群）

国网浙江省电力有限公司遂昌县供电公司

# 山区电网护金山丽水锦绣生态

## 一、基本情况

### 公司简介

国网浙江省电力有限公司遂昌县供电公司（以下简称国网遂昌县供电公司）成立于 1982 年，共设 7 个职能部门、2 个业务支撑和实施机构、6 个供电所，管辖 110 千伏变电站 6 座，35 千伏变电站 13 座，35 千伏线路 36 条，10 千伏线路 134 条。近年来，国网遂昌县供电公司坚持以习近平新时代中国特色社会主义思想为指导，深入学习宣传贯彻党的二十大精神，全面落实上级单位的决策部署，锚定"双碳目标下以新型电力系统为核心载体的能源互联网企业建设"工作目标，踔厉奋发、勇毅前行，先后获国家电网公司一流县供电企业、国家电网公司文明单位、国家电网公司同期线损管理"百强县"、全国优秀质量管理小组、浙江省科技进步县供电企业、浙江省苏村山体滑坡救援电力保障先进集体、浙江省电力学会用电专业委员会先进集体、浙江省电力有限公司抗击台风"利奇马"优秀红船党员服务队、国网丽水供电公司 G20 杭州峰会电力保障功臣集体、国网丽水供电公司精神文明建设先进集体等荣誉称号。

### 行动概要

遂昌县近 90% 的县域面积是山地，是国家重点生态功能区、国家生态文明建设示范县，不仅拥有千年金矿，更拥有中国东部经济发达地区少有的近自然生态系统，野生珍稀动植物众多。国网遂昌县供电公司站在人与自然和谐共生的高度谋划发展，以呵护生态

可持续发展
目标

环境为目标，根据"山区、山地、山水、山景"四种区域不同的生态特点，坚持山区电网全生命周期管理，建设山区友好型电网，以可持续之道，创生物多样之美；建设山区生态电网，让美丽乡村绿意更浓，实现山区电网与自然和谐共生，成为丽水青山的幸福靠山。国网遂昌县供电公司以两型电网，让遂昌的生态系统更健康、更坚强，为国家电网探索出一套山区生态电力保护方案，让电网与自然和谐、共荣。

## 二、案例主体内容

### 背景和问题

金山林海，仙县遂昌。遂昌县位于浙江省西南部，地处钱塘江、瓯江源头，是国家重点生态功能区、国家生态文明建设示范县。遂昌县境内山地约占 88.83%，是一座隐匿于群山深处的山水之城，也是一座典型的中国山区县城。这里层峦叠嶂、翠竹绵延、野生动植物众多，分布着我国东部最完整、面积最大、最具代表性的原生植被类群以及多种特有的珍稀植物群落——九龙山国家级自然保护区的 600 公顷原生状态自然植被，在中国东部高密度人口及经济发达地区十分罕见，是浙江重要的生态屏障地区。

遂昌县人口约 23 万，其中城镇人口为 89238 人，占全县总人口的 39.19%（2022 年数据），大部分人口分布在山区，因此建设好山区电网至关重要。在广袤的森林和层

穿梭在山区的电力线

峦叠嶂的近自然生态系统区域中架设和维护电网线路，让居民过上幸福生活的同时，还要保护好珍稀野生动植物，做好水土保持，减少对环境的扰动，进而更好地呵护自然生态，是国网遂昌县供电公司面临的主要问题。

## 行动方案

### 高海拔"山区"，绘就万物和谐新画卷

遂昌县海拔最高为 1724.2 米（九龙山主峰），超过 1500 米的山峰有 39 座，超过 1000 米的有 703 座，海拔 800 米以上的山区是野生动植物的乐土。遂昌县西南部的九龙山国家级自然保护区，属野生动物类型自然保护区，拥有我国亚热带东部地区罕见的 600 公顷以上中山地带原生森林生态系统，是华东地区一个不可多得的天然物种基因库。

**立塔架线，更多考虑野生动植物保护。** 为了更好地保护山区动植物，国网遂昌县供电公司在新建线路时，从源头上主动避让生态红线，避让自然保护区的核心区和缓冲区、重要林场以及野生动物集中活动区，使生态系统完整性和地理单元的连续性不被破坏。国网遂昌县供电公司采用差异化设计方案改造线路，使用电力钢管杆，与传统水泥电线杆相比，使用寿命更长、外形更美观、安全系数更高。为了减少砍伐电网线路下的植被，使用大档距跨越的铁塔，以减少林地使用面积；除了采用铁塔，还会让架空线路尽量沿道路走向安装。在立塔架线时，国网遂昌县供电公司还会采取"零护坡、零挡墙"余土处理以及无人机"绿色架线"等方式。

工作人员利用无人机巡视电力线路

遂昌县山区山势巍峨，大部分线路跨山而过，国网遂昌县供电公司在沿山公路的电杆上安装摄像装置，利用电力大数据打造山区灾害预警平台，及时了解山区变化，预防森林山火、土质松动等事故的发生；采用无人机＋人工巡线的方式开展巡检，落实点对点的故障巡查，对

线路隐性或潜在的缺陷隐患进行定点排查，对辖区开展边坡滑坡、塌方、杆塔异物等隐患排查，及时掌握特高压输电线路设备的运行状态。

**多方协同，建设运维合作联盟。**国网遂昌县供电公司与县自然资源和规划局、生态林业发展中心和相关林业站工作人员、县政府督查室，建立了更加紧密的沟通交流机制，采取有力措施，推进林业与电网规划充分衔接，同时发挥各自优势，共同促进林业现代化和绿色电网发展，营造"树线"和谐氛围。各方聚焦松材线虫病防控、火情信息互通共享、林地使用、林木采伐等工作领域，建立需求清单、项目清单、问题清单，实现资源共享、力量整合、合作发力，加强横向协调和信息共享，建立林电合作的长效机制，促进电力事业和生态林业的发展更加健康，以小举措护大平安。

**保护动物，保障线路安全。**为保护动物，国网遂昌县供电公司在小动物出没区把裸导线改为绝缘线。在鸟类生息和繁衍区，为有效保护鸟类、预防和减少鸟类活动对线路安全运行带来的威胁，国网遂昌县供电公司选择在直角杆、转角杆和邻近树林且容易造成鸟类聚群的电力杆塔横担上，安装依靠自然风力驱动的风车棱镜式驱鸟器以及依靠太

工作人员正在进行线路检修

阳能供电从而持续发声的鸣叫式驱鸟器，在保护鸟类的同时，提升供电可靠性，保障线路安全稳定运行。

### 低海拔"山地"，合力解决树线矛盾

遂昌县是浙江重点竹产区之一，全县有竹林面积 35 万亩①，基本分布在海拔 500 米以下的低山间。许多村庄存在电力线路与树木、毛竹之间的矛盾，时常引发电力线路短路、断线等故障，特别是冬季气温在零下 10 摄氏度以下时，树线矛盾引起的故障跳闸率高达 89.9%。为降低风险，国网遂昌县供电公司对电力线路通道内的毛竹采用了打顶扼制高度、保留和强健主干的方法，既消除了竹木对电路安全的影响，又确保不损害农户的收入。

神山秀水出佳茗。遂昌县是中国名茶之乡、中国茶文化之乡，85.6% 的茶园分布在海拔 400~800 米的山地，拥有 10.98 万亩海拔 400 米以上的茶园，得天独厚的生态环境，成就了遂昌龙谷茶独特的高山云雾茶优异品质，也让遂昌成为中国高山名茶第一县。

大田村几乎家家户户都有茶园，过去炒茶烧柴，砍伐树木毛竹不仅浪费资源，对环境的污染也很大，如果火候控制不好，炒制的茶叶卖相也不好。"以电代柴"后，在国网遂昌县供电公司的保障下，大批专业炒茶制茶机器的上马，不仅提高了茶叶的品质，也大大增加了产量，大田村的生态底气更足了。2019 年 5 月 30 日，大田村发布了全国首个村级生态系统生产总值（GEP）核算报告，通过 GEP 评估，大田村 2018 年的生态系统生产总值达 1.6 亿元。

### 优质"山水"，春云处处生

遂昌县地处钱塘江、瓯江源头，县域水质优良，境内地热资源丰富，湖山温泉单井日出水量全省第一。遂昌县仙侠湖流域生态环境导向的开发（EOD）项目于 2021 年被列为生态环境部首批 EOD 项目试点。在这里，网遂昌县供电公司协助政府开展水域生态治理，完成湖山金竹污水处理厂工程、环湖绿道工程、湖山乡未来乡村建设工程、仙侠湖流域农村生活污水处理设施提升改造等环境治理类项目，打造"山也清、水也清，人在山阴道上行，春云处处生"的动人美景。

---

① 1 亩 ≈ 666.67 平方米。

遂昌仙侠湖库区

### 黄金"山景"，构建"两山"转化新样板

遂昌县的生态环境状况指数在 2012 年就上升到全省第 1 位，全县负氧离子每立方厘米含量达 9100 个，高出世界清新空气标准 6 倍以上，属于特别清新类型，适合旅游与养生。在"山景"地区，国网遂昌供电公司不仅因地制宜协助打造全电景区，还进行了线路入地改造等，以"线杆融景、变台为景"为原则，让景色更加宜人。

**保护矿山公园古树。**在遂昌金矿国家级矿山工业旅游景区，有古树群 13 个，百年以上树龄的古松 177 棵，其中包括濒危珍稀树种红豆杉 20 余棵。国网遂昌县供电公司对古树周边局部电线电路进行重新规划，避免电线穿越古树，对古树名木实施有效保护措施，以利于古树生存。此外，国网遂昌县

遂昌山区风景

供电公司号召员工操作微信小程序"浙里种树",发动员工参加古树名木"认种认养"活动,将古树保护的相关知识宣传到基层一线、送到群众家门口,进一步提升公众爱绿护绿的意识。

## 多重价值

**环境价值。**国网遂昌县供电公司全力推进能源低碳转型,构建富有活力的生态电网。并网 113 座水电站,并网水电站合计 26.13 万千瓦,占电源总装机的 69.79%;并网光伏总装机 10.56 万千瓦,占电源总装机的 28.21%,目前绿色能源占总装机容量的 98%,实现了山区电网的绿色蝶变,累计实现绿电 100% 供应 4370 小时,让源源不断的清洁能源,通过条条银线流淌在万亩青山之间。国网遂昌县供电公司以坚强电网,保护遂昌的绿水青山。如今的遂昌县森林覆盖率为 83.64%,共有野生植物 2326 种、野生动物 2608 种,全县活立木蓄积 1017 万立方米。全县各省、市监控断面、交界断面达标率 100%,出境水质常年达到Ⅱ类以上,水质优良,空气清新。

**经济效益。**国网遂昌县供电公司积极推进城乡用电同质化均等化,目前遂昌电网供电可靠率达 99.9807%,明显高于全国平均水平。建设友好型电网平均抢修时长为 1.24

山区光伏电站

小时，同比下降 28%；大幅降低因线路故障引发森林火灾的概率。"十三五"时期，遂昌电网共投入资金 5.67 亿元，新增扩建 35 千伏及以上变电站 4 座，新增改配变 525 台，线路 160.84 千米，平均停电时长由 16.7 小时降至 4.2 小时，售电量突破了 10 亿千瓦·时大关，最高负荷由 13.2 万千瓦升至 20.33 万千瓦，为生态建设产业项目和经济发展提供了坚强的支撑。

**社会效益。**山明水秀的环境和坚强电网，也带动了以茶为主导的农业产业和数字文创产业，吸引众多游客和数字互联网头部企业来此发展。2022 年，遂昌县农村居民人均可支配收入 27073 元，人均可支配收入增幅列浙江省山区 26 个县的首位。

### 各方评价

**遂昌县环境保护监测站副站长胡叶立：**桃花水母被国家列为世界最高级别的"极危生物"，为优良环境指示生物，只在严苛的环境条件下出现，适宜其生存的水必须是无毒、无害，不能有任何污染。桃花水母的出现正是遂昌县水质极佳的最好佐证。

**遂昌金矿景区游客接待中心餐饮部相关负责人：**现在多好，供电公司把电供足了，炖、炒、炸、蒸、烤等所有灶具都用电，煤炭资源不浪费，有人来随时起灶做饭，不仅方便快捷还绿色环保。

**大柘镇白麻村制茶大户华根清：**2023 年春茶最高价可卖到 1000 元 / 千克，但随着机器的增加，我总是担心负荷太大导致断电而造成损失。现在好了，电力工作人员主动上门送服务，以后炒茶用电我就安心多了。

## 三、未来展望

"十四五"时期，国网遂昌县供电公司将聚焦战略落地，持续优化电网建设项目和投资计划，为打造"山区生态能源互联网建设示范窗口"而不懈奋斗。迈进第二个百年奋斗目标的历史卷轴，国网遂昌县供电公司将守护万家灯火，挖掘研究生态环境系统共同富裕思想内涵，构建出一条从生态治理到生态价值转化的生态文明建设实践示范带。

（撰写人：陈铭、王舒层、程超、雷剑、张宏伟）

国网江苏省电力有限公司苏州供电分公司

# 电力"铁塔天眼"，
# 让城市开发区域污染无处遁形

## 一、基本情况

### 公司简介

国网江苏省电力有限公司苏州供电分公司（以下简称国网苏州供电公司）是国网江苏省电力有限公司所属特大型供电企业。公司立足新发展阶段，贯彻新发展理念，融入新发展格局，坚持"稳中求进"总基调，主动服务"双碳"目标，扎实推进新型电力系统建设。先后荣获"全国文明单位""全国五一劳动奖状""国家电网公司先进集体""国家电网公司文明单位先进标兵""全国实现可持续发展目标先锋企业"等荣誉称号。

国网苏州供电公司积极对标联合国可持续发展目标，主动将可持续发展与企业运营相融合，建成同里区域能源互联网示范区和古城区世界一流配电网示范区，配合承办"一带一路"能源部长会议、连续三届国际能源变革论坛，向世界展示了能源变革中国思想、江苏实践的苏州样本。聚焦为用户办实事、解难题，建立健全"特快电力"通道，打造"舒心电力 5S"品牌，推出"全电共享"电力设备模块化租赁、共享充电机器人等服务，加快推进"老旧小区"改造，持续优化电力营商环境，全力服务苏州经济社会发展，为全球可持续发展大计贡献经验借鉴。

### 行动概要

近年来，在城市外围开发和城乡接合带的建设中，秸秆及垃圾焚烧、施工工地灰尘弥漫、建筑及生活垃圾随意堆放等现象频发，对生态环境造成了严重影响。上述污染情况往往具有点多面广、隐蔽性高等治理难点，传统的人工治理效果差。国网苏州供电公司在全市输电铁塔上部署了1万余台可视化智能监控装置，日均可拍摄近30万张图片，经过AI智能算法模型，可实现5秒内精准识别研判明火、烟雾和扬尘等污染情况，发挥城市防污治理"千里眼"作用。国网苏州供电公司利用电力大数据开展生态环境治理，联合生态环境局开展电力"铁塔天眼"行动，利用"铁塔天眼"构建全方位、全天候的智能化污染防治模式，有力守护城市发展建设区域生态，为防污治理赋能。

## 二、案例主体内容

### 背景和问题

环境污染已成为当前城市化进程中一个重要的挑战，在城市地区开发建设过程中，环境污染问题往往较为突出：一是城市外围农田区域分布广泛，焚烧秸秆和垃圾现象频发，不仅会造成严重的空气污染，且有悖于"双碳"目标的要求，容易导致大面积火灾，造成重大经济损失；二是城市建筑施工区域遍布，工地防尘网等传统防尘措施布置缺位导致空气质量下降；三是存在建筑垃圾和生活垃圾混乱堆放问题，对市容市貌带来不良影响。

以上三种现象往往点多面广，具有随机性、隐蔽性和散发性等特点，这些分散的污染点治理难度大，是城市发展中生态环境治理的一大"痛点"，通过人力治理方式很难实现全面治理。

### 行动方案

#### 激发"铁塔天眼"数据引擎，发挥防污治理新价值

苏州供电公司在全市输电铁塔上部署了1万余台可视化智能监控装置，平均每300米布置一个，这些装置每间隔10~30分钟拍摄一张线路通道照片并回传至苏州供电公司数据中台，中台部署的人工智能算法对这些照片进行AI识别，可精确识别出13种可能导致输电线路外破的隐患类型，如明火、烟雾、垃圾和防尘网等类型的识别监测，在实现输电线路安全监管的同时，为城市开发区建设地带防污治理提供了有效路径。

"铁塔天眼"系统识别出的告警信息会被实时推送至苏州供电公司输电监控中心平

台，该平台对告警信息进行全天候不间断的处理，且每条告警信息会在 5 分钟之内完成处理，处理类型包括隐患处理、消警和误报。对非误报类型的明火、烟雾、垃圾和防尘网等告警平台会进行提示，运维人员将上述污染点的告警时间、地点及告警照片等信息反馈至工作微信群，生态环境局在接到告警后会立刻派专人至现场进行处理，将污染点扼杀于萌芽状态，增强对污染点的管控力度。

"铁塔天眼"识别到焚烧、烟尘污染

"铁塔天眼"识别到防尘网安装不到位，存在扬尘污染风险

### 实施智能化工单流转，"一站式"赋能高效治理

国网苏州供电公司创新实施智能化工单流转模式，通过部署内网数据传输专线的方式，在保护电网涉密数据信息的前提下，将明火点、防尘网、垃圾堆放点等信息以工单流转形式，点对点提供至生态环境局。

当国网苏州供电公司输电线路智能管控平台接收到明火、烟雾、垃圾或防尘网等告警信息并经确认核准后，将主动调用"数字苏州驾驶舱"平台提供的接口，将告警工单信息进行精准推送。"数字苏州驾驶舱"平台根据告警工单编号，按需主动调用国网苏州供电公司输电线路智能管控平台提供的可视化智能监控装置接口，实时获取现场图像，以了解告警的情况。"数字苏州驾驶舱"平台在告警工单归档后，主动调用国网苏州供电公司输电线路智能管控平台提供的告警工单归档接口，回传告警工单处置过程信息，从而完成污染点从发现、定位、处置、归档的全流程闭环处理。

依托智能化工单驱动的闭环处置模式，在信息外网接收到污染点相关的告警信息后，

"铁塔天眼"治理模式

将自动生成告警工单，并推送至微信，提醒政府相关单位人员进行闭环处置。

**构建高效联动处置模式，实现共治共享**

生态环境局负责生态环境保护和人居环境整治工作，是生态环境问题的统筹协调和监督管理部门，配备了强有力的执法队伍。以防治焚烧污染为例，在发现火点时，国网苏州供电公司输电线路责任人将配合生态环境局行政执法人员及时前往现场处置，有效将火点扼杀在萌芽状态，持续改善环境空气质量，较传统火点处置模式，时间压缩了40%，在提高输电线路安全运行水平的同时，扎实守护城市开发区生态环境。自2022年10月启动实施"铁塔天眼"行动至今，国网苏州供电公司配合生态环境局处置火点85起。

在城市外围开发区建设过程中，联动处置模式的应用在很大程度上提升了秸秆及垃圾焚烧、施工工地扬尘、建筑及生活垃圾随意堆放等污染问题的治理效率，力求将污染扼杀在萌芽状态，改善区域空气质量，提高输电线路的安全运行水平。

## 关键突破

**共享电力铁塔资源实现防污治理。** 国网苏州供电公司通过共享输电线路铁塔可视化智能监控装置的方式，探寻散落在城市开发建设区域内的焚烧火点、施工工地扬尘及生活垃圾随意堆放等问题，在有效实现输电线路安全运维的同时，为城市防污治理、守护生态开创全新的模式与路径。国网苏州供电公司通过共享合作模式，充分发挥多方资源优势，以合作推动共赢，开拓了双方联防联治新局面。

**"千里眼"+"AI识别"技术守护城市生态。** 苏州供电公司依托"铁塔天眼"，通过部署 AI 智能识别技术，充分挖掘电力大数据的潜在价值，将可视化智能监控装置范围内 13 种外破类型中的明火、烟雾、垃圾和防尘网等数据进行提取和识别，将污染点情况实时反馈至生态环境局，将污染扼杀在萌芽状态，避免进一步扩大的风险。

"铁塔天眼"可视化智能监控装置

**智能化工单驱动实现高效治理。** 通过全流程智能化工单驱动模式，实现污染点发现—定位—处置—归档的全链条处理。国网苏州供电公司与生态环境局联动，加大对输电线路保护区内的秸秆及垃圾焚烧、防尘网加固和生活垃圾随意堆放等问题的管控力度实现升级，在有效提高输电线路运行水平的同时，守护城市生态。

## 多重价值

**经济效益。** 通过共享输电铁塔的可视化智能监控装置,避免在城市生态治理中重复建设可视化监测网络,节省建设费用超亿元。同时,通过深挖输电铁塔可视化智能监控装置大数据价值,可及时发现装置部署区域的散发火点,将火点现场处置时间缩短了40%,截至目前,已有效预防具有发生大规模火灾风险的起火点10余起,预估间接防止了超千万元的财产损失风险。此外,通过"可视化智能装置+AI识别"的技术替代传统依靠人工巡视为主的防治模式,有力提高了治理效率。

**社会效益。** 在守护生态方面,可协助政府有力解决城市开发区建设过程中秸秆及垃圾焚烧、扬尘、建筑及生活垃圾随意堆放等环境治理难题,为城市高质量发展增添含"绿"度。在社会治理方面,可有效减少因秸秆及垃圾焚烧起火导致的社会安全问题,促进城市文明和谐发展。在服务居民方面,能为居民生活有力减少污染现象,为广大人民群众创造良好优美的生态宜居环境。在电网运营方面,可提高输电线路的运行水平,减少因线路外部因素破坏而导致的停电事故。

**环境效益。** 对秸秆及垃圾禁烧现象拓展了管控面,提了管控水平,可以减轻空气污染,为我国早日实现"双碳"目标助力。该模式对因防尘网加固不牢造成的扬尘做到有效管控,减少空气中的漂浮物,降低PM2.5指数,有力改善空气质量,利于居民身体健康。完善建筑及生活垃圾的管控手段,可以有效地改善市容市貌,助力和谐宜居城市的深度建设。《2022年度苏州市生态环境状况公报》显示,PM2.5年均浓度为28微克/立方米,达到国家空气质量二级标准;全市生态环境质量达到"三类"标准。

## 各方评价

**苏州市委市政府领导高度肯定:** 国网苏州供电公司共享视频监控资源助力秸秆(垃圾)焚烧治理很好,"铁塔天眼"还可有更大、更广的用途。

**苏州市秸秆和垃圾禁烧工作领导小组办公室:** 这1万多个铁塔上的高清视频摄像头就像"千里眼"一样,对监控区域进行全天候不间断的监控,一旦发现明火点、烟雾,视频监控系统能够主动识别可视范围内的火点,精准定位火点位置,在5秒内生成告警,并利用国网苏州供电公司的AI智能分析技术和烟雾隐患图像样本库,对秸秆焚烧引起的烟雾实现精准识别。

**苏州市生态环境局执法人员:** "铁塔天眼"行动使我们对污染点发现得更及时、更精准，执法工作变得更高效，对禁烧工作的开展起到了显著作用。

**国网苏州供电公司线路运维人员：** 通过与生态环境联动，我们对输电线路保护区内的秸秆及垃圾焚烧、防尘网加固、生活垃圾随意堆放等问题的管控力度提升了一个档次，在守护苏州电网安全的道路上又多了一个好帮手。

**村庄及社区居民：** 社区堆放的建筑垃圾得到了妥善解决，看着再也不碍眼了；烟雾得到了有效治理，村庄里的空气更加清新了。

## 三、未来展望

未来，国网苏州供电公司将进一步深化总结苏州地区"铁塔天眼"行动开展的先进经验，将电力"铁塔天眼"服务城市治污的新模式推广到全国更多的供电公司。与此同时，将深挖"铁塔天眼"在综合环境治理方面的潜在价值，如通过提取颜色信息识别水文污染治理、通过移动物体捕捉构建鸟类生态保护区、通过山火烟雾识别算法防范森林火灾等，用电力一张网筑牢生态监测一张网，用上万台"千里眼"倾力守护苏州的自然之美。

（撰写人：张军民、赵进军、单陆伟、李航）

国网福建省电力有限公司电力科学研究院

# 共治水土流失，
# 编织闽粤电力联网工程"绿色防护网"

## 一、基本情况

### 公司简介

国网福建省电力科学研究院（以下简称国网福建电科院）承担国网福建电力建设、生产、运行的科技创新和支撑服务工作，是福建电力技术监督、技术服务和科学研究中心，发挥公司"技术智库"作用，服务福建电力技术路线和重大技术方案的决策部署。企业始建于 1958 年 10 月，经过"七更其名，四易其址"，目前已发展成为专业门类齐全、试验设备和测试手段较先进的电力科学研究机构，拥有国家级企业博士后科研工作站、研究生工作站，拥有电网工程类调试特级、电源工程类调试特级等资质，先后获得"全国模范职工之家""国家电网有限公司先进集体""国家电网有限公司文明单位""福建省五一劳动奖状""福建省首批创新型试点企业""福建省企事业人才高地建设单位"等荣誉，蝉联九届"省级文明单位"。

### 行动概要

闽粤电力联网工程途经闽粤赣红壤国家级水土流失重点治理区，面对生态环境敏感区，国网福建电科院秉承"输变电工程与环境和谐相融"的初心，以创建国家水土保持示范工程为目标，敢于先行先试，将多项创新技术首次应用于输变电工程中，共治水土流失，构建闽粤电力联网工程"绿色防护网"。例如，首次在福建省非特高压工程开展全线塔基环水保措施"一塔一图"的设计，切实指导施工落实水土保持措施；首次在电网建设中采用双轨道运输车、索道等机械化运输方式，减少道路建设面积；首次应用数字技术在国网范围内实现"天地空一体化"远程实时监管，优化施工管理效率；首创多源卫星遥感水土与植被动态监测模型，提高水土流失状况监测精准度；首创"微生物诱导矿化固土"方式，提升固土效率；首次运用了"三联养分自循环增效植被修复技术"，实现快速生态化修复。众多技术的成功应用，为水土流失治理与生态修复工作起到了良好的示范作用。

# 二、案例主体内容

## 背景和问题

闽粤电力联网工程是国家电网与南方电网的首个联网工程，是国家"十四五"规划重大工程之一，对深入贯彻党和国家区域协调发展战略，促进能源资源在更大范围共享互济和优化配置，服务粤港澳大湾区建设、服务粤港澳大湾区与海峡西岸经济合作区的合作发展具有重要意义。

在福建省内，闽粤电力联网工程途经漳州市漳浦县、云霄县、平和县的 10 个乡镇，所经区域环境复杂，涉及漳州市平和县闽粤赣红壤国家级水土流失重点治理区，以及云霄县吹风岭自来水厂水源保护区峰头水库、云霄县下庵饮用水源二级保护区等水环境敏感区，沿线森林覆盖率高达 69%。

其中，闽粤赣红壤国家级水土流失重点治理区作为生态环境敏感区，对闽粤电力联网施工建设的技术提出了更高要求，也成为本项目建设的"卡脖子"问题。如采用常规施工、水泥硬化等传统治理方式可能对环境造成不利影响，传统的人工水土流失判定方式，精确度不高，土壤侵蚀量计算繁复，出错率高。常规的施工方式，需要较大的建设空间，在水土流失重点治理区难以实现；而水泥硬化的方法，会在硬化过程中出现收缩开裂现象，并使土体盐碱化，对原有的生态环境造成破坏。

## 行动方案

国网福建电科院坚持"输变电工程与环境和谐相融"原则，针对水土流失这一生态敏感区，将"预防为主、防治结合、因地制宜、生态优先"的生态环境保护理念融入工程前期规划设计、中期施工建造、后期生态修复等各个环节，推进工程建设的科学、高效、绿色和可持续，全力支撑打造质量过硬、技术先进的国家水土保持示范工程，促进闽粤电力联网工程建设与自然环境发展相协调。

### 规划设计定制化：150 基铁塔，"一塔一图"

闽粤电力联网工程提前一年开展输变电工程环境影响评价和水土保持方案编制工作，国网福建电科院分析工程区生态环境特征和工程建设的环境影响特点，提出运用景观生态学和可持续发展理论，指导工程制定生态环境保护总体目标以及各阶段生态环境保护和水土保持措施。

闽粤电力联网工程福建段新建 72.5 千米架空输电线路，共有 150 基铁塔，首次在福建省非特高压工程开展全线塔基环水保措施"一塔一图"设计，落实全线塔基环境保护和水土保护措施，优先选用原状土基础、高低腿杆塔设计、高跨林区等方案，减少土方开挖和树木砍伐。

### 施工建设精细化：技术创新，呵护生态敏感区

闽粤电力联网换流站工程项目部采用模块化方舱，积极应用屋面辐射制冷膜、制冷涂料等绿色材料，节能率高达 35%，可循环再利用材料使用到位，临时围挡、临建设施等周转设备（材料）可重复利用。通过设立专用管母加工房等方式，在施工过程中严格对扬尘、噪声、光污染、水污染、土壤保护、建筑垃圾等开展精细化控制，达到节材、节水、节能、节地等绿色建造要求，打造精品"绿色营地"。

在国家级水土流失重点治理区，如采用传统的道路施工方式进行材料运输，不仅耗时长、资金投入大，还可能对脆弱的生态环境带来难以修复的破坏。为此，工程创新采用双轨道运输车、索道等机械化运输方式，累计长度 7 千米，有效减少了因开辟临时运输路造成原状土破坏和林木砍伐。

双轨道运输车运送工程物料

在对废土废渣的处置上，国网福建电科院在国内首创将"微生物诱导矿化固土"应用于闽粤电力联网工程边坡和余土固化处置。一改以往的水泥固土方式，把微生物菌液直接喷洒在塔基堆土上，利用其高活性脲酶诱导土体发生矿化黏结，以解决表层松散土壤易流失的状态，防止施工过程中的水土流失。采用微生物固土方式，固土效率提高超过 50%，施工综合成本降低了约 40%。以微生物代替水泥还可有效确保在原材料生产和施工过程中均不对生态环境造成破坏。

闽粤联网换流站与 #49 塔基微生物诱导矿化固土现场应用

### 过程管控智能化："天地空"一体，全方位实时监测

依托智能数字技术，探索建立"天地空"立体化环境保护和水土保持监管方式。利用高空卫星遥感普查、低空无人机航拍详查、地面实时设备监控三种方式协同实现"空间多维度、时间多尺度"的信息化、智能化精益管控，进一步提高施工期环水保管控能力。

"天地空"立体化监督检查

**监测模型自动化：多源卫星遥感水土与植被动态监测模型＋超声波测钎水土流失在线监测**

　　国网福建电科院首创国网多源卫星遥感水土与植被动态监测模型，每6小时更新一次数据，分析工程施工过程中的环保水保关键指标，如水土流失量、林草植被恢复率等。根据数据分析结果，一旦施工方有逾越生态红线的行为，环保技术人员当天就能发现并督促其整改，从而帮助建设管理单位掌握施工期环保水保措施的落实成效，在线监控防止工程施工进入生态红线，避免发生环水保行政处罚事件。

多源卫星遥感水土与植被动态监测模型

　　在闽粤联网换流站内开展强台风环境下的超声波测钎水土流失在线监测，以土壤侵蚀量超声测钎传感器与多环境因子传感器集成的方式，实时在线监测施工现场的水土流失量，以及降雨量、湿度、温度、风速、风向等水土流失影响因子，后台计算分析得出的监测结果通过无线网络传输到国网福建电科院水土保持实验室监测大屏，实现对换流站内水土流失状况的实时在线监测。

超声波测钎水土流失在线监测

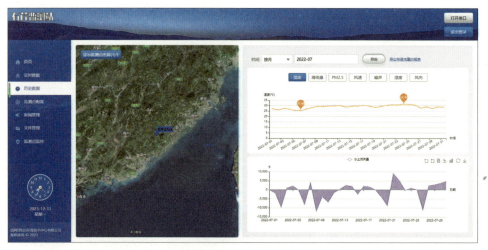

超声波测钎水土流失在线监测

### 生态修复快速化：自循环增效技术，实现可持续修复

在植被生态修复上，闽粤联网工程福建段线路塔基区实施了"三联养分自循环增效植被修复技术"，选择多年生的冷、暖季型植物进行播种，围绕"植物—土壤—微生物"三联生态环境重构，将植物生长调节剂、土壤保水剂、微生物复合调节剂（含微生物土壤调理剂、微生物肥料）进行优化设计、集成应用，为植物生长构建起一个营养成分自循环

植被生态修复

环境，形成一种速效、质效、长效的植被修复技术，在闽粤联网工程福建 150 个塔基应用，累计修复面积 12 万平方米。

### 关键突破

### 建立"两创五化"生态环境保护体系

国网福建电科院通过"管理＋技术"双管齐下，从精细化设计、立体化管控两个方面进行管理创新，从绿色化施工、数字化监测、生态化修复三个方面进行技术创新，最终形成"两创五化"生态环境保护体系，为工程水土保持问题提供解决样板。

### 推动"产学研用"一体化发展

与福建微生物研究所、福建师范大学地理研究所等机构开展水土保持技术创新研究，联合研发"微生物诱导矿化固土"与"多源卫星遥感水土与植被动态监测模型"，实现"产学研用"一体化落地，为电网高质量建设与水土保持工作，注入了更强劲的科技动能。

### 形成可广泛应用的植被修复技术

成功研发新型"自循环"植被修复技术，该技术可促进植被快速、长效生长，消除老旧工程建设留下的疤痕，具有广泛的推广与应用价值。

## 多重价值

**环境价值。**理念领先带动发展争先，全链条式推动环水保措施的有效落实，有机融合电网建设与生态保护可持续发展。技术创新迭代，"绿色营地"美化环境、减少能耗，索道和双轨运输车减少道路修筑面积 15%。立体式管控使工程累计减少生态破坏约1500 平方米，植被混凝土将边坡植被覆盖率提高至 95%。通过"天地空"立体式管控，让电网环水保管控"看得清楚、管得清楚、查得清楚"，现场环水保问题闭环整改率从 4%提升至 60%，实现由"事后被动管理"向"事前主动预防"转变，保证闽粤电力联网工程环水保验收一次性通过。应用"微生物诱导矿化固土技术"等一系列新技术，打造换流站绿色生态边坡，降低堆土区水土流失量 75%，植被复绿化率达 90% 以上，修复后的山体综合植被每年每公顷可吸收二氧化碳 5000 吨以上。同时，技术人员优化了换流站水循环系统设计，阀冷却水经处理后可用于当地农业灌溉，年节约用水 2.5 万吨，获评中国电力建设企业协会绿色建造"三星工程"。

**经济价值。**开展水土保持"一塔一图"专项设计，准确指导水保措施的执行，有效水保效益，落实有投入必有回报的要求；数字化监测显著提高了管控及时性和有效性，环水保管控成本降低了 50%；摒弃"先破坏后治理"的思想，生态化边坡治理技术，施工综合成本降低了 50%，也大大减少了后期整改的昂贵费用，从而实现了生产效益的最大化。

自闽粤电力联网工程投运以来，累计输送电量超 11 亿千瓦·时，预计"十四五"时期，通过闽粤电力联网工程，两地送电互济能力将达 200 万千瓦，进一步提高了电网资源优化配置能力，助力粤港澳大湾区和海峡西岸经济区高质量发展，对促进能源资源更大范围优化配置、构建以新能源为主体的新型电力系统具有重要意义。

**社会价值。**可复制推广的水土流失监测与治理技术，为水土流失治理工作起到示范作用。通过项目的实施与传播，提升了政府、周边居民、施工方、媒体与广大群众对水土流失治理知识的了解，形成更具传播性和带动性的生态环境保护意识。

生态保护措施的创新与落实，彰显央企责任和担当，为实现全球可持续发展目标贡献国网力量。通过构建绿色防护网，维护生态平衡，保护生物多样化，助力输变电工程与自然和谐共生，让绿色能源回馈绿色生态，万物共享一片蓝天。

## 各方评价

闽粤电力联网工程的生态环境保护工作，解决了工程建设与生态环境和谐发展的难题，获得了政府、群众、媒体等多方认可，并被《人民日报》、人民网、《中国电力报》等主流媒体报道。

**福建省水土保持工作站：**国网福建电科院以"管理创新 + 技术创新"，双轮驱动电网水土保持技术落地生根，发挥了环保典范作用，促进闽粤联网工程建设与自然环境发展相协调，推进项目建设的科学、高效、绿色和可持续。

**当地村支书：**工程建设会穿过我们的柚子林，国网福建电科院的技术人员多次来到我们村与村民解释沟通。工程建设完后，他们也兑现了当初的承诺，山上还是跟原来一样，对生态环境基本没有产生影响。

**社会主流媒体：**国网福建电科院依托国家电网首个输变电工程水土保持实验室，组建水土保持博士后服务团队，采用多元化手段，搭建绿色防护网，为闽粤联网工程创建国家水土保持示范工程赋能添翼。

**国网福建建设公司：**国网福建电科院为闽粤联网工程建设植入了绿色基因，构建水土流失预警模型，创新应用喷混植生护绿技术、超声波测钎水土保持监测技术、微生物诱导矿化技术等，以科技创新助力闽粤电力联网工程高质量建设和生态环境保护同步推进。

## 三、未来展望

未来，国网福建电科院将继续以生态文明为指引，将水土保持科研成果写在施工现场上，与工程建设单位共同守护福建的绿水青山和生态红线，将从以下三个方面进一步为八闽大地可持续发展增光添彩。

**一是升级迭代植被修复技术。**研发新型植被修复技术，促进植被快速、长效生长，消除工程建设留下的一块块疤痕，还大地一片"电网绿"，倾力守护自然之美。

**二是指导生物多样性保护。**建立系统的、科学的输变电工程生物多样性评价方法，完善生物多样性保护技术，帮助动物与输变电工程和谐共存，使线路走廊生机盎然。

**三是共筑建设者的环保长城。**全方位、多层次、多元化建立工程建设的环保运行、监督、培训体系，培育每一个工程建设者的环保之心，强化施工期环水保监督，建立有效的整改反馈机制。

（撰写人：王重卿、陈垚、李熙、郭清梅、黄圆园）

## 国网内蒙古东部电力有限公司奈曼旗供电分公司

# 百草"箱"助，
# 探寻沙地电网运行新出路

## 一、基本情况

### 公司简介

国网内蒙古东部电力有限公司奈曼旗供电分公司（以下简称国网奈曼旗供电公司）位于内蒙古通辽市西南部，科尔沁沙地南缘。供电辖区面积 8137.6 平方千米，各类电力客户 23.5 万户，下设 5 个职能部室、1 个供电服务中心、7 个中心供电营业所。

近年来，国网奈曼旗供电公司深入践行可持续发展理念，结合蒙东地区特性，打造"沙海绿洲·绿动未来"可持续微场景，为社会责任与可持续发展理念的实践与推广提供"奈曼样板"，创新实施的《搭建废旧电杆再利用平台》社会责任项目在 2021 年、2022 年被国家电网有限公司列为年度重点根植项目。

### 行动概要

内蒙古通辽市奈曼旗位于科尔沁沙地腹地，科尔沁沙地的沙丘移动性强，易造成杆塔基础外露，存在倒杆、断线隐患，影响电网安全运行，同时给沙地生态系统造成潜在威胁。对此，国网奈曼旗供电公司主动探寻沙地电网与自然共生的新模式，2021 年创新提出了"百草箱"行动计划，通过在巡检线路种植不易燃的绿色植被的方式稳定沙丘，从而加固杆塔基础，成功解决倒杆造成的电网运行不平稳、运维成本高的问题。同时，不易燃的植物能够降低火灾带来的损失，保护沙生植物多样性，为沙地生态系统提供保障，最终实现电网与生态和谐共存。自"百草箱"行动实施以来，成功使

可持续发展
**目标**

350 亩沙区线路走廊变成固定沙丘，线路故障次数减少 103 次，同比下降了 56%，在提高沙地电网运行效率的同时守护了自然之美，下阶段有望通过进一步推广，为沙地地区提供电力基础设施与生态融合的、可供参考的"奈曼样板"。

## 二、案例主体内容

### 背景和问题

沙丘移动指因地表植被稀少，沙丘可在风力作用下顺风向移动。国网奈曼旗供电公司电网穿越沙区的线路长、沙丘分布广，23 条线路上共有 2.9 万余个基杆塔，风吹沙移容易造成部分杆塔基础外露，基础外露将直接导致基础抗拔力减小，进而影响整个塔基的稳定性，倒杆、断线等事故频发，对电力基础设施造成了较大的威胁；倒杆后易损害沙生植被，给脆弱的沙地生态系统带来挑战。如何解决因自然风造成的沙丘移动造成的倒杆事故，寻求风沙与电网矛盾的新突破，成为国网奈曼旗供电公司亟须研究的课题。

**沙丘移动性强，沙地自然生态保护不易**。奈曼旗沙源充足、沙丘移动性强，倒杆易造成草场、草地破坏，线路故障有可能引发火灾。一旦发生火灾，将给沙地植被带来灭顶之灾，损害沙生动植物生存环境，威胁沙地生物多样性。如何减少因沙丘移动造成的线路故障、在保障电网安全运行的同时保护自然生态，是国网奈曼旗供电公司必须解决的难题。

**地理区位不优，供电可靠性易受影响**。奈曼旗白音他拉、八仙筒、苇莲苏等五个乡镇苏木面积 3700 平方千米，电网穿越沙区的线路有 23 条，共 1780 千米，2.9 万余个基杆塔。沙区线路普遍较长，沙丘移动造成的线损率、故障次数、平均修复时长、年运维人次均高于非沙地地区，造成断电情况多、时间长、抢修难度大等问题。如何保障周围地区供电安全、减少运维次数，也是必须考虑的问题。

例如，10 千伏南图线为穿越沙区线路，10 千伏八衙线为未穿越沙区线路，两条线路各年度数据对比如下：

10 千伏南图线与 10 千伏八衙线对比

| 年份 | 线路名称 | 长度（千米） | 线损率(%) | 故障次数 | 平均修复时长（分钟） | 年运维人次 |
|------|----------|------------|-----------|----------|-------------------|-----------|
| 2018 | 10 千伏南图线 | 71.6 | 10.3 | 6 | 146 | 36 |
| | 10 千伏八衙线 | 68.7 | 9.78 | 4 | 92 | 20 |

续表

| 年份 | 线路名称 | 长度(千米) | 线损率(%) | 故障次数 | 平均修复时长(分钟) | 年运维人次 |
|------|---------|-----------|----------|---------|-----------------|-----------|
| 2019 | 10 千伏南图线 | 71.6 | 9.47 | 10 | 104 | 56 |
| | 10 千伏八衙线 | 68.7 | 8.49 | 8 | 68 | 32 |
| 2020 | 10 千伏南图线 | 71.6 | 8.94 | 13 | 85 | 78 |
| | 10 千伏八衙线 | 68.7 | 7.86 | 4 | 53 | 17 |

**寻求创新突破，塑造典范存在挑战。**移动沙丘影响杆塔稳固的解决方案必须同时具备可持续性和可推广性，如何打造出一个符合可持续发展目标，可通过政府、媒体等利益相关方推广经验的项目，如何扩大项目正面影响、提高企业社会责任，也是国网奈曼旗供电公司需要解决的问题。

## 行动方案

国家电网公布的《十八项电网重大反事故措施》要求，"对于需要采取防风固沙措施的移动或半移动沙丘等区域的杆塔，应考虑主导风向等因素，并采取有效的防风固沙措施，如围栏拦草、草方格、碎石压沙等措施"。国网奈曼旗供电公司秉持生态共赢理念，以助力科尔沁沙地综合治理为靶向，根据科尔沁沙地生态脆弱的实际情况，突破传统思维，创新治沙思路，从线路走廊固沙绿化行动、实施植物森林防火隔离带、保护沙生植物多样性三个方面出发，探索出"沙漠里的'百草箱'"新路径。

**实施"百草箱"行动，稳定"移动的沙丘"。**"百草箱"行动一是开辟"百草园"，按照不破坏生态、有效防止流沙的原则，选择适宜在科尔沁沙地生长的老虎刺、黄柳等植物，

开辟"百草园"，由员工培育种子和树苗

设置"百草箱"，收纳"百草园"产出的种子，
将种子装入"百草袋"

由公司员工进行试验种植、育苗育种，最终培育出了 12 种适合在沙地生长且不易燃烧的植物；二是设立"百草箱"，将"百草园"培育的种子和树苗进行分类收纳；三是由供电员工将种子从"百草箱"装入"百草袋"，再携带"百草袋"在巡检线路上播种，第二年植物的存活率达到 80% 以上。植物对沙土有天然的加固作用，此项目从根本上解决了因塔杆基础外露造成的倒杆断线问题。不易燃烧的植物在一定程度上能够减少因线路故障引发火灾带来的损失，为沙生动植物提供栖息地，维护了生物多样性，保护了脆弱的沙地生态系统，实现了经济效益与环境效益相统一。

由员工携带"百草袋"，在巡检线路上播撒种子

"百草箱"行动实施 1 年后，生态环境得到有效改善

**引入各利益相关方，扩大"百草箱"影响力。**"百草箱"行动仅靠企业的力量是远远不够的，国网奈曼旗供电公司坚持政企联动，开展"保护生物多样性，建设绿色电网"开放日，邀请政府相关部门、电视台等社会各界人士组成参观团参观"百草箱"项目成果，提高项目知名度。发挥群众的力量，开展"我和草籽有个约定"电网主题微视频比赛，通过抖音、快手等平台开展短视频比赛，让村民自发拍摄与"百草箱"行动有关的视频，扩大"百草箱"行动的知晓率，带动更多村民参与其中。

### 关键突破

**创新解决思路，项目简单易行。**面对沙地治理问题，国网奈曼旗供电公司转变思路，从传统的固沙技术（碎石压沙、草方格制作等）转变为从"提高沙丘稳定性"出发，采取环境友好的"百草箱"行动，由供电所员工在巡线、检修时，播撒植物种子即可。此项目成本低，操作简单，可持续性强，资金投入多为前期研究草种和后期购买草种，较低的资金投入和便捷的操作方法能够带来较高的回报，不仅能够保障电网安全运行，还能够保护当地生物多样性，对保护沙地生态作出贡献，是一条集"保护自然生态"与"保障电网安全"于一体的新路径，性价比高，能够在沙区广泛推广。

**畅通沟通机制，倡导村民共建。**国网奈曼旗供电公司积极与周边村庄沟通，引领当地村民一起加入"百草箱"行动，与村民一同维护电网运行，一同保护自然生态。建立"安达护线联盟"，将村民发展成义务护线员，鼓励村民在种植百草过程中及时上报线路损毁情况，减少电网安全隐患，增强电力企业与民族地区群众的良好联系；开展"绿腰带助农"行动，将"百草箱"内经济作物的种子发给村民种植，将额外收益归村民所有，增加村民种植意愿，破解沙区周边群众收入来源少的难题，提升村民幸福感，彰显负责任的国企形象。

"绿腰带助农"行动为村民发放种子

## 多重价值

**环境效益。**项目实施以来，环境效益显著。实现 7 条线路 460 千米走廊绿化 23 万平方米，累计扎制草方格 68 亩，已有约 350 亩沙区线路走廊变成固定沙丘，有效保护了沙漠植物种类，维护自然生态平衡，使当地生态功能区得到恢复和改善，遏制了生物多样性的丧失。此外，国网蒙东电力通辽供电公司将通辽奈曼旗"百草箱"的经验推广到全公司开展，在 1480 条线路走廊里，播撒草籽 660 千克，轧制草方格 668 亩，使

300 万平方米沙区线路走廊变成固定沙丘。

**社会效益。**项目实施以来，带来了明显的社会效益。提高村民收入，在"百草园"培育的 12 种作物中，经济沙生植物 10 种，每年为周边参与群众人均增收 3000 元。提供可靠用电，有效保障周边农牧民用电服务，实现 5600 余户农牧民生产电气化，促进民族地区产业发展，为促进乡村振兴与社会和谐发展贡献奈曼旗力量。

**经济效益。**"百草箱"行动的开展能够有效防风固沙，稳固塔杆，降低运维次数，节约运维成本，提升经济效益。与 2020 年相比，2022 年 23 条沙区线路运维时长减少了 27 小时，降低了 24%；运维人次减少了 276 人次，降低了 34.6%；线路故障次数为 103 次，降低了 56%，综合运维成本减少 35%。自护线联盟开展以来，村民累计发现事故隐患 38 处，减少损失 50.6 万元。

## 各方评价

**奈曼旗八仙筒镇镇长崔玉波：**带着草籽去巡线，不仅为牧民用电带来了更好的保障，沙区地区的生态价值更是得到了提升，是一个生态利民的好项目。

**奈曼旗八仙筒镇衙门营子村党支部书记赵海红：**国网奈曼旗供电公司播撒的"绿种子"真真切切将绿色发展理念融入工作中，为乡村振兴注入了源源不断的"绿动力"。

**奈曼旗八仙筒镇乌兰额日格嘎查村委会主任马桂荣：**非常感谢你们。2023 年村委会给村民发放了 68 千克种子，预计种植面积 25 亩，长成后每亩收入约为 1500 元。

**奈曼旗八仙筒镇乌兰额日格嘎查村村民图门扎里根：**以前的电线杆子周围都是光秃秃的，现在都是绿油油的，杆塔下还有草方格，为电网人的智慧点赞。

# 三、未来展望

下一步，国网奈曼旗供电公司将围绕业务运营、服务"三农"、绿色施工等重点和难点问题，使"百草箱"的护线、护杆行动与废旧物资再利用、助力美丽乡村建设工作相融合，加快环境友好型电网建设，将全面环境管理贯穿边远农牧区电网发展全过程，将社会责任理念融入公司运营的方方面面，最大限度赢得利益相关方和社会对公司的认同与支持，打造沙地电网企业履责新模式。

（撰写人：张东雷、郭彦钊、张海东、苑新园）

国网陕西省电力有限公司

# 三种影响、三道防线，
# 当好秦岭生态卫士

## 一、基本情况

### 公司简介

国网陕西省电力有限公司（以下简称国网陕西电力）是国家电网有限公司的控股子公司，由国家电网有限公司、陕西省国资委共同出资设立，于 2021 年 8 月 6 日正式揭牌成立，负责陕西省行政区域内电网建设、管理和运营，为陕西经济社会发展和城乡广大电力客户提供安全可靠的电力供应。

2022 年，国网陕西电力支持全省全社会用电量 2375.9 亿千瓦·时，35 千伏及以上变电站（开关站、高抗站）1410 座，变电容量 15846.7 万千伏安，35 千伏及以上输电线路 3290 条，总长约 6.4 万千米，包含位于秦岭山脉和秦巴山地的 35~330 千伏输电线路共计 536 条，共 11340.61 千米；特高压直流线路 3 条，共 1375.36 千米，涉及运维单位包括省检修、西安、宝鸡、渭南、汉中、安康、商洛 7 家单位。近年来，国网陕西电力先后荣获"全国五一劳动奖状"、"全国文明单位"、陕西省政府授予央企突出贡献奖等多项荣誉，以保护秦岭生态环境为导向的输电线路建设与运维管理模式得到政府相关部门的肯定，展现了电网企业的责任担当。

### 行动概要

秦岭和合南北、泽被天下，是我国的中央水塔、南北分界线、生物多样性基因宝库。秦岭地区生态重要性和脆弱性突出、山火隐

可持续发展
目标

患大，部分"西电东送"线路不可避免穿过秦岭，如何处理好电网发展与秦岭生态保护的关系成为国网陕西电力要解决的问题。

国网陕西电力识别出潜在、直接、次生三类影响，构建三道防线，形成"三种影响、三道防线"电网特色管理模式。针对潜在影响，在规划阶段进行源头管控缩小影响半径；针对直接影响，在建设阶段通过科技创新降低影响程度；针对次生影响，在运维阶段通过联防联控消灭影响风险。项目保障了"西电东送"能源战略大通道安全畅通，穿越秦岭的吉泉、祁韶、青豫三条特高压直流输电线建设和运行对生态影响轻微，未发生输电线路造成的山火事件，实现了电网发展与秦岭生态保护的和谐共生，也为降低企业发展对重点生态功能区干扰和影响提供了范本和借鉴。

# 二、案例主体内容

## 背景和问题

**秦岭地区是"西电东送"线路的必经之地，处理好电网发展与秦岭生态保护的关系，成为国网陕西电力的必答题。** 为贯彻落实国家"西电东送"能源战略，国家电网公司建成投运了"十一直十三交"特高压线路工程。秦岭位于我国地理版图的中心，东西绵延约 2000 千米，南北宽达 150 千米，部分输电线路不可避免要穿越秦岭自然保护区。在电网建设运维的同时，电网企业必须担负起保护秦岭生态环境的社会责任。

**秦岭地区生态重要性和脆弱性突出，让秦岭永葆生机，要求极高，难度极大，成为国网陕西电力的难答题。** 秦岭地区的自然保护区有 93 个，环境敏感点密集，一旦遭到破坏，短时间内很难恢复。习近平总书记在考察陕西省时，对三秦儿女提出了"切实做守护秦岭生态的卫士"的殷殷期望。陕西政府相继出台了《秦岭生态环境保护行动方案》《陕西省秦岭生态环境保护条例》等，对秦岭生态保护提出严格要求。电网企业需要加强输电线路建设和运维过程中的环境影响管理，努力将对秦岭生态的影响降到最低。

**秦岭地区森林覆盖率高，电网线路在秦岭点多面广，传统巡检及防山火方式效率不高，构建高效巡检及防山火体系，成为国网陕西电力的急答题。** 在电网运行中，森林草原火灾与输电线路防山火相互影响、通道内树木生长过快与线路放电间隙不足、线路雷击跳闸等可能引发山火风险，秦岭在陕西地区森林覆盖率达 72.95%，潜在安全隐患及山火隐患大，传统人工输电线路巡视对生态环境扰动较大，巡检效率不高，单线作战防山火能力不足，亟须寻求突破。

## 行动方案

面对秦岭生态保护的"必答题""难答题""急答题"，国网陕西电力改变以往的电网视角管理模式，从"影响即责任"的角度，通过影响分类管理，开展融合借鉴及应用创新，形成了秦岭生态保护"三种影响、三道防线"特色管理模式，实现解决方案整合集成。

电网规划、建设、运维全生命周期对秦岭生态影响分析

| 影响类型 | 范围 | 影响举例 | 管理能力 |
|---|---|---|---|
| 潜在影响 | 电网规划可能造成的影响 | 线路可能导致扰动保护区、土壤开挖、电磁干扰等 | 尚未发生，可以提前规划规避 |
| 直接影响 | 电网施工直接发生的影响 | 施工直接导致水土流失、植被破坏等 | 无法避免，只能尽量减少 |
| 次生影响 | 电网运维长期存在的影响 | 人工巡检植被踩踏、树障清理、电力山火事件等 | 通过管理，有可能消除 |

### 第一道防线：源头管控，缩小潜在影响半径

**科学设计路径，避免经过秦岭核心及重点保护区。** 创新开发环境敏感区地理信息系统，并应用于跨越秦岭地区线网规划设计，在路径规划阶段，将电网线路对秦岭生态环境的扰动降到最低。以青豫 ±800 千伏特高压直流输电工程为例，项目规划了北方案、中方案、南方案、南接中方案四条路径，最终选择南接中方案。南接中方案路径主要经过秦岭一般保护区，对秦岭生态环境的影响最小，且取得了沿线所经区域相关规划部门的同意。尽管会比中方案增加路径长度约 20 千米，工程静态投资有所增加，但实现了经济效益和生态效益的平衡。

**实施一基一案，减少原生土壤环境扰动。** 逐塔开展差异化设计，全线采用高低腿铁塔。在基础选型设计中，优先使用原状土基础，提高基础抗拔能力，同时减少开挖土方量，降低地表植被破坏，从源头减少电网建设对秦岭地区土壤环境的影响。

**优化导线布置，减少线路周边植被砍伐。**采取"V"形串杆塔设计，具有良好的抗风性能，可显著降低杆塔单基重量，减小导线极间距，节约走廊宽度，进而减少房屋拆迁和树木砍伐。

**降低电磁干扰，保护人居及动植物生活环境。**合理规划线路对地高度，要求直流输电线路经过居民区时，导线最大弧垂对地距离不低于 21 米，经过农业耕作区时，导线最大弧垂对地距离不低于 18 米；合理选择导线直径及导线分裂数，选择大截面钢芯铝绞线、铝合金阻尼间隔棒，同步提高导线、均压环等金具的加工工艺，有效降低线路地面场强，降低线路电磁环境及电晕噪声影响。

**第二道防线：科技赋能，降低直接影响程度**

**搭设现场作业新平台，减少生态破坏。**选择道路交通方便、植被覆盖率低、树木砍伐数量少的区域设置牵张场，减少因施工对林区和植被造成直接破坏；在地形和环境受限区域，搭设牵张场作业平台，并做好作业平台表面隔离措施，以及后续牵张场的环水保整治，保护原有的地形地貌。

水土保持专项监理远程管控平台

**研发应用水保、植保新技术，增强生态抚育。** 研发水土保持专项监理远程管控平台、无人机遥测水保监测系统，以及具有自主知识产权的新型超声测钎装置，协同各方资源，通过实时在线、精确识别和测量工程沿线水土流失及相关因子动态情况，为监督施工单位落实水土保持措施、减少水土流失提供技术保障。同时采取植保无人机，避免人力监测和播撒草籽等对秦岭植被和土壤的不利影响。

**采用绿化新工艺，防止水土流失。** 通过"植生袋 + 连接扣 + 植被种植"正三角稳固堆叠方式，构成 3D 水土保持护坡植生绿化系统，对输电线路建设过程中开挖的裸露山体和渣土进行有效修复保护。开挖时铲出并保存原有植被，在恢复植被时再利用，有效解决了秦岭区域湿陷性边坡的溜渣溜土和恢复植被问题，实现了边坡绿化及防止水土流失的有效结合。

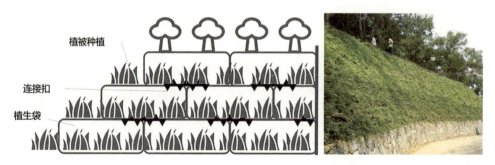

3D 水土保持护坡植生绿化系统示意及实际效果

## 第三道防线：联防联控，消灭次生影响风险

**开发输电全景智慧管控平台，实时感知、预警线路设备状态及环境风险。** 平台设置图像监测点 11071 个，打通专业系统数据及气象、水文等公共资源数据，能够对设备运维过程中的环境信息进行监测、预警和大数据分析，相关信息与政府林业和应急部门共享，精准服务输电线路运维和秦岭生态保护。例如，平台自带的视频监控系统，可以监控和记录塔基附近珍稀生物的迁徙路径，助力保护附近生物的迁徙通道。

**"人工 + 无人机"协同数字化精益巡检，减少人为活动对秦岭生态的干扰。** 构建以"无人机自主巡检 + 通道可视化"为主，移动巡检、直升机航巡、卫星遥感为辅，人工智能图像识别为支撑的精益立体巡检模式，以及"人工 + 无人机"巡检山区输电线路的新型运检模式。通过无人机巡视，及时发现易引发山火的隐蔽性隐患，较人工巡视隐蔽性缺陷发现精度提高了 61%。

**政企联动落实各方责任，高效协同实现火情处置。** 对内建立 "1+1+7+N" 联防联控协同管理组织体系，统一指挥，责任到人。对外依托秦岭生态环境保护委员会等组织，联合 96 家单位组建秦岭生态卫士责任联盟，确立防山火、保电网、护生态工作责任体系，形成《秦岭生态环境和电力设施保护工作机制汇编》，高效协同防范山火。

联防联控，确立防山火、保电网、护生态工作责任体系

## 关键突破

**拓展影响管理新思路。** 改变以往电网建设运维过程中的电网视角管理模式，从影响角度进行管理。影响即责任、影响即管理的新思路可以应用到 "南水北调""西电东送" 等国家重大战略项目环保工作中。

**创新水土保持新技术。** 研发输变电工程水保在线监测系统、无人机遥测水保监测系统，采集和处理数据具有直观、准确、实时的优点，可应用于工程项目水土流失监测实践工作中，目前已在贵州、北京、云南等地得到应用，还可推广至水利、高铁等建设项目。

## 多重价值

**环境效益。** 项目最大限度保护了秦岭的原生生态环境。3 条特高压直流输电线路对秦岭水土环境、动植物生态等影响轻微，累计减少开挖 66 万余立方米；青豫直流减少植被砍伐 28030 棵；项目保护朱鹮栖息地，带来的自然资本价值达 1600 余万元；2022年至今，处理山火隐患 470 次，有效防范山火 283 起，因输电线路造成的山火事件连续10 年零发生。

**经济效益。**项目保障了"西电东送"能源战略大通道安全畅通。截至 2022 年底，已建成并投运的穿越秦岭地区 3 条特高压直流输电线路，累计外送清洁能源电 3439 亿千瓦·时，相比火力发电降低二氧化碳排放 3.4 亿吨。项目投运以来，未发生重要线路故障停运、运维不当造成线路跳闸、停运或重要用户停电。

**社会效益。**相关工作得到了陕西省政府、国家电网公司的充分肯定，典型经验做法先后在《人民日报》、新华社、中央电视台、《国家电网报》《中国电力报》等媒体报道，并受邀在行业内、公司内外进行经验分享，树立了国网陕西电力绿色环保的企业形象。引导公众树立对输变电工程环境影响的科学认识，并带动施工及监理单位、社区民众等共同保护秦岭生态环境。

## 各方评价

输变电工程水土保持在线监测系统相关科研成果——"输变电工程建设生态环境远程自动化监测技术及应用""一种自校准超声测钎装置及测量方法"分别获得 2021年度电力创新技术成果二等奖、专利成果二等奖。中国电力企业联合"输变电工程建设生态环境远程自动化监测技术及应用"项目技术鉴定会指出，"该项目成果为水土流失监测和治理提供技术支撑，取得了显著的经济效益、生态环境效益和社会效益，为电网建设和环境保护发挥了积极作用。在输变电工程建设生态环境监测方面达到国际领先水平"。

项目相关成果——"协同共治水土流失，担当生态守护者""联防联控预防山火  当好秦岭生态卫士""共建共享，筑起生态'防护网'——社会责任根植推动电网建设生态保护工作创新"入选国家电网公司优秀社会责任根植项目案例。

# 三、未来展望

绿水青山就是金山银山。面向未来，国网陕西电力将从以下几个方面继续做好电网全生命周期环境保护，促进电网发展与生态环境和谐共生。

**强化科技支撑。**加强科研攻关和科技成果转换应用，通过信息化、智能化技术的优化整合，将大数据、物联网、人工智能等新技术应用于"生态友好型"的电网建设运维及电力服务工作中。

**加大推广应用。**增强推广力度，拓宽项目成果的应用渠道和应用场景，在公司其他输变电工程设计、建设、运维等全生命周期创新环境友好型解决方案，为其他同类型问题的解决发挥更大价值。

**积极宣传推广。**开发形成典型案例，加强合作交流及传播推广，提高利益相关方生态环境保护意识，与利益相关方协同推进电网构架沿线生态保护，构建绿色电网、智能电网、多方合作守护生态环境的新格局。

（撰写人：孔志战、李新民、王建康）

国网浙江省电力有限公司平阳县供电公司

# 建设听鱼儿"指挥"的海岛"生命线"

## 一、基本情况

### 公司简介

国网浙江省电力有限公司平阳县供电公司（以下简称国网平阳县供电公司）是国网浙江省电力有限公司下属大型重点供电企业，担负着平阳县 16 个乡镇的供用电管理工作，履行平阳县辖区内的电力管理和电力营销双重职能。

在服务平阳经济社会发展的过程中，国网平阳县供电公司不断成长壮大，目前公司本部下设 9 个职能部门，3 个业务机构，管辖 7 个供电所。平阳县电网共有 35 千伏及以上变电站 29 座，其中 500 千伏变电站 1 座，容量为 225 万千伏安；220 千伏变电站 4 座，容量为 168 万千伏安；110 千伏变电站 17 座，容量为 164 万千伏安；35 千伏变电站 7 座，容量为 25.2 万千伏安。公司先后荣获全国巾帼文明岗、全国职工书屋、全国模范职工之家、中国最美供电所、全国质量信得过班组、全国优秀 QC 管理小组、全国"安康杯"竞赛活动优胜单位、全国电力系统企业文化建设先进单位、中国企业品牌创新成果履行社会责任创新单位、国家电网有限公司五星级乡镇供电所等荣誉称号。国网平阳县供电公司紧抓切实存在的问题，通过社会责任根植项目，真正解决社会难题，在南麂海岛打造"全电岛屿"，提升海岛生态环境，聚焦可持续发展，推动渔业产品加工环节清洁化、高效化、智能化。

### 行动概要

南麂岛位于浙江省平阳县鳌江口外 30 海里[①]的东海海面上，因拥有得天独厚的地理位置，有着大量的海洋生物资源，被誉为"贝藻王国"，在 2023 年初被评为世界湿地。国网平阳县供电公司致力用绿电守护海色海岛行动，推动模式创新，保护海岛生物多样性，为海岛湿地系统量身打造电网建设方案。通过统筹规划海缆建设、打造护海者联盟、创新模式助力渔业可持续健康发展、汇集经验总结举措，探索解决海缆建设与海岛湿地保护之间存在的共生难题，为保护蓝色海岛贡献平电力量。

## 二、案例主体内容

### 背景和问题

南麂海岛有"贝藻王国""碧海仙山"的美誉，作为海洋生态多样性的宝库，在世界湿地名单中占有一席之地，海岛发展离不开能源供能发展，但要在南麂海岛实现稳定的能源供给，不可避免地会对海岛湿地原生态的环境造成一定冲击。海岛的生态环境是旅游业的核心资源，旅游体验离不开基础建设水平的提升，海岛建设与海岛湿地保护之间存在共生难题。

一是南麂海岛地理位置独特，满足稳定发展用电需求需要通过建设海缆大陆联网，海缆建设过程中以及建成后，都不可避免地对海洋生态环境造成一定影响。

二是海岛居民大多以渔业为生，渔船数量增多若没有较好的统筹管理会对海缆运行形成较大的潜在危险，海缆若遭到意外破坏也会给海洋生物栖息繁衍造成一定影响，随着海岛的知名度不断提升，海岛发展建设驶入"快车道"，在保障渔船正常运行的前提下，如何更好地保护海缆运行安全是亟待解决的问题之一。

三是海岛湿地生态保护至关重要，需可复制、可推广的经验。海岛湿地保护工作不仅要立足当下，更要关注保护模式的可复制性、可推广性。只有从特性问题中梳理出共性解决方案，才能更好地为生态环境与海岛建设发展的双轨并行做出贡献。

---

① 1 海里 =1.852 千米。

南麂岛沿岸开展优化电杆外貌作业

## 行动方案

### 统筹规划海缆建设　实现生态联网

　　国网平阳县供电公司建设海缆选址充分考虑海岛贝藻生物栖息环境，围绕"不打扰"和"生态优先"的目标，致力电网设施优先服务于湿地生态恢复和可持续发展，保障居民福祉。在南麂联网工程建设期间，采用对环境无污染的交联聚乙烯绝缘材料做电缆，使用寿命长达 30 年，对从开挖、敷设到后期的管理维护进行了生命全周期的管理，最大程度地减少泥沙入海的影响，以及污水、废弃物、扬尘的排放。

　　在海底敷设电缆时，国网平阳供电公司通过精密计算，用最短时间、最合适的线路以及最科学的开挖深度与区域，减少悬浮泥沙的产生、底泥扰动，同时与气象部门合作，即时掌控天气，避免在雨季、台风或天文大潮等不利气象条件下进行施工。在海缆登陆点，考虑到施工期间产生的扬尘会飘落在附近植被上，从而影响植被光合作用和正常生长，主动规避在大风天气进行登陆点破堤、穿路施工。其中，将南麂侧登陆点做成景观通道，有效减少了施工对岸线景观、岸线原生态的影响。

护海联盟开展志愿宣传活动

### 打造护海者联盟

海缆敷设完成后，国网平阳县司联合海事局、渔政、南麂镇政府、海警等相关单位部门，共同对海缆及周边海域开展周期性巡视。

这些巡视能够及时发现预防海底电缆可能存在的一些不可控损坏和维修问题，做好应急处理预案，并且通过各类巡视的结合，也能够防止违法捕捞，减少出海巡视次数，降低人类活动对海洋生物多样性的影响，并且定期检查检测海域的海水质量状况以及开展生物物种资料收集与比较。

同时，这些巡视活动将协助温州市生态环境局开展《南麂列岛海域珊瑚礁普查》和《南麂列岛国家级自然保护区常见海洋生物彩色图谱》的编制，监测与保护热带海洋中极其重要的生物资源——礁石珊瑚，并支持海滨生物的生态学相关研究。

### 以挖掘海缆运维潜能，助力海域环境保护

依托海缆本体综合监控系统，全面监测海岛在编渔船航行分布为科学捕捞划定区域，最大程度地避免船舶意外破坏海缆从而保护海洋生态环境稳定，定期对海水质量监测做

评估，协助渔民更好地掌握养殖基地鱼类栖息环境动态变化，对发现的异常点进行实时监测，从而避免外来生物入侵干扰海洋生物繁衍生息。

同时，国网平阳县供电公司与相关部门合作探讨南麂岛海洋渔业发展规划，根据生态容量合理确定渔场扩大规模，协助海岛居民产业升级打造可持续发展的新型海洋牧场。

## 关键突破

创新打造海岛特有施工审批模式，该模式由平阳县政府牵头，主动对接审批相关部门并全程督办，及时联系渔民、酒店等利益相关方开展需求沟通，在施工规划中融入可持续发展理念，从而有效提高工程在审批手续、政策处理等难题的工作效率。

用现代电气技术推动海岛渔民渔业升级，更好地规划渔业发展，为海岛周边海洋生物繁衍生息提供理论数据支持，实现渔业电气养殖普及、渔民收益增加、政府管理便捷、企业业务扩展多方共赢目标。

## 多重价值

**经济效益。**通过全电改善与电网优化为海岛居民生活与旅游业用电量提升了200%，南麂海岛大黄鱼产业整体发展良好，截至 2023 年，全岛共有国家级水产健康养殖场 9 家，深水网箱改造率达 100%，2023 年养殖总量达 2500 吨，总产值达 3 亿多元，海岛居民依托旅游业的蓬勃发展，实现增收。

**社会效益。**海岛供电可靠性增强，游客旅游体验效果提升，海岛停电损失大大降低，海岛游客容纳接待数量增长了 50%，游客好评如潮。

**环境效益。**大量减少温室气体，海岛周边海洋生物性恢复良好、迅速，在原先建设施工过程中损失的生物种类数量已全部恢复，沿海海岸海洋生物数量逐年增多。

养鱼户大黄鱼丰收

## 各方评价

**平阳县政府：** 国网平阳县供电公司有效解决了海岛发展的能源问题，同时兼顾了海洋生态保护，为海岛建设做出了巨大贡献。

**南麂海岛海事局：** 环境友好的发展模式，不仅有效满足了岛民的用电需求，更为海岛长远健康发展奠定了坚实的基础。渔船来往数量、规模在监测系统下一目了然，为海洋管理提供了高效的技术支持。

**游客评价：** 电力十足的南麂海岛，让我的旅游体检更棒了，南麂海岛已经成为很多人海岛度假的首选地。

# 三、未来展望

挖掘海岛可再生能源禀赋，创建"碳中和"示范岛，探索开发海岛碳汇资源，积极探索生态产品价值实现路径，将海岛的碳汇资源转化为老百姓的收益，实现绿能增收、渔业增收、旅游增收和碳汇增收，走出一条生态资源变现的共富路。

（撰写人：姜胜男、林权威、林宣鹤、李赫楠、杨忠伟）

国网四川电力送变电建设有限公司

# 建造绿色低碳变电站，
# 赋能美丽宜居公园城市建设

## 一、基本情况

### 公司简介

国网四川电力送变电建设有限公司（以下简称国网四川送变电公司）成立于 1958 年，是国网四川省电力公司的全资子公司。具有国家电力工程施工总承包壹级资质、国家一级承装（修、试）类资质，是四川省唯一一家具备全电压等级电网建设、运维检修和应急抢修全链条管理能力的施工企业。作为四川电网建设的主力军，国网四川送变电公司近年完成了藏中联网、阿里联网、雅中—江西 ±800 千伏特高压直流输电、白鹤滩—浙江 ±800 千伏特高压直流输电等重点工程建设，其中承建工程两次获得"鲁班奖"、八次获得"国优金奖"。承担四川地区 9000 余公里输电线路运维，先后高质量完成了国内 16 座 800 千伏特高压换流站、3 座 1000 千伏特高压交流站年度检修、技改大修和应急抢险任务，累计完成电网应急抢修 120 余次。

国网四川送变电公司全面贯彻国家绿色发展要求，紧扣国家电网公司战略目标，不断厚植电网高质量建设的绿色底色，持续为助力新型电力系统建设、服务新时代新能源高质量发展贡献基建力量。在努力提升企业核心竞争力的同时，持续加大对电网建设与生态环境的相适性研究，围绕电网建设绿色化、可持续发展要求，全面推动输变电工程建设向绿色建造方向转型升级。通过科学管理和技术创新，建立健全工程建设绿色建造管理体系，推进绿色施工全过程管理，秉持节约资源、保护环境、减少排放、提高效率、保障品质的建造理念，持续推动实现与环境的和谐共生。

## 行动概要

变电站作为城市电力供应的重要基础设施，承担着保障千家万户用电需求的任务。在人口密集、土地资源稀缺的城市中心修建变电站，面临着选址受限，环境影响，建设周期长等诸多困难。国网四川送变电公司聚焦"变电站建设与城市环境的冲突"问题，形成了一套可复制、可推广的解决方案：**一是优化变电站设计，实现选址最优解。**利用"3D 仿真建模技术"，实现智能选址，将电网规划与城市建设相结合，建设"藏站于形"的公园式变电站。**二是全面加强环境管控，实现环境扰动最小。**运用信息化、数字化技术搭建绿色施工"智慧"平台，实时监控施工现场环境指标，采取相应除尘降噪措施。应用"海绵变电站技术"，建立水资源循环利用系统，提升水资源利用率。**三是提升电网建设效率，缩短电网建设周期。**应用"预制装配技术"，用钢结构替代钢筋水泥，用一体化墙板替代红砖石灰，用小型预制件替代支模浇筑，通过新技术、新材料、新设备应用，实现施工的绿色高效。

该套方案在四川成都天府新区红星 110 千伏变电站进行了应用，节约占地面积1763 平方米，施工过程中累计降低碳排放量 1.1 万吨，提升施工效率 20%，打造国内首个"城市公园变电站"，实现"环境友好型"和"资源节约型"变电站建造方式，赋能美丽宜居公园城市建设。

红星 110 千伏变电站全貌

## 二、案例主体内容

### 背景和问题

城市的发展导致人口的密集，随之带来的是电力需求的猛增。电网既是重要的能源基础设施，也是践行生态文明理念的重要载体。如何将变电站与城市发展建设相融合，将变电站建设过程中对城市环境造成的影响降到最低，保障核心密集区域供电成为变电站建设与城市发展的焦点。城市核心区域用地紧张，导致变电站选址困难，设计难度较大，亟须采用先进的技术手段优化变电站选址。变电站建设过程中产生的扬尘废气、噪声等污染，会对周围环境和居民产生一定的影响，运用数字化、智能化管控手段加强施工环境的全面控制应运而生。城市用电需求紧迫，然而一座变电站从立项到投运最快需要 36 个月，应用新管理、新技术缩短变电站建设周期刻不容缓。

### 行动方案

为全力建成国内首座"城市公园变电站"，国网四川送变电公司在红星 110 千伏变电站进行了诸多创新，全力打造社会公众能参与、能体验的"环境友好型"变电站，探索破解难题的"金钥匙"。

#### "精雕细刻"——优化变电站设计

针对变电站选址受限因素多以及对城市原有风貌造成一定影响的问题，提出规划选址阶段能够落实的智能选址方法。构建变电站 3D 仿真模型，整合城市规划以及电力大数据等相关信息，设置模型限制参数，分析出变电站选址的最优解，达到变电站在选址和外观设计上与城市高度融合的效果，节约用地面积 1763 平方米。具体方案如下：

**运用 3D 仿真建模技术。** 基于地理信息系统空间分析技术，变电站在规划选址阶段利用 3D 仿真建模技术，研究实现变电站在规划阶段选址的智能布点。充分考虑项目建设规模、布置形式、区域概况、建设条件、地质条件等因素，确定变电站初步用地方案。在相关规划解读的基础上阐述用地方案与规划的协调性，规避城市控制线及重要基础设施的同时，避开居民集中区、医院、学校等声环境敏感区，与城市规划部门进行联合考察协调线路进出管廊，将电网规划与城市建设相结合，分析选址方案的可行性及唯一性。基于基础地理信息、影像、自然保护区等各种专题图及电力规划基础信息等电力大数据，分析实现变电站的选址是否最优，将理论模型及算法与实际工程要求有机结合，提高变

3D 仿真模型

电站选址的智能化水平。

    **改进变电站外观设计。** 为将变电站建设对城市的影响降到最低，考虑将变电站外观设计与城市景观相融合，充分将"公园""绿色"理念融入变电站建设全过程，打造与环境融为一体的、对外开放的公园式变电站，实现"藏站于形"。在设计上变电站建立了连通屋顶的慢行步道系统，利用屋顶的高差变化，形成错落有致的准高线空中花园，

屋面慢行步道

为公众提供游走和观景平台。主变室、GIS 室设置玻璃幕墙，并结合 VR 展示设备，使公众可近距离透视变电站核心生产设施，揭开变电站的"神秘面纱"。通过对外开放的"人站互动"模式，实现公众与变电站的和谐相处。

**"痕扰并控"——加强环境全面控制**

针对变电站建设过程给环境造成的影响，提出全面加强环境管控措施。制定绿色施工方案，基于多数据感知、高精度定位、AI 视频分析技术，升级了"智慧工地"系统，对施工现场"人、机、料、法、环"进行全方位实时监控。通过信息化技术手段，将施工对环境的影响降到最低，施工过程中累计降低碳排放量 1.1 万吨，减少 80% 的建筑垃圾，节约用水 5000 余吨。具体方案如下：

**升级"智慧工地"系统。**依托信息化、数字化、智能化技术搭建绿色生产智能管控平台，完善"智慧工地"系统，弥补传统方法和技术在监管中的缺陷，实现对"人、机、料、法、环"的全方位实时监控，变被动"监督"为主动"监控"。对现场 PM2.5、PM10、噪声、风力、风向等环境数据实时采集反馈至后台，通过喷淋降尘、裸土覆盖、选用低频低噪设备等措施进行除尘降噪工作，改善施工环境。

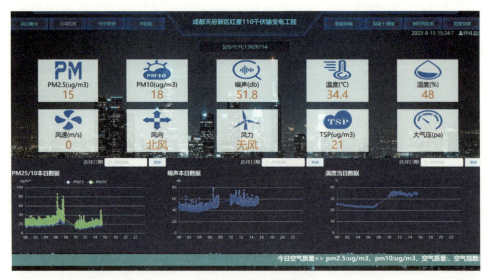

"智慧工地"系统环境监测

**应用海绵变电站技术。**"海绵"变电站是指变电站能像海绵一样具有良好的"弹性"，在下雨时吸水、蓄水、渗水和净水，需要时再将储存的水加以释放利用，既可适应环境变化，又能有效应对自然灾害。在施工过程中，海绵变电站储存的水依托"智慧工地"系统的数据监测功能，作为自动喷淋系统、车辆自动冲洗装置、混凝土养护等非餐用饮水的水源，实现水资源循环利用。

**优化喷淋降尘系统。**喷淋降尘是一种新型降尘技术，其原理是利用喷淋系统产生极其细小的微粒，喷洒到空气中能迅速吸附空气中各种大小的灰尘颗粒，形成有效控尘。在此基础上开发出了自动喷淋系统，当"智慧工地"系统监测到现场 PM 值超过预设值时，喷淋降尘系统将自动开启；当现场 PM 值恢复至正常时，喷淋降尘系统将自动关停，实现扬尘精准管控。

### "模块拼装"——提升电网建设效率

大力推行装配式变电站建筑，实现无明火作业、零交叉施工和全预制建设，工序简单、施工方便，大幅提升施工效率。同时，预制构件异地生产零件减少噪声和排放物以及建筑垃圾，并最大限度减少对当地动植物的干扰。具体方案如下：

**使用钢结构全栓接技术。**全栓接技术施工简单方便，不需要特殊设备和复杂的工艺，能有效提高施工效率。同时，无须使用焊条、焊丝等焊接材料的连接方式，可减少对资源的消耗。用栓接代替焊接可避免因焊接产生的烟尘、有害气体和噪声对环境造成的污染。

**采用装配式一体化墙板。**
一体化墙板具有安装简便、外形美观、防火防腐等特点。通过软件优化墙板外观和结构设计，在工厂预制墙板、相关构件与节点安装配件，并预留门窗洞口，同时辅以饰面装修，最后在现场进行一次性拼装和节点处理，实现施工绿色高效且综合成本低。

装配式一体化墙板

### 关键突破

**升级"智慧工地"系统。**通过引入物联网技术、人工智能技术，在施工作业现场安装各类传感装置，将施工作业现场人员、机械、材料与环境管控有机结合，构建智能全景管控体系，实时掌握现场环境状态。

**运用海绵变电站技术。** 变电站建设遵循生态优先原则，将自然途径与人工措施相结合，在确保排水防涝安全的前提下，最大限度地实现雨水在变电站的积存、渗透和净化，促进雨水资源的利用和生态环境保护。

**应用预制装配技术。** 坚持"工厂化定制、模块化生产"，大力推行一体化墙板应用和钢结构栓接技术，避免因加工造成的施工现场环境污染，提升施工效率 20%，缩短建设周期，助力变电站高质量投产。

## 多重价值

自红星 110 千伏输变电工程开工以来，国网四川送变电公司通过探索变电站绿色建造模式，实现经济效益、社会效益、环境效益"三赢"格局，打造了四川电力基建新样板。

**经济效益。** 经过合理优化变电站选址和设计方案，与传统 110 千伏变电站相比节约占地面积 1763 平方米，节约土地约 36%。绿色建造采用高效节能的建筑材料和设备，减少能源消耗，降低能源成本，节约建设成本 183 万元，提升施工效率 20%。"城市公园变电站"的建成，成为兴隆湖周边区域新晋"网红打卡地"，吸引了众多群众观光游览，带动了周围区域的经济发展。

**环境效益。** 绿色建造采用低碳材料和技术，施工过程中通过控制 PM2.5、PM10、噪声等绿色评价指标，采用预制构件加工技术，减少建筑垃圾 80%，累计降低碳排放量约 1.1 万吨，降低对环境的负面影响。运行期间预计每年可减少碳排放 181 吨，全寿命周期可减少碳排放 1.6 万吨。通过多渠道节水措施，施工期间节约用水 5000 余吨。变电站在运行期间利用海绵技术每年可节约用水 2000 余吨。同时，有效缩减了建设期间土地使用面积，保护了变电站周围的生态环境和生物多样性。

**社会效益。** 有力保障成都兴隆湖周边 9800 余家新经济企业供电，促进成都天府新区的经济发展。电力获得能力的提升，助力成都在全国城市营商环境中排名前十。开启了变电站绿色低碳转型新实践，打造"电力展示窗口"，进一步推动新型电力系统建设，推动经济社会发展绿色化、低碳化。

## 各方评价

**企业评价：** 建设绿色低碳变电站为成都兴隆湖周边大数据、云计算、人工智能等80 余家数字经济重点企业、50 余家研发机构、9800 余家新经济企业提供源源不断的电力需求，供电服务质量得到各方企业高度肯定。变电站建设过程采用新材料、新技术，推动绿色建造行业发展，得到上下游产业链充分认可。

**电网系统评价：**将"智能""绿色""友好"的设计理念贯穿于整个工程，形成"智能智慧样板""能源互联典范""绿色建造标杆""双碳目标践行""友善互动平台""电力展示窗口"6 大板块，23 项创新设计，且"城市公园变电站"设计概念是国内首创。同时，建造绿色低碳变电站提升了国网四川电力的品牌效益，获得国家电网有限公司的高度肯定。

**居民用户评价：**电力设施融入城市发展，社区公共关系从"邻避"走向"邻利"，实现电网建设期"零矛盾""零投诉""零上访"。对外开放的公园式变电站为公众提供了电力科普点，拉近了变电站与公众的距离，促进了电网与公众和谐相处。

## 三、未来展望

"绿色低碳"是电力建设行业的发展方向和未来趋势，可持续发展是破解当前全球性问题的"金钥匙"。国网四川送变电公司作为四川电力基建骨干队伍，围绕如何用好这把"金钥匙"，聚焦联合国可持续发展目标，全力探索实践变电站绿色低碳建造新模式。在积极探索和实践的过程中，我们面临绿色施工的整体产业链配套尚不完善和绿色环保材料价格竞争尚不充分的问题。如何整合资源打通设计、厂家、施工等上下游各个环节，构建绿色施工整体生态链，如何推进电力行业绿色环保材料市场的充分竞争，让物美价廉的产品成为市场主流，降低绿色建材的采购对施工单位产生较大成本的压力，进一步促进电力建设市场的良性发展，是建造绿色低碳变电站下一步的探索方向。

我们总结城市公园变电站的建造经验，在选址设计、绿色施工、缩短建设周期上取得了诸多成果，其中"智慧工地"系统、海绵变电站技术、预制装配技术等可推广至 110 千伏及以上电压等级的变电站建设。

未来，国网四川送变电公司将坚持理论与实践相结合，不断深化可持续性管理与电网主业的融合，系统总结提炼实践经验，为加快建设具有中国特色国际领先的能源互联网企业和实施"碳达峰、碳中和"行动提供坚强支撑。

（撰写人：胡翔宇、钟润东、范巧玲、王晓波、裴蕾）

国网江苏省电力有限公司盐城供电公司

# 赋能湿地绿色发展，
# 用心守护"地球之肾"

## 一、基本情况

### 公司简介

国网江苏省电力有限公司盐城供电公司（以下简称国网盐城供电公司）负责盐城境内的安全供电、电网建设和供用电服务。盐城电网北衔连云港田湾核电站，东接沿海新能源发电基地，包含 1000 千伏淮上、±800 千伏锡泰两条特高压线路，是江苏电网北电南送的重要通道，更为沿海大规模清洁能源消纳提供了有力的支撑，新能源大规模并网是其最显著的特征。

国网盐城供电公司坚持维护节约资源和保护环境的基本国策，将绿色发展理念融入电网建设运行全过程，优化选址选线，保护沿线各类生态系统；积极采用有利于保护环境的新技术、新工艺，减少施工活动对周围环境的影响；将生物多样性保护融入电网建设和运营的各个环节，做好鸟类保护以及山地、林区、湿地、水域等各类生态系统保护。

自 2017 年起，在政府推动下国网盐城供电公司开始参与世界自然遗产——黄渤海候鸟栖息地一期保护区中的人工设施迁移工作，负责对保护区核心区、缓冲区内的电力设施进行迁改，保护湿地生态系统的完整性，为湿地绿色发展赋能。自此，国网盐城供电公司与保护区湿地生态系统的联系更加紧密，湿地保护与企业运营全流程的融合程度更加深入。

可持续发展
目标

## 行动概要

电网企业在运营过程中对生态、生物多样性的关注和保护关乎企业社会形象和发展前景。为更好地响应《昆明—蒙特利尔全球生物多样性框架》的要求，国网盐城供电公司采用自然资本核算方法量化评估开展湿地保护工作的价值，对其相关实践活动成本与效益进行了更为直观的呈现，深刻地认识到优化工程选址选线、避让自然保护区核心区和缓冲区的重要性，有效避免对重要林区、野生动物集中活动区域、迁徙通道的负面影响，持续提升湿地生态价值与景区旅游效益。

国网盐城供电公司尊重自然、尊重生命，贯彻新发展理念，践行新发展方式，把生态文明建设的理念贯穿规划可研、项目前期、设计优化、建设运行等生命周期全过程，为各企业实现与湿地生态环境和谐发展提供了良好借鉴。

# 二、案例主体内容

## 背景和问题

江苏省盐城市地处中国 3 条鸟类迁徙通道中最重要的东亚—澳大利亚迁徙线中，是东亚大约 90% 的迁徙鸟类的停留地；拥有 76.94 万公顷生态湿地，占全市面积的45.3%，其中包括亚洲最大的沿海淤泥质潮间带湿地。长达 582 千米的海岸线，丰富的

千余只丹顶鹤在盐城湿地自然保护区繁衍生息

世界自然遗产条子泥湿地保护区内各类飞鸟翔集

湿地资源涵养出江苏盐城湿地珍禽国家级自然保护区、江苏大丰麋鹿国家级自然保护区和条子泥湿地保护区等多个重要湿地，被誉为"东方湿地之都"。

盐城滨海类湿地群是亚洲大陆边缘最大的海岸型滩涂湿地，同时也是我国少有的拥有高濒危物种的地区之一，已发现有 29 种被列入世界自然资源保护联盟发布的《世界濒危物种红皮书》，在国际生物多样性保护中占有十分重要的地位。每年有千余只丹顶

野生保护动物与电力设施和谐共生

鹤和近百万只水禽在保护区越冬，其中丹顶鹤数量约占世界野生种群的 50%，3000 多只黑嘴鸥在区内繁殖，近千只獐生活在保护区滩涂，全球 70% 的麋鹿在此栖息。

盐城既是世界自然遗产地，也是国内最重要的新能源产业基地之一，海上风电等清洁能源的生产、送出和势在必行的生态保护未来将在这片土地上同步推进，而国家电网的输变电工程及电力设施的建设、运营容易对盐城湿地内的珍禽等国家重点野生保护动物造成干扰，破坏盐城湿地生境，甚至影响鸟类迁徙路线。如何解决电力设施的建设、运行与湿地生境保护之间的冲突，成为国网盐城供电公司刻不容缓的"破局"难题。

## 行动方案

国网盐城供电公司坚持生态优先、绿色发展理念，从电网建设项目的规划选址、可研设计、项目施工、项目运行、设备更替的全过程各个环节，加强环境保护；推行"全电景区"综合能源发展模式，提高节能效益；开展鸟类救助、放归和研究工作，推动盐城湿地生态环境修复和改善。

### 源头入手，下好规划一盘棋

国网盐城供电公司注重在项目规划阶段避开自然保护区的核心区和缓冲区，根据相关电力服务生物多样性保护工作要求，对 2011 年 11 月后在黄海湿地保护区缓冲区附近规划新建的电网工程进行梳理，识别出川南、新海 2 项 110 千伏输变电工程和沿海二通道射阳 500 千伏输变电工程相对靠近自然保护区缓冲区，并及时调整三项工程建设方案，选择对环境影响小的路径，开辟新的线路通道。上述三项工程经过调整后，共增加高压线路长度 44.9 千米，减少涉及保护区内高压线路长度 47.2 千米。

### 电力迁改，铺好用电一张网

盐城滨海类湿地群众多，保护区缓冲区内 2.67 余万公顷陆域被开发，配套建有大量道路、电力供应和饲料厂等设施，据国网盐城供电公司统计，迁移前保护区内 10 千伏线路长度为 256.94 千米、杆塔 5295 根。

国网盐城供电公司遵循"依法依规、控增消存、配合迁改"的原则，一是禁止新增涉及供电资产的供电设施；二是对涉及供电公司资产的保护区缓冲区内电力设施进行全面排查摸底；三是根据《缓冲区生态修复方案》及政府部门整体工作方案，分类分批迁改缓冲区内供电资产电力设施，指导非供电资产电力设施迁改，加快推进缓冲区生态修复。现保护区内仅留有保证保护区正常运营所需的电力设施，其余均已完成迁出。

### 入地改造，打造线路一条链

江苏盐城湿地珍禽国家级自然保护区内架空线路对珍禽栖息具有不利影响，飞禽在电力线路杆塔上停歇或筑巢时被电击死亡的情况经常发生，不仅威胁珍禽生命安全，亦影响供电稳定。国网盐城供电公司对缓冲区架空线路开展入地改造，在提高线路、设备安全运行水平的同时，将约 20 千米架空电力线路埋入地下，保留湿地生态完整性，为珍禽提供安全的生存空间。

### 全电景区，描绘绿色一张图

国网盐城供电公司推广"电气化＋旅游"综合能源发展新模式，在景区实施"电能替代"，将传统景区内的燃煤锅炉、农家柴灶、燃油公交车、燃油摆渡车、传统码头等改造为电加热、电炊具、电动汽车、低压岸电，使用电炊具、电动游轮、太阳能路灯等，提高景区电气化水平。截至 2022 年底，已开展全电景区建设项目 14 个，累计实现替代电量 266 万千瓦·时。

### 强强联合，救助放归一体化

国网盐城供电公司构建专业鸟类救助流程，事前畅通沟通压缩救助时长，建立专属"户口簿"与人工鸟巢，试点装设红外观测记录设备，联合搭建专业救助点帮助鸟类康复、学飞和放归；固定鸟类环志、北斗追踪器等，实现放归后长期追踪和科学研究；成

构建"鸟中国宝"东方白鹳联合救助项目

立护线爱鸟小队，编制鸟类科普知识手册强化宣传引导，联合开展黄海湿地课题研究。

## 关键突破

为更好地量化开展盐城湿地保护工作的效益，国网盐城供电公司以自然资本为参考，聚焦江苏盐城湿地珍禽国家级自然保护区内实践，对丹顶鹤核心区电力设施布局进行专题研判，分层、分级明确保护区核心区、缓冲区等电力设施迁改计划，增加工程成本以实现对生物多样性的保护，并通过自然资本核算方式对具有实质性的影响和依赖进行定性、定量和货币化评估。

在充分考虑目标受众诉求和期望的基础上，评估以 2017 年国家电网介入江苏盐城湿地珍禽国家级自然保护区及相关景区进行电网迁改、生态修复工作之前的自然资本状态为基线，采用"介入式"场景，评估国家电网相关工作带来的自然资本变化，识别潜在风险。评估的时间范围是 2017~2022 年，评估的空间范围是江苏盐城湿地珍禽国家级自然保护区及相关景区。

组织焦点指本次评估的目标对象，定位为项目级别。将自然资本核算的价值链边界界定为国家电网在江苏盐城湿地珍禽国家级自然保护区及相关景区的直接运维活动，价值链上下游对自然资本的影响和依赖将不纳入评估范畴。评估通过梳理国家电网在保护

识别影响驱动因子 / 依赖和自然资本变化

| 影响驱动因子 / 依赖 | 自然资本的变化 / 自然资本变化对企业依赖性的影响 | 影响 / 依赖 |
|---|---|---|
| 电力线路规划 / 建设 | 湿地存量变化影响物种数量和多样性 | 电网迁改 |
| 鸟害事故数量变化 | 影响物种数量 | 鸟类伤害 |
| 电能替代温室气体减排量 | 影响物种多样性 | 温室气体排放 |
| 湿地气体调节功能价值 | 影响湿地生态服务功能 | 湿地生态服务功能价值 |
| 供电稳定性 | 影响丹顶鹤电能孵化数量 | 电能孵化丹顶鹤 |
| 减少电力设施占地面积 | 保护自然保护区自然资源 | 土地资源利用 |
| 电能销售收入增加 | | |
| 缴纳税费增加 | | |

区内的影响和依赖路径，识别其对自然资本具有的潜在实质性影响和依赖；并结合相关方意见，对自然资本的影响、依赖进行重要性排序和审核，最终确定自然资本实质性影响与依赖。

综合评估分析，国网盐城供电公司主要识别出对自身的影响为电网迁改，对社会的影响包括常规废弃物排放、温室气体排放、生态服务功能、社区沟通及电力供应，对自然资本的依赖包括土地资源利用。

### 2017~2022 年自然资本核算汇总

| 成本 / 效益 | 影响 / 依赖 | 指标 | 货币化（万元） |
|---|---|---|---|
| 企业成本与效益 | | | |
| 企业成本 | 电网迁改 | 工程成本 | -66952.00 |
| 企业效益 | 土地资源利用 | 电能销售收入 | +6517.46 |
| 合计 | | | -60434.54 |
| 社会成本与效益 | | | |
| 社会成本 | — | — | — |
| 社会效益 | 温室气体排放 | 电能替代减排二氧化碳价值 | +25.2.0 |
| | 湿地生态服务功能价值 | 新增湿地生态服务功能价值 | +32.81 |
| | 电能孵化丹顶鹤 | 电能孵化新增丹顶鹤价值 | +2470.00 |
| | 土地资源利用 | 公司缴纳税费 | +724.93 |
| 合计 | | | +3252.94 |

将 2017~2022 年国网盐城供电公司在在盐城众多湿地保护区及相关景区及相关景区迁改、运营产生的成本与效益进行货币化加总，可以发现企业总成本远大于社会总效。但考虑到成本是一次性投入，而效益是长期累积的过程，所以需要将未来效益与成本进行比较。为便于核算，假设电能销售收入、电能替代减排二氧化碳价值、湿地生态服务功能价值、冬季电能孵化丹顶鹤价值、税费缴纳等未来每年所产生的效益长期不变，需37 年即可于 2059 年收回所有成本。但由于电能销售收入、电能替代减排二氧化碳价值、湿地生态服务功能价值、冬季电能孵化丹顶鹤价值、税费缴纳均会随着时间推移而不断提升，故收回成本时间将早于 2059 年。

通过评估盐城滨海类湿地群内电网迁改对自然资本影响和依赖的性质和程度及相关风险与机会，国网盐城供电公司明确了现阶段生产运营与生态保护间的重点与难点，更好地为后续的决策提供参考。同时，评估盐城滨海类湿地群内电网迁改平衡保护动物生存栖息需求带来的生态系统服务价值和经济价值，也为国家电网在盐城地区未来的电网可持续运营及生物多样性保护提供参考。

## 多重价值

国网盐城供电公司通过项目规划绕开保护区、电力设施迁出保护区、架空线路入地改造等方式进行电网迁改，更好地回应政府、生态环境局、用户等利益相关方的期望与诉求，实现经济、环境、社会协同发展，提高企业市场竞争力，塑造了良好的绿色品牌形象。

**经济效益。** 为盐城滨海类湿地群及相关景区进行电能供应，并开展"全电景区"建设行动，提升当地用电量，预计可产生电能销售收入 1086.24 万元／年。

**环境效益。** 通过建设生态友好型电网迁改项目，在电力设施建设运营过程中加强环境管理，对废旧电杆、导线等进行集中报废处理，并严格按照国家相关环境标准进行噪声控制，为湿地范围内的动植物营造了良好的生存环境，保护了生态系统；将电力设施迁出保护区，累计减少保护区内电力设施占地面积 7.69 万平方米，有效保护了湿地生态系统完整性。根据评估，预计电能替代减排二氧化碳价值 4.20 万元／年，湿地生态服务功能价值 32.81 万元／年，冬季电能孵化丹顶鹤价值 400 万元／年，救助东方白鹳价值 3 万元。

**社会效益。** 通过建设生态友好型电网迁改项目增加了对当地的社会贡献，预计缴纳税费 120.82 万元／年；降低了景区环境负面影响，强化景区的科教功能，提升了景区游客接纳能力，盐城境内景区游客接待量较 2017 年新增近 120%；通过多元活动倡导、宣传公司对自然保护区开展的各项保护行动，在增强公众对供电公司生物多样性保护行动认知的同时，也潜移默化地增强了公众生态保护意识。

## 各方评价

《人民日报》、新华社、中央电视台等 15 家权威主流媒体、26 家省级媒体、50 家地方媒体、605 个政务号多次报道国网盐城供电公司开展湿地生态修复、东方白鹳救助、守护候鸟生命线等事迹，相关新闻报道共 4127 条，覆盖微博用户超 13 亿人次。

**盐城条子泥湿地景区运营部保护专家金娟：**国网盐城供电公司在与我们的合作中积极作为，不仅主动降低了保护区内外的人工设施影响，也协助景区实现了绿色用能，促进了条子泥的低碳、健康发展。

**盐城黄海湿地博物馆运营负责人沈迎春：**我们在与国网盐城供电公司的合作过程中，不断发现新的可行之道，电网在科技手段运用、动员社会力量等方面，也给我们以良好的示范与借鉴，我们将在未来共同探索人与自然和谐共生的新方向，在盐城湿地资源的基础上，为生态保护和生物多样性保护构建多方合作的良好氛围。

## 三、未来展望

未来，国网盐城供电公司继续将绿色发展、生物多样性保护理念融入电网建设运营全过程，构建形成平衡、有效、绿色、可持续的盐城湿地生态环境保护方案，推动清洁能源与数字化技术相结合，实现野生动物智慧监测，以实际行动来守护这颗大自然的遗珠，守护"晴空一鹤排云上"的大美湿地。

（撰写人：刘玲玲、朱源、庞盟）

国网湖南省电力有限公司岳阳供电分公司

# 电靓"八百里"，洞庭"美如画"

## ——破解城市发展与湿地生态保护的共生难题

## 一、基本情况

### 公司简介

国网湖南省电力有限公司岳阳供电分公司（以下简称国网岳阳供电公司）成立于 2007 年，肩负岳阳 3 区 6 县（市）的供电保障任务。供电面积 1.5 万平方千米、服务客户数 270 万户。

### 行动概要

湖南东洞庭湖国家级自然保护区位于我国第二大淡水湖——洞庭湖东部、被誉为"中国观鸟之都"的岳阳市境内。东洞庭湖保护区是我国目前 21 个国际重要湿地之一，1992 年加入《关于特别是作为水禽栖息地的国际重要湿地公约》，是我国首批加入此公约的六大国际重要湿地之一。同时也是国际性重要湿地，物种具有古老独特、珍稀度高的特征，具有重要的社会价值、经济价值和生态价值。

然而随着地方经济与旅游业的迅猛发展，如"洞庭湖国际观鸟节""洞庭音乐节"等的开展，东洞庭湖湿地周边的用电需求大幅提升，要求构建密集的电网以承载巨大的电力需求，而美如画的洞庭美景维护则需要尽可能弱化电网的痕迹和人为的扰动。"八百里洞庭美如画"的和谐景象面临的是保护与发展的难题。国网岳阳供电公司引入可持续发展理念，积极探索创新生态保护的方案，将生物多样性保护的理念贯穿于项目建设与运维的全过程，有效推动东洞庭湖保护区环境的修复和改善，凝聚珍爱湿地社会共识，守住湿地生态安全边界，促进人与自然和谐共生发展。

## 二、案例主体内容

### 背景和问题

湿地被誉为"地球之肾"，在涵养水源、调节气候、改善环境、维护生态平衡和生物多样性等方面发挥着重要功能。2022 年 11 月，《湿地公约》第 14 届缔约方大会在武汉成功召开，习近平主席在开幕式上提出，"我们要凝聚珍爱湿地全球共识，深怀对自然的敬畏之心，减少人类活动的干扰破坏，守住湿地生态安全边界，为子孙后代留下大美湿地"。东洞庭湖位于湖南省岳阳市君山区，地处北纬 30 度全球生物多样性最丰富的黄金线上，具有物种丰富、珍稀度高的特征，是国际重要湿地和国家级自然保护区，物产富饶，号称"粮仓""棉库""油桶"，农业经济高度发展，电力需求旺盛。被誉为"拯救世界濒危物种的希望地"。

随着生产力的不断发展和岳阳市城市化进程的持续推进，东洞庭湖湿地面临大规模开发，湿地生态也遭受大范围干扰。湖南省十三届人大常委会第二十四次会议通过了《湖南省洞庭湖保护条例》，在举行的新闻发布会上，相关负责人强调，"要解决保护与发展的矛盾。在保护的同时，为实现湖区更好地发展，根据湖区的区位优势，确定了绿色发展的相关内容"。区域的快速发展需要建设密集的电网，电网铺设、运维以及周边的用电活动不可避免地对湿地生态环境造成负面影响，城市发展与湿地保护之间存在诸多平衡、共生难题。

一是随着岳阳电网规模的不断扩大，配套电力设施大量兴起，树状网状的架空线路在湿地盘根错节，对生态环境造成极大干扰；二是湿地鸟类活动已成为电网故障主要原因，严重影响电力安全可靠供应；三是因电网建设运维，极有可能引起生态环境变化，甚至造成珍稀鸟种伤害；四是湿地生态保护至关重要，亟须可复制、可推广的经验。湿地是全球三大生态系统之一，生态功能十分强大，在保持水源、净化水质、蓄洪防旱、调节气候和维护生物多样性等方面发挥着重要的作用，对维护国家生态安全体系和经济社会可持续发展意义深远。湿地保护工作不仅要立足当下，更要关注保护模式的可复制性、可推广性，形成洞庭经验。只有从特性问题中梳理出共性解决方案，才能更好地为生态环境与经济发展双轨并行做出贡献。

### 行动方案

国网岳阳供电公司将湿地保护融入电网规划、建设和运营的各个环节，积极探索电网与动物、植物等不同生物物种以及湿地间的和谐共生之路。重视生态和谐电网建设，优化工程选址选线，避让鸟类的集中活动区、迁徙通道，避开生态脆弱区域，加强电网生态友好设计施工；同时，通过搭建人工鸟巢、开展生态系统修复等措施促进生物多样性保护融入电网运营全流程。

国网岳阳供电公司东方红（电骆驼）共产党员服务队在君山区钱粮湖镇三分店村
利用无人机对35千伏钱采线开展线路巡视

### 规划先行，主动避让生态关键区

国网岳阳供电公司在电网项目规划阶段，严格落实《岳阳县东洞庭湖"十四五"规划》指导思想及要求，与中国科学院等专业机构专家组建工作小组，为杆塔、电杆、变电站、变压器、电缆等电网设施永久性占地及其临时性占地规划科学合理的施工位置，主动避让鸟类觅食、栖息等聚集地、树木集中生长地和农业耕地，最大程度地保护生物多样性，避免对湿地生态造成影响。

**案例**　广兴洲 110 千伏输变电工程前瞻性规划，有效降低工程建设对湿地生态环境的影响

在广兴洲 110 千伏输变电工程中，前期规划阶段，为有效减少变电站建设对湿地保护的影响，国网岳阳供电公司在实地勘探、多方研究的基础上，决定在原有广兴洲 35 千伏变电站站址上升级建设 110 千伏变电站，虽然工程难度较异地新建增大，但对生态环境的影响最小；前期准备阶段，开展环境影响评价、生物多样性评估等多项专题评估工作，以确保变电站建设不会对生态和生物生存环境造成不良影响；工程建设阶段，为尽量降低建设过程中对湿地环境产生的影响，整个变电站采用全户内布置，不仅进一步降低了环境噪声还可加快建设进度。

变电站的建成投运可进一步加强地方网架结构，大幅提高供电可靠性，为地方经济社会发展和湿地保护提供优质可靠的绿色能源支撑。

## 科学建设，有效开展生态环境治理

国网岳阳供电公司实施君山区钱粮湖镇采桑湖渔场 1# 中低压配电网改造等工程、10 千伏君望线电缆工程、35 千伏君广线电缆改造工程等多项电缆入地和架空线路绝缘化绿色生态工程，打造湿地鸟线安全网，维护湿地生态系统稳定。2020 年，为避开保护区核心区域，线路绕行 10 多千米，改造了 38.75 千米绝缘化线路。2021 年，新建、改造 10 千伏电缆线路 1.892 千米，10 千伏架空线绝缘导线 49.658 千米。2022 年，共新建、改造 10 千伏电缆线路 1.43 千米，10 千伏架空线绝缘导线 41.173 千米。

在电网项目建设阶段，坚持科学合理施工，严格管控水土流失和大气污染，加强对鸟类及植被保护工作。在水土流失防治方面，选用小型号挖掘机进行破土，最大程度保护施工区周围原有植被和绿化环境，对可移栽的地表植物就近种植，施工结束后，按原来的地貌进行恢复，选择当地翠云草、凤尾蕨、白杨树、水杉树等植被进行恢复性种植，减少土建造成的水土流失。在大气污染防治方面，通过定期洒水、物料装卸与掩盖同步等方式控制扬尘，合理组织施工、装卸、堆放，尽量避免扬尘二次污染；选择小型号、污染小的机械设备，减少污染物排放，最大程度地减轻空气污染。在植被保护方面，工程线路在施工时，尽量减少临时占地，合理布局临时堆料场、需修建施工便道的综合考量划定施工便道宽度等，最大程度地保护周围的植被；尽量少修建临时道路，施工结束

国网岳阳供电公司东方红（电骆驼）共产党员服务队在城陵矶国际集装箱码头指导船长使用岸电系统

后，立即恢复临时占地的植被，以避免被地表水冲蚀后造成水土流失。在鸟类保护方面，工程施工时避开鸟类的迁徙高峰期，控制光源，避免夜间施工的灯光对迁徙候鸟产生影响；加强对施工人员爱鸟护鸟的宣传教育工作，制定相关规定和监管制度，减小对鸟类生活的影响；搭建人工鸟巢时，避开鸟类的繁殖高峰期，为其提供良好的繁殖环境。

## 运行维护，做好全能"湿地管家"

每年大量的候鸟南归，在东洞庭湖湿地栖息筑巢，鸟类活动的增加使东洞庭湖区域涉鸟故障跳闸频发，为运维阶段的输电线路安全、可靠运行增加诸多隐患，而在发生电路故障的同时，也可能导致鸟类被电击伤甚至死亡，威胁鸟类安全，破坏湿地生物多样性。

**实施鸟类新居工程。**协同鸟类保护组织、协会等机构，多方参与制定鸟类新居工程方案，研究不同鸟类鸟窝的形式和特点，根据研究确定的鸟窝形式制作一批人工鸟巢。经过试点，选用仿原生态的人工鸟巢，并通过自身专业优势，结合检修停电、带电作业等方式从杆塔上拆除原始鸟窝，开展鹭鸟、喜鹊等鸟类的技术移巢，不能移巢的谨慎取出巢中的幼鸟和鸟蛋，放置在提前制作的新巢中，让湿地鸟类住上安全舒适的"新居"。

**升级护鸟装置。**国网岳阳供电公司通过对一系列防鸟措施的实验和观测，验证了加装防鸟刺虽可以有效防止因鸟类活动造成的跳闸故障，但亦存在较大的问题和弊端，极易被防鸟刺扎伤，同时也给线路检修带来困难。国网岳阳供电公司秉持护鸟爱鸟的原则，主要采用声、光防鸟器和防鸟挡板等防鸟装置。截至 2022 年底，国网岳阳供电公司累计投入项目资金 6314 万元，共安装防鸟装置 700 多个，绝缘化改造 10 千伏、0.4 千伏线路 283.8 千米，有效防止了鸟类被带电线路击伤或电击致死。

**开展"绿色生命线——候鸟迁徙保护"公益项目。** 挖掘候鸟迁徙保护工程在保护长江生态环境、推动绿色发展中的重要作用，将东洞庭湖湿地纳入品牌整体推广和对外捐赠范畴，常态开展"守护绿色生命线——候鸟迁徙保护"公益活动，落地国网公司对外捐赠项目，动员公司青年志愿者积极投身候鸟迁徙保护公益项目，促进更多的鸟类"新居"落地，实现从"护鸟"向"留鸟"的转变。

## 绿色运营，贡献绿色低碳景区建设

国网岳阳供电公司积极推进全电景区建设进度，开展景区内电气化改造，有效降低能源消耗废气排放对空气及水体的污染，缓解对湿地生态环境的压力。同时，加大湿地周边大型制茶产业、养殖基地的电能替代工作力度如与"君山茶业"合作打造电能替代典型示范合作项目，与当地大型养殖企业湖南旺君龙生态水产养殖有限公司合作推进电气化养殖，不仅可帮助企业降本增效，还能显著降低废水、废气、废渣排放对湿地周边生态环境的影响。

## 理念输出，凝聚社会湿地保护共识

**加强利益相关方沟通，增强意识。** 国网岳阳供电公司组织候鸟迁徙保护云监测培训址，邀请爱鸟保护协会专家授课，讲授鸟类生活习性，指导员工更好地保护鸟类；开展鸟类新居认购活动，动员全社会爱鸟人士进行成本价认购；组织校园鸟巢 DIY 活动，在景区开设鸟巢制作安置互动点；与东洞庭湖国家级保护区开展"联学联创""人工鸟窝"等活动。通过系统开展电力安全和爱鸟知识的双重宣传，汇聚社会力量促进湿地保护行动。

**成立"守护好一江碧水"实践基地，打造履责成果展示平台。** 结合新时代文明实践建设实践基地，全面展现国网岳阳供电公司锚地岸电建设、鸟线和谐共生、推进电能替代、开展志愿服务活动等"守护好一江碧水"的实际行动。同时，常态开展专题工作研讨交流和志愿者文明实践相关活动，为"守护好一江碧水"搭建交流平台，让新时代"守

国网岳阳供电公司东方红（电骆驼）共产党员服务队在君山区污水厂光伏现场查勘

护好一江碧水"文明实践志愿服务行动散发时代感、充满吸引力。

## 关键突破

**理念创新，由"驱鸟"变"共生"。**鸟类活动已成为产生电网故障的主要原因，严重影响电力安全可靠供应，传统的驱鸟做法是在杆塔横担上安装声、光等防鸟器、防鸟刺等装置，但鸟类停留在输电铁塔上时，极易被防鸟刺扎伤，同时也给线路检修带来困难。鸟类是生态系统的重要成员，是与人类相互依存的朋友，在维持自然界生态平衡中的作用不可小觑。国网岳阳供电公司秉承爱鸟护鸟原则，针对鸟类活动栖息等特点，在输电杆塔危险区域选用各类人工鸟巢、护鸟盒、护鸟挡板等生态防治装置，避免鸟类在危险区域停留，同时利用人工鸟巢和人工栖鸟架，合理引导鸟类在杆塔安全区域内筑巢和栖息，为鸟儿营造天然乐园。同时，在经常发生输电线路树障、涉鸟故障的区域采取架空线路绝缘化和电缆入地的方式进行电网改造，并在鸟类经常筑巢的线路附近搭建新的鸟巢或者搬迁鸟巢，减少砍青，降低鸟类触电危险，减少电网树障、涉鸟故障，既提高了电网可靠性，又保护了湿地树木和鸟类，实现了由"驱鸟"向"共生"的理念转变。

**模式创新，由业务层面电网保护转变为湿地环境共护共享。**国网岳阳供电公司从过去单纯的电网保护模式转变为与环境和谐共生的双赢发展模式，协同中国科学院等专业机构专家，为电网工程选择科学合理的施工位置和施工时间，主动避让珍贵动植物生境。凝聚内外部多方力量，组建一支有爱心、懂专业、勤钻研的守护湿地行动联盟队伍，形成地方政府、护鸟协会、林业部门、景区主管方、鸟类观察站等各利益相关方内外合力、紧密联动的交流合作机制，持续开展鸟类调研、巡护监测等工作，共同探索湿地生态保护的做法与成效，整合各方优势资源和专业能力，实现运营模式从被动的电网保护转变为主动寻求与环境和谐共生发展，让生物多样性保护理念深深扎根到日常工作中。

**管理创新，由定性价值总结到定量价值评估，输出典型经验。** 国网岳阳供电公司引入自然资本核算方法对采桑湖渔场电网工程建设运维的成本和效益进行核算，采用定性、定量和货币化方式清晰明确地呈现电网工程对企业自身和社会带来的综合效益，总结湿地与电网共生的难题、经验、做法，帮助更多城市湿地更好地复制岳阳湿地保护做法。

## 多重价值

**电网可靠性稳步提升。** 2022 年，配电线路涉鸟故障跳闸共计 52 次，供电线路跳闸故障同比下降了 25.9%，减少停电时间约 7.7 万小时。

**经济效益显著提升。** 国网岳阳供电公司在与湿地保护区和谐共生的电网服务中也实现了提升电网运营效益的目的。此外，公司在东洞庭湖湿地供电服务和生物多样性的保护实践，吸引了媒体的广泛关注，也获得了全球能源互联网发展合作组织、各级政府的一致认可，塑造了国家电网呵护洞庭湖湿地、助力绿色发展的责任央企形象，赢得了社会各界的广泛信任和认同，有力彰显了国家电网的品牌价值。

**筑牢湿地生态安全边界。** 国网岳阳供电公司候鸟迁徙保护公益项目，开展架空线路绝缘化和入地改造，持续提高土壤水源涵养和土壤肥力，每年可减少砍树 1342 棵，相当于吸收二氧化碳 24.56 吨，为实现碳达峰碳中和贡献力量。水在变清、岸在变绿，洞庭湖区候鸟适宜生境面积进一步扩大，候鸟数量及种类逐年攀升。2022 年冬季，洞庭湖区越冬水鸟数量达 37.83 万只，洞庭湖真正成为鸟类的天堂。东洞庭湖全年环境空气质量优良率达 97% 以上。

## 各方评价

**岳阳市东洞庭湖自然保护区管理局：** 国网岳阳供电公司贯彻可持续发展之道，探索人与自然和谐相处之道，为东洞庭湖湿地生态保护做出了巨大贡献。

**岳阳市君山区政协主席傅大斌：** 国网岳阳供电公司在生物多样性保护方面作出了积

极有益尝试，展现了国有企业的责任担当，值得肯定推广，复制典型经验。

**岳阳市野生动物保护协会会长刘友君：**国网岳阳供电公司积极尝试鸟类保护，投身爱护鸟类公益行动，参与保护野生动物志愿服务，非常感谢积极有益的主动作为。

**东洞庭湖国家级自然保护区管理局原总工程师姚毅：**通过积极开展湿地保护，洞庭湖的生态环境越来越好了。

**国网岳阳供电公司东方红（电骆驼）共产党员服务队队员刘兵：**看洞庭湖碧水蓝天，百鸟齐飞，人与自然的和谐才是经济发展与环境保护的基石。

**社会群众杨女士：**东洞庭湖的生态环境与我们生活息息相关，国网岳阳供电公司通过生态修复、爱鸟护鸟、电网改造、线路检修等方式，极大地保障了我们的用电安全和生活环境优美。

## 三、未来展望

岳阳公司致力于引入可持续发展理念，积极探索创新生态保护的方案，将生物多样性保护的理念贯穿电网项目建设与运维的全过程，有效推动了东洞庭湖保护区环境的修复和改善。

（撰写人：吴海波、杨小丽、张华、李奕佳、辛若江、刘巍）

国网四川省电力公司凉山供电公司

# 数智赋能，筑牢森林草原"防火墙"

## 一、基本情况

### 公司简介

国网四川省电力公司凉山供电公司（以下简称凉山公司）始建于 1974 年，是国网四川省电力公司直属的特一型供电企业，供区面积为 4.89 万平方千米、供电人口为 430 余万人，是凉山州主要供电企业。凉山公司始终坚持政治引领，从全局和长远的角度，不断创新思维观念、体制机制、发展方式，对外突出政企联动、法企共进，对内强化可持续发展意识、多专业协同，以电力设施为基础，融合数智技术，助推森林草原火灾防控能力的全面提升，切实防范重大自然灾害风险，奠定凉山公司高质量安全发展基础，助力地方经济社会发展。

### 行动概要

社会、经济、环境的协调发展是电网企业需要重点考虑的战略性问题。面对凉山州境内易发、多发森林草原火灾、易造成输电线路故障停电等问题，凉山公司以森林草原防灭火工作为切入点，充分运用"大、云、物、移、智"技术，搭建输电线路智能巡视平台、气象指数热力图等实用工具，实现对全州实时气象的全面掌握，对森林草原的全方位巡逻、无死角监控，构筑数字化、网络化、智能化森林草原火灾防"火"墙，做到火情早发现、早预报、早扑救。通过政—企—民三方联动，为全社会提前做好森林草原防灭火工作

可持续发展
**目标**

提供快捷、简单、精准、实时的电力、气象数据支撑，提升森林草原防灭火工作的全民参与度，推进创新、协同、绿色、开放、共享理念的落地践行。

# 二、案例主体内容

## 背景和问题

**森林草原火灾防范形势严峻。**凉山州地形地貌复杂，山地占比近 90%，森林覆盖率占 46.4%，每年 11 月至次年 5 月为典型旱季，是全国最高火警区域之一。加强森林草原火灾防控事关资源环境保护和生态安全，是实现全面、协调、可持续发展的重要任务，也是"人民至上、生命至上"意识的具体实践。

**电力保供与森林保护矛盾。**凉山州境内有四川公司运维管理的穿越林区输配电线路505 条，总长度约 10300 千米，线路途经 11 个高危火险县和 6 个高风险火险县，防火形势异常严峻。凉山州内重要输电通道、重要断面、特高压线路一旦发生山火故障跳闸，势必造成水电送出受限影响"西电东送"能源战略，难以提供稳定可靠的电力供应。若需避免森林草原火灾对电力设施的毁灭性影响，保障稳定的电力供应，需要清理树木形成电力通道，这将对当地生态和生物多样性造成严重破坏，不符合"绿水青山就是金山银山"的发展理念。

## 行动方案

### 完善组织机构建设，形成预警机制

严格执行"设备主人制""线路长制""1+1 蹲守制"等工作要求，对穿林区输配电线路重点区段和关键部位开展"靠前驻防"、全面布控，推进实施驻点蹲守，在供区内14 个县域设置蹲守点 278 个，安排 556 人次 / 日蹲守力量，对现场风速、周边突发情况、线路运行情况以半小时为周期进行记录汇报，落实好输配电线路紧急停运避险，全力守好"关键时段"。建立各作业施工现场"灾害观察员制度"和"乡镇村联络员制度"，把防火责任细化落实到每一个站所、班组和个人，提升一线员工既是防火"情报员"又是"战斗员"的能力，建好防火"瞭望哨"。

基于公司防灾减灾中心实现气象数据、输电线路杆塔周边环境的实时监控，构建州—县—所三级防灾减灾中心为核心的信息裂变传递模式，及时准确地对火情、雨情、水情等气象数据进行滚动预报，加强对次生灾害的预警，目前已将灾情响应时间由原来近 1

个小时压降至 10 分钟以内，便于及时预警森林草原火灾、汛灾等自然灾害，做好现场巡视和应急准备工作。

## 以大数据推动设备安全稳定运行

### 打造气象指数热力图，防火气象数据全民共用

组建专业团队，加强政企联动。凉山公司与凉山州气象局成立联合攻关小组，共同开发"气象指数热力图"。凉山公司根据凉山州政府划分的高危火险区域和高风险火险区域，结合公司输配电线路穿林区情况，在重点关注区段安装微气象装置 194 个，负责产品的设计开发、网络运行环境的搭建及网络安全保障、产品的推广使用。凉山州气象局负责提供所属 785 个气象监测站点的设备维护、全量气象监测站点气象数据库接入及专业技术指导。

开发小程序，实现气象数据可视化呈现。在数据可视化阶段，凉山公司针对政府等外部用户搭建"气象指数热力图"微信小程序，针对内部用户，同步部署于 i 国网 App 客户端，"气象指数热力图"结合凉山州行政区划图，实现数据分区展示。气象数据跟随凉山州气象局数据同步更新，可 24 小时不间断展示风力、降雨量与温度的气象热力图，以不同颜色直观而准确地展示不同区域的气象分级情况，帮助用户快速找到需要关注的区域，便于及时、准确地做好灾害防护工作。i 国网 App 版本中，凉山公司将气象数据与线路数据充分融合，实现了可视化展示任一气象监测站点周边 2 千米、

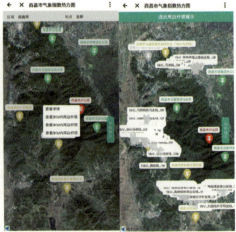

任一气象站点的全部气象信息展示　　　　　任一气象监测站点周边杆塔展示

3 千米、5 千米的输电线路杆塔信息的功能，出现大风、暴雨或高温天气预警时，可选择查看恶劣天气具体影响的杆塔信息，助力线路运维人员提前有针对性地开展巡检、隐患排查工作。

融合配电自动化系统，电力供应持续可靠。配电自动化系统结合实时气象数据，当某地风速持续 10 分钟超过 7 级，有可能危及公司输变配设施或电网安全运行时，按照"风力达到要求立即拉停，风力降低到阈值立即送电"的原则，将大风停运避险时间由原来的小时级有效缩减至分钟级。通过合理安排易受大风天气影响的穿林区电网重要联络线路紧急停运避险，提前做好负荷转供倒供安排，有效防范了大风天气影响下重要联络线路突然故障跳闸引发的电网大面积停电风险，使老百姓用上电能供应稳定的"可靠电"、电压质量合格的"优质电"、故障自动切除的"安全电"，有力地支持了防山火工作的开展，避免了电力火灾的发生。

### 打造输电线路智能巡视大数据平台，以人工智能驱动险情自动识别

**在感知层，**凉山公司选取处于地理环境复杂、气候环境恶劣、火灾易发区、偏远不易到达区、缺陷易发等区段的输电线路，部署物联网图像视频终端和微气象状态监测装置 2110 台，实时监视线路周边环境，采集火点、烟雾、风力、温湿度等关键数据。

**在网络层，**在无运营商信号覆盖地区，采用双层异构智慧物联组网，利用点对点接力方式将输电线路上的图像数据和传感数据传至"边缘物联代理"，通过"边缘物联代理"等设备安全接入物联管理平台，即"自微组网 + 多跳组网"；有运营商信号覆盖地区，通过边缘物联代理汇聚其覆盖范围内输电线路上物联感知终端所采集数据直接接入物联管理平台，即"单点组网"方式。

安装在输电线路杆塔上的可视化装置

无信号地区自组网设备

**在平台层**，通过深度学习、人工智能、机器视觉等技术，从图像 / 视频中获取状态信息应用，结合外部气象数据（温度、相对湿度、降雨量和风速等）、卫星遥感条件数据（可燃物类型、含水率和植被覆盖率等）、人类活动（祭祀、春耕、意外等），构建起山火识别模型，对从输电线路传回的图像进行识别，预测山火发生的风险。

**在应用层**，搭建输电线路森林防火预警功能模块，利用人工智能平台的烟雾、山火智能识别模型对采集的图像进行智能识别，在可视化维度实现 AI 识别，提高识别准确率和效率。最终实现实时火情灾害预警，全面提升山火监测、预警与预测能力。

基于输电线路智能巡视预警的运行环境、设备本体缺陷问题，落实综合检修"一线一案"，消除通道隐患 344 处，开展登杆检修 20586 基，消除本体隐患 812 处，完成 6373 千米输配电线路飞巡和树竹清理。主动配合地方政府将森林草原电力通道纳入当地防火隔离带、森林防火通道建设，共同划定兼作防火隔离带、森林防火通道的电力通道 1000 千米，以政企合作实现"三道"的共建、共用、共防、共治；防火期结束后，结合乡村振兴工作开展防火隔离带生态治理，在线路通道下方种植经济林木 7.9 万余株，有效防止水土流失，消除了树线矛盾。

### 关键突破

### 共建共用，打造政—企—民合作新模式

森林草原防火需要当地天气信息、周边环境实况等各方面数据，现有的气象查询小工具数据存在滞后、不精确、点位少等问题，电力设施周边实时环境无法及时把握，难以对森林草原防灭火工作提供精准、实时、便捷的数据服务。凉山公司积极探索与凉山州气象局的合作，打造气象指数热力图小程序，导入全州气象站点实时数据，结合公司自建微气象站，确保气象数据能全面覆盖公司供区内的所有重点电力设施，同时在线路

气象指数热力图接入
凉山州应急指挥中心

输电线路智能巡视大数据平台接入
凉山州应急指挥中心

杆塔上安装可视化装置，确保现场实况及时回传，有效支撑森林草原火灾的决策和部署工作。目前，气象指数热力图和输电线路智能巡视大数据平台已接入凉山州应急指挥中心进行联合监控，实现了山火信息的共享共用。气象指数热力图面向社会进行大范围的推广运用，打造了政—企—民协力共防森林草原火灾的团结局面。

### 精准预警，开发森林草原火灾监控新模式

输电线路森林防火预警功能模块，以线路周边 500 米 ×500 米的网格化遥感数据为基础，运用线路的环境数据、网络新闻信息等，利用算法模型，能够展示当天及未来 7 天内的疑似山火点，凉山公司可根据预警信息开展针对性巡视和重点关注，在紧急情况下，通过可视化装置实时视频查看现场的情况，做到突发性远程视频巡视，与传统的现场蹲守、人工巡视相比，极大地减轻了人员投入，缓和了人力资源紧张的现状，降低了在高海拔森林山区人工巡视的安全风险。

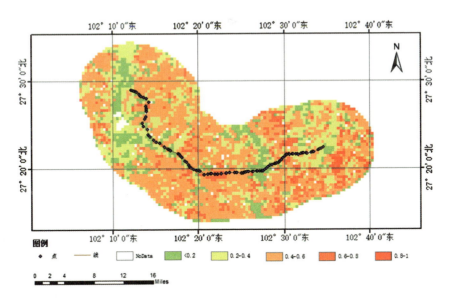

网格化山火预警

## 多重价值

**经济效益。** 截至目前，已发出大风预警 21390 次，实现电网 7 级及以上大风的停运避险 2231 条次，发出山火预警 3764 次，共同构筑森林草原防火墙。2021 年以来已发生的 56 起山火，均在初期便掌握了山火情况，迅速开展应急响应，指挥设备停运避险，

有效避免了因森林草原火灾导致的电网设备损坏，保障了电网设备的安全稳定运行，电力供应持续稳定。输电线路一次全面巡视效率由耗时 25 天缩减至分钟级，巡视成本由 174 万元降至几乎零费用，经济效益得到了极大提升。

**环境效益。** 凉山公司以数字化、智能化提升山火防治技术，减少森林草原火灾的发生，减少因森林草原火灾造成的二氧化碳大量释放，守护了森林草原的碳汇能力，同时保障了电网的安全稳定运行，线路停运条次同比减少了 93%，稳定外送清洁能 1471 亿千瓦·时，实现减碳 7736 万吨，将"电力通道"变成落实国家"碳达峰、碳中和"战略部署和助推地方经济社会发展的"黄金通道"。

**社会效益。** 防山火蹲守人员仅通过气象指数热力图便可实现"冬季观风速，夏季观雨量"的"一站式"查询，将气象查询时间从 7 分半降低至 40 秒；凉山公司自建微气象站数据被凉山州气象局认证并应用于气象播报，全面确保防汛、森林草原火灾防控工作更加高效准确，保护了绿色资源和人民生命财产安全；结合乡村振兴开展生态治理，将"防火走廊"建设成为"生态走廊、致富走廊、经济走廊"。

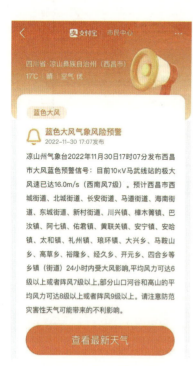

微气象监测数据用于政府气象播报

## 各方评价

基于数智赋能构筑的森林草原"防火墙"有效推动了凉山州的防火技术手段升级，以数字化技术为桥梁，打通了与政府、社会各界的防火联动新路径。充分运用地方各级政府宣传平台、系统内网、"凉山供电"微信公众号、微博等开展森林草原防火和电力设施保护宣传，刊发稿件 150 余篇次；在央广网、新华社、《四川经济日报》《凉山日报》等各大媒体网站刊发相关文章 40 余篇次；在防火重点时段，与凉山州电视台、西昌市电视台联合制作节目，以全方位、多角度、全覆盖的森林草原防火宣传教育，营造全社会共同了解、关注、参与、支持的森林草原防火氛围，减少了野外违规用火情况发生，有效保护了当地的森林草原绿色资源。

## 三、未来展望

凉山公司将始终坚持可持续发展理念，做好森林草原火灾防控工作，推进森林草原火灾防控技术手段新突破，实现防灾减灾无人化、智能化新业态，持续巩固森林草原"防火墙"，促进凉山公司自身发展与地方生态环境发展和谐共存，以实际行动保护自然资源和生态环境，全力守护绿水青山。

（撰写人：刘悦、徐双江、蒲春梅、刘姣玉、张伟）

国网山东省电力公司泰安供电公司

# "绿色 + 智慧"电靓大美泰山

## 一、基本情况

### 公司简介

国网山东省电力公司泰安供电公司（以下简称国网泰安供电公司）始建于 1973 年，现下辖 14 个职能部室、13 个业务机构及新泰、肥城、宁阳、东平 4 个县公司。现有全民用工 3477 人，担负着 6 个县（市、区）547.2 万人口、269.4 万用电客户以及 7762 平方千米区域的安全供用电任务。泰安电网以 220 千伏为主网架，网内有泰山站、岱宗站、新泰站 3 座 500 千伏变电站，35 千伏及以上变电站 166 座，变电容量 17491.2 兆伏安；境内 14 条 500 千伏超高压线路长度为 549.46 千米；±800 千伏昭沂线过境长度为 113.177 千米；35 千伏及以上输电线路 376 条，线路长度为 5043.6825 千米，电缆长度为 174.4023 千米；10 千伏配电线路 1074 条，线路长度为 14341.4348 千米，电缆长度为 2322.1542 千米。2022 年，全市全社会用电量为 261.58 亿千瓦·时，公司售电量为 204.07 亿千瓦·时。截至 2023 年 7 月 10 日，国网泰安供电公司实现连续安全生产 9064 天。近年来，泰安公司先后被授予全国文明单位、全国纪检监察系统先进集体、全国电力行业"用户满意服务"单位、国家电网有限公司文明单位等荣誉称号，多次被评为山东省供电公司先进单位、先进基层党委。

### 行动概要

2022 年，为满足泰山供电可靠性需要，国网泰安供电公司运用

"绿色 + 智慧"施工理念，开展 35 千伏中天门变电站第二电源工程建设。国网泰安供电公司将电缆施工与泰山东御道步道建设同轨同步，避免了对泰山生态环境造成二次破坏。坚持"沟道原土回填、遇树迂回避让、遇石无痕包塑、轨道绿色运输、后期仿石装点"，实现电力设施与自然环境完美融合。应用智能感知设备，加强山火监控、沿线植被地貌监测，多次组织人力搬运电缆上山，将环境影响降到最低。该工程案例被新华社等媒体报道，全网阅读量超千万，入选联合国《生物多样性公约》典型案例库，荣获"510 能源产业品牌宣传周"一等奖。工程在提升泰山供电可靠性的同时，实现了电力施工与生物多样性保护的完美融合。

## 二、案例主体内容

### 背景和问题

泰山是世界首例文化与自然双遗产，植被覆盖率达 97%，树龄 100 年以上古树名木 18195 株，其中 24 株被列入世界遗产名录，山体留有 20 余处古建筑群，2200 余处碑碣石刻。

作为国际旅游城市，良好的生态环境对泰安而言就是第一生产力。近年来，泰山用电需求日益增大，泰山索道、岱顶气象站等都需要稳定可靠的电力供应。建设一条 35 千伏线路，解决泰山极顶单电源问题迫在眉睫。同时，泰山作为国家 AAAAA 级景区，历史、人文、自然资源丰富，工程施工必须在最大程度上避免对原有环境以及动植物的影响。国网泰安供电公司主动探索景区输电工程建设和运营新路径，以绿色保护式建造理念实施 35 千伏中天门第二电源工程，全面提升泰山极顶供电可靠性，在不破坏生态系统和生物多样性的同时，促进地方经济社会发展、提升旅游业可持续发展水平。

### 行动方案

#### 建设组织与管理机制搭建

结合服务泰山的实际情况，打造特色服务"延伸体"。依托泰山景区智慧供电服务平台，积极对接景区消防大队，建立山火防控协同联动机制，联合开展消防演练和防火宣传。协同开展文明劝导，助力提升游客体验。组织开展多跑、多查、多说的"三多"上门志愿服务，常态化开展好安全用电检查。针对山上客户购置物品不便的问题，开展"捎带"志愿服务，减少客户上下山的"奔波之苦"。

以"党建"为纽带，打造岱顶党建"共同体"。与南天门管理区、岱顶派出所、南天门消防中队等单位开展党建联建联创，打造岱顶党建"共同体"。活动联谊，每月组织岱顶驻守党员开展主题党日活动，每季度开展工作交流。工作联动，结合各单位工作性质、业务办理流程等实际情况，汇总编印业务办理"一本通"。典型联推，加强对外宣传和典型选树。

成立"岱顶彩虹"青年突击队，打造岱顶彩虹青年"融合体"。挑选各专业的青年骨干，实行"重点工作＋志愿服务"运作模式，结合"青春光明行"等志愿服务活动，引导团员青年积极参与到泰山主景区重要用户保电、安全用电检查、优质服务等重点工作中去。将团青工作与岱顶彩虹青年突击队紧密结合，打造岱顶彩虹特色品牌，增强青年奉献意识，全面展现青年突击队的良好风貌。

### 建设平台资源保障

国网泰安供电公司充分应用互联网、物联网、大数据等技术智能感知设备，提高了工程施工全过程智慧化水平。将 LTE 网络与智能 Wi-Fi 技术融合，与公网进行混合智慧组网，破解山地信号弱或无信号难题，打通"最后一公里"的信息传送通道，做到在线监控"不掉线"。"以智慧促安全、用创新促环保"思维，突出智慧化建设，试点探索 6 条措施应对山区施工难题。一是紧抓深山作业安全风险特点，应用北斗定位安全帽，实时监控动态信息，精准护航深山作业人员。二是破解山地信号弱或无信号难题，将 LTE 网络与智能 Wi-Fi 技术融合，与公网进行混合智慧组网，打通"最后一公里"的信息传送通道，做到在线监控"不掉线"。三是辨识雨后腐殖易产生有毒气体风险，开展电缆井有限空间作业"智慧"感知，保障一线施工人员生命安全。四是联合景区管委、景区供电中心，深度应用山火监控预警装置，三方齐监督，及时守护山地森林资源安全。五是采用无人机等方式开展环保智慧定期普查，对电缆沿线原始地貌、建设完成植被恢复期、环水保措施落实情况等进行遥感监测，严格坚守绿色保护红线。六是应用水土流失智能在线监测设备，通过对现场地面、坡面多角度、连续性激光扫描测量，为水保环境分析提供智能化、可视化管理应用，有效保护山区发展生命线。

### 共绘生态美丽画卷

为避免施工过程中对泰山生态环境造成破坏，国网泰安供电公司主动探索景区输电工程建设和运营新路径，创新提出"电力线路与绿水青山相融合"的理念。在"从哪里上山"的问题上，国网泰安供电公司选择了正在施工的景区东御道步道规划路线，既避免了电缆施工对泰山生态环境的二次破坏，又便于后期电力线路的检修维护。在项目规划阶段，施工人员克服山中 GPS 信号弱等难题，沿山路步行勘查数十次，用皮尺一点点绘制出线路路径"一张图"，避开了动植物生长运动区域及历史文化、文物古迹，将对生态的影响降到最低。

工程改造过程中加强与主景区生态环境的协调融合。在选取设备位置的过程中，公司与泰山风景名胜区管理委员会充分沟通，在不影响主景区景观风貌的前提下，确定设备基础位置，此外，在工程竣工后，公司在管委会有关部门的指导下，移植 20 余株景观树对设备进行隐蔽，使设备与环境和谐融洽。在岱顶供电服务站外部环境整治过程中，一律采用仿古建材，保持整个景区的古风古貌，同时对装修过程中产生的建筑垃圾，不惜成本采用"人力＋货运索道"的运输方式运至山下，坚决维护泰山风景名胜区的优良风貌。

实施电能替代全覆盖，着力打造"零碳"景区。改变岱顶、中天门商铺使用灌装煤气取暖、经营现状，实地走访梳理 16 户可改造商户，促请景区管委会配合，实现"以电代气""以电代油"全面覆盖，打通电能替代客户新装、增容申请绿色通道，落地实施零上门、零审批、零投资"三零"服务，提速泰山景区新装、增容业扩接入。打造电能替代"泰山特色"，推动主景区能源消费侧电气化、高效化、清洁化发展，不断提升泰山主景区安全风险防控能力。

实施"煤改清洁能源"改造，助力"碳达峰""碳中和"。精准高效实施煤改电项目。全力协同配合景区规划建设部及黄前镇、下港镇、大津口乡 3 个乡镇完成 6010 户"煤改电"工作，通过对上积极争取，对内深度挖潜，有序开展 12 个村的电网改造，新增配变 16 台 4600 千伏安，新建 10 千伏线路 20 条 3.19 千米，新建和改造 0.4 千伏线路 14.94 千米。

加快分布式光伏并网，倡导绿色新能源发展。近年来，随着分布式光伏发电迅猛发展，山东省低压分布式光伏装机已超过 1960 万千瓦，位居全国第一。作为新一代供能模式，分布式能源系统最主要的优点是用在冷热电联产中，通过对光能变为电能的发电方式，有助于生态环保。目前，景区中心共受理分布式光伏 534 户，合计容量 9712.93 千瓦，主要分布在下港、黄前、大津口等地，旅游经区、景区地处市区相对较少。下港 390 户，容量为 9712.93 千瓦；黄前 109 户，容量为 2402.755 千瓦；大津口 23 户，容量为 547.42 千瓦；景区 11 户，容量为 314.18 千瓦；旅游经区 1 户，容量为 52.38 千瓦。其中，针对农村地区配变容量不足问题，超前摸排配变光伏接入容量占比，按照轻重缓急通过配变轮换、项目包增容和常规新增布点等项目限时解决，为下港乡朝阳村和大林村分别新上 2 台 400 千伏安箱变，做到科学有序、应并尽并、应接尽接。

### 推进构建清洁低碳的能源供给体系

开展电缆全覆盖普测，为做好供电服务提供基础支撑。开展泰山主景区高低压电缆普测，建立详细的电缆资料台账，明确景区内高低压电缆的敷设方式、走向、投运时间、型号、中间接头位置和个数、故障记录等资料，绘制电缆路径图，为主景区供电服务数字化转型提供数据支撑。

优化泰山景区智慧供电服务平台，全面打造"数字泰山"。基于 5G 通信、数字孪生、数据融合等现代信息技术，建设泰山全域智慧电网辅助系统，对中天门变电站、配电电缆线路、岱顶智慧配电室及重要台区用户，开展数据集中接入和智能分析，实现从变电站至用户的全场景展示建设，进一步提升主动运检水平。发挥泰山景区智慧供电服务平台优势，对平台部署的防山火摄像头进行维护升级，进一步做好泰山景区的防山火工作。

强化协同联动，完善建立应急保障体系。加强与泰山假日指挥中心沟通联系，开展

泰山第二电源智慧化施工

采用人力＋货运索道运输的方式运至山下

结对共建，实行资源共享，借助其应急仓库，配备应急发电机、照明灯具、ups 电源、抢修材料等物品，针对电力故障、抢修等突发情况，协同假日指挥中心人员进行处置，共同建立应急保障体系，提高应急处置效率。

纵深实践电力数据看泰山智慧旅游。泰安供电公司利用电力数据价值密度高、采集范围广、实时性强、准确性高等特点，针对泰山红门、天外村、桃花峪、天柱峰等重点景区，构建"景区—行业—服务"三维图谱，从电力视角对景区的旅游及用能情况、周边行业经济运行情况、供电可靠性情况等进行实时监测，为景区管理部门和地方政府部门提供电力数据支持。通过电力数据分析，服务游客、服务管理部门、服务景区用户，从而提高旅游业务的综合管理和运营能力，创建优质的旅游生态环境，提升旅游的服务品质，有利于推动泰安市旅游业的发展，进而带动泰安市的经济发展。

### 关键突破

在项目建设过程中未对周边生态环境及景观产生影响，电力智慧监测预警系统在保护泰山生态环境及生物多样性等方面起到积极作用，既平衡了电网建设与生态保护，又满足了经济、社会和环境三方面的协同发展。近年来，泰山供电可靠性不断增强，35千伏中天门变电站和 10 千伏岱顶开关站全部实现智能化，泰山景区迈入"不停电"新时代。旅游经济蓬勃发展，泰山生态环境持续改善，植被生长环境得到有效保护，野生鸟类由 2002 年的 155 种增加到 338 种，森林覆盖率由 2015 年的 92% 提高到 95.8%，泰安市空气质量优良天数逐年提升，获得了"全国水生态文明城市""中国十大秀美之城"等荣誉称号。

**一是建设山东省海拔最高、世界领先的变电站。**中天门第二电源工程，全线位于泰山景区内，以泰山东侧东御道为起点，向西盘旋而上，最终到达山东省海拔最高的35 千伏中天门变电站，电缆线路长度 7.797 千米，国网泰安供电公司历时 10 个月鏖战，全力铺就一条"绿色 + 智慧"现代光明之路，实现了索道多级供电保障，满足了泰山景区可靠性要求高、用户分散和山区保护区的特殊要求，增强了泰山景区供电能力和供电可靠性。

**二是绿色建造融入"绿水青山"，施工水平全国领先。**坚持与城市建筑相融合、与城市管廊相融合、与绿水青山相融合的"三个融合"方针，顺山而建，为山而想，深化"沟道原土回填、遇树迂回避让、遇石水泥封包、轨道绿色运输、后期仿石装点"保护式建造，力求电缆线路就势而建、减少植被破坏。

**三是绿色建造赋能智慧泰山，智慧程度国内先进。**通过无线通信智慧组网，解决山地信号弱难题，将 LTE 网络与智能 Wi-Fi 技术融合，与公网进行混合智慧组网，打通"最后一公里"的信息传送通道，做到在线监控"不掉线"。通过应用北斗安全帽、现场地质环境监测装置等北斗终端设备，确保项目部全方位、多视角、精准化、全过程进行工程建设安全管控。基于 5G 通信、数字孪生、数据融合等现代信息技术，建设泰山全域智慧电网辅助系统，对中天门变电站、配电电缆线路、岱顶智慧配电室及重要台区用户，开展数据集中接入和智能分析，提升主动运检水平。无人机环保智慧普查、水土流失智慧检测等系统为保护山林资源和植被再上一层双重"保险锁"，避免施工过程中的环境被破坏，保护山区发展生命线，共同守护绿水青山。

**四是电能替代全覆盖，泰山"近零碳"水平全国领先。**改变岱顶、中天门商铺使用灌装煤气取暖、经营现状，促请景区管委配合，全面梳理油改电、气改电、充电桩新建需求，打通电能替代客户新装、增容申请绿色通道，实现"以电代气""以电代油"

全面覆盖。打造电能替代"泰山特色"，推动主景区能源消费侧电气化、高效化、清洁化发展，不断提升泰山主景区安全风险防控能力。

### 多重价值

国网泰安供电公司 35 千伏中天门变电站第二电源"绿色＋智慧"施工模式，是电力施工与环境保护的新探索、新尝试、新突破，对于在旅游景区、环境保护区、生态脆弱区的各类工程施工具有很强的借鉴意义。尤其是施工过程采用的"沟道原土回填""遇树迂回避让""遇石无痕包塑""轨道绿色运输""后期仿石装点"，创新性强，推广价值大。该线路的投运，解决了泰山极顶单电源问题，实现了索道多级供电保障，停电零感知，增强泰山景区供电能力和供电可靠性，能够满足景区未来 10 年负荷增长需求。

### 各方评价

35 千伏中天门变电站第二电源工程施工新闻先后被新华社视频号、人民网、国资小新的微博、共青团中央的微博、中能传媒视频号、《中国青年报》客户端、电网头条视频号、《山东新闻联播》、山东卫视的《早安山东》、山东新闻频道的《新闻午班车》等媒体平台报道。2022 年 11 月 2 日，成为抖音平台同城热点话题，热度达 369 万。新华网微博转发并设置"电力挑山工合力扛电缆上山宛如长龙""工人肩扛数吨电缆铺遍泰山山脊"两个话题，总阅读量为 390 万，全网累计阅读量超 1000 万。该工程施工案例入选联合国《生物多样性公约》典型案例库，荣获"510 能源产业品牌宣传周"一等奖。

## 三、未来展望

在构建"绿色＋智慧"电靓大美泰山过程中，除了构建 35 千伏中天门变电站第二电源，下一阶段将重点推进桃花峪变电站建设，桃花峪变电站位于泰山景区，地理位置优越，力争打造成具有泰山独特文化的"绿色＋智慧化"工程，在基建"六精四化"管理的基础上创出新示范。目前正在基础施工，预计 2024 年 8 月投产。一是在绿色建造方面，总结"融入绿水青山"建造经验，将泰山文化和挑山工精神融入变电站建设，同步打造花园式项目部。二是在智慧工地建设方面，学习借鉴换流站现场及前沿智能化成果，结合实际、应用尽用。

（撰写人：张寒、王海龙、李佩、张伟、杜玉鹏）

国网湖北省电力有限公司神农架供电公司

# "双长双通道"助力
# "共建共享共治"生态文明建设新格局

## 一、基本情况

### 公司简介

国网湖北省电力有限公司神农架供电公司（以下简称国网神农架供电公司）前身是成立于 1999 年的神农架林区电力公司，供电区域覆盖神农架林区 6 镇 2 乡，辖区面积 3253 平方千米。供电服务常住人口 7.61 万人，用电客户 44021 户，其中居民客户占比约82.30%。近年来，国网神农架供电公司坚决贯彻落实"绿水青山就是金山银山"理念，结合神农架林区独特的地理生态环境，加快推进绿色生态电网建设，为创建国家生态文明建设示范区和"富美林场"、建设神农架国家公园和世界著名生态旅游目的地提供了坚强稳定的电力供应和支持。

### 行动概要

神农架林区是中国唯一以"林区"命名的行政区，林区的生态保护和可持续发展深受政府高度重视。与此同时，安全可靠的电力供应关系着林区的经济发展和社会民生运行。林区 70% 以上的电力线路穿越森林，线路通道树障砍伐不仅会给沿线生态环境造成一定的影响，还需经过多方层层审批。若通道得不到及时清理，会给电网安全运行、森林防火带来双重挑战。

为化解输电线路与林区生态资源保护的矛盾，确保电网安全稳定运行，国网神农架供电公司基于电力工人与林业工人基层工作的共同点和相似性，协同神农架林区林业管理局在全国首创性提出"双长双通道"解决方案，通过探索构建合作治理闭环管理模式，共建电力架空线路通道与林火阻隔通道"二合一"通道、护林防火网络、护林防火驿站，推进电力设施"线路长"与森林管护"林长"在巡视、检修、科技和宣传领域的全方位深度融合，打造电力设施保护和森林防火"共建、共治、共享"的局面，推进供电企业和林业单位从林电矛盾向林电合作转变，不仅破解了护线防火难题，提升了供电公司的品牌形象，还实现了双方资源的有效配置，增加了护林站和护林员的收益，以经济社会环境综合价值创造为林区高质量发展贡献了重要力量。

## 二、案例主体内容

### 背景和问题

神农架林区地处湖北省西北部，森林覆盖率高达 91.12%，是全国唯一同时获得联合国教科文组织"人与生物圈保护区网成员、世界地质公园、世界自然遗产"三大保护制度冠名的地区，也是三峡水库、丹江口水库的绿色屏障和水源涵养地，被誉为"华中之肺"。因其独特的生态功能和价值，林区生态保护和可持续发展深受各级政府的高度重视。

林区电网 10~220 千伏输配电架空线路共计 1360 千米，穿越森林的线路约 86% 以上。作为林区的供电企业，输电线路的建设运维会涉及植被砍伐，时常令基层电力工人陷入进退两难的尴尬处境。一方面，线路通道建设和清理需经由森林公安、林业和草原局、环保局等部门多重审批，缺乏有效的合作机制。另一方面，若线路通道得不到及时清理，周边林木易形成"线树放电"，引起输配电线路跳闸事件和火情，给电网安全运行、森林防火带来双重压力。近三年来，电力线路因树障跳闸 316 条次，占跳闸次数的 62%，引发小范围火情 3 次，容易给林区的生态环境及群众财产安全造成威胁。

### 行动方案

随着 2021 年国家"林长制"全面推行和生态保护力度的不断加强，电力线路通道清理越发困难。国网神农架供电公司基于与林业工人基层工作的共同点和相似性，联合林业管理局创新探索"双长双通道"模式，既解决了"线树矛盾"，又有效预防了森林火灾的发生。

"双长双通道"建设模型

### 立足长远，探索"双长双通道"闭环治理模式

为确保项目有效落地实施，国网神农架供电公司联合林业管理局探索可持续的"双长双通道"闭环治理合作推进模式，形成工作管理闭环。

**联合联管规范化。** 一是加强组织领导，成立指导小组。经与神农架林区林业管理局商议，双方成立神农架森林电力设施防火隐患治理及"二合一"森林防火标准化通道建设领导小组和工作小组，指导推动相关工作有序开展。二是确立合作内容，形成工作方案。经共同研究，国网神农架供电公司和林业管理局正式印发了《神农架林区森林资源保护与电网设施管理"双长""双通道（带）"建设方案》，明确"双长双通道"建设的总体要求、主要工作、重点任务、工作阶段。

**沟通模式常态化。** 一是建立联席会议机制。建立双方主要负责人会议联席机制，每年至少召开两次联席会议，总结经验，研究解决工作中的重大问题。针对突发问题、紧急问题，可召开临时性专题会议。二是建立沟通协调机制。建立双方业务部门常态化沟通协调机制，成立业务合作专班，负责及时对接工作，落实具体任务，确保信息互通，推进工作任务清单化、目标责任具体化、操作流程标准化。

**建设内容标准化。**依据《林火阻隔系统建设标准》及《66KV及以下架空电力线路设计规范》等国家标准及相关规定，共同编制"双通道"建设标准，指导行业规范，更大限度发挥电力线路通道和森林火灾防控价值。建立"双长"巡检标准。明确联合巡检职责职能、巡检范围、巡检频度、巡检措施等日常管理要求。

**考核评估可量化。**为推进"双长双通道"建设持续完善和改进，国网神农架供电公司和林业管理局根据单位管理性质，结合实际，将森林电力设施防火隐患治理及"二合一"森林防火标准化通道建设工作分别纳入各单位年度绩效管理目标，建立绩效管理标准，以便对实施结果进行持续跟踪评价。此外，双方建立联合表彰机制，对在相关工作中有突出贡献的集体和个人予以表彰。

### 双向融合，推进"双长"资源精准共享

在项目实施中，国网神农架供电公司与林业管理局积极推动"林长"和"线路长"在巡视、检修、科技和宣传领域的全方位深度融合，通过整合双方优势资源带动护线防火效率提升。

**"林长""线路长"巡视融合。**"双长"联合开展森林防火巡视，建立常态融合巡视机制，明确双方巡视任务、巡视职责，制定双方责任明细表、巡护周期、巡护责任内容，形成共同巡视成果。

冬季，输电运检班联合红坪林场开展共同巡视

**"林长""线路长"检修融合。**"双长"联合开展防火隐患处理，逐一落实隐患处理"双长"责任人，明确工作内容、措施及完成时限，确保火灾隐患早预防、早发现、早处置。

**"林长""线路长"科技融合。**充分利用国网神农架供电公司和林业管理部门的信息平台及设备效能，加强电力智能巡视平台与森林视频监控平台、电网线路信息一张图与林业一张图的深度融合，共同建立集无人机巡检、高山云台监控、"林电"一张图等为一体的信息化智能管理系统，弥补复杂地理环境中的设备缺陷，提高火灾隐患排查速度。

**"林长""线路长"宣传融合。**国网神农架供电公司和林业管理部门通过统一宣传资料、宣传标牌、宣传内容、宣传形式，共同面向林区居民、游客等宣传生态资源保护、防火用电安全和电力设施保护，增强对内引导力，提升对外宣传力，扩大舆论影响力。

**协同共建，创新打造林电"双通道"**

为确保林区森林生态资源安全，国网神农架供电公司与神农架林业管理局周密部署、精细安排，携手共筑森林生态"防火墙"。

**共建二合一"双通道"。**国网神农架供电公司深入开展林火阻隔带、电力线路路径的研究，配合林业管理部门编制神农架林区林火阻隔系统的规划。现有电力线路通道尽量纳入林火阻隔带规划范围内，形成"二合一"森林防火标准化通道。新建电力线路充

110 千伏堂宋线示范通道

分考虑林火阻隔带布置规划，在设计阶段合理选择路径，拓宽现有电力线路通道，更换为阻燃低矮植被，发挥生物林火阻隔带作用，达到一条通道、双方应用的效果，形成电力线路通道、林火阻隔带二合一"双通道"。截至 2022 年 12 月，已纳入林区林火阻隔系统建设规划的电力线路通道 278 千米，建成示范性双通道 20 千米。

**共建护林防火网络。**一方面，联合林业、气象、工信、规划等部门，绘制"神农架林区森林防火信息融合图"，指导"二合一"森林防火标准化通道建设项目规划、申报。另一方面，充分发挥 125 名"线路长"、324 名"林长"的基层引领作用，加强电力巡检专班、供电所所长和护林站站长、林区林长等基层队伍的工作联动，根据双方森林防火巡护周期特点，梳理信息交流流程，共同制定"防火隐患信息互报流程图"，形成信息互报常态机制，达到防火信息时时共享、防火隐患及时共治的目的。通过将每一片林木、每一条线路隐患排查整治监管的具体任务责任落实到人，确保森林有人巡、线路有人管、隐患有人治，构建森林防火网格化管理模式。

**共建护林防火驿站。**为解决护林员、巡线员吃饭、洗澡、住宿，无人机机舱充电维护等一系列难题，国网神农架供电公司结合护林站分布广、数量多的特点，联合林业管理局共同研究布置森林、线路巡护站网络，对现有的 56 个护林站开展光伏、充电桩建设，

古庙垭绿色全电护林站

补充防火装备、生活设施，实现站点绿色电源、网络信号全覆盖，共建绿色全电护林防火前沿基地。

## 多重价值

### 护线防火，提升供电公司品牌美誉度

通过"双长双通道"建设，一是增强了供电安全可靠性，提升了线路设施本质安全水平，2022 年输配电线路树障跳闸率同比下降 36%。二是减少了火灾隐患，2022 年通过联合巡检累计发现和处理火灾隐患 2085 个，未发生电力设施引发的森林火情。三是减少了林业部门和供电公司的"隔阂"，避免了各类矛盾纠纷，相关工作不仅为其他公司提供了可复制推广的方案，还获得了各方的高度评价，被人民网、《湖北日报》、神农架林区人民政府网等多家媒体刊发报道，进一步增进了各界对公司的理解和认可，提高了公司品牌美誉度。

### 助力双碳，促进线路与环境和谐共存

一方面，国网神农架供电公司通过与林业管理局共建驿站、植被恢复，助力碳抵消和碳减排。古庙垭护林站屋顶光伏平均每年可发电 1.2 万千瓦·时，节约能源消耗量 3635 千克，减少二氧化碳排放 9920 千克。另一方面，项目实施有助于减少重复采伐造成的水土流失风险和对原始地貌、动植物栖息地的破坏，促进线路与环境和谐相融，助力生物多样性保护。

### 降本增效，实现林电资源合理高效配置

项目加强了电网抵御自然灾害的能力，降低了林区电网因线路跳闸造成的经济损失，降低了基层巡检工作的强度。通过与林业管理局的合作，双方建立了强大的相互支援互补能力，有效提升了隐患排查效率，减少了双方重复性劳动及投资成本。此外，联合巡检每月还增加了护林员的人均劳务收入约 600 元，光伏发电每年可为古庙垭护林站增加光伏电量收入约 6500 元。

## 各方评价

**湖北省人大常委会相关负责人：**"双长双通道"建设工作有想法、有创新、有价值。

**神农架林区党委相关负责人：**"双长双通道"建设，具有"加减乘除"的功效，达到"一二三四"的目的。即增加了基层职能、减少了工作强度、搭乘了良势良机、消除

了火灾隐患，让护林防火"一劳永逸"，林电各有所获"两全其美"，林电单位、乡镇村、老百姓达到了"三方称心"，生态保护和电网运行实现了"四季平安"。

**基层林长：** "双长"融合以前，电力线路山火隐患得不到及时清理。现在，我们一起巡视，发现电力线路有山火隐患，现场就能立即解决。

## 三、未来展望

"双长双通道"建设的落地应用离不开林业管理部门、林电双方基层工作人员的共同协作。接下来，国网神农架供电公司将全面落实国家电网公司和林区党委、政府决策部署，持续改进并传播推广"双长双通道"建设经验，在探索中不断总结经验，固化森林火灾防控模式，完善线路通道清理长效机制。通过持续发挥供电公司与林业管理部门的优势资源，纵深推进林电合作，助力林区高水平保护高质量发展，为神农架国家公园建设和国家"双碳"目标实现做出新的、更大的贡献。

（撰写人：张雯雯、贾泽、袁奋、张元奇、朱玉洁）

国网江苏省电力有限公司连云港供电分公司

# 地热能重塑变电站"绿色空调"新体系

## 一、基本情况

### 公司简介

国网江苏省电力有限公司连云港供电分公司（以下简称国网连云港供电公司）成立于 1976 年，现有职能部室 14 个，业务机构 18 个，下辖赣榆区、东海、灌云、灌南 4 个区县供电企业，全口径用工 4300 余人，供电营业窗口 79 个，服务全市 255 万用电客户。

2022 年，国网连云港供电公司全年全社会用电量为 255.9 亿千瓦·时，同比增长 17.3%。全网最高负荷 492.2 万千瓦，连创历史新高。综合线损率下降至 2.34%，电费回收率为 100%。投产 110 千伏及以上线路 415.6 千米、变电容量 49.3 万千伏安。

### 行动概要

变电站是电力系统中非常重要的设施，其作用是将高压电能转换为低压电能，以供给用户使用。由于变电站内部设备密集，且电气设备工作时会产生大量的热量，因此变电站内部温度较高，如果长时间处于高温环境下，会导致设备老化、损坏等问题，从而影响电力系统的正常运行。因此，为了保证变电站内部设备的正常运行和延长设备的使用寿命，需要配置空调设备。而大型变电站的空调耗能非常高，相当于 300 户家庭的生活用电。

220 千伏梁丘变电站作为江苏北部电网加强工程，作为省内唯一一个采用地源热泵系统的变电站，地源热泵空调是采用节能环保的地源热泵系统，其冷热源采用安装灵活、易于控制的埋管式土壤源热泵系统，采用立埋的埋管方式，以水作为冷热量载体，水在埋于土壤中的换热管道内与热泵机组间循环流动，实现机组与大地土壤之间的热量交换。地源热泵系统能充分利用蕴藏于土壤和湖泊中的巨大能量，循环再生，实现对建筑物的供暖和制冷，因而运行费用较低。地源热泵比风冷热泵节能 40%，比电采暖节能 70%，比燃气炉效率提高 48%，所需制冷剂比一般热泵空调减少 50%。该项目预计年综合节能率超40%，年可节约电量 13 万千瓦·时，相当于每年减少消耗 41.7 吨标准煤、减少二氧化碳排放量 102.6 吨。

# 二、案例主体内容

## 背景和问题

2020 年 9 月，习近平总书记提出"碳达峰、碳中和"的绿色发展目标。2021 年 2 月，国务院发布了《关于加快建立健全绿色低碳循环发展经济体系的指导意见》，致力于促进经济社会发展全面绿色转型。国家能源局数据显示，2021 年，我国全社会用电量为83128 亿千瓦·时，同比增长 10.3%，且上升势头逐年增加。2021 年我国累计发电量为81121.8 亿千瓦·时，同比增长 8.1%。目前，化学能源占我国全部二氧化碳排放总量的88% 左右，其中电力行业二氧化碳排放约占能源行业的 41%。因此，电力行业是实现"双碳"目标的主要战场。随着全社会用电量不断提升，变电站建设数量与日俱增，建设的规模、技术、运维等方面标准要求也不断提高，加强变电站项目建设绿色施工水平的评价及环境效益的评估，对于提高电力使用效能、确保电力工程绿色实施尤为重要。在电网工程建设领域中，如何尽量节约资源和成本，减少碳排放，实现环保高效建设，是摆在电网建设者面前的一道亟待解决的难题。

**一是远程集中控制难。**据国网连云港供电公司统计，仅在连云港地区的各类变电站中就配备来自不同厂家的 7 种空调。空调型号的多样性极大地增加了实现"群调群控"的研发难度，导致空调成为变电站中唯一无法集中控制的电气设备。

**二是使用寿命周期短。**"从白到黑，从生到死"，变电站空调一旦开启就要持续工作到报废，这种高负荷的长时间工作状态相当于空调厂家的耐压实验，导致原本在正常环境下可达 10 年寿命的立式空调，在变电站内的平均寿命被缩短至 5.17 年。

**三是隐蔽资源消耗大。**变电站由于存在大量电力设备，发热量大且集中，导致室内空调运行时间长、能耗高。在运行规范方面，空调运行参数设置缺乏管理，制冷温度参数任何人员都可设置，同时更多的是根据个人感受进行调整。在维护检修方面，变电站均是无人值守变电站，距离运维中心平均有 30 分钟的车程，造成大量人力、财力的浪费。

## 行动方案

针对以往电网工程建设过程中存在绿色施工绿色技术标准不明晰，能源消耗较大，资源浪费，缺乏绿色数字化管理等问题。国网连云港供电公司针对梁丘变项目建设亟须开展变电站绿色低碳路径研究，从绿色策划、绿色实施、绿色升级改造、绿色评价四个维度，寻找关键突破口，以绿色低碳为目标，完成了梁丘变这座绿色变电站工程的全生命周期建设。

首先，在建设过程中，梁丘变全程贯彻绿色低碳建造理念，通过一系列创新举措，进一步加强了项目的可持续性和环境友好性。在资源利用方面，该项目不仅充分认识到废弃物的潜在价值，还采取了先进的技术鉴定和安全评价方法，确保废弃的电线杆、房屋建材和水泥路面等废旧物资得到合理处理。通过加工处理转化为新的预制成品，这些废旧物资在新建变电站中得到再利用，从而实现了资源的循环利用，有效减少了废弃物的产生，并显著减少了变电站建设中的物资碳排放。

其次，通过二次设计优化，进一步提升了梁丘变项目的低碳性能。采用全螺栓连接替代传统的现场焊接作业，不仅减少了焊接对钢结构镀锌层的破坏，降低了锈蚀风险，还提高了连接的稳定性和持久性。每一颗螺栓都承载着低碳的使命，确保了建筑结构的可持续性和环境友好性。

最后，梁丘变在水资源管理方面也采取了创新措施。引入全域雨水收集系统，不仅在施工期间与防尘喷雾联动，实现工地防尘用水零增加，还在投运后将收集到的雨水全部用于绿化养护。这种雨水的回收和再利用不仅减少了对传统自来水的需求，降低了水资源的消耗，还减少了对环境的不良影响，进一步提升了项目的可持续性。

梁丘变建成后，采取了多项措施，以实现绿色低碳高效的运行。这些措施综合考虑了能源利用、环境保护和经济效益，并在运营阶段取得了显著成果。在站内空调方面，梁丘变采用了创新的地源热泵系统。与传统的配电房常规空调相比，该系统能够有效降低能耗。据国网连云港供电公司统计，每年可节约约 17 万千瓦·时的电力消耗，同时还可减少约 180 吨二氧化碳等温室气体的排放。这一举措不仅降低了能源消耗，还显著减少了对环境的负面影响。

电抗器室通过优化通风设备，取消了原计划的 4 台空调，一次性减少了约 5 万元的投资。同时，这也有效降低了用电量。预计每年可节约约 2 万千瓦·时的电力消耗。这一措施不仅在经济上具有显著的效益，还有助于降低整体能耗，提升变电站的运行效率。此外，梁丘变还积极打造了"光伏、市电互补离网系统"。该系统结合光伏发电、地源热泵、照明灯和风机的联动运行，实现了变电站能源的内部循环。通过建设光伏充电桩停车位，变电站能够利用太阳能发电，并将多余的电力储存起来，以备不时之需。这一系统的运行使得能源的利用更加高效，减少了对传统电网的依赖。

梁丘变创新开发了"能耗监测智慧平台"，该平台实时显示站内光伏发电量、总能耗、空调能耗等运行参数，实现了能耗的可视化和透明化，使运维人员能够实时了解站点的能源状况，针对性地进行调整和优化，进一步提高了能源利用效率和运行的可持续性。

综上所述，梁丘变建成后通过多措并举实现了绿色低碳高效运行。这些举措包括采用地源热泵系统、优化电抗器室通风设备、建设光伏发电系统以及开发能耗监测智慧平台等。这些创新措施不仅减少了能源消耗和碳排放，还提升了变电站的能源利用效率和运行可持续性，实现了更高水平的可持续发展。

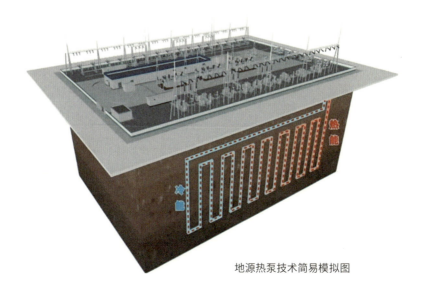

地源热泵技术简易模拟图

## 关键突破

梁丘变电站工程推广应用国家重点节能低碳技术 3 项、"建筑业十项新技术"项目 4 个大项 9 个子项，采用电力建设"五新"项目 7 项。其创新性采用的地源热泵系统是一种创新且环保的能源利用方式。地下浅层地能资源被有效地利用，通过地下换热系统与热泵机组系统的配合运行，将地能转化为冷热能源。循环水作为热交换的载体，实现了冷热的传递和分配。这一系统不仅具备制冷功能以满足夏季的冷却需求，还能在冬季为变电站提供温暖的供暖服务。

110 千伏梁丘变电站侧视图

虽然该项技术拥有众多优点，但是实际运用到变电站时，仍会面临一些难题。为此，我们在梁丘变的实际建设过程中实现了三个方面的关键突破。

**一是选择新型冷媒，适应变电站安全要求。** 常规地源热泵的冷热交换介质大多为"水"，但变电站内对水的使用有严格要求，更不能简单地将水管敷设在电气设备上方。我们通过对常用的几种制冷剂进行对比，最后选择了具有安全、环保等综合优势的 R410A 制冷剂。

**二是优化气流组织，提升温控效果。** 针对常规空调系统由于布局局限，出现了局部过冷、过热的现象。我们对空调气流组织进行重新规划设计。在空调内机选型方面，我们采用了顶部安装的风管机以及四方出风的嵌入式卡机。通过运用空气动力学原理，我们在室内创造了一种"上进下出"的气流循环，从而提升了空气交换速率，有效地解决了气流不畅、冷热分布不均等问题。

**三是空调系统与变电站建设同步规划，并纳入变电站统一运维管控。**我们创新地将地源热泵建设融入变电站规划建设的全周期，与变电站项目同时设计、建设、验收、投入使用。同时，在地源热泵控制系统中引入站内电气设备的投切信号，联动控制各区域需要周期性控温的调温设置，根据电网设备运行状态自动同步设置调温系统，达到了优化能耗目的。

除了系统的高效运行，梁丘变还应用了"能耗监测智慧平台"，进一步优化能源的利用。该平台能够实时监测和分析变电站的能耗情况，通过精确的数据掌握，对主要设备房进行温度控制和恒温调节，从而实现了能耗的最佳化。这种智能化的能耗监测系统，有效地降低了电力消耗，提升了能源利用效率，同时也为梁丘变在绿色低碳方面的实践带来了显著的成果。

## 多重价值

梁丘变在全过程中实现了绿色低碳高效的运行，并产生了涵盖经济、社会和环境综合价值的重要影响。在经济价值方面，梁丘变通过废旧物资的回收再利用，成功降低了物资碳排放并实现了成本节约。此外，采用地源热泵系统和优化通风设备等节能技术，每年可大幅度减少电力消耗和相关费用支出。多能互补离网系统和能耗监测智慧平台的创新应用提高了能源利用效率，为可持续发展提供了经济支持。

在环境保护方面，梁丘变通过废旧物资的回收再利用和能源节约措施，有效降低了碳排放和温室气体排放。同时，雨水收集系统的应用减少了对地下水的依赖，促进了生态保护和绿化工程的可持续发展。这些环境保护措施在减少资源消耗、减少污染物排放和改善生态环境方面发挥了重要作用。

在社会价值方面，梁丘变通过绿色建造和创新技术应用，提升了工程的智能化和可视化水平。这种智能化和可视化的运行方式不仅提高了工程的效率和管理水平，还为其他电网工程在绿色低碳和可持续发展方面提供了宝贵的借鉴和推广示范。梁丘变的成功经验为行业树立了良好的榜样，推动了电网工程向绿色低碳和可持续发展的转型。

## 各方评价

220 千伏梁丘变电站是连云港打造绿色低碳变电站的首次示范工程，同时为江苏省在变电站内使用地源热泵空调系统实现绿色低碳建设提供样板，是电网建设绿色实践的成功尝试。梁丘变荣获国家电网有限公司 2021 年输变电工程建设安全管理"五好示范工地"和"最佳实践示范工地"等荣誉，获得新华网等 17 家主流媒体争相报道。该工程建设过程中，充分利用各类先进技术，融合管理方式，实现减少年粉尘排放量 130.6 吨。通过"能耗监测平台"实时统计，发现能源消耗总量降低 60%，减少大气污染物排放量 494.4 吨，改善了周边的生态环境。为未来电网工程建设提供了良好的示范，使新型能源使用率提升 48%，改变了人们的能源消费结构，为各行各业绿色实践提供了宝贵的管理经验，在带动全社会践行绿色实践方面具有重要意义，彰显了国家电网有限公司服务祖国发展建设的品牌形象。

# 三、未来展望

梁丘变通过技术优化集成，打造地源热泵双系统模式，充分利用"互为备用"理念，避免同时故障，推动工程高效开展。在未来，国网连云港供电公司通过制订完善地源热泵系统勘察、设计、建设施工、运行管理及监测的技术规范，推广该项技术在变电站建设项目中有序开展。完善变电站原有的监控体系与地源热泵体系的联动控制。通过设定设备监测参数，包括热泵机组开关机状态、供回水温度等，实时监测运行参数，保障机组稳定运行，对耗电量等参数进行分析，以提高机组运行能效；通过完善遥控系统，实施温度头时控制，确保变电站空间温度处于最佳状态；通过强化故障报警功能，对地源热泵主要参数范围以及主要设备启停设置的故障报警点，并在所设置的故障点添加可能导致故障的原因，为运维人员提供工作便利。

（撰写人：杨茜、陈振新、丁超）

国网辽宁省电力有限公司本溪供电公司

# 电耀"最美本溪"，
# 为生态旅游产业发展注入新动能

## 一、基本情况

### 公司简介

国网辽宁省电力有限公司本溪供电公司（以下简称国网本溪供电公司）肩负着本溪市全境的工农业生产和人民生活供电任务，现有营业户数81.8万户。本溪公司下设13个职能部门、14个业务机构、5家县区公司，全口径用工2662人。近年来，国网本溪供电公司以习近平新时代中国特色社会主义思想为指导，全面贯彻党的二十大精神，坚决落实辽宁省电力有限公司及本溪市委、市政府各项决策部署，先后荣获全国文明单位，全国依法治理创建活动先进单位，辽宁省文明单位标兵，辽宁省（中）直企业先进基层党组织，辽宁省学雷锋志愿服务先进典型，国网公司先进集体，辽宁省电力有限公司先进集体、红旗党委，本溪市五一劳动奖状等荣誉称号。本溪公司积极履行社会责任，推进"碳达峰、碳中和"计划，建设了无约束清洁能源接入电网系统，持续完善清洁能源并网协同机制，推动电网数字化升级，持续提升"源网荷储"协同控制互动能力，服务乡村光能、风能等清洁能源发展，大力推进全社会节能提效，为本溪地方经济、社会、生态可持续发展贡献电网力量。

### 行动概要

本溪山水旅游示范区内有本溪水洞（AAAAA）和小市一庄（AAAA）两大景区，年游客流量可达330万人次，区域内生态环境保护尤为重要。国网本溪供电公司秉承"绿水青山就是金山银山"的发展理念，以"山水旅游示范区"为电网科学改造重点，结合区域内配电网实际情况，开展电耀"最美本溪"电网专题规划，充分考虑水洞、山区、温泉的地理与生态环境特殊性，创新实施"线路级微网＋台区级微网"的微网集群潮汐互济现代智慧配电网改造，着力破解电网设备与自然生态间的共存矛盾，有效提升景区供电可靠性，激发生态旅游产业新活力，让本溪更美、景区更热，充分展现电网企业保护绿水青山和服务经济发展的责任担当。

本溪山水旅游示范区主要景点

## 二、案例主体内容

### 背景和问题

**一是景区参观游览对供电可靠性要求较高。**本溪山水旅游示范区内的供电线路主要位于山区，由于特殊地貌和廊道紧张等，域内供电线路多为单辐射线路，无法实现大规模多回路供电，导致供电系统薄弱。由于受节假日、季节的影响，景区内负荷分布不均衡，波动频繁，电能质量难以提升。同时，因景区易受舆论影响，在确保景区原有地理环境和生态环境不被影响和破坏的前提下，势必对电网设备的占地面积、摆放位置、设施种类提出更高要求，高标准、高质量地保障景区供电可靠性难度较大，对电网前期规划与新技术应用带来挑战。

**二是电网设施与自然景观协调一致难度较大。**山水旅游示范区内以本溪水洞和小市一庄两大景区为主，内部道路交通铺设紧凑，开发相对成熟，导致景区内可利用土地空间资源有限，大部分电网仍然采用架空线缆与塔杆等单一老旧方式，影响游客观感。而目前大部分新建电网杆线等基础设施具有较强时代属性，如何将富有较强现代感与科技感的新型电网设备与自然风光、人文景观有机融合、协调一致，共同描绘形成一幅电网与生态共生共存的美好画卷，是设计和施工过程中需要关注的难点。

**三是电网规划适配景区未来发展存在困难。**随着山水旅游示范区游览范围、参观路径和游玩方式的拓展开发及未来本桓高速公路的建成，游客数量将不断攀升，示范区内餐饮、民宿、电动车用能总体呈激增趋势，仅凭借现有配电网规模难以支撑未来景区发展。如何把握好"适度超前"尺度，精准预判示范区能源发展形势，科学制定电网发展规划，最大程度发挥改造后绿色智慧配电网的管理调控能力，减少二次动工和重复性建设对景区生态环境造成的负面影响，促进旅游发展、先进技术和环境效益三者间的和谐统一是亟待解决的问题之一。

## 行动方案

针对原有供电线路和设备已无法满足当前用电需求的问题，以及更好地实现绿电赋能助力本溪生态旅游提质升级，本溪公司以农网建设为基础，以微电网协调发展为方向，着力开展提升配电网承载能力、构建绿色文明生态电网及新型储能高效利用等工作。

**提升用电质量，支撑区域清洁能源旅游。**由于本溪旅游经济发展，各类乡村民宿与农家乐等旅游项目不断增设，线路用电负荷激增，导致用电质量不稳定，为提升重点景区供电可靠，国网本溪供电公司主动对接当地政府，实地开展巡视摸排，在了解旅游业发展规划的同时，调查乡村景区设备用电情况，深化区域内用能全景分析，建设满足"山水景区、特色餐饮、居民用户"综合用能特征的"线路级微网＋台区级微网"的双微网集群潮汐互济现代智慧配电网。通过搭建景区用户侧储能装置，提升负荷调节能力，实现两级储能模式直流互济、储能装置"谷存峰售"，形成具有自主调节能力的"源—网—荷—储—充"一体化微电网，充足的电能让景区村民驶入了旅游经济的"快车道"，使原本经济落后的小村，依靠旅游经济转变为网红乡村。

**优化建设举措，构筑绿色文明生态电网。**国网本溪供电公司以保护景区自然生态环境为目标，不断强化电网建设项目与生态环境保护相融合，提出"因地制宜、加大深度"的建设理念，转变传统建设模式，通过优化变电站、线路通道选址选线方案等举措，最大限度减少电力设施占地面积，在稳定电力供应的同时，保护原有生态资源。在线路路径的选址过程中，国网本溪供电公司着力避开生态红线和生态敏感区域，并在设计过程中采用高低腿和高跨的方式，以减少沿线树木的砍伐和塔基对土地的占用，尽量减少对山体的破坏，保护原始生态。在景区电网改造中，国网本溪供电公司严格遵循"景区受益但不破坏景观"的原则，对各景区内设备实施改造，针对景区内风光发电装置、配网设备、线路等电力设施，采用景观式树形微风发电，光伏屋顶阳光房，设备彩

旅游示范区内充电桩建设

绘、造型装饰等手段，统一设计语言，形成模块化、制度化、标准化典型设计，确保所有电力设备均与周边环境颜色协调、融为一体，实现智慧能源与绿色生态双融入。

**科学规划布局，打造供电服务"绿色能源名片"。** 在规划过程中，国网本溪供电公司依托县域旅游特色资源，结合县域配电网实际情况，开展电耀"最美本溪"专题规划，以构建"城乡同网"为理念，打造高可靠、高智能、优服务的新型乡村绿色低碳配电网，推进能源数字化、智能化、生态化发展。在本溪水洞区域，考虑到水洞周边属于分布式电源高渗透率地区，直流充电船、浏览电车、LED 电灯等大量直流用电设备需求，采用建设台区级"直流直供"一体化微网方案，异地新建垂直微风风力发电机、储能装置等设施，将周边地区新能源消纳剩余电能直流汇集，作为水洞微网电源，实现新能源跨区域消纳。仕小市一庄区域，考虑到山地森林等生态红线，结合台区内原有分布式光伏发电系统，组成 0.4 千伏级台区微电网，结合智能控制终端建设，实现光伏与微网潮流控制。在温泉区域，为破解地理环境限制造成的联络薄弱问题，在温泉区重要负荷处新建构网型储能配套设备，形成区域微网，实现并离网运行，有效解决温泉和附近安康医院用电难问题。同时，为进一步促进景区乡村能源清洁生产和高效利用，国网本溪供电公司还搭建了县域清洁能源替代与用能改造分析平台，通过数据中台深入监控和分析，全力保证景区新能源项目接入与消纳。

### 关键突破

**一是应用新技术。** 国网本溪供电公司紧密围绕"生态立县"战略，通过对可行性、

经济性、安全性等多方的分析，得出微电网较常规电网建设具有工程量小、设施少、安全性高、改造升级难度低等优势。为此，国网本溪供电公司创新提出"线路级微网＋台区级微网"的微网集群潮汐互济现代智慧配电网概念，有针对性地分别将微电网建设与本溪水洞、小市一庄、温泉线路紧密关联，缩小投资施工范围，提升景区供电可靠性，实现新能源全额消纳，达到电网与自然和谐共处的目的。

**二是实现新结合。**国网本溪供电公司在建造过程中秉承"生态融入"思路，避免电网设备设施改造影响景区美观与游客观感，做到电力走廊移步环境，实现智慧能源与绿色生态双融入，持续推进乡村旅游业向生态、环保、节能、绿色方向发展。同时，结合景区特色，国网本溪供电公司在区域内还搭建绿色光储直柔零碳小屋，放置"屋顶光伏＋储能＋直流配电＋柔性用电"的微电网系统模型，增进居民理解，普及电网知识，宣传电力赋能生态旅游发展新理念。

旅游示范区屋顶光伏建设

**三是打造新样板。**生态旅游倡导生态环境保护与旅游资源开发的协调推进。在国网本溪供电公司与地方政府的共同努力下，实现景区范围内全清洁用能，避免传统煤炭能源对自然生态造成的污染，确保居民、游客从"用上电"转变为"用好电"，引领示范区中江峪村及周边 8 个自然村的能源消费结构绿色升级，同时，国网本溪供电公司通过对旅游景区电、水、冷、热、气等多种能源集中检测，及时掌握各用能终端实时数据，为旅游景区管理决策者提供优化用能策略方案、电能替代优化方案、分时错峰用能建议、主动感知按需用能方案，调整建筑运行能耗等改善性措施和方向，不断完善旅游景区最优能源使用线路，助推景区可持续发展。

## 多重价值

**引入数据分析中台，全方位提升景区输供电能力。** 国网本溪供电公司通过打造县域清洁能源替代与用能改造分析平台，全面接入旅游示范带内用户、台区、线路负荷等电网运行数据，利用大数据分析技术精准预测景区内短期用电量、负荷周期规律等，通过智慧主网系统及时调节示范带内各区域电压和频率，实现用电高峰低谷全时段平稳输电。

在清洁能源电网接入上，数据分析中台依托储能终端全面分析激增用能周期、光伏发电特性、居民用能特性曲线，制定区域电网、储能协同互济运行策略，实现发用电削峰、移峰自动化运行。通过建设"线路级微网＋台区级微网"的微网集群潮汐互济现代智慧配电网，提高了电网安全运营水平，将示范区内供电可靠率提高到 99.965%，实现区域停电零感知，零闪动，零停电检修、抢修，配网自动化覆盖率达到 100%，新能源渗透率达到 40%，全方位提升景区输供电能力。

**创新生态共融模式，激发山水温泉旅游带新活力。** 国网本溪供电公司与本溪满族自治县政府构建政企合作平台，助力当地政府推行屋顶分布式光伏开发试点项目，为居民群众讲解屋顶光伏发电相关政策，提供居民光伏发电报装、并网便捷服务，推动本溪满族自治县开发丰富屋顶资源，降低居民生活成本，增加居民收入来源。此外，在不扩建现有电力设施的基础上，围绕本桓公路、旅游景区、商户协同发展电动汽车充电业务，以充电桩建设为切入点，制定游客电动汽车充电优惠政策，引导周边商户建设充电桩，疏导拥挤充电、分散负荷承载，未来可实现 70 辆电动汽车同时充电，做到多方互利共赢。

国网本溪供电公司从绿色发展角度出发，联合当地政府积极培育清洁能源产业，通过打造绿色低碳生态景区，建设宜居宜业宜游的美丽乡村，带动游客数量实现新突破；通过打造本溪水洞"全电景区"、小市一庄"全电厨房"、区域"全电采暖"多种模式，引导旅游行业用能结构优化，提升旅游行业电气化水平，从多方面激发山水温泉带旅游经济新活力。

**建设智慧绿色电网，实现电网与绿色生态和谐统一。**国网本溪供电公司充分考虑当地自然资源开发和生态环境保护红线，严格按照环保政策要求设计建设电网设备设施，实现智慧能源与绿色生态双融入，使新型电力设施成为景区一道独特的风景线。

　　建设全过程围绕"智慧、绿色、低碳"理念，构建"城乡同网"模式，打造了高可靠、高智能、优服务的新型绿色低碳配电网，提升了示范带电网能源生产清洁化、能源消费电气化和能源利用高效化水平，区域所属的小市镇供电所评为"全国最美""国网十佳"供电所，是国家电网有限公司和辽宁省数字化建设"双示范"样板，最大程度地降低了景区发展对生态环境造成的负面影响，实现电网与生态的和谐统一发展，电耀"最美本溪"。

小市镇供电所内景

## 各方评价

　　**地方政府：**推动旅游示范区绿色能源升级是实现社会进步与自然生态和谐共处的关键举措，是落实乡村振兴战略、促进区域高质量发展的重要实践。电网改造与技术革新为本溪山水旅游示范区注入了新动能、焕发了新光彩，是一条绿色、经济、可持续的发展道路。

**供电公司：** 旅游示范区电网改造以可持续发展理念为引领，将绿色发展观念融入电网全生命周期管理中，杜绝"大拆大建"，留足升级空间，将智慧电网、风光能源与山水美景有机融合，实现区内储能配置从无到有，可调节负荷能力显著提升持续为景区创造经济价值、社会价值和生态价值，展现电网企业"为美好生活充电，为美丽中国赋能"使命责任。

**专家学者：** "线路级微网＋台区级微网"的微网集群潮汐互济现代智慧配电网实现了电网侧、用户侧两级储能模式互济互供，采取绿色低碳建设手段降低了电网改造工程对景区自然生态的影响，最大程度地保障了游客、居民的用电需求，成为绿色智慧电网助力生态旅游产业发展的典范，为各地旅游景区能源转型路径选择提供了新思路、新借鉴。

**当地群众：** 电网改造升级后，日常生活用能方式发生转变，电能代替原有煤炭，保护自然环境，安全便捷可靠，生活质量、幸福感、获得感持续提升。景区游客络绎不绝，增加就业机会，游客和群众能够更好地享受绿色旅游、绿色出行和绿色生活。

## 三、未来展望

下一步，国网本溪供电公司将明确微电网内有源用户的双重属性，按用需关系具象为用户和虚拟电厂。设定交易标准，对长期自发自用用户，差异化建立备用容量选取机制。对电能质量进行考核，根据电能质量差异制定奖惩政策。微电网建成后由县域调控，属地供电所进行运维。针对微电网运行状态时时监测预警，组织运维人员定期巡检，出现故障及时检修，确保微电网安全长久运行。

（撰写人：矫泰铭、李凯、付振德、宫海林、李伟瑶）

甘肃送变电工程有限公司

# 守绿换金、智慧赋能，
# 打造高原生态电建

## 一、基本情况

### 公司简介

甘肃送变电工程有限公司成立于 1958 年，是国网甘肃省电力公司的全资子公司，具有国家电力工程施工总承包一级资质，主营业务包括 35~±1100 千伏各种电压等级输变电工程施工，330 千伏及以上电压等级输电线路运维检修，电网大修技改和应急抢修。

作为国网甘肃省电力公司"电网施工主力军、运维检修生力军、应急抢修排头军"的重要支撑单位，经过 65 年的不断改革、发展、探索、创新，甘肃送变电创造了一个又一个全国"第一"。公司下属产业单位甘肃诚信电力科技有限责任公司研制的系列牵张设备填补了国内技术空白，打破了国外技术垄断，处于国际领先水平，在电建设备的研发方面，探索出一条由"中国制造"向"中国创造"的可持续发展新征程。

自成立以来，甘肃送变电工程有限公司秉持"筑牢西北生态屏障，守绿换金"的可持续发展理念，践行落实国网公司"一体四翼"战略布局，做好电网主业，以经济、社会、环境三方协调为价值纲要，全面贯彻可持续发展理念，推动可持续性管理与公司业务相融合，在保障西部清洁能源外送、特高压密集通道建设和跨区域输电线路安全稳定运行等方面发挥了重要作用，近年来打造了 750 千伏兰临

可持续发展

目标

变现代智慧标杆工地、110 千伏甘南卓尼输变电藏区高原生态工程等一批精品工程，为送变电施工企业树立了可持续施工标杆，画好生态与发展"同心圆"。

### 行动概要

甘肃送变电工程有限公司作为一家以电网建设为核心业务的电建施工单位，以可持续发展理念为指引，创新打造以自动化设备"研—学—产—用"一体化为核心的创新体系生态链，融合自动化、数字化、智能化技术，打造"自动化施工、数字化管理、绿色化施工、标准化体系、生态化链条"5 个独具特色的可持续发展微场景，以智慧工地建设为依托，打造绿色工地，实现以"创新体系生态圈"带动"人与自然生态圈"建设，推动电网基建可持续发展，实现电建施工专业全过程绿色施工，打造具有西北高原特色的生态电建体系，筑牢生态屏障，建设美好新甘肃。

## 二、案例主体内容

### 背景和问题

#### 高原地区生态环境脆弱，易受施工破坏

甘肃地处高原地区，生态环境脆弱且难以恢复，作为国家"两屏三带"的组成部分，是我国重要的生态安全屏障之一。传统施工极易对环境造成不可逆的影响，探索电建施工自动化转型，以机械替代、智慧赋能，打造智慧工地，助力守绿换金，推进人与自然和谐共生的现代化建设模式迫在眉睫。

#### 自动化转型滞后带来的施工管理压力

国家电网公司积极响应工信部数字化转型理念，提出"六精四化"新要求，推动电网基建向自动化、智能化和绿色化方向转型。在这种发展模式下，甘肃送变电工程有限公司现有的施工管理方式已不能满足企业自动化转型衍生的多样化管理需求，迫切需要提升管理水平。

#### 数字化转型需求和自供能力不匹配

企业自动化转型对自动化施工设备提出了较高的需求，甘肃送变电工程有限公司掌握多项国内先进技术，占据国内近 70% 市场，但研发体系及产品不能完全满足新时代智慧工地建设的需求。

## 行动方案

### 第一步：积极助力自动化转型，提升电建市场核心竞争力

基于诚信科技集控智能可视化牵张架线设备、一体化深基坑作业智能机等占据国内外市场领先地位的智能化设备，实现施工现场自动化施工，在有效降低人力资源浪费的同时提高施工效率。

可视化智能牵张设备

### 创新驱动，建立设备创新全链条

强化创新驱动，推动科技赋能，从原创技术策源地、产品孵化试验场、成果转化新平台三个维度建立自动化设备研学产用全链条。基于"翟宗亮劳模创新工作室""青年创客营"等核心研发力量，打造原创技术策源地，持续开展电网施工自动化设备研发，在机械化、自动化、智能化施工方面不断突破，形成以诚信科技为核心的现代化施工装备研发基地；以兰州至张掖三、四线铁路等工程为依托，建立产品孵化试验场，组建自动化施工班组和诚信科技展开联动，以"反馈 + 改进"推动自动化装备的快速迭代，自动化设备中试成熟后，在公司所属项目建设中进行成果转化、落地。

### 技术攻关，抢占核心技术制高点

以"柔性团队""全面质量管理"（QC）等手段攻关绿色施工，解决工程难题；依托国网甘肃省电力公司在资源、技术、管理等方面以及与诚信科技的研发联动优势，全面落实"揭榜挂帅""赛马制"等科技创新激励手段，开拓自动化技术"转化 +"，形成智能养护系统等绿色施工技术，激发技术人员创新内生动力。

**技术引入，开启技术创新征程**

通过加大对炮雾机等绿色施工技术的引进力度，以"吸收、消化、借鉴"的模式促进甘肃送变电工程有限公司自主研发水平和新技术应用，助力绿色转型。

**第二步：全面推进数字化赋能，探索资源高效利用新途径**

打造数智化管理体系，借助建筑信息模型（BIM）、智能互联、可视化等信息化手段，以自动化设备为核心，采用数字赋能，提升工程管理水平，探索资源高效利用新途径，助力电网绿色基建。

**要素管理数字化**

建立"预判—通知—协调—确认"流程，平台监测施工进度并实时预警，实现施工进度数字化；将质量验收资料纳入智慧平台，实现质量管理数字化；以"统一集中，资源共享"为原则，推进业务管控一体化，实现资源管理数字化；废弃资源统一监管、处理，实现工程施工绿色化。

**人员管理全景化**

建立施工全过程参与人员数据库和人才专家库，人员分类、分级管理；借助门禁、智能安全帽、"e"基建等，实现缺勤人员及时预警，员工状态实时可控；依托智慧平台、BIM、VR 等手段建立员工入职、岗前、安全、成长等全套培训体系，助力员工成长，适应自动化转型和绿色建造。

**工程管理可视化**

建立"可视化智慧管控平台"，以平台为核心建立集控大屏、内网 PC、现场终端、手机 App"四位一体"新模式，实现全过程、全方位的标准化、精细化管理；平台自动将数据分类存储、处理、分析，助力形成解决方案，推动自动化产品迭代和工艺优化；通过安全管控平台集中监控，使施工现场全面可视，安全数据实时可见，以智能安全手环、智能安全帽等为载体，结合视频监控等手段，实现全方位、安全立体管控。

**第三步：大力发展绿色化施工，打造高原绿色电建新样板**

以输变电工程全业务、全流程的绿色建造为主线，梳理总结工程中的亮点、特色，形成可复制、可粘贴的输变电绿色建造模式，打造绿色建造的新样板。

**创新"生态化"电建**

围绕生态电建，主动与设计方前期联动，建议广泛采用全方位高低腿设计及原状土基础、微型群桩基础、节能材料等新技术，从源头降低对施工场所周围环境、水源的影响，降低施工碳排；针对生态特色，进行美学设计，实现"鸟—线"双向保护，"驱""招"双措并举，构建和谐的绿色电网生态环境。

**推行"低碳排"施工**

施工遵循"零叠装、零涂刷、少焊接、无扬尘、低耗能"等要求，融合"海绵城市"设计理念，建造"海绵变电站"，实现地表水渗、滞、蓄、净、用、排；采用模块化预制技术，减少资源消耗；瞄准装配化施工，工程临建、部分工程主体结构等采用装配化施工技术；部分永久性设施提前建设，在

装配式骨架护坡

基建过程中作为临时设施使用，有效避免重复施工，降低对原有地块的影响程度。

**打造"低污染"现场**

强化"四新"技术应用，采用新技术、新材料从源头实现绿色施工；采用信息化、自动化设备降低施工过程对周边环境的影响；以智慧工地为核心，实现环境要素实时监测分析，监测项目超限实时预警，监测系统和全自动雾炮机联动，打造低噪声、低粉尘、低碳排的绿色工地。

全自动雾炮机

自动洗车机

### 实现"低能耗"办公

运用微网光伏系统，强化新能源利用，构建清洁能源自给循环模式，加强对声光控和节能器具的应用；加强施工、生活用水管理，推行节水龙头、低碳厕所等新器具，通过实施生活垃圾分类、建筑垃圾覆盖等手段，降低资源浪费和对环境的影响。

## 第四步：全力打造示范体系，推进智慧生态工地新发展

按照"预防为主、先导试点"的原则，建立绿色智慧示范工地，以标准体系推动、示范工地引领，助力电网基建可持续发展新格局。

### 管理标准体系化

依托智慧工地管理系统，从管理、技术、物资、财务、安全等多个维度建立标准库，形成管理合力，助力可持续发展和绿色施工，塑造行业形象；基于智慧工地，形成工程施工技术标准体系；采用数字化手段对施工各环节规范管理，做到质量与安全环环相扣、始终受控；建立预防与持续改进机制，消除安全质量隐患，提升项目管理水准；借助智慧平台进行技术交底、安全培训、规范标准查阅等，提高全员对标准化管理的认知水平和执行能力。

### 数字班组标准化

围绕智慧工地，以国网甘肃省供电公司班组建设三年提升行动为契机，打造数字化班组。以"服务班组、提质增效"为出发点，构建"大数据 + 互联网 + 终端"的新型班组作业方式，实现生产数据的实时上传、业务线上全流程办理、数据共享与智能预测，持续深化智慧建造平台等系统的推广应用，以数智化班组为核心，加强智能化施工设备的应用，以数字赋能电网基建，助力可持续发展。

## 第五步：逐步建成生态体系，引领技术创新生态新趋势

建立自动化设备创新全链条生态体系，推动自动化设备落地，加快绿色转型，以"创新体系生态圈"带动"人与自然和谐圈"的建设。

### 建机制，紧密学研协同

紧跟政府，围绕政策引导搞研发，根据政策导向，结合市场需求，大力开展绿色自动化施工设备的研究；校企合作，加快先进理念软着陆，加深与兰州理工大学、电科院等院校的合作，结合市场需求推出新的自动化产品；利用校企资源，进行成果输出转化；创新驱动，打造创新人才孵化器，依托"翟宗亮劳模创新工作室""青年创客营"等人才

孵化基地，以"青蓝相继"为原则，培养新一代创新人才。

**搭平台，推动产品迭代**

利用公司项目资源，将设计下线的自动化设备在公司项目进行中试，以绿色施工为出发点，针对性开展研发；根据智慧平台对数据的处理结果和反馈改进设备，加快产品迭代进程；寻求清洁能源新路径，探索将自动化设备的能源替换为电能等清洁能源的渠道，加强生态保护，实现绿色施工。

**畅渠道，加快成果转化**

利用国网甘肃省电力公司、政府渠道组织观摩会、交流会等，促进成果转化渠道多元；通过市场反馈，进行产品升级迭代和转化，促使"创新体系生态圈"闭环运转，带动"人与自然生态圈"建设。

## 关键突破

**建立自动化设备研产用创新全链条生态。** 以智慧工地建设为契机，建立自动化设备创新全链条生态体系，形成以诚信科技为核心的创新研发、成果转化全链条，打造现代化施工装备研发基地，加快绿色建造转型进程，以"创新体系生态圈"带动"人与自然和谐圈"的建设。

**以智慧工地实现守绿换金。** 基于智慧工地，以自动化设备、数字化技术、新技术、新材料等为手段，全过程推行绿色建造，对标"零污染"，解决"高碳排"，实现电建施工全过程低碳排、低污染、低能耗。

**以自动化、数智化为核心的绿色施工新样板。** 以自动化设备为核心，采用数字赋能，持续提升电网施工机械设备自动化水平和低碳水平，开拓基于智慧工地的电网基建可持续发展新思路、绿色施工新征程。

## 多重价值

智慧管理平台的建设及实施，提升了对工程的管理水平和效率，降低了管理成本；自动化设备使用比例达 75%，节约了用工成本。

智慧工地和绿色施工技术的应用使施工现场土地利用率高于 95%，最大程度降低了对原始生态的破坏，切实保护了当地的原始生态，保障了居民的生活环境。

创新链条带动产业上下游产值增长超 15%，科研联合体成果输出同比增长 10%；智慧工地的应用降低了作业人员施工难度和劳动强度，降低了资源浪费和环境污染，保障了当地居民的生活环境。

依托"智慧工地"打造绿色示范工地，促进了行业的良性发展，提升了公司的社会形象和品牌效应，助力公司迈向可持续发展道路。

### 各方评价

**定西市政府：**甘肃送变电工程有限公司打造现代智慧标杆工地和绿色建造示范工程，为推动定西市工程绿色化施工、数字化建设做出了贡献。

**安徽、四川、西藏等送变电公司：**诚信科技生产的自动化设备在现场施工过程中，使用性能稳定、安全可靠、自动化程度高，有效提高了现场自动化程度和绿色建造水平。

**项目所在地居民：**甘肃送变电工程有限公司在建项目对周围的生态影响微乎其微，走到跟前都感受不到多少声音和灰尘，从工地出来的车辆都干干净净的。

## 三、未来展望

持续发展是破解当前全球性问题的"金钥匙"，电网企业肩负着"为美好生活充电，为美丽中国赋能"的使命，将可持续发展理念融入日常经营管理，实现经济、社会和环境三者的协调发展。"守绿换金智慧赋能，打造高原生态电建"打造了兰临750千伏等一批标杆工程，但行动相关技术的持续研究和推广应用还需政府、企业、社会组织及公众等多方认可、协同共建。

因此，下一步公司将重点加强与政府及相关机构合作，建立协同共建的长效机制，加大可持续发展理念的宣传力度，加深利益相关方对生态安全和供电安全协调发展的认知，催生更多生态友好的电力基建领域新技术、新标准、新流程，有效降低对生态环境的影响，真正把生物多样性保护转化为电网科学健康发展的内在需求，形成生态友好型电网建设的示范，实现生态效益、社会效益、经济效益的协调发展，以更负责任和创新的精神，推动企业和自然共同可持续发展，形成可推广的实用性方案，为可持续发展贡献电网力量。

（撰写人：曹懿、高峰、周富虎、尚镇、杨博文、张文斌）

# 国网重庆市电力公司北碚供电分公司

# 一路生"花"

## ——因地制宜建设线路走廊，助力"电网绿"守护自然之美

# 一、基本情况

## 公司简介

国网重庆市电力公司北碚供电分公司（以下简称国网北碚供电公司）始于 20 世纪 30 年代，公司设置 11 个职能部门、7 个业务实施机构；现有全口径员工 1185 人（全民员工 583 人、其他用工 602 人）。公司现承担着北碚区全部 17 个镇街的供电服务，供区面积 730 平方千米，客户 51.67 万户。供区内有变电站 30 座，其中 500 千伏变电站 1 座、220 千伏变电站 6 座、110 千伏变电站 18 座、35 千伏变电站 5 座；输电线路 111 条、780 千米；配电线路 322 条、2496 千米。

国网北碚供电公司始终坚持安全生产和优质服务主线，积极探索、传承创新，为区域客户提供优质、高效、便捷、安全的电能供应服务。获得全国文明单位、国资委"中央企业先进基层党组织"、国家电网有限公司"红旗党委"等荣誉。

## 行动概要

国网北碚供电公司在协调电网线路建设工作过程中发现，许多自然林保护区、重点绿化区也因为经济发展需要，演变成输配电线路密集区，线路通道内高秆绿植严重危及电网安全稳定运行，且导线对树竹放电极易引发森林火灾等重大灾害，在森林植被砍伐问题上，电网企业与政府部门各有立场，针对经济发展需要和生态环境

可持续发展
目标

保护存在矛盾点，政府部门和电网企业处理树线矛盾缺乏平衡点、森林安全维护与人文需求满足缺乏科学分界点等经济、社会、人文的问题，国网北碚供电公司以"共建"促"交流"，以"共赢"促"合作"，合力建设集生物防火廊道、线下经济廊道、休闲观光步道为一体的多功能的三维"价值廊桥"，推动"生态、电网、经济"和谐发展，守护自然之美。

"价值廊桥"建设模型

## 二、案例主体内容

### 背景和问题

近年来，随着全球生态文明建设持续推进，各国生态环境保护的重视程度逐步提升，绿植的广度密度逐年递增，部分林区境内重峦叠嶂、林草丰茂、青葱翠绿，然而，许多自然林保护区、重点绿化区也因为经济发展需要，演变成输配电线路密集区，线路通道内高杆绿植严重危及电网安全稳定运行，且导线对树竹放电极易引发森林火灾等重大灾害，给人民生命财产及生态安全带来巨大损失。

因此，如何兼顾经济发展与自然和谐发展，处理电力安全和生态保护两者之间的关系，是全球面临的共同问题。

## 行动方案

### 多元共治，梳理经济发展需要与生态环境保护间的矛盾点

国网北碚供电公司从利益相关方视角重新思考"树线矛盾"的本质，深入了解他们的所思所想、所求所盼，经过调研分析，最终将"树线矛盾"的关键利益相关方确定为政府部门、

电话访问

座谈交流

问卷调查

沟通调研方式

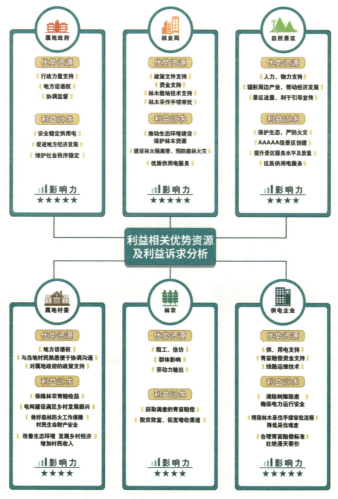

利益相关方优势资源及利益诉求分析

林业和草原局、供电公司、自然保护景区、线路廊道沿线村社及林农，通过院坝会、坝坝讨论、采访村支书、寻访林农意见等方式，零距离掌握社情民意，广泛听取群众意见和呼声，梳理多方利益诉求，积极探索以政府为主导的多元主体共同治理模式。

**联动人文线、聚合政企力，明晰协同方向**

打破传统自转思维模式，将解决"树线矛盾"的焦点转移到满足各方利益诉求上展开分析，整合各方所思所需所盼作为工作开展的出发点和落脚点，充分调动各利益相关方积极性，全面盘活各方优势资源，探索多元主体协作建设"价值廊桥"，发掘互利共赢新路径。

"价值廊桥"打造思路

**合理分工，同步发力，促进人与自然和谐共生**

在多方协作共同治理过程中，坚持"谁专业，谁负责"原则，明确责任分工，把控项目各环节、各流程，确保各方履责到位，有效解决"树线矛盾"。政府主要提供政策支持与行政监督，林业局重点强化风险防控，建立森林草原火灾源头治理长效机制，自然景区保护中心主导负责加强生态环境保护，因地制宜打造景区特色文化；村委给予电力设施保护支持和帮助，加强对村民、林农的引导和管理；供电公司最大化发挥运维队伍力量，及时处理各类缺陷及隐患。

| 利益相关方 | 角色 | 工作内容 |
|---|---|---|
| 北碚区政府 | 牵头方 | ● 协调处理林业局、供电公司、景区、线路廊道沿线村社及林农各方困难，推动全过程配合发展<br>● 牵头制定具体方案，并对整个项目的实施进行全过程监督管控 |
| 北碚供电公司 | 主办方 | ● 提供项目实施过程中所需人力支持，或树障清理产生的青苗赔偿<br>● 梳理并提供辖区电力线路廊道树障集中区域台账<br>● 参与方案制定实施<br>● 主要负责整个项目的宣传工作 |
| 北碚林业局 | 参与方 | ● 参与方案制定实施，并协助宣传<br>● 负责项目中"生物防火廊道"规划设计及建造，筑牢生态"防火墙"<br>● 协助项目中的"线下经济廊道""休闲观光步道"规划建设 |
| 缙云山生态保护管理中心 | 参与方 | ● 参与方案的制定和实施，并协助宣传<br>● 负责项目中的"休闲观光步道"规划设计及建造，提升景区服务质量<br>● 协助项目中的"生物防火廊道""线下经济廊道"规划建设 |
| 线路廊道沿线村社及林农 | 参与方 | ● 主要参与项目中的"线下经济廊道"建设，并对该廊道进行管理维护<br>● 提供劳动力支持<br>● 配合参与项目的宣传工作 |

各利益相关方的角色及分工

### 关键突破

国网北碚供电公司以打造精品示范工程为目标，以"1+N+3"价值廊桥打造模式为思路，完善"价值廊桥"生物防火功能、线下经济功能、休闲观光功能，筑牢生态电网"防火墙"，打造乡村振兴"新引擎"，助力景区提档升级。

"1+N+3"价值廊桥打造模型

### 安全要"道"，打造生物防火隔离带

将跨越林区已建、拟建输配电线路廊道防火纳入林业和草原局"十四五"森林防火规划，以辖区内输配电线路走廊为重要参考线，统筹规划、设计生物防火阻隔系统。第一年以跨越北碚观音峡林场的输配电线路走廊为试点，林业和草原局出资 450 万元在蔡家、施家梁、童家溪三个区域修建长 20 千米、宽 30 米的防火隔离带，并配套修建多条消防应急便道，以提高森林火灾应急处置能力，总建造面积 1000 余亩；在"十四五"时期，陆续累计修建 50 千米生物防火隔离带。

### 生财有"道"，打造电网线下经济带

因地制宜提出"线下经济廊道建设"思路，将电力廊道下林农的高秆林木改种为耐火性强、经济价值高的低秆树种。林业和草原局选取北碚西山坪村成为"线下经济廊道建设"项目首个试点村社。国网北碚供电公司联合林业和草原局、村委走进村里为村民讲解"线下经济廊道"带来的生态效益和经济效益，组织村民签署《"线下经济廊道"试点项目建设承诺书》，根据廊道下土质条件，结合林业局专家建议，将电力廊道下毛竹全部清理后改种西瓜或脐橙等果树。项目实施还为廊道沿线林农、村里的贫困户提供了就业岗位，以协助清理电力廊道树障、维护电力通道安全等无危险性质的工作为条件，政府牵头提供"就业"补偿。

**休闲之"道"，打造景区休闲观光带**

规划启动环山生态绿道建设项目，对沿线景观进行升级改造。促请政府部门主导推动，与缙云山生态保护管理中心举行恳谈会，对供电单位梳理的超高树障隐患集中区域考虑纳入景区休闲观光步道建设规划，进行统一处理。该休闲观光步道将以自然生态环境为背景，融合山、水、林、泉等独特自然景观和人文景观于一体，并沿线设置观景平台等配套服务设施。

西山坪试点线下经济作物种植区之一

## 多重价值

### 人文安全、森林风险显著降低

自项目实施以来，该公司梳理输配电线路树障安全隐患共 268 项，相较于项目实施前一年的 588 项，同比下降了 54%；因树线矛盾引发的线路故障从 2021 年的 4 起下降至 1 起，降幅达 75%，供电可靠性逐年稳步提升。该项目实施后，极大减轻了通道运维压力和成本，初步估算每年将为公司节约通道运维成本 100 余万元，减少树障清理工作量 30% 以上，实现降本增效。

### 人与自然可持续发展效果显著

"生物防火廊道"从源头防范化解了森林草原输配电线路火灾安全风险，减少了因供电企业重复采伐而造成的林木资源浪费；同时，减少了林业和草原局为电力公司办理林木采伐手续近 30% 的工作量，政府行政审批工作提质增效成效显著。试点村社西山坪村林农第一年整体收益增长 30%，获得了远超毛竹青赔带来的收益，部分林农为了获得更多的收益，主动要求拓宽线下廊道以增加种植面积。同时廊道沿线村农通过协助供电公司清理廊道树障，得到了有偿"就业"机会，人均收入增加近 3000 元。

### 经济需求与环境需求建设形成典型经验

北碚公司聚焦林木资源保护、电网运行安全，积极回应民生诉求，将社会责任融入企业发展，有力推动生态林业、绿色电网、社会经济和谐发展，促进社会各界、利益各方对电力企业的情感认同和价值认同，为企业发展营造良好的内外部环境，有效提升国家电网的品牌美誉度，彰显中央企业的良好形象。

## 各方评价

**林业和草原局：** 我们选取了一条电力线路通道作为局部试点，整合利益相关方各自优势资源，计划共同打造一个精品示范工程，为了方便消防应急力量快速及时到达救援现场，我们将在隔离带基础上修建多条防火应急便道，并在便道两侧种植红绿相间的低矮灌木；同时，该应急便道也能作为输电线路检修便道，方便线路运检人员更加高效、安全开展作业，提升运维质效。"价值廊桥"将有力解决环保法规的实施与电网的安全运行要求脱节的问题，为我们提供了森林资源如何与电网发展和谐共生的新思路。

**属地政府：** 以前村社在处理砍伐纠纷问题时，也担忧森林火灾，这次多方联动聚焦森林资源保护、电网运行安全，积极回应民生诉求，以往的问题都得到了解决。此后，我们将积极与区林业和草原局、供电企业联动起来，切实解决环境社会问题，促使"价值廊桥"模式走进更多山林，更大范围地输出典型经验价值。

**村委及村民：** 政府联合电力公司多次出面沟通砍伐赔付事宜，我们看到了它们的诚意，而且这个廊道切实给我们带来了经济收益，植被从麻竹变为经济植物后，我们除了可以通过种植获得经济收益，还可以发展乡村旅游，给未来经济来源创造了更多的可能性。

**供电企业：** "价值廊桥"提供了树障隐患处理的科学发展途径，同时提高了电网安全运行水平，切实帮助公司降低线路损耗；在政府牵头处理赔付的情况下，我们节省了大量的人力财力，据公司统计，在线路通道树障砍伐及赔偿成本方面约节省 1500 万元，为企业高质量发展增添了一重保障。

## 三、未来展望

在"十四五"时期，累计将修建森林防火隔离带 50 千米，将为供电公司节约线路通道隐患治理资金 1500 万元。此外，为方便消防应急力量快速及时到达救援现场，将在隔离带基础上修建多条防火应急便道，并在便道两侧种植红绿相间的低矮灌木，该应急便道也可作为输电线路检修便道，方便线路运检人员更加高效、安全开展作业，提升运维质效。国网北碚供电公司聚焦森林资源保护、电网运行安全，积极回应民生诉求，将社会责任融入企业发展，推动企业、社会、生态和谐发展，促进社会各界对电力企业的情感认同和价值认同，为企业发展营造良好的内外部环境，有效提升了国家电网的品牌美誉度，彰显了中央企业的良好形象。

（撰写人：周宸成、王锐、刘芳榕、何佳俊、黄凯）

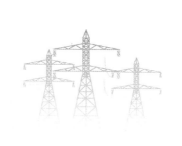

# 面向 SDG 的国网行动
# 助力消费侧节能降碳增效

## State Grid SDG Solutions
## Facilitate Energy Saving, Carbon Reduction and Efficiency Improvements on the Consumption Side

于志宏 ◎ 主编

王秋蓉　杜　娟 ◎ 副主编

经济管理出版社
ECONOMY & MANAGEMENT PUBLISHING HOUSE

**图书在版编目（CIP）数据**

助力消费侧节能降碳增效 / 于志宏主编 . —北京：经济管理出版社，2024.5
（面向 SDG 的国网行动）

ISBN 978-7-5096-9718-4

Ⅰ.①助…　Ⅱ.①于…　Ⅲ.①电力工业－消费市场－节能－案例－中国
Ⅳ.① F426.61

中国国家版本馆 CIP 数据核字（2024）第 107607 号

组稿编辑：魏晨红
责任编辑：魏晨红
责任印制：黄章平
责任校对：张晓燕

出版发行：经济管理出版社
　　　　　（北京市海淀区北蜂窝 8 号中雅大厦 A 座 11 层　100038）
网　　址：www.E-mp.com.cn
电　　话：（010）51915602
印　　刷：北京市海淀区唐家岭福利印刷厂
经　　销：新华书店
开　　本：720mm×1000mm/16
印　　张：37.75
字　　数：690 千字
版　　次：2024 年 5 月第 1 版　2024 年 5 月第 1 次印刷
书　　号：ISBN 978-7-5096-9718-4
定　　价：380.00 元（全四册）

# 破解世界难题的"国网方案"

## ——2023"金钥匙·国家电网主题赛"介绍

2023 年 5~11 月,由国家电网有限公司与《可持续发展经济导刊》联合发起的 2023（第二届）"金钥匙·国家电网主题赛"（以下简称国网主题赛）成功举办,选拔出破解世界难题的优秀解决方案,向社会各界展现了国家电网有限公司（以下简称国家电网公司）贡献可持续发展的生动实践。

2023 年 5 月 19 日,第二届国网主题赛启动,针对"激发电力大数据的赋能价值""建设绿色现代数智供应链""电网绿倾力守护自然之美""助力消费侧节能降碳增效"4 个主题征集国网方案。自启动以来,大赛得到了国家电网系统各单位的高度重视,针对 4 个主题共提交了 259 项行动。

经过初评和预选赛的筛选,4 个主题的 70 项行动进入路演晋级环节。主办方秉持金钥匙标准和流程,邀请来自国家电网系统的专家、国内外行业组织和可持续发展的专家、企业界代表组成的评审团对 2023 国网主题赛 4 个主题 70 项行动进行了公开、公正、专业的评审,共有 17 项行动获得金奖、15 项行动获得银奖、38 项行动获得铜奖,金奖行动经过激烈角逐最终产生 4 项"金钥匙·冠军奖",成为破解这 4 项难题的有代表性的国网方案和中国方案。

### 针对 4 个主题选拔破解世界难题的"国网方案"

国网主题赛的路演不仅是一场比赛,更是一场国家电网公司面向联合国可持续发展目标（Sustainable Development Goals,SDG）的全面行动展示。在问题的设置上,2023 国网主题赛更加紧密地围绕国际国内可持续发展热点问题,并充分结合能源行业高质量发展的需求和挑战,围绕数字化、"双碳"目标、生物多样性保护、供应链建设等重点工作发现和打造破解世界难题的"国网方案"。

#### 主题 1:激发电力大数据的赋能价值

电力大数据是能源领域和宏观经济的"晴雨表",为服务国家发展战略、助力科学

治理、推动经济社会发展提供有力支撑。如何不断拓展应用场景，充分释放电力大数据价值，赋能经济社会发展？

国家电网系统各单位抓住"数据"这一"牛鼻子"，与行业企业、政务部门相互碰撞，实现新融合、新聚能，打造新业态、新产品，集中展现了电力大数据在助推不同行业企业低碳转型中的价值，因地制宜赋能当地的特色产业高质量发展，打通数据壁垒，助力生态环境精准监测监管及社会难题的解决等，形成了"电力 + 环保""电力 + 水力""电力 + 信用""电力 + 应急管理""电力 + 产业"等各具亮点的创新应用模式。

### 主题 2：建设绿色现代数智供应链

产业链供应链的创新发展已上升为国家战略。电网连接着能源电力产业链供应链的每个环节，处于核心枢纽环节和"链主"地位。如何构建绿色化、数字化、智能化和韧性安全的现代供应链，打造能源电力产业链供应链开放生态？本赛道汇聚了电网企业发挥自身业务优势，在各要点环节发力打造可持续供应链的优秀行动。建立供应商绿色评价体系，打造数字孪生智慧绿色仓储系统……电力公司从运营、采购、仓储等供应链全环节减碳增效，为供应链上下游各方提供多重价值。

### 主题 3：电网绿倾力守护自然之美

作为重要的能源基础设施，电力银线纵横神州。如何将绿色发展理念融入电网全生命周期，探索电网和自然生态的和谐共生之路，建设环境友好型电网，助力美丽中国建设？本赛道展示了电网企业在电力基础设施的建设和使用过程中与周边自然环境的和谐融合，如预防山火和森林火灾、生态区保护、生物多样性保护、绿色施工、清洁用能……"将电力银线完美融入绿水青山的美丽画卷"。

### 主题 4：助力消费侧节能降碳增效

电力系统碳减排是服务"双碳"目标的重要组成部分。如何从自身业务和技术优势出发，提升消费侧电气化水平，推动节能提效，增加清洁能源消纳？本赛道集中呈现了电网企业在促进能源清洁低碳转型、服务"双碳"目标方面的创新性示范行动。建设分布式光伏碳普惠市场，推进源网荷储多元柔性互动……电网企业着力打造节能、降碳的绿色生态圈，提升电网支撑新能源消纳和行业降碳。

4 个主题赛道优秀行动充分展示了国家电网公司在破解不同难题方面的"金钥匙"解决方案——从关爱鸟到守护老人，从落实"双碳"目标到推动乡村振兴，从茶叶烘焙

到重卡换电，形成了事事都涉及可持续、人人都关心可持续的氛围。国家电网系统各单位积极发挥专业优势，协同各利益相关方，针对不同问题，以技术创新、模式创新、制度创新等思路寻求破解难题的"金钥匙"。

自2020年首届"金钥匙——面向SDG的中国行动"开展以来，国家电网公司积极参与、细致谋划，持续贡献高质量可持续发展解决方案，成为活动参与度最高、涉及面最广、获奖项最多的企业，彰显出扎实的可持续发展行动基础。第二届国网主题赛启动以来，国家电网系统各单位以更高的响应度和更精心的准备，展示出贡献面向SDG的优秀行动方案，为落实联合国2030年可持续发展议程汇聚更多力量。

金钥匙总教练、清华大学苏世民书院副院长、清华大学绿色经济与可持续发展研究中心主任钱小军如此评价："两届国网主题赛涌现的一大批优秀行动方案，让社会各界充分感受到国家电网扎根基层的社会责任和可持续发展理念、可持续发展实际行动，并且创造了不可低估的综合价值。"

金钥匙发起人、《可持续发展经济导刊》社长兼主编于志宏认为："作为全球领先的公用事业公司，国家电网把社会责任和可持续发展全面融入公司业务，自上而下的高涨热情、精心的组织动员、扎实的行动基础、超强的理解学习能力在国网主题赛中展现得淋漓尽致，充分展现了国家电网公司在打造可持续发展领导力方面的责任表率。"

国家电网公司经过长期实践与积累，厚积薄发，通过金钥匙平台充分展现了可持续发展的领导力风范和风采。期待更多行业企业能加入金钥匙活动的主题赛、开展本行业企业主题赛，从而在中国企业间形成"比学赶超"、为可持续发展难题寻找中国解决方案的局面，向世界展示负责任的中国形象，贡献中国智慧。

# 《面向 SDG 的国网行动 2023》

2023 年，国家电网有限公司与《可持续发展经济导刊》联合发起 2023"金钥匙·国家电网主题赛"，聚焦"激发电力大数据的赋能价值""建设绿色现代数智供应链""电网绿倾力守护自然之美""助力消费侧节能降碳增效"四大问题，选拔出具有代表性的国网方案、中国方案。这些行动案例具有"小而美"的特征，对于各方发展中的问题提供了具有针对性的解决方案。

为了向社会各界和国际社会讲好"面向 SDG 的国网行动"故事，《可持续发展经济导刊》汇总每个问题的优秀解决方案，经总结和提炼，按照"金钥匙标准"选编和出版 2023"金钥匙·国家电网主题赛"优秀成果选辑——《面向 SDG 的国网行动 2023》（共四辑）。本书收录了来自 2023"金钥匙·国家电网主题赛"的 70 项优秀行动，并按照 4 个主题，即"激发电力大数据的赋能价值""建设绿色现代数智供应链""电网绿倾力守护自然之美""助力消费侧节能降碳增效"分为四辑。

**本书第四辑，聚焦"助力消费侧节能降碳增效"主题。电网连接能源生产和消费，是能源转换利用和输送配置的枢纽平台。在"双碳"目标下，随着新型电力系统建设的深入推进，电网的作用将更加突出，电网企业面临的挑战将更加巨大。本专辑针对如何进一步助力消费侧节能降碳增效的难题，汇集来自国家电网系统不同单位的 19 项优秀行动。**

《面向 SDG 的国网行动 2023》（共四辑）面向高校商学院、管理学院，作为教学参考案例，可提升领导者的可持续发展意识；面向致力于贡献可持续发展目标实现的企业，可促进企业相互借鉴，推动可持续发展行动品牌建设；面向国际平台，可展示、推介国家电网可持续发展行动的经验和故事。

# 目　录

1 ● 从"淘气宝"到"淘金者"　助力工业企业变身"降碳达人"（国网浙江省电力有限公司宁波供电公司）

10 ● "电炭携手"破解"好茶"密码（国网福建省电力有限公司武夷山市供电公司）

18 ● 电力保供新法宝　虚拟电厂唤醒沉睡零散可调负荷（国网安徽省电力有限公司合肥供电公司）

26 ● 建设区域分布式光伏碳普惠市场，"集零为整"激发减碳活力（国网江苏省电力有限公司苏州供电分公司）

35 ● 玩转"电"和"热"　"蒸汽"价格打下来（国网江苏省电力有限公司常州供电分公司）

43 ● 让每一度电都"节"尽所能——面向工业园区的能量高效互动解决方案（国网浙江省电力有限公司杭州供电公司）

51 ● "换"然一新，让绿色低碳运输一"站"到位（国网江苏省电力有限公司南京供电分公司）

58 ● 为城市大型综合体安上绿色低碳"智慧大脑"（国网上海市电力公司市南供电公司）

64 ● 探索"木门之都"可持续降碳之路（国网浙江省电力有限公司江山市供电公司）

72 ● "垃圾电"变"优质电"——创新构建分布式新能源生态圈（国网江苏省电力有限公司常州供电分公司）

81 ● "碳"路先锋——创新超大型城市全链路治碳模式（国网上海市电力公司浦东供电公司）

90 ● 绿色西小站，金色农稻田——打造京津冀乡村振兴"双碳"示范村（国网天津市电力公司城南供电分公司）

98 —— "凭布青云"引领纺织产业的绿色转型 (国网福建省电力有限公司福州供电公司)

106 —— 缓解电网"高血压",助力中央空调节能降耗 (国网重庆市电力公司市北供电分公司)

113 —— 减碳"先锋",节能路灯照亮城市绿色未来 (国网重庆市电力公司市南供电分公司)

121 —— 探索打造零碳科技园区示范行动 (国网湖北省电力有限公司武汉供电公司)

129 —— 构建多场景下"全电"新生态 为长三角一体化示范区发展添动能 (国网江苏省电力有限公司苏州市吴江区供电分公司)

137 —— "绿电经济"绘就粉丝产业低碳发展之路 (国网山东省电力公司招远市供电公司)

144 —— 基于新型电力系统的"零碳社区"建设 (国网四川省电力公司天府新区供电公司)

国网浙江省电力有限公司宁波供电公司

# 从"淘气宝"到"淘金者"
# 助力工业企业变身"降碳达人"

## 一、基本情况

### 公司简介

国网浙江省电力有限公司宁波供电公司（以下简称国网宁波供电公司）是国家电网有限公司大型供电企业之一、国网浙江省电力有限公司（以下简称国网浙江省电力公司）直属骨干企业，承担着保障宁波 477 万用户的电力供应责任。在主动服务宁波经济社会发展大局、积极履行电网企业使命责任的过程中，国网宁波供电公司始终保持良好的发展态势。先后获得"全国文明单位""全国工作先锋号""全国'安康杯'优胜企业"等荣誉，涌现出以"时代楷模"钱海军、"全国五一劳动奖章"获得者张霁明等为代表的一批先进典型。

国网宁波供电公司始终以习近平新时代中国特色社会主义思想为指导，围绕"四个革命、一个合作"能源安全新战略，坚决贯彻落实国家电网公司、国网浙江省电力公司、宁波市委市政府决策部署，坚持稳中求进工作总基调，坚持高质量发展主线，深刻领悟"电等发展"时代的新内涵，锚定中国式现代化电力企业宁波标杆"一个目标"，加快推进国家电网公司和国网宁波供电公司"两个转型"，牢牢把握新型能源体系引领者、"两个示范"排头兵、服务宁波先行官"三大定位"，奋力打造安全保供、电网发展、优质服务、企业转型、党建引领"五个标杆"，以"争先、领先、率先"的精神状态和"实干、实绩、实效"的发展成果，为国家电网公司"一体四翼"发展布局、

国网浙江省电力公司"两个示范"、宁波现代化滨海大都市建设做出更大的贡献。

### 行动概要

国网宁波供电公司聚焦工业企业提升压缩空气系统能效水平的三大技术难题,创新聚合管家身份,通过分析了解政府相关部门、工业企业、电网公司、设备供应商以及其他能源服务企业的诉求,找准四个关键点,聚合五大利益相关方,构建了"淘气宝"平台,从压缩空气中来淘宝,将服务从用电设备延伸到用能设备上,合力为工业企业提升压缩空气系统的能效水平,助力多方共赢。在实施中首创了智慧压缩空气管理平台,构建了标准化数字计量体系,实时监测空压机系统的运行效能。创新多元服务商业模式,首创"政""供""电""企"四位一体模式,带动更多利益相关方加入"淘宝为金"队伍,聚合形成高效、低碳、便捷、多元的能效服务生态圈,助力宁波从"制造大市"迈向"智造之都"。

## 二、案例主体内容

### 背景和问题

作为全国重要的制造业城市之一,宁波拥有规模以上工业企业超过 10000 家,位列浙江省第一。同时,宁波还是制造业"单项冠军"第一城,自 2016 年工业和信息化部启动全国范围内的制造业单项冠军企业遴选,到 2017 年公布首批国家级制造业单项冠军企业名单,再到 2022 年评选结果发布,在前后七批"冠军榜"中,宁波连续多年保持全国第一,2022 年更是以 83 家企业入榜列全国之首。2022 年 2 月,宁波提出高水平建设全球智造创新之都,从制造向智造,从"制造大市"向"制造强市"跨越,制造业的更新升级对企业的"智能化生产、精细化管理、绿色化管理"提出了更高的要求。

对于大多数工业企业来说,空压机是必不可少的辅助生产设备。宁波能源局相关数据显示,宁波市共有 15000 台空压机,年用电量在 40 亿千瓦·时以上,占全市工业用电量的 8% 左右。空压机是一种输送气体、增加气体压力的机器,压缩后的空气是驱动喷涂枪、打磨机、冲击器、钻孔机等工业设备的主要动力,可以说是企业提升智能化水平的必备"神器"。但在对企业开展免费能效诊断过程中,国网宁波供电公司发现,在整个空压系统成本中电费占比超过了 70%,由电能转换为压缩空气势能的能源转换效率却只有百分之十几,这就意味着大部分的能量都被以热能或者其他形式浪费掉了。

为了解决这一问题，国网宁波供电公司深入企业内部，在实地调研与交流过程中发现，工业企业在提升空压系统能效时，普遍存在以下几个问题：

### 空压系统结构庞杂，涉及环节众多，能效提升无从下手

空压系统主要由空气压缩机、储气罐、过滤器、干燥机、输气管道等设备连接而成，不同的设备由不同的厂商负责，因此在使用过程中多存在协同效果差的情况。面对可能涉及的设备更新、管道优化、人工检修、后续维护等多个环节，由于缺乏专业人员与技术的支持，企业通常不知道应该从何下手。

### 生产设备存在"能效数据孤岛"，企业缺乏系统化、智能化管控能力

多数企业存在空压系统运行数据基本无采集或者采集不全的情况，导致运维管理缺少数据支撑，即使少数厂商能够提供数据监测服务也仅局限于单站设备内部，缺少综合性、系统性的数据分析及对数据的挖掘利用。

### 企业对能效提升效果存疑，投资改造意愿不强烈

制造企业在经历了疫情的冲击后，多存在现金流不足、企业资金有限的情况，因此面对需要高额初始投资却无法在短时间内收回成本的能效提升方案时，通常犹豫不决，改造意愿不强烈。

## 行动方案

国网宁波供电公司将服务从企业供电设备延伸到用能设备，搭建"淘气宝"能效服务平台，联合五大利益相关方，聚焦四个关键点，从技术突破、数智赋能、商业模式创新等多维度发力，开展为工业企业提供涵盖节能检测诊断、设计咨询、设备采购、投资建设、维护保养、数字化智慧运营等一体化服务，实现线上线下空压机全寿命周期管理，构建多机综合应用协同运行模型，打造多方共享互信的公共服务平台，提升工业企业空压系统能效使用率，帮助企业实现降本增效。

2022 联合国可持续发展目标中国先锋
——国网宁波供电公司杨建立

### 打造"1+X"能效管家队伍

以 2022 联合国可持续发展目标中国先锋杨建立

为典型，塑造了一支专业服务队伍，并培养每一位员工成为"一专多能"的复合型人才，以能效专业为核心，多元化专业发展，在掌握一项主技能的同时掌握"X"项辅助技能。在实际项目推进过程中，不仅可以帮助企业解决空压系统存在的问题，还可以帮助企业解答其他用电设备存在的问题，通过专业服务人员与技术的支撑，增强企业对供电公司的信任感，增强客户黏性。

### 一系列创新能效提升技术

围绕空压系统的"心脏"——空压机进行能效优化提升，根据不同的工业企业规模、生产行业特性来实现四大转变：一是将单台低能效空压机优化为整体的一级能效压缩空气系统；二是将分散"煤气罐"式独立供气改为集中管道供气或园区共享供气；三是将粗放型的敞开供气模式改为智能配合生产需要按时、按量供气；四是将以往余热排出浪费的情况，改为余热回收梯级利用，最终实现企业的降本增效。

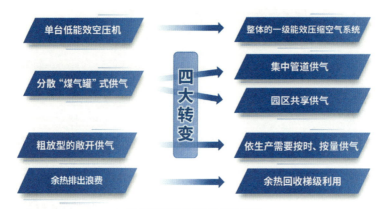

四大转变实现空压机能效提升

以爱柯迪为例，该企业主要从事汽车铝合金精密压铸件的研发、生产及销售，产品主要是通过压铸和精密机加工工艺生产的铝制汽车零部件，因此压缩空气的使用量特别大。国网宁波供电公司在实地走访调研过程中发现，该厂存在空压机型号老旧、能效低、多台空压机独立运行控制加卸载频繁造成能源损耗严重、空压机的输送管网结构设计不合理造成压力损失大、供气管道上的排水阀失灵造成大量泄漏等诸多问题，从而导致供应系统的能耗较高。为此，国网宁波供电公司在 4 个厂区分别建设了集中供气站，并对空压机余热回收利用，供应厂区热水。供气总规模达到 1200 米³/ 分钟，改造前气电比为 0.1259 千瓦·时 / 米³，改造后气电比控制在 0.108 千瓦·时 / 米³ 以内，能效提升超过 15%，预计年节电量为 400 万千瓦·时，节约费用 308 万元。其中，3 号工厂配置余热回收系统，余热回收供应热水温度可达 55℃，水量为 10 吨／小时，可满足全厂区职工的生活用水，每年可节约费用 35 万元。

爱柯迪 2 号工厂空压机

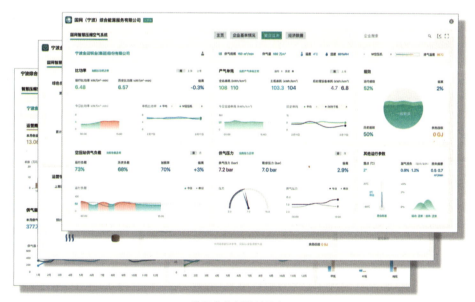

数智化能耗监管平台

**一套数字化管控流程**

通过建立以数据为基础的能耗监管系统，支持电、水、气等数据接入，以精准计量为核心，创新能效评价模型，建立空压系统能效评价体系，解决空压系统能效无法量化评价的问题，实现对各种能源的集中监控、计量和分析。企业通过这一数智化管控平台，实现单机管控变为空压系统智能管控，结合线上线下远程自动控制，保障压缩空气的制取精细化、智能化，让企业对自己排放的每一克碳都能精准溯源。同时，平台应用可视化数据分析手段，对能耗数据与能效评价模型进行形象化展示，借助品牌公信力，打造共享互信的公共服务平台。

**一个多元化可持续的商业模式**

在传统模式下，企业在购买空压设备时，除了需要支付高额的设备购置费用，每年还需要对设备支出一定的维护检修费用。以宁波金田铜业为例，该企业压缩空气平均使用量为 150 米 $^3$/ 分钟，企业自行投资建站需花费 350 万 ~400 万元，新增 3 台螺杆空压机、3 台冷干机、储气罐、智慧空气压缩系统等设备，每年设备运维费用为 10 万 ~15 万元。

为此，国网宁波供电公司创新商业模式，推出了研发投资建设运维一体化的模式，由综能公司投资建站运维，由传统的卖电向卖气（能）转变，工业企业只需按量支付压缩空气使用费即可。对于工业企业来说，投资成本下降为 0，运维成本下降为 0，用气成本由原来的 0.12 元 / 米 $^3$ 下降至 0.105 元 / 米 $^3$。而对于国家电网公司来说，空压系统能效提升项目综合收益率达 18.4%，项目回收期为 3.7 年，可持续的商业模式帮助国家电网公司实现了增收创利。

## 关键突破

### 首创系统标准计量体系，强化数据应用

"淘气宝"空压系统能效服务平台以《空气压缩机组及供气系统节能监测设计（GB/T 16665—2017）》等技术规范为依据，首创空压系统标准化计量体系，实现了企业空压机电量与气流量等数据的精确采集与分析，并构建了"能效分析数据库"，强化了空压系统运行数据应用，为"最优管理"提供了决策依据。

### 创新系统能效评价模型，实现运行最优

"淘气宝"空压系统能效服务平台实时监测空压机输入比参数、管道压降、管道漏损、

空压站气电比等指标，并将数字孪生、边缘计算等技术应用到企业空压系统的整体建模与分析，得到适合企业的空压系统运行模式最优解，实现系统最优化运行。

### 创新多元服务商业模式，提高综合效益

"淘气宝"空压系统能效服务平台首创"政""供""电""企"四位一体模式，将空压机行业主管部门、设备供应商、供电企业、空压机使用企业等聚合形成高效、低碳、便捷、服务模式多元化的空压系统能效服务生态圈，实现了资源共享、风险共担、利益共享，提升了平台的综合盈利能力与抗风险能力。

### 创新聚合管家身份，助力多方共赢

通过分析了解政府、工业企业、电网公司、设备供应商以及其他能源服务企业的诉求，国网宁波供电公司以聚合服务商的身份，通过空压系统改造升级方案的"一站式"输出，提升了工业企业的用能效率，实现了降本增效；节约了设备供应商的营销成本，实现了从单台销售到批量销售的转变；技术与商业模式创新解决方案为其他综合能源服务公司提供了经验；为电网公司带来了增值效益并建立了良好的口碑；同时，帮助政府汇集到了更多的用能数据以制定更具针对性的能效提升政策，助力宁波"双碳"目标的早日实现。

## 多重价值

空压系统能效的提升仅仅是一个缩影，其背后是从"电管家"到"能源综合管家"的角色转变，是从供电企业到能源互联网企业的思维与模式转变。国网宁波供电公司以空压机能效提升为突破口，拓展"三商"服务体系，为企业提供引领型的清洁能源供应服务、深耕型的能效提升专业服务、布局前瞻型的能源交易聚合商服务，助力宁波工业企业竞争力的提升。

**经济效益。**作为综合管家，国网宁波供电公司综合了空压机设备选型、系统规划、安装调试、运行优化以及附加增值服务等多种服务内容，设计了收取企业入驻费、推广费、租赁费等多种盈利模式，通过分享企业节能收益、获得政府补贴等方式实现电网公司的收益增加。

**环境效益。**截至 2023 年 6 月，国网宁波供电公司已建成 16 个高效空压站，节省企业用电量超 1000 万千瓦·时。在此基础上，通过帮助企业建设分布式光伏、地源热泵等方式，新增年可再生能源发电量 87 亿千瓦·时，减少二氧化碳排放 600 万吨。

**社会效益。**国网宁波供电公司联合政府相关部门和行业龙头企业，先后发布了《工

业企业用能提升指南》《园区级"源网荷储一体化"规划研究》《宁波低碳工厂建设标准》《宁波乡村能源低碳转型服务指南》等，将实践经验总结为标准，将项目打造为样板，助力国家"双碳"目标的实现。宁波市政府在看到空压系统带来的巨大能效提升潜力后，出台了专项扶持资金计划，推动工业企业空压设备的节能优化。在 2024 年全国两会期间，全国人大代表、国网品牌形象大使钱海军提交了《关于积极营造全社会节能降碳良好氛围的建议》，在中央电视台、《工人日报》、《浙江人大》等媒体传播，进一步树立了"国家电网"作为责任央企的品牌形象。

**示范效益。** 首创公用辅助系统空压机领域的服务示范，可为水循环、空调等其他辅助系统构建综合性服务平台提供示范作用，形成更加庞大的能效服务市场，有效促进区域整体公用辅助系统的效率提升与运营优化。

## 各方评价

**宁波能源局工作人员：** 供电公司主动服务促成政府将《宁波市空压机能效专项资金》补贴落地，接下来计划用 3 年左右推广高效空压机 2000 台，预计全市可以节电 2 亿千瓦·时左右。

**宁波金田铜业（集团）股份有限公司：** 以往，工作中的机器不知道需要多少压缩空气，一天到晚用同样的力度供气，造成很大浪费；现在，机器需要多少压缩空气，空气压缩机就供多少，实现了实时自动调整。使用集中供气智慧空压站后，我们的制气成本降低了，供气质量更稳定了，并且设备运维的智能化水平也有了提升。

**爱柯迪股份有限公司：** 供电公司搭建平台为我们全面实施了光、气、热、空调负荷的一体化改造和监测，系统提升了企业能效水平。每年节约用电约 620 万千瓦·时，减少能源费用支出 480 万元左右，减少碳排放 4400 吨。

**余姚市牟山工业园：** 2022 年，余姚率先在省内建成首个园区级共享空压站，目前又建成全省最大的共享空压站——塘创园共享空压站，助力余姚由"能耗之城"向"能效之城"转型。接下来，我们计划依托本地政府机构，批量接入水、电、煤、气等各项用能信息，实现全域能源数据的整合和管理，利用"三网一平台"的车联网、能联网、光联网将客户信息及能效项目信息接入，打造能源大数据中心。

## 三、未来展望

### 以点带面，推动公共能效全面提升

在成功搭建能效服务平台并帮助工业企业实现空压系统降本增效的基础上，以"三商"服务体系进一步拓展能效服务领域，将空压系统的能效提升经验应用到锅炉等其他系统能效领域，借助线上线下的综合服务能力，为工业企业的发展提供更高效、更节能的改造方案，实现能源的高效利用和成本的优化控制，满足工业企业不同的能效需求，推动实现公共能效的全面提升。下一步，国网宁波供电公司将以提升宁波地区能源供给水平为重点，以空压机行动计划为参照，重点以满足锅炉系统能效和数字化的升级改造需求为导向，着力增强技术创新、产品创新、模式创新，完善标准支撑和服务体系，持续提升使用节能锅炉的比例，加强全市锅炉系统高效节能型技术应用，加速推动锅炉数字化改造，提升锅炉智能化监控水平，全面提升锅炉系统能效水平。

### 多方联盟，打造工业柔性互动生态圈

为更好地凝聚社会多方力量，国网宁波供电公司牵头成立的宁波市新能源产业商会电力交易与碳服务专业委员会，首届会员涵盖可再生能源、新材料制造、节能减排企业等 41 家。充分发挥专委会的桥梁和纽带作用，加强政策的有效落地实施，汇集并推广高新技术和典型经验，帮助企业优化供应链，选择低碳的设备供应商，建立和维护与供应商、客户、政府、研究机构等的合作伙伴关系。通过专业的能源管理培训和碳管理服务，帮助企业建立和完善碳管理体系，提高企业的碳管理能力。同时为企业提供金融支持，为低碳项目提供融资、开发和交易碳排放权，推动绿色金融的发展，从而加快推动能源变革转型与绿色低碳发展，为加快建设滨海大都市贡献电网经验与力量。

（撰写人：张娅玲、叶佳青、杜蕾佶、杨建立、马国平）

国网福建省电力有限公司武夷山市供电公司
# "电炭携手"破解"好茶"密码

## 一、基本情况

### 公司简介

国网福建省电力有限公司武夷山市供电公司（以下简称国网武夷山市供电公司）肩负着武夷山市电网规划、建设及运营职责。公司下设 8 个职能部门、3 个业务支撑机构、6 个乡镇供电所。全口径用工 540 人，服务用电客户 13.57 万户，服务人口 25 万人。

国网武夷山市供电公司长期致力于研究"电与人、电与社会、电与生态"三者和谐共生的关系。经过四年的探索与实践，公司明确"天人合一"的生态发展观，融入国家电网公司社会责任"鼎·心"模型内涵，坚持可持续发展理念牵引，进一步构建起以"万川映月，责任心行"为主题的供电公司全面社会责任管理落地的"武夷山"模型。

深入挖掘国家电网公司社会责任"鼎·心"模型内涵，在全面社会责任管理的"武夷山"模型中，"问题导向、利益相关方沟通、可持续发展、目标管理、卓越绩效考评"构成其根植路径，并基于推进机制和评估机制，构建起了"智慧茶旅　活力升级""绿色赋能　和谐共生""融景融情　福见武夷"专项行动。三者巍然成山，倾注着国网武夷山市供电公司优良的服务态度和履责理念，持续滋养、灌溉整个武夷，从而实现人、城市、自然三者和谐共生的幸福局面。

### 行动概要

武夷山市位于福建省西北部、闽赣两省交界处，是"海上丝绸之路""万里茶道"的起点，拥有得天独厚的"茶、旅、生态"资源禀赋。武夷山市作为福建省的产茶大市，茶叶种植历史悠久、品种丰富，文化底蕴深厚，是世界红茶祖地、大红袍祖庭，是我国著名的茶乡。茶业全产业链总产值达 75 亿元，品牌价值超 710.54 亿元，位列中国茶叶类区域公用品牌价值第二，且农村居民人均可支配收入有 1/4 来自茶业。

在茶业蓬勃发展的同时，由于炭焙茶传统工艺造成的碳排放与武夷山独特的生态环境保护之间的矛盾日益凸显。随着"双碳"目标的逐渐深入，武夷山绿色产业发展的需求日益增长，构建清洁能源体系是政府迫切需要解决的难题。

国网武夷山市供电公司开展的"'电炭携手'破解'好茶'密码"智慧制茶建设行动，提出了"自动化""电能替代"的产业化升级模式。着力围绕传统焙茶环节需要大量烧炭影响环境、工作时间长达 10 个小时且工作车间环境差影响焙茶师傅职业健康的问题，在推出以电代炭电焙茶的同时，构建了电炭联合保持传统风味新模式，以闭环式智慧用能体系，重点提升中低端制茶品质，并做大产业链，从源头上解决消费侧节能降碳增效问题，为武夷山生态环境保护及茶产业的持续健康发展带来了新的跃升。

武夷山生态茶园

## 二、案例主体内容

### 背景和问题

#### 问题一：焙茶燃料不可持续，背离"减碳"目标

2019~2022 年，武夷山茶叶产量中的精茶量年均为 16000 吨，炭焙环节用炭量约 2.88 万吨，燃烧产生二氧化碳超过 10 万吨。木炭的使用，一方面大量消耗着武夷山森林自然资源，另一方面因其大量排放的二氧化碳、二氧化硫、氮氧化物等气体对武夷山生态环境产生了不利的影响。

#### 问题二：焙茶工序复杂，传统炭焙环境恶劣影响职业健康

按照传统的制茶工序，炭焙环节需要在高达 55℃以上的环境里工作，且需要焙茶师傅每半小时翻动一次茶叶，单次焙茶需持续 10~20 个小时，对焙茶师傅的身体健康有很大的影响。

同时，燃烧木炭产生的大量灰尘，以及由于木炭燃烧不充分产生的一氧化碳，会随着焙茶过程中的翻动和热空气上升而形成烟尘，伤害焙茶师傅的身体健康。如流程控制不佳导致炭灰落在茶叶上，也会对茶叶的品质造成影响。

#### 问题三：制茶负荷不平衡，易造成火灾隐患

因做茶季时间只有约一个半月，电网投资按全年做茶高峰负荷投入，平时电力资源大量闲置。2017~2022 年，武夷山因制茶炭焙发生火灾 9 起，造成的经济损失达 2000 万元。

#### 问题四：传统工艺工作艰辛，优秀制茶工艺面临断代

焙茶师傅每半小时翻动一次茶叶，武夷山非物质文化遗产"武夷岩茶（大红袍）制作技艺"传承人年龄普遍在 60 岁以上，且年轻人不易接受如此艰苦的工作，使炭焙技艺面临断代。

### 行动方案

在茶叶制造过程中开展"电焙代炭焙"，是解决武夷山地区茶产业发展与生态环境矛盾的关键举措。而武夷岩茶炭焙法是传统制作工艺的关键之一，传统岩茶的炭焙一般不能一次完成，否则茶叶容易碳化，需要文火慢焙出好茶。然而当前的传统电烘焙箱无法满足烘焙工艺的要求，解决电焙茶的技术瓶颈并保持手工茶风味品质是破解当前问题的关键一环。

### 新材料——模拟传承工艺还原手工茶香

国网武夷山市供电公司联合南平市供电公司数字化办公室组建了课题研究组，联系武夷山市科技局、茶叶局、茶企专家等积累了较丰富的项目技术研究资料，并建立起了相应的实验车间。针对焙茶文火的需求，引入纳米黑体发热管组成的组合式中波段红外线发生器，将电能加热方式模拟为与炭焙相同的中波段红外线加热，让电烘焙满足与炭焙模式一致的文火慢焙过程，在不破坏茶叶品质的基础上实现了能源上的电能替代，确保以电代炭茶叶烘焙质量，解决以电代炭的根本阻碍。

项目组研发的第一代设备　　　　　　　　项目组研发的第三代设备

### 数字化——复刻大师工序传承核心密码

以电代炭仅仅满足基本需求是不够的，国网武夷山供电公司在满足文火焙茶的基础上，不断开展技术创新，将焙茶机箱姿态控制、温度控制、时序控制一体化集成，通过安装多种传感器、智能程控设备收集感知与控制数据，并直观地展现在主机电脑上。

技术迭代后的焙茶过程能利用三维翻动电机替代手工翻茶，将茶叶烘焙均匀。同时，还能精准控制烘焙初期的空气温湿度、空气含氧量等细微参数，有益于烘焙前期美拉德反应的进行，丰富所焙茶叶的香气，实现人力的解放，大大降低焙茶师傅的劳动强度。同时，正在引入大数据云计算数据库，将茶叶品种、做青程度、山场、含水量等数据归类，联系制茶非物质传承大师刘宝顺、王剑峰等指导编写出可适应各类茶叶的自动烘焙程序，实现制茶工艺的传承创新，非物质传承大师技艺的数字化过程大大提升了茶产业以电代炭的积极性。同时，持续推进优化最后一道制茶流程，使用传统轻炭焙工艺用半

实体样机参加现场展会

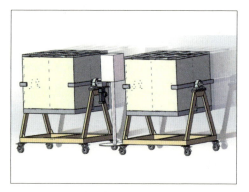

电焙茶设备设计图

小时对电焙后的茶进行最后一道流程，最小化炭焙时间及过程，保证最小用炭量，经评审，成品与大师纯手工茶的相似度达 96% 以上。

**大联合——强强联手破题解题**

国网武夷山供电公司与武夷山星村镇人民政府、武夷山市皇龙袍茶业有限公司签订了三方协议，共同进行新式电焙茶设备项目的开发。通过引导与大品牌茶企合作试点、政府背书协议合作等方式，大力推广使用电焙茶设备与技术。

国网福建省电力有限公司与武夷山市皇龙袍茶业有限公司签署合作框架协议，双方在制茶电能替代、茶企用电大数据分析、电制茶技术培训等方面开展合作，落实"两山"理念构建武夷岩茶绿色能源应用生态圈，助力传统茶产业转型升级，共同促进武夷山茶文化品牌与地方产业的传承与发展。后续将推动电焙茶设备小型化开发，用于家庭或小作坊的电焙或复焙，满足岩茶客户对茶叶口味的个性化需求。

与茶企、武夷山市政府签订三方协议

福建省电力公司与茶企签订合作协议

**精计算——迭代更新实现产业生态圈低碳闭环**

引导茶农茶商在电网闲时或电价谷时开展电焙茶，培育试点企业参与电焙茶全过程研发，有效引导制茶用电方式变革，可有效平衡电网全年负荷载量，提升电网的投入产出比。

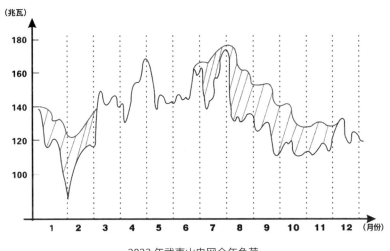

2022 年武夷山电网全年负荷

## 关键突破

### 突破了"用炭"与"减碳"之间的矛盾

应用电能替代传统炭火使茶业炭焙环节变得更加清洁、实惠，既可以实现降本增效，又可以保证茶叶的品质不受影响，为茶企提供了一套可持续、易复制的可行性方案。

### 突破了"传统"与"现代"之间的矛盾

应用自动化控制程序辅助茶叶生产，免去了传统制茶工序中需要多人操作的窘境，减少了人力成本，为标准化生产指明了方向。引入的大数据云计算概念，为未来的科技制茶提供了一个可参考的样本。

### 突破了"生态"与"产业"之间的矛盾

通过巧妙地用能替代及自动化生产组合，有效解决了武夷山生态环境保护与茶产业发展之间的矛盾，减少或消除了非必要的碳排放，减少了生态的破坏，做到了茶叶生产与助力实现"双碳"目标的共赢。

## 多重价值

**电网经济效益。**通过推广电焙茶设备，可提高电网利用率。以武夷山茶叶主产区为例：2020~2022 年，武夷山年均精茶烘焙 16000 吨，精茶烘焙耗能约 0.5474 亿千瓦·时，耗能量可占到整个武夷山供电区 2022 年总用电量（7.68 亿千瓦·时）的 7.13%，在整个闽北地区数量更大。如果将这部分非清洁能源换成电能使用，能够大大降低非集中性茶叶生产季节配电设施的空闲率，提高电网用电量，增加电网经济效益。

**用户效益。**电焙茶设备于 2020~2022 年进行了 435 次共 21400 千克茶叶的烘焙试验。经过比对，新式电焙"花果香显、滋味醇厚"，能达到或接近与炭焙一样的增香效果。特别地，该设备实现了自动化生产，通过程序控制自动控温、翻茶，比传统焙茶工艺降低了劳动强度，增加了产量，通过测算，可节省 4/5 的能耗费用。目前，该产品已开发到第四代设备，初步具备商业化、市场化雏形。

**社会效益。**在节能减排方面，按木炭一般热效率为 50% 计算，电能热效率为 80% 计算，可以节能 30%，每年节能总量为 0.164（0.5474×30%）亿千瓦·时，减排二氧化碳数量 20 万吨，可以有效保护生态环境，实现电网负荷平衡及柔直技术的应用。

## 各方评价

**武夷山市政府：**一举多得，这种智慧用能服务制茶产业的模式能让我们的茶产业走得更远。

**国家森林公园执法队相关负责人：**国家电网不仅是美丽生活的服务者，更是绿色生态的创造者。

**武夷山市皇龙袍茶业有限公司相关负责人：**科技改变力量，创意创造生活，它们让我们的茶更香了。

**焙茶师傅：**新科技让焙茶更轻松，茶叶更香。

## 三、未来展望

　　国网武夷山市供电公司以创新行动打开了新时代茶业发展的曙光之门,促进了能源替代与茶科技、茶产业的完美结合,对红茶、铁观音等茶品种极具推广价值。新式设备的面世能够逐渐打破大众对传统炭焙茶优于电焙茶的看法,提高了企业的认可度。未来,国网武夷山市供电公司将持续通过试验验证、样品试用等方式潜移默化地引导茶企将用能往清洁能源上靠近,并拓展至其他农产品(如花生、瓜果)烘干等的应用,实现减少木炭燃烧、降低焙茶劳动强度和危险系数,同时填补电网投资的空闲负荷的目标,通过数字化保存技术让传统工艺不丢失,助力消费侧升级,实现降碳增效。

　　　　　　　　(撰写人:吴宏涛、李娟、黄俊凯、黄家敬、梁九河、陈厚辉)

国网安徽省电力有限公司合肥供电公司
# 电力保供新法宝
# 虚拟电厂唤醒沉睡零散可调负荷

## 一、基本情况

### 公司简介

国网安徽省电力有限公司合肥供电公司（以下简称国网合肥供电公司）成立于 1962 年，承担着全市 534 万户电力客户的供电任务，代管巢湖市及肥西、肥东、长丰、庐江 5 个县级供电公司。近年来，国网合肥供电公司积极服务合肥经济社会发展，取得了突出的成绩，蝉联"全国文明单位""全国'安康杯'竞赛优胜单位"，获得"第二十届全国质量奖""国家电网公司先进集体""国家电网公司红旗党委""国家电网公司管理提升标杆企业""安徽省人民政府质量奖提名奖""国家电网公司五四红旗团委"等荣誉称号。

多年来，国网合肥供电公司不断延伸履责触角，在优化营商环境、服务乡村振兴、电力保供等方面做了大量工作。持续开展社会责任根植工作，通过"阳光 N 次方，社会责任根植让办电又快又好""多方联动，打造自管小区亮灯工程""多站融合，打造智慧能源服务综合体"等项目，解决利益相关方急难愁盼的问题，提高供电公司在群众中的满意度和建立了良好的口碑。

### 行动概要

随着电力需求的不断增长以及全球范围内能源紧缺和碳排污染等问题的日益严峻，传统能源发电的弊端日益凸显。风电、光伏等新能源在装机容量快速增长的同时，其固有的随机性、波动性、间

可持续发展
目标

歇性特点对电力系统也造成了不小的冲击。合肥作为"光伏第一城"和"新能源汽车之都"，实施"借光发展"战略，打造具有国际影响力的光伏产业集群新高地。国网合肥供电公司针对区域新能源发电装机占比高、柔性需求响应资源丰富的特点，让虚拟电厂走进现实，进入商业化运营阶段，聚合充电桩、储能、空调、分布式光伏等零散电力负荷资源，国内首创"5G+量子"技术，实现合肥地区电网优化运行，提升对可再生能源的承载能力。截至 2023 年 8 月，合肥虚拟电厂容量为 244.75 兆瓦，已接入 153 兆瓦光伏电站，27.75 兆瓦的储能，以及 64 兆瓦可调节负荷，其中商业综合体空调负荷 8.3 兆瓦，电动汽车充换电站 55.7 兆瓦。项目被新华社《全球连线》用英文向国际社会传播，两次登上中央电视台财经频道，获得《国家电网报》《安徽日报》等行业媒体和主流媒体的认可。

## 二、案例主体内容

### 背景和问题

作为全国著名的"光伏第一城"和"新能源汽车之都"，合肥光伏产业整体实力和装机应用规模位居全国前列，电力负荷将日趋多元化，其大规模、高比例接入给电力系统的平衡和电网安全运行带来了一系列挑战。

**清洁能源"太随意"**

近年来，众多光伏项目纷纷落地合肥，新能源产业形成集聚发展态势。截至目前，合肥有金太阳、合肥充电等光伏和充换电企业，2020 年，光伏及新能源产业实现增加值 29.4%；2021 年，光伏并网总容量达 2624.16 兆瓦，位列全国省会城市之首；2023 年，合肥市光伏发电出力屡次打破历史纪录，4 月 7 日达到最高值 215.7 万千瓦，约占实时负荷的 40.47%。新能源的随机性、波动性和间歇性，造成系统的有功率不平衡，导致系统的频率波动，特别是在汛期及节假日，电网填谷日益困难，谷负荷通常出现在 4:30~6:00，大部分持续 1.5~3 小时，亟须平衡光伏发电带来的频率波动，避免"弃风弃光"。

**低碳用能"太任性"**

截至 2022 年底，安徽新能源汽车保有量达 36.83 万辆，累计安装充电桩 14 万个，建设充电站超过 3000 座。合肥集聚比亚迪、蔚来、大众等 6 家整车企业，300 多家核心零部件配套企业；2023 年 1~4 月，新能源汽车产量为 17.2 万辆，占全国新能源汽车总产量的 7.5%，充电需求激增。新能源汽车充电是无序充电，新能源汽车的充电需求受上下班、节日、季节等因素的影响，在时间轴上呈现散乱的波动，与相对平稳的发电供能形成供需不匹配的紧张关系。据国网合肥供电公司统计，合肥直流充电桩 11500 个，相较 2022 年增加 3700 个，按单桩平均 60 千瓦计算，同时使用将会有 65 万千瓦负荷，大量的电动汽车无序入网充电时，势必会导致电网的负荷"峰上加峰"。

**尖峰保供"太困难"**

2023 年夏，合肥电网最大负荷再次突破 1000 万千瓦大关，光伏电站、电动汽车充换电站（桩）、储能站、商业楼宇等多种负荷类型持续攀升，而电力需求响应作为节能和电力保供利器，充分发挥了智能电网强有力的资源配置优势，可有效柔性削减 15%~30% 的峰值负荷。如何应用"源网荷储"协调发展，实现传统有序用电向需求响应的转变，成为电力保供的"必答题"，必须下好紧贴社会民生现实需求的"先手棋"。

## 行动方案

### 创新探究，设计推进路径

国网合肥供电公司深入研究区域能源发展需求，结合实际情况和提升方向编制可行性研究报告。对虚拟电厂管理平台进行统一设计，通过先进信息通信技术和软件系统，实现分布式电源、储能系统、可控负荷、微网、电动汽车等分布式能源资源的聚合和协调协同优化，确保满足多类型负荷数据采集、运行监测、需求响应、智能调控等需求。

### 零散汇聚，打造虚拟电厂

聚焦技术型虚拟电厂建设，打造虚拟电厂集中控制平台，将合肥市光伏电站、储能电站及可控负荷等聚合成一个虚拟的可控集合体，实现电网调压、调频、调峰调度，有效提升电能质量和可再生能源消纳能力。搭建虚拟电厂综合管理平台，提供负荷实时监测、负荷潜力预测、调控策略制定、需求响应执行等微服务。对可再生能源、储能装置和用户可中断负荷等"源网荷储"资源进行整合，以精准匹配电力负荷调度需求为最高目标，对目前拥有的各类资源，如大用户的可控负荷设备、光伏发电设备、储能系统和共享电动单车换电柜等提供了最大的接入和管理能力。

### 可视智慧，实现数据调度

电网规模快速增长，电力系统的动态行为日趋复杂，改变以往实时数据分散、表现形式单一的难点，借助先进的计算机图形显示技术，以可视化的方法，把电网关键实时监控数据进行屏幕映射；通过有效的信息组织，形成满足电网调度实际管理需要、符合电网调度实际业务需求的信息集。从不同业务层面、不同角度挖掘系统的应用场景形成可视化内容，并从相关业务系统中获取数据支撑。

共商平台发展情况

**融合发展，打造多维场景**

迎峰度夏期间"削峰填谷"：零散负荷通过虚拟电厂管理平台参与电力需求响应，在电网负荷高峰时实现负荷精准控制，参与辅助调峰市场。**参与华东可调负荷资源跨省互济支援：** 1分钟完成可控负荷调节，实现可调负荷对电网模拟事故的跨省互济支援。**国内率先实现"车—桩—网"双向调度互动：** 绿色智慧调度平

通过合肥虚拟电厂对蔚来换电站下发控制测试指令，15秒内<br/>负荷下降132千瓦，同时换电站正常运行不受任何影响

台读取V2G充电站聚合商应用平台当前可用的充电资源，实现负荷"削峰"和分布式光伏就地消纳。**省内首次实现调度模式由"源随荷动"向"源网荷储互动"转变**，在特来电和蔚来汽车充电站开展调峰控制，在满足电动汽车的基本充电需求的前提下，实现了不同场景充电负荷的柔性控制。**实现大型商业综合体需求侧实时响应**，打造安徽省首个用能优化楼宇——国购广场，柔性调节中央空调系统负荷，其空调额定容量约为8.23兆瓦，通过调度平台实时控制，将其制冷负荷由3.3兆瓦降至3.0兆瓦，持续时间为30分钟，"削峰"效果约占总实时负荷的10%。

### 商业运行，达成高效共赢

合肥虚拟电厂已具备需求响应，在光伏、充电站、储能、可调负荷等方面构建出商业模式，同时积极开拓电力辅助服务调频，以及电力现货市场商业模式：在光伏发电方面，通过虚拟电厂管理平台参与辅助服务，助力清洁能源消纳，为光伏发电量做支撑；在充换电站方面，提升充电桩的收益模式，共同合作，通过补贴等形式将虚拟电厂和蔚来的利益进行捆绑，参与辅助服务，助推上网；在可调负荷方面，目前已接入多家换电站、单车充换电站，参与安徽电力需求响应。

上门服务光伏电站做好安全运维

与合肥金太阳能源科技股份有限公司、合肥市电动汽车充电设施投资运营有限公司达成合作意向

## 关键突破

### 实现精准控制，创新打造能源管理的新模式

通过能源互联网技术，把散落于不同地区、不同客户端的充电桩、空调、储能电池等电力负荷及新能源整合起来，优化能源供需关系。目前合肥虚拟电厂容量为 244.75 兆瓦，已接入 153 兆瓦的光伏电站、27.75 兆瓦的储能，以及 64 兆瓦的可调节负荷，将形成光伏、储能、充（换）电、微电网等多种电力能源的互联互动，提升综合利用效率，降低能源消耗，为智慧绿色城市发展保驾护航。

安徽合肥供电公司员工通过虚拟电厂系统下发控制指令

### 实现国内首创，应用"5G+ 量子"的新技术

合肥虚拟电厂系统升级 5G 技术，负荷调控由过去的 90 秒左右缩短至 15 秒内甚至更短时间，满足调频所需的"秒级"响应要求；"量子加密"技术使负荷调制指令加上了随机变化的密码，实现虚拟电厂平台和换电站之间的点对点通信，达到快速对变电站调频，为配电自动化系统的数据传输提供了更高等级的保护，大幅提升了操作安全性和可靠性。

### 实现商业运营，找到零散资源整合的新方式

合肥虚拟电厂通过平台接入光伏等可调节资源，率先实现商业化运行，实现零散用户参与响应。与合肥蔚电科技有限公司签订了全省首份虚拟电厂商业运营合作商务合同，合肥蔚电科技有限公司运营的 25 座电动汽车换电站将通过公司虚拟电厂管理平台参与电力需求响应，预计在迎峰度夏期间将提供 12750 千瓦可调节负荷。与中国铁塔股份有限公司合肥市分公司签订商业合同，提高能源利用效率为能源转型和可持续发展做出贡献。

### 实现零的突破，供给共享电动单车的新动能

成功将肥西路"小哈"换电柜接入公司虚拟电厂，实现了虚拟电厂在共享电动单车换电柜资源接入上零的突破，标志着合肥虚拟电厂已经囊括当前充电基础设施的全品类场景接入。目前，合肥区域已投运的换电柜大约有 4000 余台，平均单台换电柜最大充

电功率按 5 千瓦计算，未来合肥全市可供接入的换电柜资源负荷可达 2 万千瓦。

## 多重价值

### 柔性负荷促进节能降耗

合肥虚拟电厂的容量为 244.75 兆瓦，已接入 153 兆瓦的光伏电站、27.75 兆瓦的储能，以及 64 兆瓦的可调节负荷，其中商业综合体空调负荷 8.3 兆瓦，电动汽车充换电站 55.7 兆瓦；正式接入 25 座换电站，用电高峰时可提供 1.3 万千瓦的负荷资源，相当于 2000 多户居民的用电负荷；实现促进新能源消纳 42 万千瓦·时 / 天，减少二氧化碳排放 417.92 吨 / 天，降低高峰负荷，实现负荷可调可控，提升综合利用效率、降低能源消耗。

### 智能数据绿化用能管理

虚拟电厂供应商可以向用户提供能源效率审计、节能项目设计、监测、培训和运行管理等服务。对于大型工商业企业来说，可能通过虚拟电厂提供的节能服务掌握自身能源管理状况及用能水平，排查节能障碍和浪费环节，获得节能收入，用户也可通过终端软件实现对用电行为监测和信息管理，实现对可调节负荷的精益化管控，达到能效提高、能耗降低、用能成本降低的效果。

### 释放活力推动产业发展

通过虚拟电厂，充电桩公司将众多充电桩组合为充电网，并联合新能源汽车聚合成储能网，以虚拟电厂的形式参与电力市场交易，将规模日益庞大的电动汽车整合起来。系统根据场区的实时用电负荷，对汽车的充电顺序进行管理，从而避免集中充电对电网带来的冲击，通过高峰、平段、低谷三个阶段的调节，进一步促进充电桩和新能源汽车的发展。

### 降本增效减少电网投资

虚拟电厂实现了"源网荷储"电力电量平衡、储能管理、策略运营和优化协调运行等功能，与传统电厂相比，调峰成本可节约 4/5 投资。预计合肥虚拟电厂在三年内的总容量将达到夏季降温负荷 400 万千瓦的近两成，相当于少建设一座装机规模 80 万千瓦的传统电厂。

### 绿色能源保障社会供应

保障社会发展绿色用能，特别是"尖峰时刻"用能，2022 年迎峰度夏期间，已接入 20.7 万千瓦"源网荷储"资源的合肥虚拟电厂深度参与了安徽电网的调频、调峰，共计消纳新能源电量 3.7 万千瓦·时。虚拟电厂通过减少可控负荷用户的用电，同时调控分布式光伏和储能资源优先保障应急电源服务需求方的用电，为重要用电场合或者活动，如医院的手术室、ICU 等提供应急电源供应。

## 各方评价

**安徽省电力交易中心李永波：** 虚拟电厂具有专业性、规模性、经济性等特点，对支撑社会发展、低碳转型具有重要的作用。

**中国铁塔股份有限公司合肥市分公司刘绵红：** 通过合肥供电公司虚拟电厂，形成了一定规模的响应符合，而且参与迎峰度夏还可以获得收益，真是一举两得。

**合肥蔚电科技有限公司章新龙：** 我们也参与到了需求响应之中，为迎峰度夏、节能保供、"双碳"目标的实现做出了自己的一点贡献。

**合肥金太阳能源科技股份有限公司王兆荣：** 随着合肥虚拟电厂运作、电力市场体制改革以及电力市场商业模式不断深化，相信在未来的合作中我们都可以获得更好的发展。

**合肥公司电力调度控制中心陈璐：** "5G+ 量子"技术加入后，合肥电网抗击自然灾害的能力得到大幅提升，在电网发生故障引起频率波动的情况下，虚拟电厂系统将快速调控，平抑频率波动，使其稳定于 50 赫兹，避免对百姓生活和企业生产造成影响。

## 三、未来展望

2024 年，国网合肥供电公司将进一步扩充虚拟电厂容量，加入更多的新能源发电项目，参与辅助服务市场及现货市场，在迎峰度夏期间快速调峰，用更多的绿色能源保障社会电力供应，助力"双碳"目标早日实现。未来，国网合肥供电公司将继续扎实开展社会责任根植、品牌建设等工作，深耕"金钥匙"行动、社会责任基地创建、社会责任根植项目等各项工作，全力讲好合电故事，在推广合电经验的同时，不断提高公司的社会责任履责能力，力争用更多"首位、首创、首领"成果保障公司高质量、跨越式发展。

（撰写人：许洁）

国网江苏省电力有限公司苏州供电分公司

# 建设区域分布式光伏碳普惠市场，"集零为整"激发减碳活力

## 一、基本情况

### 公司简介

国网江苏省电力有限公司苏州供电分公司（以下简称国网苏州供电公司）是国网江苏省电力有限公司所属特大型供电企业。国网苏州供电公司立足新发展阶段，贯彻新发展理念，融入新发展格局，坚持"稳中求进"工作总基调，主动服务"双碳"目标，扎实推进新型电力系统建设。先后荣获"全国文明单位""全国五一劳动奖状""国家电网公司先进集体""国家电网公司文明单位先进标兵""全国实现可持续发展目标先锋企业"等称号。

国网苏州供电公司积极对标联合国可持续发展目标，主动将可持续发展与企业运营相融合，建成同里区域能源互联网示范区和古城区世界一流配电网示范区，配合承办"一带一路"能源部长会议、连续三届的国际能源变革论坛，向世界展示了能源变革中国思想、江苏实践的苏州样本。聚焦为用户办实事、解难题，建立健全"特快电力"通道，打造"舒心电力 5S"品牌，推出"全电共享"电力设备模块化租赁、共享充电机器人等服务，加快推进老旧小区改造，持续优化电力营商环境，全力服务苏州经济社会发展，为全球可持续发展大计贡献经验。

### 行动概要

随着我国提出"双碳"目标，市场化碳交易是促进可持续发展

和低碳转型的关键。在苏州市加快建设分布式光伏和境内跨国公司减碳需求旺盛的背景下，国网苏州供电公司基于苏州全球第一大工业城市的产业属性先行先试，以苏州工业园区为试点，以分布式光伏为切入点，推动构建对广泛、小型的减碳行为进行量化、核证和价值变现的碳普惠市场。与国内外权威认证机构进行合作，建立全国首个市场化碳普惠交易体系，通过市场化手段优化资源配置，"集零为整"激发区域减碳活力，助力区域尽快实现"双碳"目标。

## 二、案例主体内容

### 背景和问题

随着我国提出碳达峰、碳中和目标，清洁低碳发展成为时代主题。盘活区域碳资产并将其纳入市场，以交易方式实现碳中和是未来发展的主要路径。对此，国家主导建设了碳配额交易和国家核证自愿减排量（CCER）交易市场，但二者都是针对大容量的碳资产，分布式光伏等小型碳资产则无法参与上述碳交易市场。

2021年，苏州出台了全国补贴最高的整县光伏实施方案，分布式光伏呈现爆发式增长，全社会对减碳具有广泛的需求。同时，作为全球第一大工业城市，苏州聚集了大量跨国企业，这些跨国企业为了更好地参与全球竞争，自愿减排需求十分旺盛。然而，相比于旺盛的需求，减碳产品的供给方面却面临着以下"痛点"：

**一是碳普惠市场"缺"**。分布式光伏等主体由于规模小，无法参与碳交易市场，造成碳资源减碳价值和经济价值无法释放；而有意愿减碳的企业难以找到小型、灵活、便捷的减碳产品，供需双方之间缺乏有效的沟通桥梁。

**二是碳资产核证"难"**。分布式光伏等碳资产核证专业性强，企业缺乏相关人才，市场缺乏核证、交易、分析的"一站式"服务。

**三是碳金融产品吸引力"弱"**。缺少与碳普惠市场相对应的碳金融产品，产品的效率不高，吸引力不强，全社会参与减碳的积极性无法得到有效激发。

### 行动方案

国网苏州供电公司以分布式光伏为第一类试点碳资产，依托公司掌握的分布式光伏数据的数据平台优势和连接供需各方的运营优势，联合政府、分布式光伏投资企业、减碳需求企业、银行、上海环境能源交易所等利益相关方，共同合作建立区域分布式光伏碳普惠市场，应用数字化手段打造"碳普惠智能服务平台"，提供集"数字核证、在线交易、全景分析、联邦征信"于一体的碳普惠和碳金融服务。国网苏州供电公司协同苏州工业园区管委会，对接上海环境能源交易所，与国内外多家权威认证机构达成合作，于 2022 年 11 月 16 日正式建立了全国首个市场化碳普惠交易体系，助力推进区域碳达峰碳中和进程。

**资源聚合，发挥分布式碳资产整体效益**

当前市场存在较多如分布式光伏等的"分布式碳资产"，据国网苏州供电公司统计，

苏州工业园区碳普惠交易体系启动仪式

将分散的分布式光伏碳资产"集零为整"聚合形成碳普惠产品

截至 2023 年底，苏州工业园区分布式光伏装机容量已达 27 万千瓦，苏州市已达 381.4 万千瓦，江苏省已达 2772.24 万千瓦。国网苏州供电公司采用"集零为整"的思路，推动分布式碳资产聚合打包，形成碳普惠产品，进行市场交易或抵押融资，通过市场机制盘活区域分布式碳资产，优化全社会碳资源配置，激活市场主体降碳热情，促进产业绿色升级，助力低碳发展。

### 机制引领，协同多方建立碳普惠市场机制

苏州工业园区碳普惠体系创新并不仅仅是开发信息化平台，而是构建了由政策体系、各类参与机构、智能服务平台共同支撑的一套完整的市场化自愿减排交易体系，联合分布式光伏投资者、政府机构、银行、减碳需求企业、上海环境能源交易所等利益相关方，加快形成对广泛、小型的减碳行为进行量化、核证和价值变现的市场。

**与地方政府主管部门合作**，协同苏州园区管委会建立碳普惠市场管理机制，协助明确碳普惠市场的商业运作规则、运作主体、规范流程、服务标准等基本内容，推动政府出台碳普惠核证方法学、市场实施办法等政策文件，明确市场运行机制。

政府出台建设碳普惠体系的政策文件

**与上海环境能源交易所合作**，在苏州工业园区管委会的指导下，联合上海环境能源交易所共同起草了《碳普惠总体实施方案》《碳普惠管理办法》《碳普惠方法学开发与申报指南》《碳普惠项目建设指南》等规则，建立起区域碳普惠市场运行机制。

与上海环境能源交易所达成合作协议

**与银行合作**，开展碳普惠金融产品创新研究，针对产品授信标准、操作流程以及风险管理等做出规定，并将联邦学习技术应用于客户征信中，实现高效征信。

**与国内外权威机构合作**，引入中国质量认证中心（CQC）、华测检测（CTI）、瑞士通标标准（SGS）和英国标准协会（BSI）四家认证机构，开展基于碳普惠减排量的碳中和认证，从而大大提升了碳普惠体系的适用度，已成功为部分苏州工业园区企业及会展活动等提供了认证服务。

与国内外权威认证机构合作

### 数字赋能，吸引多方主体高效参与碳普惠市场

国网苏州供电公司通过电力大数据的价值再发现，融通"电市场"和"碳市场"，协同政府积极建设"碳普惠智能服务平台"，提供"数字核证、在线交易、全景分析、联邦征信"等服务，赋能政府、企业、银行等多方主体高效参与碳普惠市场。

"**数字核证**"主要为分布式光伏企业提供站点管理、授权认证等服务，帮助光伏企业将发电量转化为减排量，并以一段时间的减排量作为碳资产进行交易。

"**在线服务**"主要提供减排量统计分析和供需信息详情等服务，提供总减排量、交易总金额、交易完成数量等关键指标的统计分析，帮助企业充分掌握碳普惠市场行情以决定交易策略，有效引导企业参与减碳。

"**全景分析**"主要对光伏资产、减排排行等宏观指标统计分析，并基于苏州地图全面展示各个区域分布式光伏情况，将支持查看每个点位的发电详情和碳资产发展趋势，辅助政府把控区域碳减排走势。

"**联邦征信**"提供面向金融机构的征信服务以及面向企业的融资服务。金融机构可通过平台获取政策及企业授权范围内的信用数据，实现高效安全的信贷审批、资金发放、贷后管理等流程化服务以及反欺诈的预防和管理。企业可以发布融资需求，查询获取平台对接的碳金融产品，有效连接具有融资需求的企业和金融机构，从而推进高效率碳金融产品的形成，刺激更为旺盛的减碳行为。

### 生态运营，保障碳普惠市场良性发展

**成立碳普惠市场运营中心。**运营中心作为苏州工业园区碳普惠市场交易服务、推广传播、信息共享、创新发展的重要机构，承担着苏州工业园区碳普惠的管理运营职能，包括组织专家委员会对项目和场景减排量核算方法的论证审定，项目及减排量的签发备案，个人低碳场景及减排量的管理，碳普惠减排量的消纳、管理与商业化运营等。

**创新金融渠道激发减碳活力。**联合银行等金融机构进行碳金融创新，致力于通过金融杠杆撬动更大的市场空间，实现碳普惠和碳金融的正反馈闭环。应用联邦学习技术保障数据隐私，实现"数据可用不可见"，打破多方数据共享在数据隐私、数据确权方面的壁垒，赋能银行应用多方数据开展"更快速、更低成本、更准确"的金融征信，释放碳资产的金融价值，反哺清洁能源投资，催生更大规模的碳普惠市场。目前，苏州工业园区供电分公司与招商银行合作开发"碳普惠信用贷"金融产品，

初步规定根据光伏企业未来 1 年的减碳收益确定授信额度，进一步拓展分布式碳资产的价值变现渠道。

与招商银行合作开发"碳普惠信用贷"金融产品

## 关键突破

**推动建设区域碳普惠市场。**通过"政、电、银、企"等各利益相关方的密切合作，利用市场机制盘活区域分布式碳资产，优化全社会碳资源配置，推动分布式碳资产聚合打包，形成碳普惠产品，进行市场交易或抵押融资，实现了碳资产的价值变现，激活了被压抑的小型碳资产交易市场，激活了市场主体的降碳热情，有效补充了现有碳市场体系，促进了产业绿色升级，助力建设区域碳普惠市场。

**数智平台赋能多方高效参与。**通过搭建智能服务平台，形成了"电数据"和"碳数据"的高速通路，实现多端赋能。其中，光伏企业可线上核证、自动核证，买卖双方可在线交易，提高了企业脱碳效率。为政府提供可信赖、可追溯的减排数据和细致、深入的全景分析，帮助政府科学决策、精准监管、高效治理，推动绿色低碳向纵深发展。

**创新碳普惠金融产品。**与银行合作开发碳普惠信用贷产品，以未来一定时期分布式光伏的减碳收益作为融资额度的判断依据，帮助有绿色投资需求的企业更快获得融资支持，释放碳资产的金融价值。

## 多重价值

**经济效益**。通过多方共建区域碳普惠市场，可以充分激发市场主体对分布式光伏的投资热情，分布式光伏投资主体不仅可以依赖传统发电上网收益，而且可以通过持有的分布式光伏碳资产参与市场交易，实现清洁能源的"碳增值"，从而促进风电、光伏等绿电产业发展，降低全社会碳排放强度，也为企业降碳提供了有效途径。苏州工业园区碳普惠模式也因此得到了中央电视台《经济信息联播》栏目的专题报道。当前，苏州工业园区分布式光伏装机规模已达 27 万千瓦。"十四五"时期，预计可吸引超过 300 兆瓦光伏参与碳普惠，年发电量将超过 3 亿千瓦·时，每年可实现减碳 24 万吨、交易效益 1400 万元、融资效益 1100 万元。若将碳普惠模式推广至全国，每年可实现减碳 1.5 亿吨、交易效益 90 亿元、融资效益 70 亿元，为绿色产业发展注入强劲动力。

**社会效益**。通过多方共建区域碳普惠市场，可以实现分布式光伏投资者、政府、银行、减碳需求企业、供电公司、上海环境能源交易所六方主体共建、共享、共赢。其中，政府可以运用碳普惠智能服务平台查看宏观碳信息，把控区域碳减排发展趋势，开展碳普惠市场全链路监管，科学制定碳减排政策策略；在分布式光伏投资者和减碳需求企业之间搭建桥梁，可实现碳资产价值变现，满足个性化碳减排需求，激活小型碳资产交易市场；银行可以拓宽碳普惠信用贷等产品，实现盈利增收，碳资产持有者在获取降碳收益的同时，也可以在金融机构申请绿色融资；供电公司可以通过协助建设运营平台，获取代理服务、征信服务、综合能源营收等新的经济增长点，提升碳资产管理能力，撬动更大的综合能源服务市场份额；上海环境能源交易所可通过苏州区域碳普惠市场实践，积累碳普惠市场的发展经验，向其他区域推广。该模式已获联合国全球契约中国网络"实现可持续发展目标企业最佳实践"、国家电网有限公司青年创新创意大赛"一等优秀"项目等荣誉。

**环境效益**。碳普惠市场建立模式已纳入《苏州工业园区"碳达峰、碳中和"行动方案》，并收到了极好的市场反响，已有博世汽车、乔治费歇尔等多家企业明确了购买意向，目前，碳普惠平台已吸引入驻用户近 80 家，涉及的碳普惠项目超 650 个，很好地助力了区域节能降碳。按照年平均利用小时数 1000 小时计算发电量，到"十四五"时期末，苏州工业园区可实现年减碳 24 万吨，并且伴随市场主体的不断投入，未来将形成更大规模的减碳效应。

## 各方评价

**苏州工业园区管委会：**高度认可和支持园区碳普惠市场建设，已将碳普惠市场建立模式纳入《苏州工业园区"碳达峰、碳中和"行动方案》中，是苏州工业园区"双碳"目标落实的重要组成部分。并已针对碳普惠市场的建立，协同上海环境能源交易所，拟订了 6 份市场管理政策。

**上海环境能源交易所：**苏州工业园区碳普惠"一站式"数字服务将打破传统减排量独立核证、高成本操作的模式，实现在线批量核证，将在长三角区域引领碳普惠发展新模式。

**招商银行苏州分行：**苏州工业园区基于联邦学习技术的碳金融发展模式，打破了"数据孤岛"现场，并赋能银行应用多方数据开展"更快速、更低成本、更准确"的金融征信，大幅提升了碳金融效率。

**分布式光伏投资者——苏州中鑫配售电有限公司：**苏州工业园区碳普惠机制创新，解决了分布式光伏项目减排量核证难的问题，让项目除了获得发电收益还增加了减排量收益，使分布式光伏项目具有更好的商业模式。

**减碳需求企业——博世汽车公司：**在"家门口"就有规范且便捷的减排量购买渠道，企业可以放心购买减排量，从而加速实现碳中和。

## 三、未来展望

未来，在苏州工业园区分布式光伏碳普惠模式创新试点的基础上，将继续探索打造小规模资源减排项目（Small Scale Certified Emission Reduction，SSCER）产品，聚焦分布式储能、风机、高效节能空调、供热锅炉电力或天然气替代、电动汽车五个方面，扩展碳普惠项目种类，加快塑造城市碳普惠发展的新范式。

（撰写人：王宁、朱玮珂、郎燕娟、夏屹杰、单陆伟）

国网江苏省电力有限公司常州供电分公司

# 玩转"电"和"热"
# "蒸汽"价格打下来

## 一、基本情况

### 公司简介

常州电力工业起步于 1914 年，至今已走过了百年的发展历程。国网江苏省电力有限公司常州供电分公司（以下简称国网常州供电公司）下辖金坛、溧阳两个供电公司，营业区覆盖溧阳 1 个县级市和金坛、武进、新北、天宁、钟楼 5 个区，营业厅数量 44 个，服务客户 281 万户。

常州地区共有 35 千伏及以上变电站 234 座（其中 500 千伏变电站 6 座、220 千伏变电站 54 座、110 千伏及以下变电站 174 座），变电容量 4746.35 万千伏安，35 千伏及以上输电线路 746 条，总长 7148 千米。

2022 年，常州全社会用电量突破 600 亿大关，达到了 609.37 亿千瓦·时，同比增长 3.57%。公司完成售电量 564.76 亿千瓦·时，同比增长 6.07%。调度最高用电负荷首次突破千万千瓦，达 1045.4 万千瓦，同比增长 6.85%。

国网常州供电公司先后荣获"全国文明单位""全国五一劳动奖状""全国市场质量信用 AA 级用户满意服务企业""国家电网公司先进集体""国家电网公司文明单位""江苏省先进基层党组织""江苏省文明单位标兵""常州市'特别重大贡献奖'"等称号。

2023 年，国网常州供电公司坚持"稳中求进"工作总基调，坚持"多做贡献、全面争先"的定位不动摇，全面推动公司各项工作再上新台阶，努力为国网江苏省供电公司在全面建设具有中国特色、国际领先的能源互联网企业中站排头、当先锋、作表率，为奋力书写好中国式现代化的常州答卷做出新的、更大的贡献。

### 行动概要

在碳达峰碳中和目标的要求下，预计我国非化石能源消费比重需分别在 2030 年及 2060 年达到 25% 和 80% 以上。目前，蒸汽用热占全国总用能的 30% 以上，而当下大量蒸汽的制取仍以燃煤、燃气为主，以电制汽受制于经济性并不普及。国网常州供电公司针对燃煤污染大、燃气成本高、用电不经济的三大"制汽"难题，探索"以电制汽 + 储热技术"的绿色经济产汽方式，开展面向新型电力系统多源电转热及其储能关键技术的研究与应用，从而突破蒸汽供热能效瓶颈与成本困境、促进热网与电网高效协同、提升电网支撑新能源消纳和行业降碳。

## 二、案例主体内容

### 背景和问题

#### 成本居高不下，燃煤锅炉"替身"难觅

2016 年底，江苏省开始实施"两减六治三提升"（以下简称"263"）行动，其中"两

供电人员检查江苏鸿瑞昌泰高压电极式蒸汽储热能源站运行情况

减"即以减少煤炭消费总量和减少落后化工产能为重点。关闭不达标的燃煤锅炉后，天然气锅炉成本高，蒸汽生产成本从每吨 220 元增加到了 300 元以上；直热式电蒸汽锅炉只能现烧现用，不能存储，企业生产基本在白天，都是峰时电价，制汽成本一度超过了每吨 600 元；而从热电厂购入蒸汽送到企业端时压力常常达不到生产需求，而且管路末端含水量高，会影响固色、烘干和溶解污垢的效率。如何降低"制汽"成本，寻找经济高效的"燃煤锅炉替身"，成为企业的一大问题。

### 天然气网络"触角"延伸受限

近年来，全球能源格局加快调整，市场波动明显加剧，国际能源市场秩序和运营规则面临新挑战。欧洲寻求减少对俄罗斯天然气的依赖，欧美亚区域天然气市场联动性增强，区域供需风险对全球天然气市场的影响进一步放大。目前，我国的天然气管网主要分布在城市，以大中城市为主，部分小型城市也建设有天然气管网。尽管如此，我国目前的气化人口规模较小，天然气普及率不高，天然气管网未全面覆盖区域用汽需求。

### 热能循环利用不足

从 2010 年起，中国能源消耗量就已经超越美国成为全球第一大能源消耗国，随着我国经济的不断发展，未来能源消耗总量将继续提升。虽然我国能源结构不断调整，能源利用效率不断提升，但是不可再生资源的利用仍然在能源消耗中占据主要地位。余热资源是指在目前条件下有可能回收和重复利用而尚未回收利用的那部分能量，被认为是继煤、石油、天然气和水力之后的第五大常规能源，因此合理利用余热资源成为如今解决能源短缺问题的重要措施。但因其具有间歇性的特点，稳定性差导致难以采集，且大部分低品位余热含尘、酸性气体成分，回收余热时容易出现含有腐蚀性的物质，因此，我国工业余热资源回收率仅为 30%。如何以锅炉余热产储蒸汽，是解决热能循环利用不足问题的关键一步。

### "靠天吃饭"的绿电难以即时消纳

截至 2022 年底，我国可再生能源装机达到 12.13 亿千瓦，占全国发电总装机的47.3%，较 2021 年提高了 2.5 个百分点。其中，风电为 3.65 亿千瓦、太阳能发电为 3.93亿千瓦、常规水电为 3.68 亿千瓦。根据国家规划，到"十四五"时期末，可再生能源发电装机占电力总装机的比例将超过 50%，到 2030 年，风电和光伏的装机将不低于12 亿千瓦。但新能源发电"靠天吃饭"，具有随机性、波动性和间歇性的特点，而随着

江苏鸿瑞昌泰屋顶分布式光伏

风光在未来的大规模高比例并网，如何实现电网移峰填谷，就地消纳风光电，让绿电成为"电热"转换的关键一环，进一步压降蒸汽制取成本，将成为关键问题。

### 行动方案

**水汽身份"互换"，解决蒸汽存储问题。** 水工质价格便宜、能量损失小、投资小，以水为工质进行谷电、绿电高温生产蒸汽并进行储热，电储热转换效率高达 90% 以上。

供电人员检查卿卿针织锅炉设备

但蒸汽的体积是水的 50~60 倍，在正常情况下无法大量储存，只能即产即用，因此国网常州供电公司提出了高效"水"储蒸汽的新型储能模式及装备设计制造方法，使谷电时段以及风光发电制的蒸汽在高压下以高温水的形式储存，需要时再释放出来，在正常气压下重回"蒸汽"形态，实现了热能的存储。

**峰谷价差、绿电消纳、余热利用"三管齐下",绿色"蒸汽"更便宜。** 解决蒸汽存储问题之后,"谷电制汽峰时用"和"绿电即时消纳"的设想也就迎刃而解,与此同时,国网常州供电公司创新性地提出了融合可再生电能规模化消纳及余热回收的新型热泵电热协同成套装备。高压电极式蒸汽储热能源站将风电、光伏发电变成稳定的蒸汽热能存储,然后热泵机组主动消纳可再生能源电力或电网谷电,将热能储存在 45℃ ~55℃蓄热水罐中,并采用太阳能中温集热器及少量谷电弃电辅热,进一步制取 120℃的中温蒸汽,这样制取出来的蒸汽不仅更绿色而且更便宜,开创了新型电力系统下绿电蒸汽储能的新模式。

**与"电网"打个招呼,"热网"秒级增降负荷。** 国网常州供电公司创建了电热高效协同系统,在国内首次实现了电网与热网的实时互动。供电人员通过综合能源平台预判线路负荷情况,将数据发给企业能源站的自动计算系统,并下发指令使其主动柔性改变负荷,打通了电网、热网的数据链路,促进电能流、热能流、信息流"三流合一",在用电高峰期可参与电网用电需求响应,为电热能源参与电网互动大循环奠定了基础。

## 关键突破

**将蒸汽领域的电能替代在经济上由不可行变为可行。** 国网常州供电公司创新性地提出了高效"水"储蒸汽的方法,构建了新型储能模式,即通过增加压力,谷电时段制出的蒸汽能以水的形式储存,在生产需要时再释放出来,正常气压下重回"蒸汽"形态,解决了蒸汽(热能)的存储问题,让水汽"身份"灵活转换,做到在夜间制汽、白天使用,并实现了绿电消纳,将谷电和绿电转化为热能存储产蒸汽,使蒸汽领域的电能替代具备经济上的可行性。

**使蒸汽去碳化和能量循环利用由不可能变为可能。** 国网常州供电公司研发并牵头建立高压电极式锅炉,运用新型蒸汽存储技术,将不稳定的光伏、风电转换为稳定的热能存储,实现新能源的就地消纳,不仅避免了上述"用汽"困境,还开创了绿电蒸汽储能的新模式,开拓了低碳制取蒸汽的新方式。高温烟气余热数量大、分布广且回收容易,但冷却介质余热由于温度较低,且大多为水、空气和油,回收十分困难,国网常州供电公司针对传统空气源热泵的技术瓶颈,率先提出了基于溶液的空气全热捕集方法,通过溶液与空气的开式热质交换,大幅提高了从低品位空气取热的效率与总量,并解决了间壁式换热器表面结霜的问题,实现了工业余热的大规模利用。

供电人员检查江苏鸿瑞昌泰高压电极式蒸汽储热能源站运行参数

**使电网与热网之间的实时需求响应由不可行变为可行。** 国网常州供电公司利用电蒸汽储热系统能够瞬时控制蒸汽的释放，将大惯量、大延时的热能系统与电网系统贯通，在全国范围首次实现了电网与热网之间的实时互动。通过给高压电极式蒸汽储热能源站增加"电热协同"响应装置，让供电人员可通过综合能源平台预判线路的负荷情况，将数据发给能源站的自动计算系统，并下发指令使其主动柔性改变负荷。也就是说，可以做到与"电网"打个招呼，"热网"就能实现秒级增降负荷，打通电网与热网之间的数据链路。

## 多重价值

### 企业——压降成本，盘活实体经济

蒸汽储热能源站形式可广泛应用于服装、冶金、化工、医疗、餐饮等行业。依托公司的研究成果，金坛金冬毛纺有限公司利用余热回收和电磁感应谷电蓄热技术与原天然气锅炉配套生产蒸汽，每吨蒸汽成本降低 25 元；常州市卿卿针织厂对厂区内的直热式电锅炉进行电气化升级，每吨蒸汽成本降低了 550 元；江苏鸿瑞昌泰纺织有限公司利用高温相变蓄热和高温热泵余热回收技术生产蒸汽，每吨蒸汽成本低于 200 元。国网常州供电公司青龙基地实现了综合办公室运营区域的冷、热、电供应，仓库行车电能供应，以及电、热、冷多能互济，能源使用年度成本降低 25%，每年可节约电费支出约 40 万元。

### 社会——降本增效，电热灵活转换

开发了以蒸汽蓄热为能量枢纽的多场景的电热协同能效优化控制系统，实现了电负荷向热负荷的转移，解决了新能源的消纳以及综合能源系统的经济运行问题。此外，电网覆盖率远高于天然气和热力管网，以电网代热（天然气）网，可满足全域的用汽需求，降低管网投资成本。

### 环境——节能减排，"智"造绿色蒸汽

开创了绿电蒸汽储能的新模式，开拓了低碳制取蒸汽的新方式。全国蒸汽用能占总用能的 30% 以上，高效"水"储蒸汽装置成本不到电化学储能的 1/6，兼备储能与消纳双重功能，所产蒸汽低碳、环保、经济，较传统蒸汽成本降低 25% 以上，减少碳排放 2/3。

### 电网——电热互动，电网"削峰填谷"

蒸汽储热能源站可用于电厂蒸汽存储后移谷填峰和二次发电，且能够自适应性地主动参与电网调压、调频的优化调度方法，在满足热负荷的同时，有效地将可调资源参与到电网需求侧管理中，实现了电网运行安全性和热力系统整体效益的双赢。

## 各方评价

**鸿瑞昌泰纺织有限公司负责人：** 能源站投运 1 个多月以来，每吨蒸汽使用成本减少了 80 元，每年能节约 100 万元。

**卿卿针织厂用电负责人：** 卿卿针织厂每天蒸汽需求在 4.5 吨左右，使用谷电蒸汽蓄热锅炉系统后，预计年蒸汽制取成本可节约 46 万元，这个项目是以技术创新为企业创效。

**新华社：** 这座 4 兆瓦高压电极式蒸汽储热能源站采用新型蒸汽储存技术，能将风电、光伏发电变成稳定热能存储并消纳，可制取 200℃的蒸汽并存于蓄热器中，待需要时再将蒸汽释放出来供纺织品熨烫等使用，能有效破解"蒸汽储存"的难题。

**常州市政府：** 当前，工业领域高温蒸汽用热需求，大多由燃气锅炉与电锅炉实现。制取成本高、燃气资源紧张，制约着产业发展。国网常州供电公司和相关企业首创谷电

蒸汽蓄热系统技术，以"谷电"代"峰电"，显著提高了电能替代天然气的经济性。项目的成功投运，为新技术向纺织、生物、医用材料等工业企业推广打下了基础。未来，还可在热力管网中建立蒸汽中继站，以谷电蓄热锅炉补充燃气管道，扩大热力管网供气半径。另外，"以水代汽"储存技术的实现，也使工业蒸汽使用的"移谷填峰"成为可能。

**常州市发展和改革委员会：** 国网常州供电公司对传统电锅炉系统进行电气化、智能化升级，拓展电热高效协同互补的综合能源业务，对保障国家能源安全、降低对天然气进口的依赖有重要意义。该成果应用范围从建筑行业覆盖到纺织、制药、酿酒等工业行业，以及学校、酒店、居民区、医院等地，显著降低了能源支出和碳排放量，为国家积极稳步推进"双碳"目标贡献了电力智慧。

## 三、未来展望

国网常州市金坛区供电公司将积极开展"电热耦合"科技项目探索实践，依托省级工程研究中心，与政府、高校、用能单位、节能公司、设备制造企业等利益相关方开展沟通协作，联合着力在"荷"和"储"侧开展面向绿电消纳的"电热耦合"成套系统研究，持续推动减污降碳协同增效，促进经济社会发展全面绿色转型、实现生态环境质量改善由量变到质变，助力实现"双碳"目标。

（撰写人：冯迪、刘甜、陈佳颖、商显俊、范磊）

国网浙江省电力有限公司杭州供电公司

# 让每一度电都"节"尽所能

## ——面向工业园区的能量高效互动解决方案

## 一、基本情况

### 公司简介

国网浙江省电力有限公司杭州供电公司（以下简称国网杭州供电公司）是国家电网有限公司大型重点供电企业，下辖9家县供电公司和4家城区供电分公司，供电区域覆盖杭州全地区。作为全球首个可持续发展国际标准试点城市核心区域能源供应企业，国网杭州供电公司以可持续发展为核心，全面落实习近平同志2003年底到国网杭州供电公司调研时提出的"宁肯电等发展，不要发展等电"的指示精神，不断探索、实践、检验、完善科学的企业社会责任观。

国网杭州供电公司始终坚持问题导向、价值共创，获习近平总书记在浙江考察时对疫情防控期间基于社会责任的电力大数据履责实践点赞称"好"。围绕联合国可持续发展目标的标准，构建可持续发展体系，作为主阵地获评联合国可持续发展目标先锋企业，依托服务亚运获得中央企业首个可持续性管理体系认证。

### 行动概要

国网杭州供电公司作为项目发起人，瞄准工业园区企业运营成本高、能耗强度大、资源互动低三大问题，坚持数智驱动节能降碳，一体推进"源网荷储"多元柔性互动，建立形成面向工业园区的能量高效互动解决方案，通过轻量级的接入策略和低延时的通信架构，打造高互动的园区能量管控系统，提高了新能源的消纳能力，对比传统模式，减少电网建设投资超 2 亿元，园区年节能降碳效果超 20%。同时联动政府形成强激励模式，规模化的需求响应和智能化的互动管理实现绿色、低碳、高效、安全的运行模式，发展模式可区域推广。项目获得中国质量认证中心、中国节能协会等碳中和证书，工业和信息化部 5G 绽放杯二等奖，获得国家电网公司、浙江省委省政府、浙江省能源局等领导及行业专家的一致认可与高度肯定，打造了可参考的多方共赢、共享经济生态圈，推动全社会可持续发展。

## 二、案例主体内容

### 背景和问题

2002 年 12 月，时任浙江省委书记习近平同志对萧山提出了"不断提升工业化，加快推进城市化，进而率先实现现代化"的要求。当好全市"领头雁"、成为全省"排头兵"、争做全国先行者，发展成为浙江省经济强区、工业大区成为萧山的目标定位。而建设浙江省经济强区、工业大区是杭州市萧山区的目标定位，但作为能源小区、用能大区，进入"十四五"时期以来，萧山区产业结构虽持续优化，工业增加值占 GDP 的比重从 50.5% 下降到了 34.1%，但能耗占比仅从 73.4% 下降到了 68.0%，碳排放占比仍

浙江省首个"零碳"智慧工厂——欣美电气，获颁浙江省首张由中国质量认证中心颁发的
"碳中和"证书，项目入选施耐德电气全球低碳示范案例

高达 67.3%。

### 企业运营费用居高不下

萧山区拥有 1648 家用户规模以上企业，497 家产值超 2000 万元企业，233 家产值超 5000 万元企业，产业结构以高耗能的纺织业、化学纤维制造业为主导，以奔马化纤为典型代表的化纤纺织企业，每年仅热力费用支出就高达 1600 余万元。综合来看，全域工业每年用电量达 107.9 亿千瓦·时，占全社会总用电量接近 60%，以提升能效为主要路径，降低企业用电量、减少企业运营费用支出成为主要的解决策略。此外，浙江峰谷电价差超 0.82 元 / 千瓦·时，通过峰谷电价差进行盈利，为企业节省运营费用提供了新思路。

### 企业能效提升缺乏抓手

2022 年，浙江省单位 GDP 能耗强度为 0.39 吨标准煤 / 万元，碳排放强度为 0.74 吨 / 万元。而萧山区单位 GDP 能耗强度高达 0.53 吨标准煤 / 万元，碳排放强度高达 1.1 吨 / 万元，过高的能耗强度与碳排强度使萧山成为浙江负荷最高、用电量最大、碳排放最多的区县。在推进城市清洁低碳发展、践行国家"双碳"目标的道路上，属地政府和工业园区具有提升能效和降低碳排的强烈内生动力，但目前因社会性降低模式成熟度低、生态不健全，在很大程度上限制了能效提升。

### 企业多端资源互动不足

目前，萧山区能耗、碳排占比最大的为工业园区，在桥南区块就有 11 个工业园区。园区超 90% 的能源依赖于外部能源输入，本地电网"源少荷多"特征显著。园区内虽然有丰富的充电桩、空调等柔性可调节资源，但对海量用户侧新能源、储能资源等挖掘不足，现有资源利用率不高、互动强度不高，未实现全量接入管理，缺乏智慧的调节策略和模式。

## 行动方案

### 构建轻量级的园区要素接入策略

杭州供电公司通过构建园区级 5G 设备通信网络，使园区内各智能设备得以突破环境空间限制，在 5G 通信网络内实现高效互联互动，从而形成了一张包含园区用电侧、供电侧的轻量级园区接入网。在园区用电侧方面，重点针对充电桩、空调、智能路灯等柔性调节的末端设备进行 5G 化改造，实现可调节资源的低成本接入。在园区供电侧方面，

5G 智能供电开关将采集到的电压、电流、功率等数据，通过 5G 网络传递至微电网智能控制器，从而实现园区用电的分区、分时精细化调控。

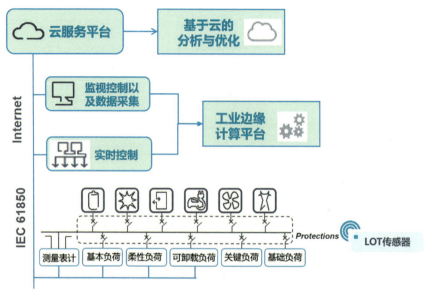

"云—边—端"多要素接入架构，实现微电网拓扑分析、态势感知、优化控制、故障处理等功能

### 构建低延时的园区设备通信架构

创新园区 5G MEC 技术的通信架构，将具有计算、存储、应用等功能的智慧算力部署在园区内部，使工业传感器、机器人、电气及自动化设备产生的大量数据不再需要借助外部服务器进行计算处理，可就近调用 5G MEC 自身的处理能力，在数据传输的同时

全网首创，基于"量子加密 +5G+ 能力开放 + 零信任"的行业专网安全解决方案

完成数据处理，实现各智能设备的高效协同工作，有效地减少了网络传输所产生的时延。这种采用边缘计算就近处理海量数据的通信架构，不但满足了实时业务处理、快捷应用智能的需求，更有效地降低了园区网络通信架构的复杂度，具备更大速率、更优功耗、更高安全等特性。

### 构建高互动的园区能量管控系统

打造园区级能量管控系统，创新构建多元协同运行模式，涵盖碳排最优、收益最大、响应最快三大策略，综合实现经济化"削峰填谷"调节、智慧化能耗控制、精细化需求响应管控、智慧化空调用能控制、科学化储能调节控制五大功能。一是经济化"削峰填谷"调节。挖掘分时电费价差的经济空间，结合网供需量限值、储能送电条件等多目标约束，智慧调控柔性负荷和储能设备在低谷时段用能和充电，在尖峰时段减缓用能和放电。二是智慧化能耗控制。根据站内用能特性和光伏发电特性，协调网供需量，优化调度空调负荷和储能装置，实现站内"源网荷储"的多元柔性互动。三是精细化需求响应管控。依据需求响应的负荷需求量，开展站内用能分析，科学制定需求响应策略，实现需求响应精细化管控。四是智慧化空调用能控制。结合天气温度的预测结果，开展空调负荷需求预测，通过精准控制空调温度进而科学调整空调负荷，同步协调储能充放电，实现动态不间断的空调用能管理。五是科学化储能调节控制。结合电价机制、储能容量、需求量目标等多因素，协调控制储能出力，实现与光伏、空调负荷等的智慧联动。

### 构建强激励的园区政策激励模式

以园区能效提升为核心目标，推动形成园区绿色升级的"一接、一定、一建、一励"体系化政策机制模式。一接，即出台浙江首个能源数据强制接入管控性文件，实现电力、燃气、热力、煤炭等多种能源数据全口径接入。一定，即出台浙江首个县域用能预算化配额制文件，确定每家企业年用能额度。一建，即出台清洁能源建设、消纳长效机制规范性文件，引导"光伏 + 储能"一体化建设，合理配置储能。一励，即出台浙江首个微电网群光伏储能激励政策，对储能、负荷响应、储能响应等六个方面给予资金补贴。

## 关键突破

### 创新软硬兼施、全量接入的企业升级"案例集"

项目大力实施关键技术创新，全网首创非侵入式微电网负荷成分识别与多时空维度负荷预测技术，全网首创基于"量子加密 +5G+ 能力开放 + 零信任"的行业专网安全解决方案，有效解决园区智能电表低成本接入、大规模部署的问题。

### 创新数智牵引、功能多样的系统平台"装备库"

构建园区级风光充储一体化系统，智慧制定园区能量运行策略，实现微电网经济化削峰填谷调节、智慧化能耗控制、精细化需求响应管控、智能化空调用能控制及科学化储能调节控制五大功能。

### 创新政企联动、多端赋能的政策机制"生态圈"

项目密切联合政府、企业，创新园区数据接入、用能管控、建设比例、政策激励为一体的"一接、一定、一建、一励"政策赋能体系，推动通用电气、华洋化工等企业完成微电网化能效升级。

## 多重价值

**企业：一是提升企业资源利用效率。**以欣美电气为例，通过数字化智能化的低碳管理，可实现对园区内生产设备、能源设备的柔性控制，实现园区用能"削峰填谷"、需量控制，提高能源利用效率，降低企业生产成本，实现能源低碳的最优化管理。2022年的清洁能源发电一项就发电 180 万千瓦·时，减排二氧化碳 1425.78 吨。当年产生直接经济效益 169 万余元。**二是提升企业形象和品牌价值。**企业通过积极采取能量高效互动发展策略的低碳绿色发展路线，可以展示其对低碳发展、环境保护的承诺和责任，树立良好的企业形象和品牌价值。这有助于增加消费者的好感和信任，吸引更多的客户和市场份额。**三是开拓市场和增加竞争力。**随着全球环境问题的日益严重和对可持续发展的要求不断提高，欧盟对碳关税的加征等举措，绿色低碳发展已经成为一个全球性的趋势。在纷繁复杂的市场竞争中，企业通过积极推进绿色低碳发展，在未来获得更多的市场机会和业务拓展空间。

**政府：一是契合生态文明建设的主线目标。**建设能量高效互动的节能型工业园区，不仅是企业自身节能高效的发展需要，还是贯彻新发展理念的必然要求。当下，生态文明建设摆在了全局工作的突出地位。用最少的资源环境代价取得最大的经济社会效益，离不开全社会特别是企业园区等高耗能单位树立节约、集约、循环利用的资源观和一点一滴身体力行的节能行动。**二是符合推动能源消费革命，控制能源消费总量的战略途径。**企业园区自主建立完善的节能管理体制，形成有效的能耗统计、能源报告制度和节能考核制度，这些在节能管理、节能改造、节能应用等方面的宝贵经验，不仅对政府推动能源消费革命具有借鉴意义，形成政府节能工作政策的示范点，而且帮助相关企业降低用能成本、树立勤俭节约的消费观，更能引领全民参与节能。

**电网：一是提升电网投资经济效益。** 在用电形势紧张的情况下，园区企业可通过合理调配内在源荷储等资源，优化昼夜用能曲线，提升能源自消纳百分比，降低外部输入需求，从而使地方电网用能时域不平衡情况得到缓解。2023 年，通过园区能源调控系统，仅欣美电气一家园区即可提供高峰可调负荷资源 1000 千瓦，容量相当于 0.3 个 35 千伏变电站，节省电网基础投资 400 万元。**二是探索 5G 电网创新应用新方向。** 园区内通过 5G 无线通信构建了包含"源荷储"多要素、高效、安全的微型能源互联网，在降低基础投资建设的同时，实现了"源荷储"等资源的高效互动，为电网探索 5G 应用发展新方向，促进实现消费侧电力资源成本节约，完善多维度电力云边协同提供了具有借鉴意义的经验。

## 各方评价

**政府这样肯定：** 该项目成功入选浙江省发展改革委、浙江省能源局印发的《浙江省 2022 年新型电力系统试点项目计划》。2022 年 6 月，园区高效能源互动案例——欣美电气被杭州市发展改革委推选为"杭州市十大低碳应用场景"，向全市推广先进经验。全方位展现园区高效能源互动建设成效、亮点，以及萧山电力公司对政府"双碳"工作的高度响应。

**社会这样评价：** 2021 年 6 月，园区高效能源互动案例——欣美电气获得中国质量认证中心颁发的浙江省首张"碳中和证书"。2022 年 5 月，在已经实现春秋两季零碳运营的基础上，邀请专家审核年度的碳排放，并登陆上海能源交易所实施碳排放交易。园区高效能源互动案例——欣美电气成为萧山区打造绿色示范企业、开展生态文明建设的又一张绿色"名片"。

**企业这样点赞：** 2021 年 9 月 9 日，在能源电力转型国际论坛上，全球顶级电工企业施耐德电气全球 CEO 做主题演讲，把欣美电气作为"绿色低碳工厂"的能源高效互动样板进行介绍，并获得中国区首张"零碳管理评价证书"。施耐德电气全球 CEO 评价道："欣美电气绿色低碳工厂建设，是保持企业可持续发展，实现降本增效的内在需求！"

**媒体这样报道：** 欣美绿色低碳工厂项目被评为"杭州市十大低碳应用场景"，吸引了社会及行业媒体的广泛关注，《经济参考报》、《浙江新闻联播》、新华社客户端、人民网客户端等 18 家主流媒体 94 次正面报道绿色低碳工厂项目的相关新闻，全方位展现了萧山电力服务"双碳"目标、建设新型电力系统的决心与成效，获得了覆盖式传播效果，在社会上引起了广泛关注，有力彰显了"国家电网"的品牌价值。

## 三、未来展望

接下来，项目将以单一微电网为起点，着力"串珠成链"行动，推动打造国内最大规模的碳电协同微电网群示范，重点在投资建设、运营管理、碳电交易三大方面实现突破创新。在投资建设方面，推动建立微网光充储最优容量配置标准，开展光伏建筑一体化资管管理平台（BVIP）、共享光伏和储能示范，实施储能市场化配额，打造共建、共享、共赢的微网群投资建设模式样板。在运营管理方面，创新微网群集约化运营管理机制，实施微网与微网群的用能预算化管理，建立考虑需求响应和碳电交易机制的市场化综合能源服务模式，提升微网群的运营管理能力和管理效率。在碳电交易方面，联合属地政府发布微网群碳电交易先行示范政策，推动建立国内首个微网群电能、碳排放指标市场交易平台，赋能高效能企业新的盈利增长点。

（撰写人：钱锦、姜昀芃、叶俪玮、柳东辰、罗俊）

# 国网江苏省电力有限公司南京供电分公司

# "换"然一新，
# 让绿色低碳运输一"站"到位

## 一、基本情况

### 公司简介

国网江苏省电力有限公司南京供电分公司（以下简称国网南京供电公司）是国家电网有限公司下属的大型供电企业，负责向南京市 11 个区的 470 万余户电力客户提供安全、经济、清洁、可持续的能源供应服务。

为引导和支持业务工作实现综合价值最大化，国网南京供电公司开展社会责任根植项目管理，聚力打造"明星项目"，拓宽对外交流展示平台。《全国水泥行业首个"综合碳管理"示范行动》《充电桩"可视化"，让"绿色"出行无忧》《"江水空调"：一江碧水送来夏凉冬暖》等推进实现"双碳"目标的创新成果，经国网江苏省供电公司推荐参评 2022 年度国网公司社会责任根植重点项目。老山森林公园"不老村"微电网项目选送参加国网公司生物多样性保护案例征集。2023 年 6 月，国网南京供电公司获评"ESG 竞争力·双碳先锋"称号。

### 行动概要

为解决传统重型卡车排放污染严重的问题，国网南京供电公司聚焦换电标准不统一、通换网络不成熟等"痛点"，率先推动新能源重卡换电模式推广应用。通过加强与社会多方合作，全面启动重卡换电网络建设工作；采用多项国际领先技术和独有专利技术，可服务渣土车、搅拌罐车、牵引车等多种重型卡车；制定了全国首个纯

可持续发展
目标

电重卡换电电池包标准，突破新能源重卡规模化推广难题；推动全国首座支持"互通互换"功能的重卡换电站投运和首批换电渣土车上线试运营，切实降低了行业的边际成本，实现多品牌、多车型、多城市互通互换，探索出融合、开放、协同的重卡换电"南京模式"，为南京构建出千亿级可推广、可复制的换电产业新生态，领跑重卡"零碳时代"。

# 二、案例主体内容

## 背景和问题

根据国际能源署发布的数据，2022 年，全球交通碳排放超过 84 亿吨，约占全球总碳排放的 23%。在我国，交通运输阶段的碳排放占社会总碳排放的比重达 9.7%，其中约 80% 的碳排放来自路面交通（占全国总碳排放的 7.85%）。为持续有效推进"双碳"目标的落地，我国明确将"交通运输绿色低碳行动"列入"碳达峰十大行动"，致力于在能耗排放上做"减法"，在低碳交通上做"加法"，积极构建绿色高效交通运输体系。

交通行业的"碳达峰""碳中和"势在必行而又任重道远。我国燃油重型卡车仅占全国汽车保有量的 3%，却排放超过 47% 的二氧化碳、70% 的 PM2.5，可谓是交通运输领域碳排放的"主力军"。由于交通电气化目前已成为交通领域实现节能减排的主要手段，因此，发展新能源重卡便成为助力交通领域减排降碳的必由之路和重要抓手。

新能源重卡运输作为构建绿色高效交通运输体系的重要一环，是否能够快速补能是新能源重卡得以推广和可持续发展的核心。传统新能源重卡快充补能方式一般需要 1.5 小时，而当前重卡换电补能方式只需 3~5 分钟，这对于时间就是生命的重卡行业来说，换电模式是促进新能源重卡发展的强劲引擎。

南京作为国家首批、江苏省唯一的新能源汽车换电模式应用试点城市，各级政府都在全力支持新能源重卡换电模式的推广应用工作。但重卡换电推广之路道阻且坚，在落地过程中面临着以下突出的挑战：

**一是政策体系不完善。**重卡换电属于新兴领域，没有成熟、可借鉴的经验，迫切需要明确的政策支持。

**二是换电标准不统一。**重卡品牌、车型众多，电池位置、尺寸、接口天差地别，极大增加了不同品牌、车型之间共享换电的难度。

**三是通换网络不成熟。**重卡换电站总量少、分布不均，制约了区域推广和规模化发展的空间。

## 行动方案

面对"三不"挑战，国网南京供电公司发挥清洁能源、优质服务、技术人才等优势，通过"五重"举措综合施策，牵头合力构建重卡换电生态，在全国率先推动新能源重卡换电模式的创新应用，用"组合拳"实现多品牌、多车型、多城市的互换互通。

**一是"重"在可靠，保障运行安全。** 组织"新能源换电重卡极限测试"，联合南京市政府、市工业和信息化局、市城市管理局、市交通运输局、市城乡建设委员会以及车企等相关方，历时六个月对车辆的驾驶安全、电池安全、换电安全、运载安全、续航里程、油电能耗比、作业效率等进行极限测试，为政策、法规、标准制定提供可靠数据支持，为换电重卡城市级推广"守牢底线"。

**二是"重"在引领，出台法规政策。** 推动政府出台引导和支持重卡换电发展的法规条文，争取在建设、运营、电价等方面推动出台支持重卡换电领域的补贴政策，牵头制定行业发展的规范要求，明确换电站建设依据和运营规范，将"标准统一、同城通换"作为建设换电站的前提，让重卡换电"心里有底"。

**三是"重"在落地，统一技术支撑。** 制定了全国首个纯电重卡换电电池包标准，实

国网南京供电公司牵头建设投运的新能源重卡换电站

现了电池的尺寸统一、接口统一。开发高抗震电池包、3D 动态视觉识别、大功率浮动连接等多项国际领先技术，开启了重卡可靠、自动、高效换电的"新纪元"。

**四是"重"在推广，打造换电网络。**联合国电投、中信、中海油各生态企业，投运重卡换电站，实现在五小工程车、物流运输车辆、混凝土搅拌车辆、重型工程机械等多种场景的应用。目前，已有 40 辆换电重卡"现身"干线，应用在港口、矿场、物流园区等短途运输场景，实现单次充换电在 3 分钟左右完成。

**五是"重"在持续，创新商业模式。**基于新能源重卡"车电分离"特点，开展换新、改旧和收回成本测算，探索引入"电池银行"模式对重卡换电电池集中管理、租赁，以及退役电池在储能场景中的再利用，赋予电池"新生命"。

## 关键突破

国网南京供电公司坚持问题导向，结合当前经济形势、发展趋势以及相关政策背景，对"重卡换电"项目进行深入分析，深刻解析南京重卡换电发展面临的困境，准确把握发展的痛点难点，规划制定相应的举措和解决办法，时至今日，该项行动已取得了以下四项突破：

**一是政策体系率先推出。**国网南京供电公司推动南京市发布了全国首部换电建设运营管理办法——《江苏省新能源汽车充（换）电建设运营管理办法》。推动出台了《南京市新能源汽车换电模式应用试点实施方案》，明确了财政补贴（0.15 元／千瓦·时）、换电重卡 24 小时路权、部分路段柴油重卡限行、市政工程招标新能源换电渣土车加分等扶持政策。

**二是换电标准率先发布。**国网南京供电公司起草的《纯电重卡换电系统技术规范》成为全国首个纯电重卡换电电池包标准，并被列入国家汽车行业标准，适配开沃、福田、东风、徐工、宇通、陕汽、三一等 9 个品牌 50 余款车型，迈出了重卡换电商业化运营的关键一步，并正式进入工业和信息化部公告名单。至此，"南京标准"成为国家标准，为"南京模式"向全国推广奠定了坚实的基础。

**三是通换网络率先建成。**国网南京供电公司投运了全国首座城市级同城通换重卡换电站——普洛斯龙潭新能源重型卡车换电站。2023 年建成 100 余座同城通换换电站，构建起由北至南沿线辐射全市的通换网络，覆盖南京城市全部交通节点。

**四是数智系统率先应用。**上线了全国首个重卡换电数智系统，将所有的新增换电式渣土车及换电站接入政府监管平台，实现换电设施及换电车辆精益化管理，可充分满足对重卡运行、调度、碳排等的综合监测、预警和管控，为优化业务发展规划提供辅助决策，提升运输效率，更好地服务绿色交通建设。

## 多重价值

国网南京供电公司将重卡换电作为突破口，频频发力，并"换"来了诸多价值。

**一是"换"上低碳清洁电能。**南京每年将推广换电重卡 5000 辆，换电电量将达到 6 亿千瓦·时，预计每年可节约燃油 1.13 亿升，减少二氧化碳排放 30 万吨。2025 年，换电重卡总数将突破 2 万辆，预计可减少二氧化碳排放 120 万吨。此外，新能源重卡噪声小、运行安静，可有效降低城市环境污染，加快推进绿色交通体系构建，切实服务国家"双碳"战略实施。

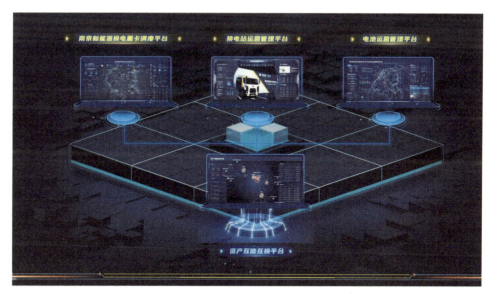

新能源汽车换电大数据运营平台

**二是"换"出多方共赢生态。**重卡换电降低了车主运营成本：新能源重卡行驶 1 千米，成本较燃油车节省 1.7 元，是燃油车运营成本的 1/3。扩大了车企市场份额：以开沃为例，截至 2022 年底，换电重卡的推广数量已达 300 辆，300~500 台订单正在洽谈签订中。

服务了城市绿色低碳发展：南京 1.2 万辆渣土车，全部更新为新能源车后，可实现年氮化物排放 5120 吨，颗粒物排放 640 吨，相当于年植树 144 万棵。提高了运营方资金收益：换电站、电池银行等投资更便利、更高效，能获得更好的收益。助力了电力保供：重卡换电储能资源调度更加灵活，可更好地为需求响应服务，有效降低电网建设投资。

**三是"换"来产业广阔蓝海。**《新能源汽车产业发展规划（2021—2035 年）》（国办发〔2020〕39）提出"2021 年起，公共领域新增或更新物流等车辆中新能源汽车比例不低于 80%"。以南京为例，商用重型卡车（包括渣土车、集装箱牵引车、大型环卫车）保有量约 3 万辆，如果有 80% 实现新能源化，将带来整车、电池、充换电站等广阔的市场。经统计，南京换电重卡市场价值接近 250 亿元，江苏省内市场超过 1000 亿元。借助国家换电试点城市和换电标准化的重大机遇，将有利于撬动南京千亿级可推广、可复制的换电产业新蓝海。

## 各方评价

南京"同城通换"模式的建立，不仅辐射至镇江、张家港等周边城市，更逐渐走向全国，吸引了云南、安徽、宁夏、新疆、河北等省份先后赴南京进行学习交流与合作。国网南京供电公司的行动也得到了多方的点赞和认可。

**南京市交通局运输局相关负责人：**南京供电公司积极推动换电行业发展壮大，为南京交通领域绿色低碳发展做出了重要贡献。

**合作商家电投易充相关负责人：**在南京供电公司的鼎力支持下，为未来建成城市换电网络、打造特色发展模式提供了样板。

**东南大学交通法治与发展研究中心相关负责人：**南京重卡换电领域走在了全国前列，在标准建设、场景测试、技术储备、资产管理等方面有前瞻性考虑与统筹。

**换电站工作人员：**我们 24 小时运营，电池循环使用，单日可满足 170 车次换电需求，全年可替代燃油量 135 万升，减排二氧化碳 3550 吨。

**换电重卡的司机：**电动车换电方便、环保，从进站到出站，整个全自动换电流程耗时不到 5 分钟，相比之前开的燃油车，每千米能省一半的费用。

**媒体方：**《人民日报》、新华社、中央电视台等中央媒体相继报道认为，南京重卡换电有效推动了绿色交通产业，服务国家"双碳"战略实施和能源安全，成为南京稳经济、促发展的强劲动能。

## 三、未来展望

　　下一步，国网南京供电公司将继续积极配合政府规划，协同社会各方进一步扩大换电重卡的应用场景，在渣土运输重卡、集装箱牵引重卡、物流运输车、城市公交、出租车、私人驾乘等领域力争推广新能源换电整车 20000 辆；将携手各方共同推动轻重卡、城市公交、出租车、私人乘用车等领域的换电站建设，预计全市将建成换电站 260 座；将进一步完善互联互通、同城通换的换电网络，全面构建起覆盖全市的高效换电体系，服务全市重卡、公交、乘用车等各式车辆，同时换电站还可参与电网"削峰填谷"，促进地区电网供需平衡、支持新能源发电全额消纳。

（撰写人：赵锡正、何劼、甘春江、李佳、赵俊杰）

国网上海市电力公司市南供电公司

# 为城市大型综合体安上绿色低碳"智慧大脑"

## 一、基本情况

### 公司简介

国网上海市电力公司市南供电公司（以下简称国网上海市南供电公司）可以追溯到成立于 1960 年的上海供电所，2009 年 12 月，劳动组织综合改革后重新组建成立。供电服务区域包括徐汇、闵行两个区，总面积为 427.49 平方千米，是上海市主要的政治中心、交通枢纽中心、航天中心、科教文卫中心，也是上海市最大的工业基地和最繁华的商业圈之一。

一直以来，国网上海市南供电公司坚决贯彻上级决策部署，聚焦国网公司"一体四翼"发展总体布局，落实市电力公司"四高四优"目标任务、"八个始终坚持"的工作方法，围绕地区经济社会的发展需要，以强烈的政治担当和政治自觉，审时度势、把握大局，统筹谋划、科学施策，守正创新、狠抓落实，积极推进纵横能源替代，不断推出跨前电力管家服务，中央核心区始终保持"五个九"的高可靠性，正式投运并平稳运行世界首条 35 千伏千米级高温超导电缆，先后荣获中央企业先进集体、全国文明单位、全国电力行业优秀企业、全国电力行业用户满意服务单位、连续八届全国"安康杯"竞赛活动优胜单位、全国厂务公开民主管理工作先进单位、上海市五一劳动奖状、上海市重点工程实事立功竞赛金杯公司、金杯集体等称号，为全面展现具有中国特色国际领先的能源互联网企业贡献了市南力量。

### 行动概要

大型商业综合体是城市商业活动的重要组成部分，它集娱乐休闲、餐饮、购物、住宿和办公功能于一体。但由于功能多样，结构复杂，大型商业综合体亟须一套有针对性、切实可行的措施来不断优化和完善节能降耗技术，以达到节能环保的目的。国网上海市南供电公司通过在上海市中心最大的商业综合体项目——万象城内应用CPS用能优化系统，赋予了该楼宇用能系统实时感知、动态控制的智慧用能能力，实现了楼宇整体能效提升、碳排优化以及与电网的精准双向互动。同时，该项目推广应用潜力巨大，国网上海市南供电公司已累计在十余家综合体及园区成功推广，为地区碳排放态势的深度感知与综合能源改造决策的高效制定提供了强大的推动力。

## 二、案例主体内容

### 背景和问题

近年来，商业综合体即购物中心深受消费者的喜爱，2023年，上海新开3万平方米以上购物中心达45家，面积超300万平方米，为近三年来最多的一年。以万象城为例，该商业体由于基础设施多样，用能系统各硬件组成彼此独立，用能控制技术落后，优化策略算法应用不够，与当前低碳经济和可持续发展的背景下，降低能源消耗、保护生态环境的社会共识相矛盾。

首先是商业综合体对各空间各商户设备、系统状态的全面感知能力不足，无法满足能效提升和各类资源参与电网互动，客户用能海量数据挖掘与应用还处于较低水平。其次是目前国内智能建筑仅有34%能实现用能系统的全局或局部自动优化，在商业综合体中大部分处于只监不控状态；仅有7%的智能建筑应用自动化系统，手动调节设备运行状态实现节能控制仍是普遍现象，难以适应全面节能减排的趋势要求。最后是综合能效水平普遍低下。2022年，我国商业楼宇运行能耗约占全社会能耗的1/8（约8000亿千瓦·时），单位面积能耗为其他建筑能耗的2~3倍。商业楼宇用能管理普遍存在能效管理粗放、节能技术短缺、缺乏优化调度等问题，不能满足高质量发展的要求，能效管理存在较大的提升空间。

同时，从目前我国碳排放治理的实践来看，存在着大型综合体和园区投资动力不足，创新方式方法不够，职能管理部门多、杂，管理理念与决策依据不一致的情况。这些问题都表明了目前碳排放治理中政府单方治理的高成本、低效益，同时利益相关者的力量未得到有效利用的现状。

### 行动方案

2021 年起，国网上海电力公司在万象城率先开展了用能优化系统应用。通过对空调等用能装置加装感知、采集和控制设备，国网上海电力公司帮助万象城实现了相关信息全息感知。

首先，国网上海市南供电公司针对客户侧设备数据采集不全面的问题，对中央空调及相关设备进行了改造，通过安装采集控制设备、传感设备以及设备通信改造，实现了上海万象城中央空调系统物联资源的全息感知。

其次，国网上海市南供电公司开发了专门的能效管理系统，把空调系统相关数据接入，通过本地计算系统得出最优的能耗管理方案。整个系统结合万象城现场用能实际，包括信息总览、可视化运维、能效分析、电网互动四大模块。信息总览模块能够展示万象城需求响应相关信息，包括当前实时负荷、基线负荷及可调节潜力预测、历次的需求响应执行情况，同时也可展示环境信息及万象城的能效提升情况。可视化运维模块能够整合万象城当前接入设备的实时运行状态，提供远程运维服务。可以看到中央空调系统、三联供系统的在线运行状态，也可以监测各传感器的状态。电网互动模块能够显示万象城历次参与上海市需求响应活动的具体情况，并可以查看历次需求响应的执行过程。

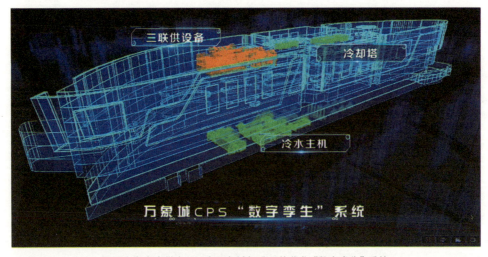

国网上海市南供电公司为万象城打造用能优化"数字孪生"系统

用能优化系统的应用帮助万象城获得了更智慧、更经济的能效管理服务

最后，国网上海市南供电公司搭建了万象城通信专网，将系统接入上海市虚拟电厂交易平台，针对未建立协调互动链路的问题，通过搭建"云管边端"的物联技术架构体系，实现了电网对用户侧负荷资源的灵活调配。整个系统架构为"云管边端"模式，通过云边路由器将标准化的模型、用能策略等控制软件嵌入到物理设备中，成为智能化设备，实现实时优化、就地控制、灵活响应、节能运行。通过与上级虚拟电厂平台，实现电网互动，参与需求响应及市场交易等。也就是说，万象城的这个智慧大脑不仅能调整设备运行方式来降低自身的能耗，还能和电网互动，将省下的电能留给电网，实现了"用电方"与"发电方"角色的灵活转换。

## 多重价值

项目主要面向万象城大型综合体在碳排放评估诊断与减碳落地推进上的痛点难点问题展开。通过此次数据应用产品及 CPS 能效优化系统，构建从碳排放测算到用能评估诊断，再到电网联动的"一揽子"服务，其方法论、技术路径及应用功能均具备较强的复制性与推广性，可结合各商业综合体及产业园区实际情况实现落地应用。成果能够切实提升商场、园区、企业的能效水平，降低能耗成本与碳排强度，完成碳排目标，促进产业高质量，形成"减碳排头兵"模式示范效应。目前，万象城用能优化项目已成为我国最大、最具示范效应的单体商业楼宇 CPS 项目。

## 管理效益

国网上海市南供电公司通过此次电力大数据产品的应用，服务电网企业数据集成共享与业务协同优化。以商业体能源碳排管控产品的打造为基础，推进公司内外部多元数据集成，形成可复用的业务推进流程与数据处理方式，固化数据挖掘算法模型，为公司后续数据资产管理与数据产品运营提供规范化、可借鉴的模式，大幅节约了人力成本，有力提升了工作效率。对于用户而言，该套系统的投运，进一步支撑了万象城商业综合体能源碳排管控精益化与管理决策高效化，提升了商业体碳效报告的灵活性与时效性，同时万象城进一步精准定位节能降碳的优化方向，推进综合能源改造的高效实施。

## 经济效益

国网上海市南供电公司通过该系统的应用，万象城项目最大可实现 3500 千瓦的可调节负荷能力，可延缓发电投资约 1050 万元，延缓输电和配电设备等设施投资约 2100 万元，提高输配电资产利用率，有效保障了电力供需平衡和促进资源优化配置。同时，本项目采用合同能源管理（EMC）模式，每一个能源消耗周期结束后，经双方认可的第三方审计机构完成年度节能率审计，根据节能率对应分配比例计算由万象城向电网企业支付费用。对于用户而言，项目投运以来，上海万象城已累计参与 15 次需求响应活动，累计响应负荷 29676.61 千瓦，平均负荷响应完成率为 96.3%，其中 2022 年 8 月 11 月实现最大响应负荷 3204.09 千瓦。需求响应期间减少电量共 33958.56 千瓦·时，减少二氧化碳排放 23.33 吨。同时，万象城购物中心空调系统整体能耗下降了 14.66%，共节省电量 31.12 万千瓦·时，减排二氧化碳约 331.4 吨。

同时，通过本项目的应用，国网上海市南供电公司也进一步服务国家"双碳"战略，面向节能降碳的重点领域，发挥能源电力大数据的价值作用，为各类产业、综合体、园区输出能源管理能力，支撑企业碳效优化方向的充分识别，助力提升全社会终端用碳效率。通过社会关注度高、市场潜力大的综合体"双碳"数据示范的打造，有力提升社会、市场、客户认可度，引领推动区域、行业双碳工作开展，推进全社会节能提效。

## 各方评价

**上海万象城商场物业相关负责人：**当前电能量已不再取决于时空价值，而取决于用户数量和市场份额带来的衍生价值。在这样的背景下，国网上海市南供电公司帮助我们深入挖掘"电—碳"价值，构建"可感知""可触达""可运营"的城市电力驾驶舱，开发了"智慧用能管家"系列数据产品，融入政府"双碳"建设，形成了宏观经济调控、低碳生态环境、惠企金融服务、智慧民生改善、城市建设规划、用能精益服务六大典型应用场景。为企业发展、政府规划等提供了辅助决策支撑，不仅帮助企业节约了能源支出，更让我们实现了区域低碳用能的绿色样板。

**上海交通大学智能输配电研究所相关负责人：**国网上海市南供电公司的这个绿色低碳"智慧大脑"，以数据为核心载体，通过开放电力数据资源和大数据智能分析与应用，带动了产业结构转型升级，促进城市公共资源协调、高效配置，提高群众的生活质量和幸福指数；通过需求侧响应和绿色用能分析，引导用户在生产和生活上的用能行为，推动电网消纳新能源，提升光伏、风能等清洁能源的占比，减少碳排放量。同时，进一步提高了政府各部门的科学决策、施政和管理服务水平，提升了城市智慧化治理水平，有利于构建新型电力系统和助力企业和政府早日实现"双碳"目标。

## 三、未来展望

目前，万象城用能优化"智慧大脑"项目已成为我国单体最大、最具示范效应的商业楼宇智慧用能项目，并在上海浦江万达广场等近 10 座商业体、园区建筑推广应用，累计负荷调控能力已高达 24500 千瓦。接下来，国网上海市南供电公司将在区域内的大型商圈及综合体进一步拓展"智慧大脑"的应用，串点成面，进一步形成示范推广效应，为推进全社会节能提效、服务国家"双碳"战略持续注入绿色智慧的新动能。

（撰写人：鲍长庚、袁承望、蒋琳燕、沈亦钦、唐啸）

国网浙江省电力有限公司江山市供电公司
# 探索"木门之都"可持续降碳之路

## 一、基本情况

### 公司简介

国网浙江省电力有限公司江山市供电公司（以下简称国网江山市供电公司）现有在册全民职工 223 人，产业单位直签员工 257 人，其中农电员工 191 人。曾获得"全国水利电力系统先进单位""电力工业部三农服务先进单位""全国文明单位""全国五一劳动奖状""全国工人先锋号""国网公司一流县供电企业""浙江省平安单位"等荣誉称号。

江山是浙江省老工业基地、首批 20 个工业强市建设试点县之一。建成 1 个经济开发区和 3 个乡镇工业功能区，形成了"一主三副"高能级产业平台格局：时尚门业智能家居、智慧能源装备等特色产业和建材水泥等传统产业为主导的产业集群集聚发展。其中，门业是江山首个百亿产业，智慧能源装备以新能源新材料、输配电产业为主，新能源新材料产业先后引进研一、碳一、习谷科技、金石资源等一批百亿级重大项目，正向千亿产值冲刺。

### 行动概要

建筑业是我国的"碳排放大户"，其中建材生产阶段碳排放占全国碳排放总量的比重为 28.2%，而门、窗、厨、柜等是建筑材料的重要组成部分。江山市首个百亿产业就是木门产业，被誉为中国木业之都，共有各类门业（全屋定制）及配套企业 1000 多家。随着

可持续发展

门企大规模推进设备互联、数据集成、智能管控,促进生产过程精准化、柔性化、敏捷化,加之木门业企业需要配套环保设备或者集成设备,用电量增长极大,碳减排压力大。国网江山市供电公司在"碳账户"的基础上,开发出"企业智慧能碳管理平台",以"绿能＋能效"综合能源服务模式,通过建设屋顶光伏和一套数字化能源管理系统,解决了企业能耗成本难以控制、政府降碳工作难以落地、"供电＋能效"服务缺乏示范等难点,助力江山木门产业驶入绿色经济发展快车道。

## 二、案例主体内容

### 背景和问题

建筑业是我国的"碳排放大户",2020年,全国建筑全过程碳排放总量为50.8亿吨,占全国碳排放的比重为50.9%,其中建材生产阶段碳排放占全国碳排放总量的比重为28.2%,而门、窗、厨、柜等是建筑材料的重要组成部分。

江山市拥有各类门业(全屋定制)及配套企业1000多家,其中规模以上企业125家,亿元以上企业17家,国家级高新技术企业18家,门业(全屋定制)规模以上营业收入突破100亿元,是江山基础最扎实、产业链最完整、最具发展潜力的产业,拥有涵盖家具、橱柜、板材、地板等全产业链产品的完备体系,占国内木门市场的1/5,被授予"中国木门之都"。自2019年起,由于房地产市场发生变革,门业产品逐步向全屋定制方向延伸,门业企业开启客户定制化柔性生产模式,全面推进智能制造提质扩面,实施一批智能工厂、车间、生产线、工段项目,推广应用工业机器人与数控装备,提升企业智能装备应用水平。

传统的门业产业是排污比较严重的行业,尤其是油漆VOC排放较为严重。江山市推动门业产业向"高端化、绿色化、智能化"方向转型升级,推行"油改水"或面漆工艺,木门业企业需要配套环保设备或者集成设备。经过整改,2022~2023年,木门企业的污染排放量削减了90%,但电能需求增大,进一步加大了碳减排的压力。此外,由于木门企业的员工多为本地员工,工厂集中在白天开工,用能成本高,很多企业选择安装光伏发电板,以降低用能成本。

国网江山市供电公司面临全面消纳清洁能源、有效供给绿色能源保障木门企业转型升级带来的企业降碳需求。国网江山市供电公司以"碳效论英雄",通过扎实的"绿能＋

能效"综合能源服务模式建设，在推动碳减排的基础上，不断发展绿色低碳产业，促进"减碳、减污、增绿、增长"四位一体、协同推进，真正实现数字赋能、低碳发展、共同富裕。

## 行动方案

衢州市政府的"碳账户"体系建设是推进"双碳"工作落地、推进低碳社会建设的重大抓手，是衢州数字化改革的一项重要内容。国网江山市供电公司聚焦碳达峰、碳中和目标，在"碳账户"的基础上，延伸开发出"企业智慧能碳管理平台"，以"绿能＋能效"综合能源服务模式，通过建设屋顶光伏和一套数字化能源管理系统，为企业提供一站式智慧和清洁能源服务；解决了企业能耗成本难以控制、政府降碳工作难以落地、"供电＋能效"服务缺乏示范等难点，满足客户用能经济性、安全性、清洁性的需求。

### 精准找到有降碳需求的用能大户

衢州依托单位产品产量碳排放强度、单位工业增加值碳排放强度、单位税收碳排放强度三个指标，为企业贴上红、黄、浅绿和深绿四种不同颜色的碳排放标签，以区分碳排放等级。国网江山市供电公司利用"碳账户"在全市内和行业内的多维度评价结果，精准掌握企业碳画像，通过数据运算分析，定位出能效、碳效水平不高的企业，通过多层面的对标分析，筛选出有节能降碳需求和空间的目标企业。以"碳账户"中的用能进度对标、目标企业的用能水平对标以及绿能占比对标这三个维度的融合对标，进行加权计算，找出规模较大、生产经营稳定、有节能降碳空间和需求的企业。

### 开发"企业智慧能碳管理平台"

"碳账户"是从公司级和宏观角度查看企业的碳排放水平，目前已实现江山市所有规模以上企业全覆盖。国网江山市供电公司在"碳账户"的基础上，延伸开发企业定制化平台——"企业智慧能碳管理平台"，实现深入产线、设备级的用能在线监测，进一步分析企业节能减碳需求，为其配套相关节能技改服务产品，利用碳账户整合技术、政策、资金资源，形成"典型方案套用＋个性化补充"的高效运转模式，快速响应客户企业节能减碳需求，为客户提供一站式节能降碳服务。

### 精准监测设备级能效

国网江山市供电公司开发的"企业智慧能碳管理平台"，可定制开发某企业冷、热、水、电、气等全品类能碳数字化管理平台，能够实现"公司—厂区—产线—设备"四级能耗在线监测和能效碳效对标，是全国首家基于"碳账户"开发的企业设备级能碳管理平台。该平台需要根据企业生产工艺流程，在大量设备上接入物联网采集终端，让数据更立体、更全面。在江山市某木门企业，国网江山市供电公司在其设备上安装了1400余个物联网采集终端，15分钟采集一次数据，实现该木门企业3个厂区8条产线的全品类智慧能源在线监测，对企业的用电、用煤、用水及绿色能源使用情况等进行实时监测和趋势分析，寻找减碳、降碳空间。

企业智慧能碳管理平台运作机制

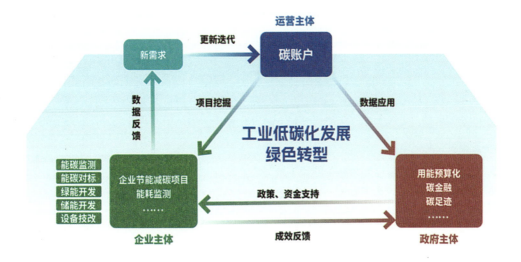

### 功能模块优化升级

企业在平台使用过程中进一步挖掘自身需求点，对"碳账户"提出功能优化升级的意见和反馈，主管部门可以根据企业需求动态调整相关应用功能模块，实现碳账户的迭代升级。

### 定制一站式综合能源服务整体解决方案

国网江山市供电公司创新"绿能＋能效"服务模式，为企业提供一站式多样化降碳服务，结合企业生产工艺流程，定制化开发"企业智慧能碳管理平台"，破解企业降碳技术手段单一的难题。

### "绿能"直供，源头减碳

国网江山市供电公司开发出"绿能＋能效"综合能源服务模式，企业不用花一分钱就可以达到大幅度降碳的效果。首先对选出的企业进行上门走访和现场调研，测量屋顶空间面积，考虑安全要素以及该企业的用电量和规模情况；其次在不占用木门企业流动资金的前提下，利用木门企业闲置的屋顶资源，开发分布式光伏电站，帮助企业降低用电成本和碳排放。建设屋顶光伏设备的资金由国网江山市供电公司提供，企业使用在本公司屋顶的光伏发电电价打八折，多余的光伏电量可以上大电网，达到使用清洁新能源、降低碳排放的效果。国网江山市供电公司和木门企业签订 20 年的合同，保证企业不拆除光伏设备，同时利用江山市政府推出的优惠政策、银行推出的减碳支持贷款，开展利率低的绿色金融贷款，降低企业的资金压力。

### 定制平台，"能效"提升

国网江山市供电公司开发的"企业智慧能碳管理平台"监测到木门企业各设备的用电情况后，与企业一起通过能效对标诊断，精准找到企业减排点，使企业能够及时调整低效生产线，在实现减排二氧化碳的同时，还收获经济效益，推动形成一套完整的能碳管理工作机制，实现全厂区用能标准化、精细化管理。通过可视化数据，企业还能直观地了解掌握能耗情况，调整生产与用能平衡，实现节能降碳。

某企业使用"企业智慧能碳管理平台"后，发现车间四台空压机、三台冷机设备均存在能效水平不高问题，结合"线上分析＋线下查勘"，为企业提出空压机系统节能改造方案，应用设备改造、集中供气、数字监测、联合调控等改造措施，实现用气数据实时分析、动态调整空压机负荷、启停。项目建成投运后，该企业空压机系统节能率达到

通过"企业智慧能碳管理平台"帮助企业分析节能减碳需求

了 26.2%，每立方米压缩空气的成本降低了 11%。

某木门企业通过"企业智慧能碳管理平台"，运用光伏绿电、负荷优化配置、电能替代、能耗数据分析等方式，发现屋顶光伏消纳率仅为 76%，午休期间大量富余电量上网。国网江山市供电公司建议企业将全厂区 60 辆柴油叉车更换为电叉车，并采用错峰充电控制法，优先使用午间光伏余量电量充电，这样一来，每车每月可节省成本 2100 元，年降低用能成本 150 余万元。

### 碳金融服务，减碳激励，破解"可持续"减碳难题

碳金融逐步成为助企绿色转型的重要保障，国网江山市供电公司协助企业进行清洁生产企业创建、开展绿色工厂申报、拓展储能收益，有效缓解企业资金压力，形成节能减碳的良性循环、可持续发展。协助某木门企业申请"碳金融"绿色补贴和利率优惠，获取"绿色减碳贷"500 余万元，较基准利率下浮 30%。

## 多重价值

### 环境价值

"企业智慧能碳管理平台"是"碳账户"企业侧的延伸应用，助力企业建立碳管理体系，摸清碳资产家底，降低生产成本。某木门企业使用该平台，项目投运后每年可为企业降

低用能成本 200 余万元，降低 710 吨标煤，减少碳排放 3050 吨二氧化碳，也为国网江山市供电公司带来投资回报 300 万元。

清洁能源的建设帮助企业提高绿电使用占比，降低能源碳排放。2022 年，江山门业的光伏装机容量为 60 兆瓦，年发电量约 6200 万千瓦·时，减少标煤消耗约 1.98 万吨，减少碳排放 6.3 万吨。

**经济价值**

通过应用"企业智慧能碳管理平台"开展工业企业节能降碳服务的模式，目前已拉动国网江山公司综能公司新兴产业投资 5000 万元，可实现节约能耗约 1000 吨标煤 / 年，碳减排约 4400 吨二氧化碳 / 年。

国网江山市供电公司通过实时监测门业企业有功电量、无功电量，识别企业闲置的无功设备，累计提醒 623 户客户关停无功补偿装置，减少无功倒送 58 万千瓦，保障电

员工开展企业屋顶光伏服务

网的稳定运行，帮助企业减少损失 24.3 万元。

### 社会价值

让政府、客户、电网三方共赢的"绿能＋能效"降碳模式，已在衢州 26 家企业试点推广，预计每年帮助企业降低成本 1 亿元以上。2023 年 5 月，国网江山公司开展企业推广洽谈，多家企业提出节能降碳需求。项目被纳入浙江省第一批数字政府系统"一地创新，全省共享"应用项目，获评浙江省改革突破提名奖，入选浙江省数字化改革"最佳应用"。

## 各方评价

项目得到了生态环境部、国家发展改革委、全国政协、国家电网有限公司、各大行业企业等的好评。

**生态环境部相关负责人：**专题听取相关汇报，并给予充分肯定、高度评价。

**国家发展改革委相关负责人：**衢州市以能源碳排放为重点开展"碳账户"建设，方向正确，措施有力，做法对中央层面和全国各地都有借鉴意义。

**全国政协经济委相关负责人：**衢州在探索"双碳"路径上做了一件打基础、利长远的大事好事。

**国家电网有限公司相关负责人：**既能服务政府科学治理、展现公司担当作为良好形象，也有利于公司抓住重点拓展能效市场服务化。

## 三、未来展望

实现"双碳"目标是党中央经过深思熟虑作出的重大战略决策，是对国际社会的庄严承诺，也是推动高质量发展的内在要求。国网江山市供电公司坚持清洁低碳，努力争当能源清洁低碳转型的推动者、先行者、引领者，持续优化"绿能＋能效"降碳模式的应用方案，继续以数字化牵引低碳化，探索更多高耗能场景应用的"江电样本"，不断为绿色门业充电，为美丽江山赋能。

（撰写人：郑勇、朱雨薪、韩继承、张创璐、周凯）

国网江苏省电力有限公司常州供电分公司

# "垃圾电"变"优质电"

## ——创新构建分布式新能源生态圈

# 一、基本情况

## 公司简介

常州电力工业起步于 1914 年，至今已走过了百年的发展历程。国网江苏省电力有限公司常州供电分公司（以下简称国网常州供电公司）下辖金坛、溧阳两个供电公司，营业区覆盖溧阳 1 个县级市和金坛、武进、新北、天宁、钟楼 5 个区，营业厅数量 44 个，服务客户 281 万户。

常州地区共有 35 千伏及以上变电站 234 座（其中 500 千伏变电站 6 座、220 千伏变电站 54 座、110 千伏及以下变电站 174 座），变电容量 4746.35 万千伏安，35 千伏及以上输电线路 746 条，总长 7148 千米。

2022 年，常州全社会用电量突破 600 亿千瓦·时大关，达 609.37 亿千瓦·时，同比增长 3.57%。国网常州供电公司完成售电量 564.76 亿千瓦·时，同比增长 6.07%。调度最高用电负荷首次突破千万千瓦，达 1045.4 万千瓦，同比增长 6.85%。

国网常州供电公司先后荣获"全国文明单位""全国五一劳动奖状""全国市场质量信用 AA 级用户满意服务企业""国家电网公司先进集体""国家电网公司文明单位""江苏省先进基层党组织""江苏省文明单位标兵""常州市'特别重大贡献奖'"等称号。

2023 年，国网常州供电公司坚持"稳中求进"工作总基调，坚

可持续发展
**目标**

持"多做贡献、全面争先"的定位不动摇，全面推动公司各项工作再上新台阶，努力为江苏省公司在全面建设具有中国特色国际领先的能源互联网企业中站排头、当先锋、做表率，为奋力书写好中国式现代化的常州答卷做出新的更大贡献。

### 行动概要

近年来，我国新能源并网装机容量快速增长。但由于新能源发电随机性、波动性的特点，使其被诟病为"垃圾电"，造成严重的"弃风弃光"现象。国网常州供电公司聚焦消费侧分布式资源管理，破除分布式新能源单独与大电网连接的建设模式，将一定区域的光伏、风电、负荷、储能、电动汽车等分布式资源聚合在一起，组成微电网；通过微电网内部各类分布式资源协调互动，使分布式新能源发电从"不确定"变得"确定"和"可控"，并赋以有吸引力的商业模式，激励全社会共同构建分布式新能源生态圈，为海量分布式新能源消纳、消费侧节能降碳提供可复制、可推广的示范样板。

## 二、案例主体内容

### 背景和问题

近年来，我国新能源进入规模化发展阶段，并网装机容量快速增长。但新能源发电明显的随机性、波动性的特点，影响电网安全稳定运行。当新能源装机达到一定规模，其发电波动幅度超过电力系统供需平衡调节能力时，新能源就只能被当做"垃圾电"抛弃，出现"弃风弃光"现象。有人形象地比喻，风电、光伏就像地头的农特产品，随着种植规模扩大，当地老百姓吃不完，深加工能力跟不上，外送物流渠道又不畅通，只能将一部分白白扔掉。

新能源消纳是一个世界性难题。自 2023 年 7 月以来，负电价现象在欧洲多个国家屡次上演。7 月 4 日，德国与荷兰部分时段电力出现—500 欧元／兆瓦·时的价格。2023年 5 月 1~2 日，我国山东连续 21 小时出现负电价，用一度电"反挣 8 分钱"。在这背后，是新能源发电的波动性造成电力供应的阶段性过剩。

分布式新能源是一种布置在消费侧的能源开发和利用方式，相比于集中式新能源，具有利用效率高、环境影响小、经济效益好等特点，已成为未来新能源技术的重要发展方向。截至 2022 年末，我国分布式新能源装机容量约 25000 万千瓦，比 11 个三峡水电站的总装机容量还多。

分布式新能源"分散""无序""量大面广",其发电相比集中式新能源更难预测和控制。如何降低分布式新能源发电的"不确定性",甚至将其变得"确定"和"可控",决定了新能源能否得到有效的开发利用。如今,越来越多具备条件的大型商超、工业企业、公共机构甚至普通居民住宅开始布局分布式光伏,提升建筑能耗的绿电占比,城市光伏组件"见板率"正在快速上升。为分布式新能源"量身定制"一套高效的就地消纳方案,对于实现全社会节能降碳意义重大。

## 行动方案

国网常州供电公司聚焦消费侧分布式资源管理,破除分布式新能源单独与大电网连接的建设模式,将一定区域的光伏、风电、负荷、储能、电动汽车等分布式资源聚合在一起,组成微电网,让分布式新能源通过微电网与大电网发生关系;通过微电网内部各类分布式资源的协调互动,将分布式新能源发电变得"确定"和"可控",并赋以有吸引力的商业模式,激励全社会共同构建分布式新能源生态圈,促进分布式新能源资源开发和高水平消纳。

### 实施柔性改造,打造硬件基础

本方案以光伏等分布式新能源为核心,以储能、用电负荷、电动汽车为调节资源,促进分布式新能源充分消纳利用。以城市典型场景为例:

常州金坛飞荣达厂房屋顶光伏项目

——**绿色能源。**采用"自发自用余电上网"模式，在楼宇屋顶等室外空置场地布设分布式光伏，支撑楼宇日常用电负荷。

——**柔性用能。**综合考虑各类用电负荷的重要度，对楼宇非工空调、照明等用能设备实施柔性调控改造，形成可调负荷"资源池"。

——**网储互动。**打造一座储能电站，在放电时相当于电源，在充电时相当于负荷，用来缓冲新能源发电和用电负荷之间的供需矛盾。

——**车网互动。**建设 V2G 充电桩，可把电动汽车当作移动储能装置，既能实现电网为电动汽车充电，又能实现电动汽车向电网反送电。建设有序充电桩，可拉长充电时长，降低充电功率，避免用电高峰时段过多挤占电力资源。

此外，本方案还可根据用能实际，增加交直流充电桩、两轮车换电柜、电动汽车换电站、移动储能电源车等分布式用能设备，将其纳入统一协调互动。

### 植入智慧大脑，资源化"零"为整

打造智慧能源管控平台，可实时采录、监测楼宇办公照明、空调、光伏、储能、充电桩等各类设备的运行数据，并将暂时富余的风电、光电转化成化学能存储起来，等用电高峰时再转化成电能输出，有效实现新能源电力的"错峰上市"，达到降低分布式新能源"不确定性"的目的。

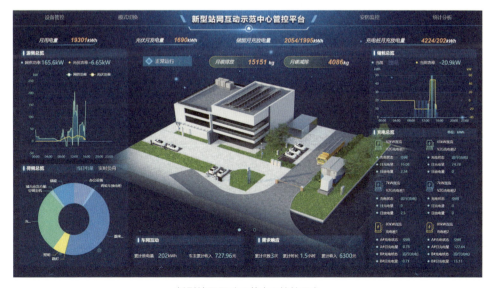

新型站网互动示范中心管控平台

在此基础上，平台还能控制微电网与大电网开展高效互动，参与电力需求响应，甚至化身虚拟电厂，将"不确定性"转化为"确定性"，助力迎峰度夏保供电。

——**需求响应模式**。当大电网向微电网发出需求响应邀约后，平台会根据设备的实时运行状态，自动计算出最大可响应负荷。点击启动需求响应模式后，平台根据响应目标对所有设备做自动调控。在充分消纳利用分布式光伏发电的基础上，调控照明及空调等非关键负荷，如关闭走廊上的灯光、调暗会议室灯光、适当调高空调温度等。如果响应负荷未达目标，平台将下达充电桩有序充电邀约，降低充电桩功率，同时增加储能电站放电功率实现动态平衡，达到响应目标。

——**虚拟电厂模式**。虚拟电厂模式希望中心可以像电厂一样根据电网的需求做动态调控，甚至实现向电网送电。在虚拟电厂模式下，平台可以自动计算出当前最大可上送功率，并设置各个时间节点的功率，让中心向电网反送的功率按指令曲线运行。点击启动虚拟电厂模式后，中心在需求响应模式的基础上，进一步增加储能电站放电功率，V2G 充电桩从充电运行转为放电运行，实现中心向电网反送电。

**创新商业机制，赋能"新"生态圈**

分布式资源往往归属于不同的投资主体，如何让分布式新能源、储能电站、充电桩、空调、照明等分布式资源变得"听话"，按照智慧能源管控平台的期望运行？关键在于有吸引力的商业模式。

本方案针对电动汽车推出如下价格机制：凡是参与有序充电的，本次充电费用全部减免；凡是参与 V2G 放电的，按放电量的 3 倍给予电量补贴，并且放电后可免费完成充电。以电池总容量 60 千瓦·时的电动车为例，单次充电约 50 千瓦·时，在 60 千瓦的充电桩上约 1.5 小时充满，正常充电费用为 1.2 元 / 千瓦·时。参与有序充电：充电时长延长约 1 小时，2.5 小时充满，共减免充电费 60 元。参与 V2G 放电：假设汽车以 30 千瓦放电 1 小时，共计放电 30 千瓦·时，充电总时长将延长约 1.5 小时，车主获得放电补贴电量为 30×3=90（千瓦·时），同时减免 50 千瓦·时的充电电量，共计获利 140 千瓦·时，约 140×1.2=168（元）。根据调研，网约车平均每小时平均收益约 30 元，租赁成本约 20 元。在上述价格策略下，参与有序充电和 V2G 放电所获收益均高于网约车经营收益，网约车主及私家电动车主均有较强的参与意愿。

对于储能电站，一般通过峰谷套利获取收益，即夜晚按照价格较低的谷电充电，白天再按照价格较高的峰电放电，赚取峰谷价差。2023 年，国网常州供电公司促请常州市政府发布了《推进新能源之都建设政策措施》，对装机容量 1 兆瓦以上的储能项目，自并网投运次月起按照放电量给予投资主体不超过 0.3 元 / 千瓦·时的奖励。而参与电力需求响应，储能电站还可获得 10 元 / 千瓦的补贴，一座 100 千瓦的小型储能电站，单次响应补贴可达 1000 元左右，投资经济性大幅提升，客户投资意愿显著增强。

社会车辆参与 V2G 放电

在此基础上，本方案进一步研究和优化商业模式，每 2 个月调整一次优惠价格，寻找价格和参与意愿的最佳平衡点，形成价格—意愿对照表，吸引更多车主参与和电网的互动，积累丰富的充电运营数据。这些数据为解决方案的复制推广以及新能源生态圈的构建提供了重要的支撑。

### 关键突破

#### 创新分布式新能源消纳模式

改变分布式新能源单独与大电网连接的建设模式，通过聚合光伏、风电、负荷、储能、电动汽车等分布式资源，使分布式新能源通过微电网与大电网发生关系，实现"源网荷储"协调互动,降低分布式新能源对大电网的"不确定性",并通过智慧能源管控平台,使微电网具备参与电力需求响应甚至化身虚拟电厂的能力,促进分布式新能源高水平消纳。

常州万邦数字能源投资建设的储能电站

### 微电网组网方式验证

形成成熟的微电网组网技术方案,开发模块化、简易化的能源管控平台,容纳充电桩、储能、光伏、空调等设备,供客户自由选择组合;同时,对设备接口的标准化、可定制性等方面开展研究,提出试用于各类型用能场景的互动系统设计原则,让客户能以更低的建设成本,更加便利地参与电网互动,为未来电网辅助服务市场的建立打下基础。

### 探索可行的商业模式

通过价格调整和数据分析等方式,探索优化商业模式和价格机制,鼓励客户投资分布式光伏、储能电站等分布式资源,加快城市微电网建设步伐,促进新能源生态圈的良好运行,提升全社会用能绿电的比例,为大电网运行提供支撑能力。

## 多重价值

### 助力全社会节能降碳

通过组建微电网、构建新能源生态圈的方式，变"垃圾电"为"优质电"，促进分布式新能源快速发展，保障分布式新能源充分消纳。本方案在常州推广应用后，市内清洁能源发电量占全社会用电量比例由 2022 年 4 月的 7.12% 提升至 2023 年 4 月的 25.6%，实现了消费侧高水平节能降碳。

### 助力迎峰度夏保供电

微电网参与电力需求响应能够起到"削峰填谷"的效果。在夏季用电高峰，无数个微电网形成合力，能够很好地缓解电网保供压力。2023 年 7 月，迎峰度夏期间，公司多次在用电尖峰时段面向全社会发出电力需求响应邀约，最高响应量达 10 万千瓦，全市共计 55 兆瓦储能电站、80 万千瓦可调空调负荷参与其中，400 余位电动车主参与有序充电和 V2G 放电，各类分布式资源投资主休共获得经济补贴 100 余万元。

### 人人参与、人人获益

组建微电网、构建新能源生态圈后，分布式光伏投资主体因为消纳水平提升实现增收，储能电站所有者因为充放次数增加加速投资回收，电动车主因为参与有序用电和 V2G 获得较高收益，柔性负荷所有人（负荷聚合商）因为参与电力需求响应获得补贴……活跃在新能源生态圈的每一个人都获得了收益。

## 各方评价

**发展改革委：**国网常州供电公司助力新能源消纳的解决方案涵盖了各类新能源相关设备，构建了丰富的场景空间，为未来不同工业园区、企事业单位、商业楼宇、居民小区等主体组建微网、参与电力需求响应提供了可复制、可推广的示范样板。在平台的管控下，海量分布式资源从电网的"负担"变成对电网有益的"资源池"，人人都可参与其中，为新能源可持续发展、消费侧节能降碳贡献力量。

**网约车主：**我扫码充电的时候，手机上显示可以参与 V2G 放电，不仅可以免除本次充电费用，还可以获得 3 倍放电量的补贴。我感觉很有意思，就试着放了 30 度电，账户返了我 90 度电，按照平时充电 1.2 元一度电计算，相当于赚了近 100 元，这比我接送客人的收益还高，今后如果还有这样的活动，我还会参加的。

**常州万邦数字能源公司：**2023 年，常州发布储能项目利好政策后，我们在全市建设了 5 座一体式储能柜，放电功率 100 千瓦，容量 215 千瓦·时，两小时即可实现一次满充或满放，可有力支撑城市分布式新能源的消纳。未来，我们将积极参与电力需求响应等电网辅助服务，获取更多投资回报。

## 三、未来展望

国网常州供电公司将秉持"社会问题社会共治"和综合价值创造理念，创新电网零散可调负荷集约的管理思路，发挥电网枢纽平台作用，携手商业楼宇、工业企业、居民、电动车主、数据中心、储能等利益相关方，制定"标准化设计＋模块化选装"的可复制方案，形成适用于各类场景的典型设计，创新商业机制、激发参与意愿，探索构建清洁低碳、安全可控、灵活高效、智能友好、开放互动的城市"虚拟电厂"，引领可持续的电力保供新生态，实现人人参与、人人惠享。

（撰写人：冯迪、商显俊、范磊、刘甜、陈佳颖）

# 国网上海市电力公司浦东供电公司
# "碳"路先锋
## ——创新超大型城市全链路治碳模式

## 一、基本情况

### 公司简介

国网上海市电力公司浦东供电公司（以下简称浦东供电公司）隶属于国网上海市电力公司，2010 年 1 月挂牌成立，并于 2012 年 12 月升格为国家电网公司大型重点供电企业，主要承担浦东新区的电网规划、建设和供电服务任务。其中供电区域涵盖浦东自贸区、金桥和张江国家级开发区、外高桥保税区、陆家嘴金融贸易区等重点区域。

近年来，浦东供电公司高水平开展电网发展、安全生产、经营管理、优质服务等工作，受到电力行业和上海市多次嘉奖。2015 年，浦东供电公司在服务行业中成为首家获得党中央批准、国务院授予的代表我国质量领域最高荣誉——"中国质量奖"的企业。2016 年，浦东供电公司获得"亚洲质量创新奖"；2016 年、2018 年获得"全国质量诚信标杆企业"荣誉称号；2019 年，荣获"市重大工程立功竞赛金杯公司"称号。先后获评"中央企业先进集体""全国五一劳动奖状""中央企业先进集体"和"上海市文明单位"等荣誉，营造了"政府支持、媒体理解、客户满意、企业与员工和谐发展"的良好局面。

### 行动概要

上海浦东是全球先行示范区，承担着碳金融中心、低碳示范区等一系列重要政治任务。浦东供电公司立足浦东新区经济社会用电的实际情况，面对电力结构复杂、排碳主体复杂、政策环境复杂、核碳标准复杂、碳金融市场活跃度不足等困难，聚焦"云上平台""虚拟电厂""绿色金融"三大领域，先行先试，创新探索出供电公司助力消费侧全链路精准"治碳"的新模式。本项目创造间接经济价值数千万元，核心举措受到相关专家、领导的一致赞赏。

## 二、案例主体内容

### 背景和问题

"十四五"时期，浦东新区作为社会主义现代化建设引领区，经济社会高速发展，用电需求随之持续增长，如不加以干预，浦东新区碳排放总量势必随着用电量激增而持续增加。同时，《浦东新区资源节约和循环经济发展"十四五"规划》（浦府〔2021〕112 号）设定了"2025 年单位增加值能耗比 2020 年下降 14%，力争完成 15%"的降碳目标，经济增长与减碳之间的矛盾日益严峻，区域降碳压力大。

随着浦东新区重点产业领域，如生物医药、集成电路、人工智能等先进高端制造业

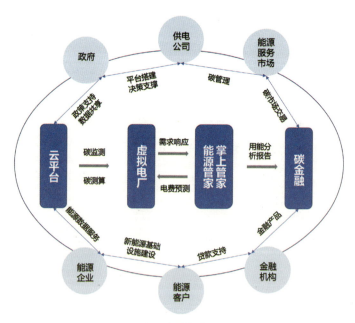

问题解决机制

的快速发展，用电需求高、能耗高，尤其是在国际碳关税（碳边境调节机制）政策冲击的大背景下，浦东新区各企业的降碳需求更盛。但由于商业形态复杂、碳排放数据缺乏统一标准，政府及企业需要数据支撑，碳排放量难以核算；知晓碳排放情况后，仍不明确如何精准降低碳排；降碳成本高、难度大，企业自发主动参与降碳的积极性不高。

## 行动方案

为应对以上问题，浦东供电公司着力打造符合超大城市定位的全链路降碳方案，联合能源企业、能源客户、金融机构、政府部门、供电部门、能源服务市场等形成降碳伙伴生态，通过云平台、虚拟电厂、能源管家、碳金融等手段全面赋能区域各主体降碳。

### 解决"排多少"的问题：一屏"观碳"，让减碳更有"数"

**系统汇聚全区"排放源"**。浦东供电公司依托智慧能源双碳云平台，全面整合浦东全域的电力、水务、燃气、政府监管等多方系统平台数据，可按地理分布、电压等级、排放源种类等多维度实时监测、分析浦东新区供电设备、电力用户的用能活动情况。

**科学实现企业"碳计算"**。浦东供电公司科学构建碳排放测算模型，精准测算碳排放量，可提供实时、动态、可信的碳排数据，并以区域历史 GDP、用电量、清洁能源占比等数据为基础，为产业链上下游提供碳排放的趋势预测，支持企业拓宽碳排管理范畴，以数据和市场手段切实统筹能源电力发展与节能减碳目标的实现。

**赋能园区行业"碳管理"**。浦东供电公司在智慧能源双碳云平台内为产业园区管委会开放能源管控功能，园区通过该云平台，可全面掌握配电间的实时运行情况、入驻企

"电力能源管家"智慧服务模式

业能耗排名以及园区当月综合能耗等。同时，为园区提供城市能级评价指标、同行用电情况对标、整体能耗趋势预测等服务，方便各产业园区开展对标管理，查找碳排管理短板，提升产业园区整体治碳水平。

**解决"怎么减"的问题：一键响应，让减碳更精准**

**"一户一案""电力能源管家 + 掌上管家"一站式服务，让减碳更精准。** 浦东供电公司以客户需求为中心，依托高效的大数据业务中台，对传统供电服务迭代升级，打造"电力能源管家 + 掌上管家"（"1 人 +1 机"）的服务模式，为企业提供"一户一案"的能源数智化解决方案。2023 年，"掌上管家"上线"电费预测"功能，用户可根据自身企业历史数据及行业数据，精准预测未来用能及碳排情况，鼓励用户将可降负荷汇入虚拟电厂平台，参与需求响应，实现可降负荷的量化与精准管理，为企业科学规划降碳量、合理规划生产与用能平衡提供依据。

**解决"降碳没动力"的问题：盘活降碳的经济效益，激活企业降碳积极性**

**打造"虚拟电厂"，帮助企业在"能降碳"的同时"能省钱"。** 虚拟电厂可在新能源出现间歇性波动时，或电网负荷高峰、低谷期间，将用户侧散落的柔性负荷整合成具

电力能源管家手持"掌上管家"智能终端在张江科学会堂前现场服务

浦东供电公司作为浦东新区负荷管理中心工作成员与浦东机场签订需求响应协议

有一定规模的、可控制的负荷资源，参与电力需求响应，降低终端电能消耗，实现电网平衡。浦东供电公司积极推动能源客户资源接入省级虚拟电厂和浦东虚拟电厂平台，通过对虚拟电厂用户池全景化、可视化、精细化管理，实现可调控资源备用能力的精准感知、实时感知，实现可调控资源清单线上一键推送、一键确认，指导用户调节设备用电负荷，缓解电网调峰压力、优化用户能耗水平，让客户在不影响正常生产经营的情况下参与电网调节，同时享有一定的电费补贴。

**联动政企银多方合作，繁荣碳金融生态，将"碳成本"变成"碳资本"。**针对企业绿色转型资金压力大、融资难等突出问题，浦东供电公司依托智慧城市能源云平台数据资源和企业用能行为分析报告，创新打造能源数字化产品，并主动对接银行等信贷机构，将用能分析报告作为贷款审批的重要依据，根据企业能耗指标数值，匹配相应的贷款年化利率，将利率与绿色用能挂钩，助力企业获得普惠性质贷款，促进上海首笔"碳中和科技贷"入市。

### 扩大影响度：搭建"双碳"战略合作联盟

浦东供电公司精准识别政府、能源企业、能源客户、能源服务市场、金融机构等关键利益相关方的诉求与资源，构建以政府为主导、以浦东公司为支撑的"双碳"战略合

"双碳"战略合作联盟签约仪式

作联盟，聚焦"双碳"管理中的信息流管理，共同议定能源消费、碳治理等关键议题解决方案，共同推动消费侧电气化、高效化发展，共创共享，通过能耗和碳排的精细化管理赋能城市现代化治理能级的提升。

## 关键突破

打造跨部门全链覆盖的碳监测网络，实现全层级数据贯通。浦东供电公司依托智慧能源"双碳"云平台，打通电力、水务、燃气、政府监管等多部门的数据，延伸监测范围，实现区域、行业、企业三个层级的碳监测、碳核算、能耗与碳排放分析，为政府、企业提供从能耗管理到碳排管理的解决方案。

打造市内首个综合能源站，探索超大城市社区消费侧集控集调降碳新模式。打造上海首个全电综合能源站，为区域内的酒店、办公、商业等建筑统一提供清洁环保的供冷、供热服务，供能覆盖范围 74 万平方米。综合能源站夜间使用低谷电进行制冷或制热，白天优先释放储存的冷、热量，在无法满足时再开启设备进行补充，每年累计可为电网"削峰填谷"近 1800 万千瓦·时电量。

线上一键响应式虚拟电厂，精准又高效。浦东供电公司开发的浦东虚拟电厂线上平台，实现可调控资源备用能力的实时感知和可调控资源清单一键推送、一键确认，极大地提升了需求响应速度与效率。

上线"电费预测"功能，实现可降负荷量化管理。"掌上管家"电费预测功能的上线，实现"掌上管家"与虚拟电厂互动响应，能源客户可降负荷输入虚拟电厂平台参与电力需求响应，实现可降负荷的量化与精准管理，为企业科学预测碳排量、科学规划用能行为提供依据。

上海首笔"碳中和科技贷"，打通产融通道。浦东供电公司创新性地将公司数据、资源和平台优势拓展辐射到金融领域，主动对接，将客户用能分析报告作为助力企业申请贷款的重要依据，将利率与绿色用能挂钩，探索出了一条具有可复制、可推广的绿色金融产品发展新模式。

## 多重价值

### 定量价值

**环境效益：**依托智慧能源综合管控与服务一体化体系，实现区域清洁能源接入电网并100%消纳，构建了清洁低碳的能源供应体系，通过打造贯通新能源供给、消费和碳管理的全价值链低碳发展模式，2022年，仅在浦东的临港新片区降低碳排量已达6万余吨，全部方案落地后预期减少碳排量19万吨。

**经济效益：**浦东供电公司经济效益体现在以下三个方面：一是成功中标自贸区临港管委会平台建设项目，辅助临港管委会深度挖掘数据价值，开展区域、行业、企业用能分析，辅助管委会谋划区域发展决策，项目合同金额149万元。二是为临港管委会提供新片区能源管控平台运维、开发服务、技术指导等服务，支撑区域高质量发展，预计总体收入超过3000万元。三是通过提供支撑碳交易金融服务，开展个性化能耗诊断、定制化节能方案、精细化能源设施管理等增值服务，预计可获得年收入近3000万元。

**社会效益：**通过"掌上管家"快速出具供电方案，已累计为重点产业的47家企业提供定制化服务，全部方案落地后预计每年可节约用能成本超1亿元，可较好地节约企业成本，支持企业提质增效。

2022年，浦东供电公司发布了首份《电网企业"电力能源管家"数智化服务要求》团体标准；智慧能源双碳云平台写入了《上海市浦东新区绿色金融发展若干规定》，切实助力上海国际绿色金融枢纽建设；"电力能源管家"数智化服务获"上海品牌"认证，上海市市场监督管理局特邀上海市人大代表、市政协委员和市民代表等参观浦东公司张江科学城能源服务中心，体验"电力能源管家"数智化服务，进一步发挥了超大型城市全链路治碳模式的示范作用。

### 定性价值

**对政府：** 多方协同低碳发展模式有利于上海浦东新区社会主义现代化引领区建设，通过构建协同运作组织模式，持续优化业务流程，提升工作效能，打通多种系统间的技术壁垒、体制壁垒和市场壁垒，促进多系统协调优化，形成能源消费碳治理体系。

**对社会：** 虚拟电厂技术、"电力能源管家"服务的孕育和探索为传统能源行业复制推广数智化能效服务提供了经验做法，可以更广泛地应用于超大城市的能源管理及电力转型实践。

**对企业：** 碳排一张图可以更好地让企业了解自身的能源结构，调整自身的能源结构；"电力能源管家"可以为企业降碳提供良好的工具及抓手；虚拟电厂和碳金融服务可以有效降低企业的降碳压力。

**对电网：** "掌上管家"已在浦东公司客户服务一线班组推广应用，覆盖 20 个班站、130 名员工，各项功能累计使用超 10 万次，极大地提升了员工现场作业效率，全面促进了电力营商环境的再升级。

### 各方评价

**中共上海市委：** 智慧城市能源云平台是提升城市精细化管理水平的有效推动。

**王成山院士、周宏主任领衔的中国电力企业联合会鉴定委员会科技成果鉴定意见：** 成果以电力数据为核心，贯通电、水、气、热等多域异构能源大数据，研发了智慧城市能源云平台，在多域异构数据的智能安全融合、面向多域能源大数据的知识复用、面向数商价值再造的推荐体系与模式等技术研究和应用方面取得了重要突破，在变粒度数据融合、多域业务预测与跨域知识复用、数据价值推荐等方面达到国际领先水平。

**国家电网公司：** 云平台是整个国网公司能源互联网建设中最全面、最系统、非常有特色的重要实践，要开发好、运行好。

**中国科学院上海科技查新咨询中心（科技查新报告）：** 智慧城市能源云平台构建及示范应用具有新颖性，达到了国内领先水平。

## 三、未来展望

在"双碳"战略和数字化转型的双重驱动下，浦东供电公司消费侧降碳成果及前景可观。未来将从以下两个方面进一步推广：一是面向政府、能源客户提供服务，依托云平台向全国 16 个特大、超大型城市的能源大数据中心构建提供基础设施建设样板和服务范式，推动供电企业从基础公共服务方向智慧城市共营者转型，继续深化虚拟电厂技术，与更多企业签订需求响应协议，完成平台侧接入；二是面向供电企业提供模型，深化"掌上管家"在浦东供电公司客户服务一线班组的推广应用，优化升级各项功能，进一步提高员工现场作业效率，全面提升电力营商环境建设。向国网系统内 26 家省级电力公司推广云平台技术应用，并结合当地实际情况进行模型迭代，加速适应应用场景，推动供电企业从数据服务提供方向数据产品运营商转变。

（撰写人：张敏丽、刘翔翔、王晓慧、秦玥、罗潇、陈小毅）

国网天津市电力公司城南供电分公司

# 绿色西小站，金色农稻田

—— 打造京津冀乡村振兴"双碳"示范村

## 一、基本情况

### 公司简介

国网天津市电力公司城南供电分公司（以下简称国网天津城南供电公司）成立于 2007 年，主要负责天津市和平区、河西区、津南区的配电网运营和用电服务工作，肩负着天津市政治、经济、文化核心区域的供电服务任务。国网天津城南供电公司共有正式职工 757 人，服务范围 472 平方千米，服务人口 209 万，服务顾客 109 万户。近年来，蝉联两届"全国文明单位""天津市文明单位"，先后获评"天津市五一劳动奖状""'榜样天津'绿色发展企业"等荣誉称号。2023 年，国网天津城南供电公司通过了社会责任管理体系认证（GB/T39604—2020 标准）。

### 行动概要

国网天津城南供电公司认真贯彻国家"碳达峰、碳中和"战略目标要求，紧扣服务乡村能源转型升级，以国家电网公司在天津的首家"助力乡村振兴示范村"——西小站村为试点，围绕乡村电气化升级、电网智能化转型等工作，建设基于低压分布式光伏、生态种植能源计量和居民共享充电的"三位一体"典型示范项目，以"光伏 +"促进绿电生产消纳、以"智慧 +"引领农业降碳升级、以"共享 +"构建绿色美丽乡村，扎实推进乡村消费侧降碳减排，全面打造京津冀乡村振兴"双碳"示范村。

## 二、案例主体内容

### 背景和问题

党的二十大报告指出，要"协同推进降碳、减污、扩绿、增长，推进生态优先、节约集约、绿色低碳发展"。强调要"积极稳妥推进碳达峰碳中和"。乡村是落实"双碳"目标的重要阵地，是实现消费侧降碳减排的关键。西小站村隶属于天津市津南区八里台镇，是天津小站稻的核心种植区之一，村内用户数量多、户均容量大、用电模式较为传统，在全面推进绿色低碳转型中存在一些困难。

#### 清洁能源接入能力有限、消纳能力不足

西小站村用户对于光伏等新能源项目的了解不深入，对其节能降碳效果不清楚，农户对用电与节碳的认识不到位，对"双碳"概念的理解不清晰，导致在推进新能源接入消纳设备建设方面的力度不足。

#### 农业生产管理方式粗放、能量损耗较大

稻田农业种植设备多为柴油等石化能源驱动，碳排放量高，且人工管理模式较为普遍，用能成本居高不下。同时，在农产品生产过程中缺乏系统化、数字化、可视化流程，农户对生产情况掌握不精准，产量提升瓶颈有待破解。

#### 乡村建设整体规划欠佳、服务能力不强

作为红色旅游示范村，来往游客众多，但对新能源汽车充电保障力度不足，存在一定程度的充电难现象。村内节能型公共设施的整体统筹布局欠佳，缺少精准的绿色低碳型乡村建设的相关指导。

### 行动方案

针对以上问题，国网天津城南供电公司在传统乡村供电模式上做加法，在碳排放、电能消耗上做减法，扎实推进绿色低碳西小站村建设，守护津沽乡村的金色稻田。

国网天津城南供电公司供电服务中心党员服务队服务乡村秋收

国网天津城南供电公司供电服务中心党员服务队参与楼顶光伏项目建设

### 以"光伏 +"促进绿电生产消纳

国网天津城南供电公司充分发挥"技术创新、低碳经济、能源转型"三个示范引领作用，助力小站村分布式光伏示范建设。一是利用西小站村村委、幼儿园、打谷场、风物馆等建筑物的屋顶，合理规划 3000 平方米屋顶光伏建设，选取单晶半片光伏组件，采用支架、平铺方式安装，通过逆变器经并网柜就近接入 380 伏架空线路，实现新能源便捷、高效接入。二是通过引入智能终端、能源控制器等新型电力计量设备装置，大幅提升分布式光伏负荷数据分钟级采集和群调群控能力，实现乡村低压分布式光伏可观、可测、可控，有效提高了可再生能源的利用率。三是积极推广"余电上网"模式，围绕"光伏 +"打造农业、民宿、交通等多类型低碳示范用能场景，实现日常办公、路灯照明、绿色出行等用电自发自用，促进清洁能源就地消纳不弃电，助力全民绿色低碳用能，实现新能源最大化利用。

### 以"智慧 +"引领农业降碳升级

国网天津城南供电公司坚持以数字技术驱动电能替代，全面打造智慧农业双碳示范。

一是推进农业生产电气化改造，联合村委会合力推广农机设备、灌溉设备"以电代油"的更新升级，组织技术骨干上门帮助农户进行用能分析、计算用能收益，实现能效账单和农业生产、乡村产业的深度融合，帮助农户树立节碳意识、降低用能成本，提高清洁能源利用水平。二是通过在农业生产示范区安装应用物联网、传感器等终端设备，打造农业数字化平台，支撑大棚智慧化、数据化种植环境和自动化、远程化操作，实现农业生产环境、农作物等各类数据实时监测、动态预警，精准计算农业生产全流程的碳排放量，为定制节能降碳措施提供科学依据。三是积极服务农业加工升级改造，常态化摸排农业加工企业生产、能耗情况，对高耗能环节进行精准监控，引导企业开展粮食电烘干，利用技术手段对企业余热回收等综合节能改造潜力进行现场研判，有针对性提出"一企一策"服务策略，帮助企业减少电能损耗，提高电能使用效率。

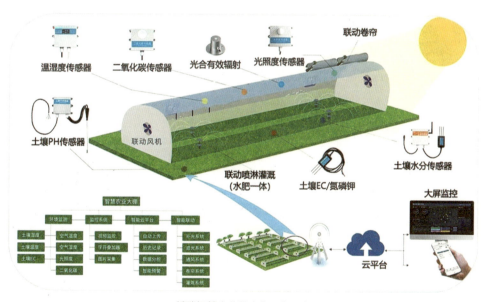

低碳智慧农业数字化平台示意

## 以"共享 +"构建绿色美丽乡村

国网天津城南供电公司通过织密建强充电网络、深度参与乡村共建共治，营造乡村绿色和谐发展示范。一是通过对已有的私人交流充电桩、居民 HPLC 计量装置等进行智能化、共享化升级改造，为居民提供智慧便捷扫码用能服务，以技术手段引导新能源车参与需求响应，在有效解决居民出行充电难问题的同时，加强消费侧"削峰填谷"。二是建设智慧路灯、充电网络系统，打造绿色零碳生态停车场，搭建具备共享用电的生态停车位，有序推进全村路灯向太阳能取电、LED 节能灯的升级转型，提高公共设施能效水平，满足游客和居民"绿色出行"需要，以"小节电"的有效积累推动"大降碳"目标的实现。三是扎实推进"双碳"理念的氛围渗透，积极服务乡村零碳公园建设，发挥专业优势，参与打造绿色生态文化宣传栏、"双碳"知识宣传牌等阵地，常态化开展"双碳"新时代文明实践行动，普及光伏知识、推广绿色用能理念，让百姓、游客参与到"双碳"目标的行动中，全力打造"零碳乡村"。

国网天津城南供电公司供电服务中心党员服务队服务共享充电站建设

## 多重价值
### 打造"双碳"落地典型示范村

2023 年，国家电网有限公司将西小站村列为"助力乡村振兴示范村"，国网天津市电力公司将西小站村作为"碳计量"示范村进行重点打造。城南公司基于上级部署和西小站"双碳"示范规划，结合实际现状和现有的资源条件，打造光伏示范、共享用电、智慧农业、计量装置改造、HPLC 高级应用等八项示范工程，开展绿色低碳建设实践、服务居民智慧用能、促进乡村振兴发展，工程总投资 520 万元，有力支撑了智慧创新模式下的"双碳"示范村建设。

### 拓展节能降碳崭新成效

依托农业、交通、公共设施的全方位节能措施的广泛普及应用，西小站村碳排放量实现可观下降。其中，乡村屋顶光伏项目容量为 420 千瓦，年均发电量约为 49.4 万千瓦·时，在有效保障乡村公共建筑自给自足的同时，每年节约电费约 25 万元，节约标准煤约 165 吨，可减少二氧化碳排放 480 吨；共享充电桩的改造有效带动乡村电动汽车产业发展、引导用户绿色出行，投运当年减少二氧化碳排放约 6.3 吨，以后每年可减排二氧化碳增幅可达 1%~3%；升级改造全村 260 盏路灯，节省年耗电量 8.2 万千瓦·时，每年节省电费 4.45 万元，实现碳减排约 82 吨。

### 激活乡村振兴蓬勃动力

利用农业数字化平台，帮助农户实现对农业生产大棚补光、遮光、通风、卷帘、灌溉等各类生产操作、在线监测的智能联动，形成了基于电能替代的数字农业创新应用基地样板，辅助提高劳动生产率 50% 以上，单位面积产量提升 10% 以上，水、肥、

国网天津城南供电公司供电服务中心党员服务队调研智慧农业大棚

药等农业投入品使用降低 10% 以上，智慧农业大棚及稻米加工厂送电完成后，每年可为该村节省农业投资约 25 万元，有效带动刺激周边农业发展，助推乡村农业产业数字化提档升级。

### 推进绿色理念入心入行

依托"双碳"新时代文明实践行动，国网天津城南供电公司与西小站村委会共建长

效机制，形成"思政课"常态模式，定期举办"双碳"科普、新能源车下乡政策宣贯等活动，就分布式光伏项目上网收益、农机农具电气化升级、充电桩下乡等用户关心关注的问题进行细致讲解，累计为农户、游客等普及"双碳"知识约 500 余人次，真正让"双碳"理念走进千家万户、走入百姓心中。

## 各方评价

**政府部门：** 2021 年 10 月，西小站村被天津市委农村工作领导小组办公室、市农业农村委、市委宣传部、市民政局、市司法局认定并公布"2021 年天津市乡村治理示范村"；2021 年 12 月，"落实'双碳'工作要求，打造西小站低碳先行示范村"项目，入选天津市津南区 2022 年 10 项民心工程；2022 年 12 月，该村入选的天津市"文明乡风建设典型案例"指出，"以低碳先行示范村建设为中心，驱动绿色生态理念深入人心。"

**村委会：** 2022 年 10 月，在智慧农业大棚技术的有力支撑下，西小站村小站稻迎来了丰收季。村党总支书记、村委会主任李路鑫说："智慧农业大棚不仅能提升农作物产量，而且能降低碳排放，这为我们西小站村全力打造智慧农业'双碳'样板提供了科技感满满的技术支持，让我们充满了期待！"

**乡村企业：** 2021 年 11 月，国网天津城南供电公司完成由津南区政府、西小站村居民联合承办的稻米加工厂配套设施送电工作，从供电方案出具及送电完成仅用时 28 天，助力西小站村稻米加工电气化、智能化。该厂负责人王敏表示，电力公司送电迅速，加工厂立刻可以投入使用，应用电气化的先进技术手段，每年可以节约人力物力成本约 18 万元，"稻谷清理—砻谷及砻下物分离—碾米 成品及副产品整理"的高效、完整、自动的稻米加工生产流程可使利润增加 32 万元。

**社会媒体：** 2022~2023 年，《向美而行 小村蝶变——津南区八里台镇西小站村以"党建＋文旅＋低碳"模式走出特色之路》《赋能乡村振兴 吹响"枫桥"号角》等 18 篇新闻报道先后在《天津日报》、新华网、学习强国等主流媒体刊发，相关示范经验得到了社会层面的充分认可，西小站村的电力赋能降碳减排项目受到了广泛关注。

# 三、未来展望

2023 年，国网天津城南供电公司"津碳电力先锋"企业社会责任品牌入选国家电网有限公司品牌引领行动实施方案"100 项重点品牌资产目录"，"绿电下乡"作为"津碳电力先锋"的子品牌之一，为拓展品牌内涵提供了重要支撑。国网天津城南供电公司将始终秉持"人民电业为人民"的企业宗旨，以西小站村为起点，持续担当乡村绿色低碳发展改革先锋，系统总结助力乡村消费侧降碳减排的工作经验，向服务区其他乡镇辐射，积极推进乡村地区的能源绿色转型发展，努力成为实现乡村振兴、"碳达峰、碳中和"目标和农业农村现代化示范引领者，打造京津冀乡村振兴"绿色示范"，为实现"双碳"战略目标贡献力量。

（撰写人：李金泽、李钊、白俊男、范祺红、侯立睿）

国网福建省电力有限公司福州供电公司

# "凭布青云"引领纺织产业的绿色转型

## 一、基本情况

### 公司简介

国网福建省电力有限公司福州供电公司（以下简称国网福州供电公司）是国网公司确定的大型地市供电企业之一，担负福州六区一市五具及平潭综合实验区的供电任务，下辖 8 个县级供电企业。国网福州供电公司始终践行"绿水青山就是金山银山"的可持续发展理念，全力服务福建省生态文明试验区建设，促成新型电力系统福州示范区纳入福州市"碳达峰"实施方案。以"双碳"为目标，不断促进能源利用高效化、清洁化，拓展能源发展产业链、生态圈，为构建新型电力系统省级示范区贡献更多的"福州方案"。

### 行动概要

针对福州市长乐区传统优势产业——纺织产业存在的高污染、高耗能问题，国网福州供电公司通过构建纺织产业能源"全景画像"，精准识别产业"绿变"过程中的"难点"与"堵点"，为纺织产业高质量发展提供可复制、可借鉴的"长乐样板"。通过技术创新，推动纺织产业核心设备节能率提升 24%；通过优化园区八大用能场景，实现园区综合效能提升 16.5%，每年节省能源类支出约 380 万元，节约标煤 1995 吨，年减少二氧化碳排放 5683 吨；通过搭建针对纺织产业特性的一站式"数智化"运营平台，提升用能单位的精细化、数字化与可持续能耗管理水平。除此之外，针对纺织企业普遍规模较小、资金紧等特点，率先将EMC模式（合同能源管理）引入纺织产业，帮助企业实现"零成本"降碳，在减缓纺织企业资金压力的同时，通过风险共担、收益共享的方式，提高了经济效益。

## 二、案例主体内容

### 背景和问题

作为福州市传统的主导产业，纺织产业是推动地方经济发展的重要力量。福州长乐作为全国纺织产品重要的生产基地之一，拥有集群企业逾千家，2022年，福州长乐纺织产业产值2573.09亿元，纺织产业产值占长乐地区工业总产值的20.9%。随着纺织产业的不断增长，产业发展带来的生态环境破坏问题日益凸显。联合国环境署发布的数据显示，纺织产业的高污染、高耗能问题十分突出，行业碳排放量超过所有国际航班和海运碳排放量总和，占全球碳排放量的10%，是仅次于石油产业的第二大污染产业。

为实现"碳达峰、碳中和"这一国家战略目标，国网福州供电公司深入贯彻国家

福建省首个智慧能源纺织工业园区投运——宏港纺织

能源发展战略和新发展理念，积极探索纺织产业节能降碳路径，助力福州传统主导产业的高质量转型发展。为此，国网福州供电公司在省级重点企业、省重点用能单位宏港纺织开展节能降碳综合能源提升服务。通过实地走访调研与详细研究分析，了解到纺织产业的绿色转型与高质量发展正面临以下三个主要问题：

一是绿色能源比例低，单位纺织品碳排放量高，导致企业生产的纺织品不满足欧盟纺织品绿色采购标准，降低了企业全球竞争力。

二是企业用能场景多、用能管理粗放，缺乏精细化、数字化管理手段。

三是企业对于投资改造的疑虑大。企业不熟悉综合能源新技术、新产品、新模式，难以下定决心一次性投入大量改造资金。

## 行动方案

为提供更具针对性的解决方案，国网福州供电公司精准识别纺织产业绿色化改造中的"堵点"与"难点"，以清洁能源为基础，以工业节能为手段，以智慧用能为工具，通过"五步走"的方式，为园区企业提供"定制且系统"的综合能源解决方案。

工作人员上门对重点生产线和重点用能设备进行"能源诊断"

### 第一步：构建纺织产业能源"全景画像"，深挖节能空间

国网福州供电公司将综合能源业务嵌入传统业务流程的"供电＋能效服务"工作机制，在业扩报装、用电检查、用能信息普查与应用等工作中，深入了解宏港纺织的用能需求。

组织专业团队在宏港纺织园区内开展了近一个月的深入交流座谈、现场勘察和收资分析，精准识别出客户的用能画像，勾勒出企业能源消费、碳排放、碳减排等能源数据"全景画像"，识别出能源改造中的"难点"与"堵点"，编制具有针对性的园区能源诊断报告。

### 第二步：提供全方位的"一揽子"综合提升改进

通过"一揽子"综合解决方案，助力打造"零碳"园区。将园区划分为"生产区、办公区、生活区"三大区域，围绕"清洁供能、优化用能、智慧节能"三大目标，规划清洁能源发电、工业能耗监测、工业设备节能、集中供热服务、绿色出行服务、站房智能运维、楼宇用能优化、智慧用电管理八大场景。

在提升清洁能源占比方面，利用园区厂房闲置屋顶，因地制宜地开展分布式光伏项

工作人员为宏港纺织量身定制实施方案，提升园区能效水平

目建设，实现发电量约 1000 万千瓦·时，极大地提升了园区可再生能源占比，实现了园区用电 15% 的绿电供应，相当于在办公区和生活区实现了零碳。

除此之外，通过采用能效比更高的集中式热水供应系统，提供集中供热服务；部署完善 18 台电动生产车辆充电桩，推动绿色出行；推出"线上 + 线下"一体化站房智能运维；定制"空调用能管家"服务，满足楼宇用能优化；部署远程预付费管理系统，赋能企业对员工公寓精细高效管理，实现智慧用电。

### 第三步：搭建一站式"数智化"运营平台，实现可持续高效用能管理

针对纺织产业特性，开发客户侧智慧能源管理系统。该系统集光伏智能运营、智慧能源数字孪生、工业能源管理、充电站智慧运营、楼宇能效监管、站房智能运维等多场景于一体，采用物联网技术实时监测设备状态，实现了传统人工管理向"平台 + 智能运维"管理的转变，构建了多能转换、多能互补、多网融合的综合能源数字网络。便于后期运维过程中对园区能源消耗进行集中监测及管理，实现了可持续高效用能管理。

### 第四步：聚焦纺织产业核心设备降耗，推动技术升级

经调研，水泵主要用于液体流通传输，是工业通用零部件设备之一，是工业发展必不可少的关键设备。但现在市面上可以采购到的水泵，大多无法达到节能效果。为此，国网福州供电公司与第三方合作研发定制化"高效节能水泵"，通过流体力学软件对叶轮、流道以及吸水室、压水室内部进行三维流场数值模拟，优化流道内的流态和能量分布，提高循环水泵使用效率，并配套水泵节能管理系统，节能率提高了 27.3%，实现了水泵的"绿色"升级。

定型机是纺织印染行业的主要耗能设备，其能耗占整个企业总能耗的 40% 以上。但纺织行业大部分蒸汽定型机、天然气直燃定型机在烘箱进行换热前后，无精确控制，存在蒸汽浪费现象。为此，国网福州供电公司定制设计了"数智化定型机"节能产品，该产品基于 AI 智控的定型机数字化节能系统解决方案，通过深入了解中压蒸汽的工况，提高能源利用率，优化管路结构，进行流量自动化控制。降低定型机单位生产能耗，实现蒸汽用量节能约 25%。

### 第五步：创新应用合同能源管理（EMC）商业模式打开市场，降低企业投资风险与资金压力

由于纺织企业普遍规模较小，流动资金有限，因此在面对需要"提前投资"的项

目时，通常表现得并不积极。为解决这一难题，国网福州供电公司开创性地在纺织产业综合能源项目的工业设备节能中应用 EMC 商业模式，由改造方承担宏港纺织节能改造服务项目资金投入，企业免费获得一定比例的节能收益，以此降低企业的投资风险与资金压力。

## 关键突破

### 实现纺织产业核心设备的低碳技术突破

针对纺织企业研发的"高效节能水泵"与"数智化定型机"在实际应用中节能效果显著，运行安全稳定，在纺织企业中具有广泛的适用与推广价值，纺织企业仅需通过设备升级即可快速实现节能增效。我国作为全球最大的纺织品生产国，这一技术创新具有广阔的市场空间，同时将加速纺织产业的低碳转型。

### 实现纺织产业综合能源服务的商业模式突破

开创性地在纺织行业综合能源项目中的工业设备节能中推广节能项目 EMC 合作模式，助推项目落地实施。一方面，客户不需要提前投资，实现了"零成本"改造，改造意愿增强；另一方面，其他行业客户通过节能效益分享型模式真切地看到了项目节能效果，提升了对供电公司的信任度，充分发挥了综合能源的项目示范效益，有助于项目的推广实施。

## 多重价值

### 助力纺织产业节能减碳

宏港纺织智慧能源项目可为企业每年节省能源类费用支出约 380 万元，年节约标煤 1995 吨，年减少二氧化碳排放 5683 吨，综合能效提升 16.5%；园区绿电使用率达到 15%，办公区和生活区用电实现了零碳。通过落实节能降碳措施，福建宏港纺织科技有限公司获得了省级节能和循环经济专项资金奖励，并获评"2023 年度福州市节能标兵"称号。除此之外，通过综合能源提升后，宏港企业的纺织类产品满足了欧盟绿色能源占比的采购标准，提高了企业国际竞争力与国际市场占有率。

### "定制且系统"的能源解决方案模式，为不同类型产业园区的低碳路径规划提供样板

通过灵活选择组合运用节能模块方案，可为不同行业快速定制"一揽子"综合能源解决方案。目前，已相继落地了长乐区行政服务中心楼宇用能优化项目、鼓楼区政府

清洁能源服务项目和福清市妇幼保健院能源托管项目。同时服务重点行业，相继在物流园区、文旅园区和科创园区推广落地综合能源项目，与南铝集团达成合作意向，打造绿色低碳制造工厂；与平潭港务集团签署业务合作协议，建设绿色示范港口，打造滨海新城东南大数据产业园示范项目，建设绿色、环保、智能的数字化经济园区，年节约电量 47.2 万千瓦·时、年节约电费 27.3 万元。形成了可复制、可推广的综合能源服务模式，推动不同行业实现绿色、低碳、可持续发展。

### 创新综合能源服务商业模式

经测算，通过 EMC 商业模式对定型机改造后，定型机每年至少节约蒸汽 816 吨，节省标煤约 110.16 吨，减少碳排约 286.41 吨，投资回收期约为 1.7 年；对水泵改造的投资回收期约为 4 年。在项目实际运行一个季度后，由于节能效果显著，纺织企业利润明显提升。经协商后，纺织企业一次性将设备买断，缩短了投资回收期，提高了资金使用效率。

## 各方评价

**宏港纺织工业园行政经理涂义锦：**作为化纤纺织领域的福建省重点工业企业，宏港纺织积极响应国家"碳达峰、碳中和"战略，从绿色低碳可持续着眼，致力于打造零碳工厂，提升园区能效水平，实现降本增效，推动集团持续高质量发展。

**国网福州供电公司综合能源业务相关负责人：**我们结合企业的用能特点和实际需求，为其定制了一揽子综合能源解决方案，有效提高了纺织园区的综合能效，减少了化石燃料的使用量和碳排放量，实现了企业用能的精细化和数字化，最终转化为实实在在的经济效益。

**各方媒体：**中国新闻网、福建电视台、《中国电力报》等主流媒体对此报道 27 次。宏港纺织工业园完成升级改造后，成为福建省首个智慧能源纺织工业园区。实现了用能精细化和数字化，减少了化石燃料的使用量和碳排放量，有效提高了综合能效。

# 三、未来展望

宏港纺织改造方案具有广泛的适用性与较高的推广价值，并在长乐纺织企业中发挥了"头雁效应"，一年来共带动 10 家企业开展综合能源改造活动，推动纺织行业高质量绿色转型。通过推广低碳纺织园区的建设经验，相继在物流园区、文旅园区和科创园区落地综合能源项目。未来，国网福州供电公司将继续积极探索工业领域节能减排路径，通过模块化的形式灵活组合形成个性化能源解决方案，形成可复制、可推广的综合能源服务模式，从企业到企业，从园区到园区，从行业到行业，便于更多的企业、产业园区和公共机构参与到绿色转型中来，助力"双碳"目标的实现。

（撰写人：王丹、翁馨、杨嘉蕊、柳仲毓、陈颖）

国网重庆市电力公司市北供电分公司

# 缓解电网"高血压"，
# 助力中央空调节能降耗

## 一、基本情况

### 公司简介

国网重庆市电力公司市北供电分公司（以下简称国网重庆市北供电公司）成立于 1995 年 8 月，负责重庆市渝北区、江北区两个行政区及一个国家级开发开放新区（两江新区）的电网规划建设、运行管理、电力销售和供电服务工作。辖区现有变电站近百座，总容量约占重庆公司容量的 1/6。电网结构以 500 千伏变电站为支撑，220 千伏"双环网""双链"结构分三片区运行。

近年来，国网重庆市北供电公司始终坚持"人民电业为人民"的企业宗旨，以电力保供为首要责任，以高质量发展为主题，唯实争先、团结奋斗。贯彻落实国家"碳达峰、碳中和"战略目标，构建以新能源为主体的新型电力系统，进一步优化电力资源配置，促进可再生能源消纳，助力消费侧节能降碳，缓解电网运行压力。

### 行动概要

重庆超 1/3 电量需外购，电力供应连续三年红色预警，对外依存度超 70%，在用电高峰期，重庆电网濒临极限负荷呈"高血压"态势。中央空调能耗占建筑总能耗的 40%~60%，是影响电力供需平衡的重要因素。国网重庆市北供电公司以中央空调节能降耗为切入点，通过政企合力而为、主动客户沟通、示范样板打造等方式获取中央空调业主客户的认可，允许在其中央空调装置上安装中央空

可持续发展
**目标**

调智能控制设备（CPS），让空调根据环境温度自动调节主机输出功率，实现负荷柔性调控，使末端温度变化在 1℃以内，用户在几乎没有体感温度变化的情况下降低中央空调能耗，有效缓解电网"高血压"。通过 CPS 的远程调控功能，汇集大量空调负荷，形成全市最大的中央空调柔性调控负荷资源池，极大地助力负荷高峰期电力可靠供应。

## 二、案例主体内容

### 背景和问题

加速节能减排，我国将"碳达峰、碳中和"作为国家重点战略。重庆能源资源禀赋不足，电力主要依靠外来输入，无调峰能力，电力、电量平衡取决于重庆主网平衡情况。全国调度数据显示，重庆市夏季的降温负荷形成的峰谷差位居全国前列，严重影响了主网平衡，而建筑楼宇作为碳排放的大户，减少建筑全生命周期的碳排放，是实现"双碳"目标的重要一环，降低楼宇降温能耗亟待解决。一是需要寻找降低楼宇耗能的方法，并且数据可监测。二是在无先例的情况下，如何与用户沟通，达成方案认可。三是独木难成林，方案的推广应用、资源有效整合的难度大。

### 行动方案

#### 一是找准关键，寻求途径

建筑楼宇用能负荷中的空调、照明等负荷具有柔性可调特性，其中空调尖峰负荷一般占总负荷的 40%~60%，占比较大，因此空调系统是用能优化的关键点。CPS 能让空调根据环境温度自动调节主机输出功率，实现负荷柔性调控,使末端温度变化在1℃以内，让用户在几乎无感知的情况下降低中央空调的能耗。CPS 安装具有轻量化、低成本、可复制的特点，可将负荷接入管理平台，统一调控，形成负荷"资源池"，是降低楼宇耗能的可行方法。

#### 二是全面分析，整合资源

安装 CPS 虽是节能降耗助力电网平衡的有效方法，但前期推广遇到了不少困难。一是政府的"扶持力"不足。重庆没有安装 CPS 的先例，政府对通过安装 CPS 实现节能降耗的预期效果没有把握，同时担心强势推广 CPS 会引起中央空调业主的负面情绪，产生不良舆情。二是项目的"宣传力"不足。许多客户不了解重庆电网濒临"高血压"的负荷压力，也不清楚 CPS 设备及安装政策，存在安装 CPS 会损坏原有中央空调系统的误解，同时不愿额外对 CPS 付费。

国网重庆市北供电公司识别利益相关方的需求，梳理政府部门、街道社区、电网企业、客户等相关方的诉求，分析各方资源优势，厘清责任边界，争创 CPS 安装项目实现互利共赢。

**政府：** 需要营造良好的社会节能氛围，减少碳排放。通过安装 CPS 实现节能降耗，助力政府建筑绿色低碳转型，早日实现"双碳"目标。政府能提供项目资金、政策、宣传力度的支持。

**社区街道：** 作为政府的基础单元，需要助力政府绿色转型目标，完成节能降耗的具体实施。街道社区有较为完整的客户资料，联系客户的途径较为完善，能助力收集客户中央空调信息，在进行节约用电和 CPS 宣传时等实施层面提供帮助。

**中央空调客户：** 希望在不影响设备运行和空调效果的情况下，无须额外花费，中央空调节能降耗，降低用电成本，作为用电侧助力电网平稳运行。中央空调客户可向供电企业提供大量可供安装 CPS 的中央空调系统，形成中央空调负荷"资源池"。

**电网企业：** 需要通过 CPS 推广，实现电力负荷高峰期，中央空调节能降耗，电网平稳供电，民生、企业不断供。供电企业可为该项目提供技术讲解、安装服务、后期维护。

通过找准痛点、梳理责任，国网重庆市北供电公司整理出政府、街道社区、客户等各利益相关方在推广 CPS 中的资源优势和需求，共同参与到 CPS 推广中。

利益相关方需求、优势分析

### 三是政企协同，合力而为

国网重庆市北供电公司将"单打独斗"思维转化为"政企协同、合力而为"。加强沟通汇报，争取政府扶持政策；召开了 14 次专题会议，沟通汇报安装 CPS 的意义及成效，提升政府积极性；促成政府成立由供电公司、商务委、住建委、经信委、街道社区、机关事务局共同参与的工作专班，出台相关政策文件 6 份；明确非国资楼宇安装 CPS 全免费，参与节能降耗，可获相应补贴；CPS 费用和补贴由政府出资，安装由电网企业承担；分层对接机制，强化政企协同联动。建立三级对接机制：公司领导对接政府领导，电力员工对接各单位员工，实施机构对接街镇园区。三级对接，确保信息沟通到位，使 CPS 安装稳步推进。

### 关键突破

**主动对接客户，提高项目认同感。** 20 天内与街道社区协同督促客户填报楼宇中央空调信息 1023 户；召开宣讲会 6 次，沟通客户超 200 家；走访重要客户 30 余户；承诺 CPS 仅在客户允许期间短时运行，对 CPS 安全性能有保障、免除费用无顾虑、制冷效果无影响、安装快速不停机等方面进行承诺，公开解答客户的问题，打消顾虑，争取认同；将风险防控意识纳入根植项目推进的全过程；澄清了 CPS 会强行控制中央空调的误解，明确告知 CPS 只在客户同意后短时运行，客户可随时自行调整 CPS 的开断状态；安装 CPS 后若空调故障，可申请空调厂家、CPS 设备厂家等技术方共同识别故障原因，保证对 CPS 的安全性负责。

| 客户存疑环节 | 问题解答 |
| --- | --- |
| 安装费用 | 非国资楼宇免费安装、免费维护、依规补贴 |
| 安装过程 | 快速安装（1~2 天），不停机 |
| 安装效果 | 对原空调系统无损坏，出口温度变化小于 1℃，用户基本无感 |
| 安装优势 | 可远程监控设备，具有过载、超温、故障提示功能，提高了安全用电水平 |

**宣传氛围营造，沟通争取理解。** 敦请市政府出台《全社会节约用电工作方案》；协助江北、渝北、两江新区经信委发出全社会节电倡议，在各单位印发加强节约用电的通知，倡导生产、生活科学用电；为避免在推广 CPS 过程中，客户、居民产生抵触心理，产

生不良舆情，相关人员多次开展节约用电宣传，联合属地街道在火车站、机场等地开展了 9 次节电宣传活动，让更多群众了解重庆电网的特点和供电形势，鼓励大家加入缓解电网"高血压"的行动。此外，还发布了"迎峰度夏节约用电"倡议，制作并传播 CPS 科普视频，强调安装 CPS 的重要意义，为 CPS 安装营造了良好氛围。

国网重庆市北供电公司制作的 CPS 科普视频

**精品样板打造，示范引领推广。**遵循"亮点打造、示范带动"的思路，国网重庆市北供电公司联合江北区经信委，在重庆中心 CBD 观音桥商圈，打造智慧用能绿色低碳示范区，为全社会能效水平提供示范样板；召开 CPS 现场验收发布会，拍摄"保供电

江北区 CPS 安装现场验收会，重庆市电力公司
董事长与江北区委书记会谈

"保供电稳经济　广节能助双碳"宣传片

稳经济 广节能助双碳"宣传片,多家媒体报道 CPS 的安装成效,全力烘托保供氛围;发放专项激励金,提高客户积极性;示范区带动 CPS 项目范围进一步扩大。

国网重庆市北供电公司员工在 CPS 安装现场

## 多重价值

**节能降耗,实现客户设备优化用能。**客户免费安装 CPS 设备后,中央空调耗能减少,用电成本降低。此外,CPS 可远程监控设备,具有过载、超温、故障提示功能,提高了客户安全用电水平。该项目 2022 年实际压降负荷量和补贴金额已核算完毕,26 万余元补贴陆续发放至客户手中。

**缓解"高血压",实现电力安全可靠供应。**通过中央空调智能化管理设备,汇集大量空调负荷,辖区内 236 栋楼宇完成 CPS 安装,负荷资源池共计 25.34 万千瓦,占重庆市的 26%,极大地助力了负荷高峰期电力的可靠供应。在负荷高峰实现负荷柔性调控,提升电网供需平衡能力,降低重庆电力对外依存度,保障尖峰负荷时期电力的可靠供应,居民百姓高峰时期也能够得到可靠的电力保障。

**示范引领,实现社会绿色低碳发展。**CPS 项目向广大市民科普了 CPS 相关知识、推广了节约用电意识,为 CPS 下阶段的安装实施提供了典型经验并打下了群众基础。通过打造观音桥商圈智慧用能绿色低碳示范区,对引领重庆市"双碳"行动具有重要的示范作用。在国网重庆市北供电公司辖区内总计安装空调柔性调控智慧终端 300 台，政府为用户补贴设备金额 372.65 万元，彰显了政府的社会责任和价值。

### 各方评价

安装 CPS 后，对迎峰度夏期间的重庆电网起到极大的调节作用，增强了高负荷期电力供应能力，获得了政府、用户、媒体的多方好评，节能效果被《人民日报》、新华网、中央电视台等主流媒体广泛传播。

**重庆市江北区经济和信息化委员会相关负责人：** 江北区高度重视节约型机关建设和度夏电力保障工作，超前启动空调智能设备安装，力争将践行绿色发展，"碳达峰、碳中和"战略落到实处。

**重庆全美物业工程主管：** 安装 CPS 以后，空调运行更高效，减少了企业的费用支出。当然，企业肯定是很高兴的，同时，作为重庆的一分子，也为重庆的电网安全运行出了一份力。

## 三、未来展望

未来，国网重庆市北供电公司将继续推广 CPS，对不满足 CPS 安装条件的中央空调探索采取其他方式加入负荷资源池，下期目标建立 45 万千瓦可调节负荷资源池，10 万千瓦实现分轮次接入改造。此外，国网重庆市北供电公司还将探索更多的助力消费侧节能降碳增效的新方法，通过充分融合科技赋能、宣传推广、奖励机制等途径，逐步将节能降碳行动由工业、商业向普通居民延伸。

（撰写人：杨云莹、宋昱、谢佳琦、黄小娟、徐威）

国网重庆市电力公司市南供电分公司

# 减碳"先锋"，
# 节能路灯照亮城市绿色未来

## 一、基本情况

### 公司简介

国网重庆市电力公司市南供电分公司（以下简称国网重庆市南供电公司）承担南岸、巴南两区 2087.43 平方千米的供电工作，是主城供区面积最大的基层供电单位。一直以来，国网重庆市南供电公司始终坚持党的领导、加强党的建设，主动担当地区供电政治责任，认真贯彻上级决策部署，始终坚持"人民电业为人民"的企业宗旨，服务地区经济发展和百姓生活，推动电网和公司发展不断实现新突破。

国网重庆市南供电公司先后荣获"全国文明单位""全国五一劳动奖状""全国电力行业用户满意企业""全国电力行业实施用户满意工程先进企业""全国职工职业道德建设标兵单位""国网公司红旗党委"等称号，被全国总工会确立为首批提升职工生活品质试点单位，获评"重庆市能源系统产改示范单位"。

### 行动概要

路灯照明系统在城市化建设阶段具有重要作用，并且属于市政工程项目当中的关键组成部分，目前，我国照明用电占全社会用电的 12% 左右，因此在照明行业推广使用高效节能的照明产品，对于节能减排具有重要的意义。

国网重庆市南供电公司以重庆市巴南区南泉街道为试点，针对南泉街道现有运行市政路灯现状，联合政府、企业等利益相关方，推动项目实施，采用高光效的 LED 路灯进行改造，彻底改善传统灯耗能高、照明效果不佳、需要频繁维修更换等问题，实现"照明系统资源管理精细化、运行监控智能化、运维服务主动化、筛查管控精准化"。不仅可以带来巨大的经济效益和生态效益，而且有良好的社会影响力，为实现"双碳"目标树立榜样。

巴南区南泉街道使用 LED 节能路灯后街景

## 二、案例主体内容

### 背景和问题

随着城市的迅速发展，城市城区道路照明得到了迅速发展，路灯数量日益增加。据统计，重庆市巴南区南泉街道管理市政道路 30 余条，涉及市政照明路灯 2133 盏，其中 1787 盏采用的是传统的 200 瓦、250 瓦高压钠灯，现南泉街道每年路灯电费约 73 万元。

经调研，传统钠灯存在以下三个方面的问题：

### 能耗高，使用性价比不高

高压钠灯一般为 100~120 流明 / 瓦，使用寿命在 6000~15000 小时，启动和再启动的时间为几到十几分钟，不仅增加了政府在城市照明用电上的财政负担，造成了巨大的电能浪费，而且不符合国家节能减排、低碳环保政策。

### 照明效果不佳，故障率高

传统钠灯灯具缺少二次配光，实际利用到道路上的光线较少，存在频闪现象，较高的故障率带来了大量的维护工作和维护成本。

### 无法及时发现灯具故障

在传统的"铁脚板"模式下，使用人力对灯具进行巡逻检查，在没有及时处理灯具故障的情况下，无法有效保障车辆、行人的安全。

基于上述调研，为积极贯彻和落实国家"节能减排"的方针政策，国网重庆市南供电公司提出用 LED 节能路灯替代传统的高压钠灯。

然而，在想法落地前期，却遇到了实施"三难"：

**成本高，政府担心投入过大。**街道考虑到购置大量 LED 灯、更换灯具的人工成本及投资收益率，对参与"LED 节能路灯替代项目"的积极性并不高。

**时间紧，居民担心出行不便。**南泉街道贯穿了居民区、商业区和闹市区，居民担心更换路灯期间会影响出行，给生活带来不便。

**维护难，LED 厂商担心后续使用。**由于政府部门没有使用 LED 节能灯的经验，LED 节能灯厂商担心后续维护责任划分，对参与项目实施存在一定的顾虑。

## 行动方案

针对实施"三难"，国网重庆市南供电公司创新提出利用智能运维模式，使用 LED 节能路灯进行改造，携手各利益相关方，共建新的城市道路照明方式，在实现多方合作共赢的同时，打造"照明系统资源管理精细化、运行监控智能化、运维服务主动化、筛查管控精准化"。

### 走访调研，厘清诉求

国网重庆市南供电公司运用社会责任边界理念，对主要利益相关方进行梳理，识别出供电公司、政府街道、LED 节能灯具厂商、居民四大主要利益相关方。接着通过实地走访、电话沟通、发放调查问卷等形式对利益相关方开展调研，了解各利益相关方的需求和顾虑。

对于政府街道而言，一方面希望改造，降低电费，节约开支；另一方面希望能及时发现故障灯具，并减少改造、运维、维修方面投入的人力、物力、财力。同时，希望带来良好的社会影响力，响应国家号召，促进"双碳"目标早日实现。

对于 LED 节能灯厂商而言，希望通过合作的方式获得供货权，同时划分好后续维护责权。

对于居民而言，一方面希望减少路灯故障率，保证夜间人车出行安全；另一方面希望能够更加美观，减少对蚊虫的吸引。

对于供电公司而言，希望服务国家"双碳"目标发展，同时推广智能运维业务，形成长期友好合作，实现政企双赢。

**强化沟通，凝聚共识**

为凝聚各方共识，国网重庆市南供电公司回答了四个问题，引导利益相关方达成共识。

**1. 政府街道的利益在哪里？**

进行 LED 节能灯改造后，最直观的收益是节省电费。通过智能运维模式，前期由供电公司出资，可实现"零成本"改造。另外，可大大减少运维成本，保障灯具常亮。在获得经济效益的同时，为低碳节能做出贡献。

**2. 供电公司的利益在哪里？**

为推进实现"双碳"目标，国网重庆市南供电公司主动提出智能运维模式，项目成功实施后，街道以改造前的市政路灯照明电费基价为标准，作为运营及改造费用每年支付给供电公司，直至收回成本。收回收本后，供电公司再运营三年，其间产生的收益由街道与供电公司协商按比例分成，实现政企双赢。

**3.LED 厂商的利益在哪里？**

项目招商中，虽需要提供一定比例的折扣，但整体项目具有收入，同时通过智能运维模式，将维护转交供电公司，可为供货提供更大折扣。为全社会实现"双碳"目标树立榜样，形成可复制推广的案例后，LED 厂商可持续获益。

### 4. 居民的利益在哪里？

更换灯具后，能保证照明更亮、更持续，保障居民的出行安全。同时，更换路灯的施工在夜间人车最少的时间段以片区为单位进行，作业时间集中在凌晨 0 时至清晨 7 时，持续 7 个小时，不影响居民正常生活。

### 达成一致，实施项目

在明确利益相关方的诉求和利益点后，供电公司牵头，以"点对点"的方式实现各个击破，引导各方达成共识："开展 LED 节能路灯智能运维改造项目，构建绿色照明新模式"，助推项目顺利落地。

## 关键突破

### 照明系统资源管理精细化

将传统高压钠灯与 LED 节能灯进行对比。采用符合国家标准的低功率高光效的 LED 光源对原传统高耗能灯具进行改造，改造时用 100 瓦 LED 光源替换原 200 瓦、250 瓦钠灯，改造后照明光环境不低于改造前的亮度，实现照明系统资源管理的精细化。

两种光源照明数据对比

|  | 高压钠灯 | LED 节能灯 |
| --- | --- | --- |
| 使用寿命（小时） | 6000~15000 | 50000 |
| 光效（lm/W） | 120 | >100 |
| 显色性（Ra） | 25 | 70~90 |
| 色温（K） | 1900~3000 | 2500~7000 |
| 色温稳定性 | 不稳定 | 稳定 |
| 功率因数 | 0.43（需补偿） | >0.95 |
| 配光 | 设计较难 | 设计容易 |

### 运行监控智能化

对原智能路灯控制系统进行升级。新 LED 灯具配置单灯控制器，通过智能监控终端与监控中心相联，支持控制指令的下方与异常情况的上报。管理人员可以直接根据预置序列指令自动或者手动完成对整个城市内任一区域、任一线路的控制，还可以对各监控终端的运行状态、亮灯率、电流、电压、电量等数据以及各种故障数据进行实时采集召测与分析，实现运行监控智能化。

### 运维服务主动化

负责"7×24 小时"对全部 2133 盏路灯及其配套供用电设施进行监控和运维，确保所有重要供电设施均能通过线上运维管理平台实现实时监控、自动报警；主干道的亮灯率为 98% 或以上，次干道、支路的亮灯率不低于 96%；根据政府要求每日按时开关灯，根据气候条件按时调节开关灯时间，实现运维服务主动化。

### 筛查管控精准化

当路灯通信中断、线路电流或电压异常、线路缺相、亮灯率过低、未按时开关等情况出现时，监控中心有报警显示，平台会自动将故障发送至工作人员手机，帮助管理人员及时发现并处理灯具故障，故障排查零滞后，实现筛查管控精准化。

国网重庆市南供电公司工作人员在晚上更换 LED 节能灯

## 多重价值

### 经济效益

**有效减少政府街道每年电费支出。**项目实施改造前，经测算，南泉街道每年路灯电费约 73 万元。全部改造后，预计每年可节省路灯电费支出约 30 万元。

**有效实现政企双向共赢。**前期由供电公司出资改造，政府部门在项目节能改造和照明终端采购上实现"零成本"投入，并减少照明电费和运行维护费用的支出。街道以改造前的市政路灯照明电费基价 73 万元为标准，作为运营及改造费用每年支付给供电公司，直至供电公司收回成本。该案例成功完成后，为智能运维提供了绿色发展新模式，可在全国范围内推广应用。

### 社会效益

**有效帮助政府街道进行决策。**运用数字化手段，搭建监控平台和手机端 App，实现了对单体路灯的运行状态、亮灯率、电流、电压、电量等数据以及各种故障数据进行实时采集召测与分析，为政府发现及处理灯具故障第一时间提供了预警。

**有效保障城市照明供电可靠。**智能运维服务期内，供电公司将负责路灯供配电设备的运行维护，对 8 台专用变压器及线路定期开展巡视巡检、设备定检定试等，保证市政路灯照明供电可靠，保障居民出行可靠。

### 环境效益

**有效助力城市璀璨加倍。**本项目将 200 瓦、250 瓦的钠灯更换为 100 瓦的高亮度 LED 灯，在亮度不变或提升亮度的情况下，运行温度更低，更不容易招引灰尘和昆虫，照明亮度和持续性更高，帮助城市街道打造亮丽名片。

更换 LED 节能灯后巴南区南泉街道鹿角新城街景

**有效实现"减碳"目标。**改造后路灯节能率将达到 60% 以上，预计年节约用电量 95.19 万千瓦·时，按国家最新年度电能折合标准，预计节约标煤 285.57 吨 / 年，等价于减少二氧化碳排放 742.48 吨 / 年，减少二氧化硫排放 6.85 吨 / 年，将有效树立节能环保、绿色城市的新形象。

## 各方评价

**南泉街道办事员周驰承：**该路灯节能改造项目，为我们街道节约了一大笔改造资金，零投资实现了路灯系统改造升级，提升城市照明度，大力改善了城市形象，也让街道为实现"双碳"目标做出了一份贡献。

**LED 灯具厂家技术总监黎光泽：**通过用 LED 光源替换原来的高耗能钠灯，照明光环境高于改造之前的照度，更重要的是改造后的 LED 灯节能率相比之前达 50% 以上。该项目的成功实施，为灯具厂也带来了新的发展方向。

**南泉街道鹿角新城居民赵毅：**跟之前黄色的光源相比，更换后的这个 LED 灯具能够在相同的照明度下，给人一种更亮的感觉。

# 三、未来展望

下一步，国网重庆市南供电公司将从以下几个方面开展工作。

在南岸、巴南两区范围内广泛推广智慧路灯模式，主动融入城市路灯工程网络规划，深入调研，结合市政改造工程，为更多的街道、居民带去健康、长效的光照。

**应用光储技术参与源网荷储互动。**通过安装光伏板、储能电池等功能模块，探索 LED 节能路灯再节能，打造更加高效、低碳的智慧路灯。

**积极融入未来社区数字化建设。**结合政府未来社区建设，拓展节能路灯数据收集功能，并将监控、报警等多方位信息引入政府平台，深化城市绿色出行、惠民服务等管理。

**持续拓展城市节能路灯应用范围。**与市政等部门深入共建合作，在节能路灯广泛覆盖的基础上，不断扩大应用范围，进一步优化城市照明网络布局。

（撰写人：洪涛、李承英、弋林、覃为婧、黄耀）

国网湖北省电力有限公司武汉供电公司
# 探索打造零碳科技园区示范行动

## 一、基本情况

### 公司简介

国网湖北省电力有限公司武汉供电公司（以下简称国网武汉供电公司）是隶属于国网湖北省电力有限公司的特大型供电企业，以建设和运营武汉电网为核心业务，担负着为武汉经济社会发展提供安全可靠电力供应的重要使命。前身是 1906 年成立的汉镇既济水电公司，1964 年成立武汉供电局，2003 年更名为武汉供电公司，至今已有超过百年的历史。供电区域覆盖武汉市 13 个行政区和 6 个功能区，供电面积 8569 平方千米，供电人口近 1500 万人。

### 行动概要

国网武汉供电公司打造东风猛士零碳科技园区，主要设计包括光伏、充电桩、综合能源站、智慧能源管控系统内容。光伏电站采用分布式网络结构，实现对光伏发电、汇流、逆变设备的监视、测量、控制功能，依托光伏发电的不间断、灵活的特点，确保电力保供稳定性；新建 300 千瓦充电桩服务猛士汽车快速充电，提供安全、便捷、智能的充电服务；建设综合能源站，采用变频离心式冷水机组，通过自动控制系统、群控系统，实现电冷源综合制冷性能 SCOP 达到 5.0 以上，能源使用效率较传统制冷方案降低 30%；配备智慧能源管理平台，通过能源监控设备、后台处理中台以及展示中心实现用能可视化、精细化，降低用能过程中不必要的损耗。

可持续发展
**目标**

东风猛士零碳科技园区

## 二、案例主体内容

### 背景和问题

#### 应对气候变化挑战

全球气候变化是当今世界面临的最重要的挑战之一，温室气体的排放是造成全球气候变化的主要原因之一，而工业部门是全球温室气体排放的主要来源。打造零碳工业园区的目的是通过采用清洁能源技术、能源高效利用和碳排放控制措施，减少或消除园区内的碳排放。这将有助于全球减少温室气体排放，减缓气候变暖趋势，降低灾害事件风险，并保护生态系统的稳定性。

#### 实现可持续发展目标

零碳工业园区与联合国可持续发展目标密切相关。特别是在可持续能源方面，零碳工业园区可以通过大规模采用可再生能源和能源储存技术，实现园区内的 100% 可再生能源供应。此外，园区内的节能措施、减少污染物排放和循环经济模式的采用，也有助于其他可持续发展目标的实现，如清洁水与卫生、工业创新和基础设施建设等。

#### 提升全球竞争力

与传统的高碳经济模式相比，零碳工业园区代表了一个创新、高效和可持续的产业模式。在全球范围内，可持续经济和低碳产业正逐渐成为引领经济增长的新动力。打造零碳工业园区可以吸引国内外投资，促进绿色技术和创新的发展，并提升园区企业的国际竞争力。这将使园区成为吸引高科技、高价值产业和绿色金融的热门目的地，从而推动地区和国家经济的可持续增长。

东风猛士零碳科技园区生产线

### 推动绿色技术发展

零碳工业园区为绿色技术的示范和应用提供了绝佳的平台。通过在园区内推广和应用先进的绿色技术，如光伏发电、风能利用、生物质能源和能源储存等，可以促进绿色技术的创新和发展。此外，园区还可以成为绿色创新企业、科研机构和大学合作的中心，加速绿色技术的转化和商业化过程。这将对全球绿色转型产生积极的影响，推动清洁能源和环保技术在全球范围内的普及和应用。

### 创造就业机会

打造零碳工业园区将带来广泛的经济和社会效益，其中之一是创造大量就业机会。在建设、运营和维护零碳工业园区过程中，需要各种技能和专业背景的人才，如工程师、技术人员、设计师、项目经理和运维人员等。此外，园区的发展也将带动相关产业链的发展，从而创造更多的就业机会，如可再生能源设备制造、节能环保技术研发和咨询服务等。这将使地方经济发展更加强劲，提高人民生活水平。

### 行动方案

### 光伏电站

光伏电站采用分布式网络结构，可以将多个光伏发电设备连接到一个监视、测量和控制系统中。这种分布式结构能够实现对光伏发电设备的实时监测，包括发电量、功率输出和设备状态等，从而保证电力供应的稳定性。此外，系统还可以对光伏设备进行集中控制，如调整倾角、清洁面板等，以提高发电效率和维护设备运行。

东风猛士零碳科技园区屋顶光伏发电

### 充电桩

为满足快速充电需求，零碳工业园区将建设 300 千瓦充电桩。这些充电桩采用安全、便捷和智能的设计，可以提供高功率快速充电服务。通过充电桩的安装和布局，可以进行电力供给的合理规划，避免电力负荷过大，确保电力供应的稳定性。此外，充电桩还可以配备智能充电管理系统，提供

东风猛士零碳科技园区高功率快速充电桩

充电桩的实时监视和远程控制，以优化充电效率和管理。

### 综合能源站

综合能源站是零碳工业园区的核心设施，主要用于供热、供冷和供电。采用变频离心式冷水机组，通过自动控制和群控系统，能够实现电冷源综合制冷性能 (SCOP) 达到 5.0 以上，比传统制冷方案提高了 30% 的能源使用效率。综合能源站还可以根据园区的实

际热负荷，调整供热供冷的能力，以提供可持续、高效的能源服务。

### 智慧能源管控系统

为实现对整个零碳工业园区能源的精确控制和管理，将配备智慧能源管控系统。该系统通过能源监控设备、后台处理中台和展示中心，实现对能源使用情况的实时监测和分析。系统可以将监测数据可视化显示，以便运营人员了解能源消耗的状态和趋势。通过精

东风猛士零碳科技园区智慧能源管控系统

细化的能源管理，可以及时发现和解决能源使用中的问题，降低能源损耗，提高园区的能源使用效率。

这些将使零碳工业园区更加先进和可持续，通过最大限度地利用可再生能源、提高能源利用效率和实现智能化管理，实现低碳和绿色生产。

## 关键突破

### 分布式光伏电站的实时监控和控制

采用分布式网络结构的光伏电站，允许将多个光伏发电设备连接到一个监视、测量和控制系统中。这个设计突破了传统集中式电站的限制。通过实时监控和集中控制，系统可以实时获取光伏电站的发电量、功率输出、设备状态等重要参数，以确保电力供应的稳定性。此外，系统还可以根据实时数据进行优化调控，如监测发电设备的倾角、清洁面板等，以提高发电效率和设备维护。

### 高功率快速充电桩的安全和智能化

为满足电动汽车用户对快速充电的需求，零碳工业园区将建设高功率的快速充电桩。这个设计突破了传统低功率充电设备的限制，提供了更高功率、更稳定和更高效的充电服务。此外，这些充电桩还将配备智能充电管理系统，实现对充电桩的实时监视和远程控制。通过智能化管理，充电桩的使用效率可以得到优化，充电过程也能更加便捷和智能化。

东风猛士零碳科技园区变频离心式冷水机组

### 变频离心式冷水机组的高效制冷

综合能源站将采用变频离心式冷水机组来供热、供冷和供电。这个设计突破了传统冷却系统的能效和供能方式的限制。变频离心式冷水机组具有调节能力强、能耗低、运行平稳等优点，通过自动控制和群控系统的协同作用，能够实现更高的制冷效能。

### 智慧能源管控系统的数据可视化和精细化管理

为了对整个零碳工业园区的能源进行精确管理和控制，智慧能源管控系统被引入。该系统通过能源监控设备、后台处理中台和展示中心协同工作，实现对能源使用情况的实时监测和分析。该系统将监测数据可视化显示，帮助运营人员直观地了解能源消耗的状态和趋势。通过精细化的能源管理，能够及时发现并解决能源消耗中的问题，降低不必要的能源损耗，提高零碳工业园区的能源利用效率。

通过以上的关键突破，零碳工业园区能够更好地实现碳排放的降低、能源效率的提高和可持续发展的目标。这些突破体现了技术创新和系统优化，为打造更环保、智能和高效的工业园区提供了关键支持和方向。

## 多重价值

### 环境价值

零碳工业园区的关键突破设计旨在减少碳排放和降低环境影响。使用可再生能源和清洁能源源源不断地为园区供能，减少对化石燃料的依赖。此外，采用先进的废物处理和水资源管理技术，实现废物减量化和资源循环利用，降低园区对环境的负荷。这种环境保护的设计思路对于保护生态系统、改善空气和水质、减少环境污染产生积极的影响。

关键突破的设计旨在提高零碳工业园区的能源效率和资源利用率。通过引入分布式光伏发电系统和能源储存技术，将太阳能等可再生能源转化为电力供应，实现园区能源的自给自足。高功率快速充电桩的设计使电动车辆的充电速度更快，提高了充电效率和用户体验。此外，采用智能能源管控系统，实时监控和调整能源供应，优化能源分配和消耗，进一步提高能源利用效率。

### 经济价值

零碳工业园区的设计突破不仅带来了环境效益，而且带来了经济效益。废物资源化利用和能源管理的优化可以降低园区的运营成本和能源消耗，提高企业的竞争力。同时，零碳工业园区的绿色形象也吸引了更多高科技和环保产业入驻，推动园区的经济发展。此外，园区也可以利用可再生能源的供应作为新的商业模式，通过能源销售获得额外的收入。

### 社会价值

通过关键突破的设计，零碳工业园区成为创新和可持续发展的引领者。突破性的技术和系统应用，如智能能源管控系统、高效制冷设备等，促进了园区的数字化转型和智能化运营。这种创新和可持续发展的理念将影响到园区内外企业，推动产业链的升级和转型。同时，零碳工业园区作为示范项目，能够吸引国内外的关注和投资，促进相关技术的进一步研发和应用。

东风猛士零碳科技园区绿色能源项目每年可为企业提供清洁电能573.76万千瓦·时，可节约标准煤约1750吨，每年可减少二氧化碳排放量约4670吨、二氧化硫排放量约36吨、氮氧化物排放量约12吨。该项目的实施，不仅能够推动"双碳"事业发展，还能为企业节约能源成本，提高生产效率。以此为试点，下一步将为各大企业、园区提供综合能源管理服务，共同推动经济、环境和社会的可持续发展。

## 各方评价

该行动的建设得到了武汉经开区政府与东风猛士汽车科技公司的高度认可，这是对零碳工业园区建设的巨大支持和肯定。这样的认可与支持体现了政府与企业对绿色、低碳、可持续发展的共同理念和未来产业园区建设的共同目标。

对于武汉经开区政府而言，东风猛士零碳园区项目的优化布局意味着更加注重绿色环保和可持续发展。经开区作为经济发展的重要区域，其发展需要更多注重环境保护和资源优化利用。该项目的实施将在经开区内带来新的绿色动能，促进区域内环境质量的提升，提升居民的生活质量，并对区域经济发展注入新的活力。

而对于东风猛士汽车科技公司来说，与国网武汉供电公司合作是寻找可持续发展的重要策略之一。通过综合能源管理与生产环节的深度融合，该公司能够优化能源使用，降低能源成本，更好地协调企业的能源需求和供给。这不仅使企业在可持续发展方面更具竞争力，更为负责任地履行了企业的社会责任。

## 三、未来展望

零碳工业园区不仅推动了绿色循环经济的发展，也是未来产业园区建设的时代要求和必然趋势。在全球范围内，对环境问题的关注与日俱增，减少碳排放、提高能源利用效率成为各国共同努力的方向。该项目的认可和支持为其他区域提供了借鉴和参考，可在全国范围内推广，推动了产业园区建设的绿色转型和可持续发展。

零碳工业园区建设的认可和支持表明了该项目在环保、能源效率和可持续发展方面取得的良好成果。这不仅表明政府和企业对该项目的信心和认可，也为未来零碳工业园区建设树立了榜样。零碳工业区建设不仅可以提高经济效益，而且为保护环境、促进可持续发展做出了积极的贡献。通过该项目的成功实施，我们可以预见绿色、低碳、可持续的未来产业园区将会得到更多的关注和推广。

（撰写人：刘文超、王晓静、王欣、雷翔宇、沈勃）

国网江苏省电力有限公司苏州市吴江区供电分公司

# 构建多场景下"全电"新生态
# 为长三角一体化示范区发展添动能

## 一、基本情况

### 公司简介

国网江苏省电力有限公司苏州市吴江区供电分公司（以下简称国网吴江区供电公司）立足新发展阶段，贯彻新发展理念，融入新发展格局，坚持"稳中求进"工作总基调，服务"双碳"目标，着力打造城市能源互联网县域样板。国网吴江区供电公司始终紧跟能源变革步伐，抓住长三角一体化发展示范区建设机遇，加速推进吴江光伏建设，加快构建新型电力系统，助推电网转型升级，力争在建设具有中国特色国际领先的能源互联网企业中走在前列，为吴江经济社会高质量发展保驾护航。

### 行动概要

近年来，国网吴江区供电公司聚焦"双碳"目标，以能源绿色低碳转型为方向，对照联合国可持续发展目标，围绕长三角一体化示范区发展需求，积极推动消费侧电能替代，通过定制化"全电"建设、精细化能效服务、多方协作共建等路径，在工业、农业、商业等场景，推动建设"全电绿色工厂"，构建"全电农场"循环种养模式，打造古镇"全电街区"，着力探索构建城市发展"全电"新生态，解决各类产业能源供应、用能安全、生态保护等一系列问题，助力消费侧节能减碳，为长三角一体化建设添动能，助力地方经济、社会、环境高质量发展。

## 二、案例主体内容

### 背景和问题

吴江地处长三角一体化发展国家战略的前沿阵地，也是苏州先进制造业和战略性新兴产业、民营经济的重要集聚区。"十三五"时期，吴江区能源发展迈上了新台阶。但是，由于自然禀赋、区位条件、产业结构、空间约束等制约，不同产业终端用能形式仍存在一些瓶颈和问题。一是用能结构仍需优化。地区化石能源消费总量大，占能源消费总量的比重超过了90%，化石能源消费中煤炭消费占比近65%，清洁能源比重需加快提升。二是能效水平亟待提升。吴江区产业结构相对偏重，纺织、化学纤维制造业等高能耗、高污染的行业能耗占规模以上工业能耗比重较大，节能降耗任务艰巨，产业转型任重道远。三是安全性和含"绿"量不高。随着"双碳"目标的提出，吴江将进入以绿色发展为重点战略方向，促进经济社会发展全面绿色转型，实现生态环境质量改善由量变到质变的新发展阶段，这意味着对终端节能减排提出了更高的要求，同时各类产业的终端用能安全性水平还需进一步提升。

### 行动方案

国网吴江区供电公司立足长三角一体化示范区发展需求，聚焦区域内工业、农业、商业等领域的典型场景，联合政府部门、行业协会、综合能源服务公司、设备供应商等利益相关方共商共建，推动终端用能改造升级，不断深化各领域能源改造的广度和深度，促进绿色能源发展高效落地，为吴江地区高质量发展增添"动能"。

#### 打造"全电绿色工厂"

苏州吴江区是全国的纺织化纤产品的主要产区，苏州美山子制衣有限公司作为区域内纺织企业的典型代表，供电公司联合该企业率先实施终端用能"全电"升级。

**定制化实施电气化节能改造。** 国网吴江区供电公司结合纺织企业的产业特点，重点分析企业在生产制造过程中的用能需求，定制化实施全电改造，形成包括全电厨房、屋顶光伏、风光储路灯、电动叉车、电动物流车等多元化的全电设施集群，实现终端用能全面电气化。同时随着该企业喷水织机被大批量淘汰，喷气织机逐渐成为主力，其在生产过程中产生大量余热，供电公司积极推动企业建设余热回收系统，实现能源循环再利用，实现节能降耗，有力推动"绿色工厂"建设。

供电人员对企业进行回访

**深化终端用能管理。**国网吴江区供电公司主动帮助企业安装电力数据采集系统，通过远程采集系统实时分析企业电力大数据，进行能效分析及诊断，为企业提升能效管理水平提供精细化服务。企业可通过网上国网能效账单（能效 e 助手）App，实时监测和观察电量电费、峰谷分析、力调分析、容量分析、变损分析、负载分析等，直观了解自身能效水平和有待优化空间，并根据线上能效分析和建议，进一步采取节能措施，提高能效管理水平。

**多方协同共促"全电"生态。**国网吴江区供电公司坚持以国家"双碳"战略部署为契机，把握政府推进智能制造、数字经济发展机遇，积极推动政府出台光伏发电、光储一体化建设专项补贴政策，充分调动区域内企业参与终端能源消费全电化绿色改造的积极性。同时，联合政府部门、纺织行业协会、综合能源服务公司、设备供应商等利益相关方，共同开展终端能效优化提升，惠及一批诸如苏州美山子制衣有限公司的主导企业，让"全电"支撑工业生产在节能降耗的同时提升含"绿"度，促进形成工业场景下的"全电"新生态。

### 构建"全电农场＋循环种养"新模式

苏州吴江农村地区可再生能源资源丰富，是落实碳达峰目标、大力发展新能源的重要增长极。针对区域内农业电气化普及度不高、乡村清洁能源建设力度不够等问题，国网吴江区供电公司选择当地汾湖镇芦墟社区元荡村开展"全电"试点建设。

**聚合力打造全电农场。**国网吴江区供电公司联合汾湖高新技术产业开发区管委会、区农业农村局、村委等，充分了解各方需求，共同合作，发挥各方优势资源，有力推进醴飨田"全电农场"建设，为农场引入自动温控、地源热泵、循环水养殖系统等电气化农业生产设施，以及相配套的农业绿色节能管理理念，以此发挥清洁电能经济高效、低碳环保的优势，为新型农业生态建设发展作出样本示范。

**定制化引入循环种养。**根据农场特点，国网吴江区供电公司联合综合能源公司，以电力作为供能基础，助力农场循环种养模式落地。水产养殖的尾水经鱼粪分离过滤和硝化细菌分解，水中的氨、氮转化成可被蔬菜吸收的养分，再通过水泵输送到水培种植槽。植物在吸收养分的同时，也将水体进一步净化。全电养殖让农场实现了精准温控、科学灌溉，"鱼菜共生"的循环农业模式也从最初的愿景图真正转变为今天的实景图。

**优质化实施"村网共建"。**国网吴江区供电公司以汾湖镇芦墟社区元荡村为重点，开展"乡村电力服务驿站"建设，开设"低碳美丽乡村服务专窗"，开展网上缴费、业务咨询办理、电力报修、能源发展、光伏补贴政策等宣贯，全面提升农村的电气化水平。

共建"鱼菜共生"循环养殖系统

基于元荡村"全电农场＋循环种养"的成功案例，吴江供电公司积极联动地方政府开展场景推广，以点带面，加快农村地区能源清洁低碳转型，有效助力长三角生态绿色一体化发展示范区发展建设。

### 建设"全电"化生态和谐古镇

千年同里古镇是吴江地区古镇文化的典型代表，是中华历史文化名城重要组成部分。在加强古镇传统文化建设的同时，随着古镇能源消费需求激增，带来了能源供应、用能安全、环境保护等问题。古镇内约有4500户商户和居民，实施改造前仍在使用煤炭、煤油、煤气罐等明火设备，极易引发火灾，造成重大财产损失、人员伤亡。国网吴江区供电公司立足古镇发展建设，在同里核心区域打造"全电街区"，构建与传统文化和谐共生的"全电"商业生态。经过改造后，不仅消除了明火消防隐患，保护了古镇风貌，而且提高了能源利用率，为古城增添了新的"绿意"。

**构建一体化合作机制。**国网吴江区供电公司识别与"同里全电街区"改造具有紧密关系的利益相关方，包括政府、电厨具厂商、小微商户、居民等，通过差异化的精准沟通，准确捕捉其核心的期望诉求和问题关切，形成多方面的合作机制，共同推动项目顺利推进。

**开展实景化试点示范。**古镇全电街区改造将各类商户原有的煤炭、煤油、煤气罐等明火设备，全量改造成为电气化厨具，实现电能成为商业街区的唯一能源形成，重塑同里能源供应格局和能源消费形态。同时，为进一步推动改变同里古镇商户的传统用能方式，国网吴江区供电公司选取完成全电改造的

国网吴江区供电公司工作人员上门宣传全电街区改造

小微商户进行用能数据分析，对改造后的厨房单独挂表计量，对比改造前后每日的用电量，向街区商户充分展示"全电"用能优势，有力促进"全电街区"建设进程，推动古镇经济向好发展。

**满足个性化改造需求。**根据小微商户和居民的差异化需求和用能习惯进行个性化改

改造后的商户全电厨房

造，实施双向互动服务模式，建立专属服务机制；实施"零点工程"行动，施工队伍在酒店打烊后的22点至凌晨1点进行作业，缩短白天用电期的停电时间；建立服务回访跟踪制度，对已完工的工程项目进行跟踪访问，解决全电改造商户的后顾之忧。

同里"全电街区"实现了商业用户的高效用能、安全用能和清洁用能，为古镇经济的绿色发展和古镇文化的和谐发展提供了蓬勃动能。以此为样板，国网吴江区供电公司积极推动开展吴江全区小餐饮"瓶改电"工作，推动餐饮行业的绿色用能和低碳转型。

## 关键突破

**定制化全电场景建设。** 国网吴江区供电公司立足长三角生态绿色一体化发展示范区，聚焦"双碳"目标、能源绿色低碳转型中存在的可持续发展的问题，结合行业特点，在工厂进行全电厨房、光伏、风光储路灯、电动叉车、电动物流车改造，构建"全电绿色工厂"；在农场引入自动温控、地源热泵、循环水养殖等全电系统，形成"全电农场 + 循环种养"模式；在古镇引入全电厨房，打造生态和谐型"全电街区"，并实现了全区小餐饮"瓶改电"。通过多场景开展"全电"改造，推动形成能源消费新模式，不断提高地方清洁能源和非化石能源的消费比重，加快能源绿色低碳转型。

**加强"供电 + 能效"服务。** 依托"网上国网"App 对工业、农业、商业等用户开展"供电 + 能效"服务，组建能效服务团队，主动上门详细了解用户生产运营情况、用电管理模式等，为用户解读能效账单，帮助用户通过能效账单进行用能分析、能效诊断和设备耗能情况查询，通过峰、谷、容量、负荷等因素综合分析，减少非必要设备使用，从而对企业的用电情况进行相应的调整，帮助企业节能降耗，降本增效。

**实施多产业用能绿色转型。** 结合吴江区域内高耗能高污染产业占比较重、农村电气化普及度不高、商业用能不够安全等因素，国网吴江区供电公司选取工业、农业、商业等领域具有代表性的用户作为试点，积极推进能源绿色转型，在能源消费侧全面推进电能替代，不断营造绿色节能的浓厚氛围，推动形成全社会节能型生产方式和消费模式，持续提升吴江城市能源"含绿量"。

## 多重价值

**经济价值。** 通过在工业、农业、商业等多个领域开展能源改造，进行余热回收改造，改变了燃油叉车搬运、传统厨房明火烹饪的生产生活方式，不断提高能源利用效率，保障用能安全，降低用能成本。吴江区共计 3000 余家餐饮商户完成电气化改造，预计每年可节约用能成本 5000 余万元；美山子制衣有限公司每年可节省用电 220 万千瓦·时的电量；全电农场养殖较传统养殖模式效率提升 15~20 倍。

**社会价值。** 在项目推进的过程中，打造多场景下的"全电"新生态，在工业方面，有效提高了能源综合利用效率，提升了能耗管理效率，节省了能源开支；在农业方面，解决了传统养殖的水污染问题，还提升了农场的经济效益；在商业方面，提升了餐饮业的安全性，推进全区餐饮业向安全绿色、环保低碳的方向发展。以同里全电街区为原型的品牌故事《全电花开》荣获第十届全国品牌故事大赛征文类一等奖；同里古镇全电街区社会责任履责案例"共创绿色能源新生态"（Create a New Ecology of Green Energy）获评第二届联合国可持续发展优秀实践。

**环境价值。** 通过在工业、农业、商业等领域开展能源改造，将有助于打造吴江能源消费新模式。能源改造后，与传统的用能方式相比，更加智能精准，操作也更方便。同时，改造后污染程度低，不可再生能源消耗量小，将推动吴江地区各行业安全、环保、可持续发展，助力地方绿色能源转型。此外，通过能效账单帮助用户进行能效分析、优化用能结构，进一步推动地方节能减排、绿色发展。吴江全区小餐饮"瓶改电"，预计每年减少直接碳排放约 11.5 万吨；美山子制衣有限公司被评为国家级"绿色工厂"，每年折算约减少燃煤 650 吨，减少二氧化碳排放 170 吨 。

## 各方评价

**全电工厂相关负责人：** 工厂全电改造后，我们厂区的路面干净清爽，设施设备整洁，员工在厂区工作生活心情都更愉悦了。同时，企业不仅节省了开支，还减少了环境污染，值得推广。

**全电农场相关负责人：** 全电大棚控温好、灌溉的水量合适，鱼苗和蔬菜长得好，通过这种循环农业模式，既解决了传统养殖的水污染问题，又提升了经济效益。

**同里古镇消防站站长：**全电街区改造有效降低了同里古镇的消防安全风险，对古镇建筑和环境保护具有重要意义，值得进一步推广。

**电厨具厂商：**此次全电厨房的改造，为我们开拓了新的市场，推广了企业品牌，帮助我们进一步增加了营业收入。

**餐饮商户：**现在的厨房间干净、整洁，我们的经营成本相较之前非但没有上升，还下降了很多。

**居民：**之前一使用煤炉就有很刺鼻的味道，现在改成电厨具就没有味道了，使用更安全了，真的很不错。

## 三、未来展望

能源变革是一项社会化的系统工程。该项目以社会责任管理的理念和方法，带动和影响社会各方，共同推进电能替代、投身能源变革，为创造性贯彻落实国家能源战略提供了实践样本，具有重要推广价值。下阶段，国网吴江区供电公司会将沟通、合作、共享价值的模式进行全方位推广，努力探索打造城市能源互联网，构建能源服务新业态，为建设具有中国特色、国际领先的能源互联网企业做出更大的贡献。

（撰写人：黄涛、钱立军、董亮、俞恺、吴帼婧）

国网山东省电力公司招远市供电公司
# "绿电经济"
# 绘就粉丝产业低碳发展之路

## 一、基本情况

### 公司简介

国网山东省电力公司招远市供电公司（以下简称国网招远市供电公司）成立于 1965 年，是以趸售供电为主的国家大一型企业，现有全口径用工 1155 人，全民员工 678 人，党员 450 名，担负着招远境内 15 个镇、办（街区），724 个村的电力供应，供电面积 1433 平方千米。先后获得国家一流县供电企业、国家电网公司新农村电气化建设先进单位、国家电网公司文明单位、质量信用 AAAAA 等级山东电力系统先进县供电企业、省级文明单位、山东省富民兴鲁劳动奖状、山东省诚信示范企业、山东省服务名牌、省级守合同重信用企业等荣誉。

多年来，国网招远市供电公司全面贯彻"人民电业为人民"的企业宗旨，持之以恒履行社会责任，围绕安全可靠供电、服务双碳转型、环境生态保护、爱心助学助长等方向，积极开展社会责任实践，赢得社会各界的一致认可。

### 行动概要

国网招远市供电公司充分依托电力大数据覆盖范围广、价值密度高、实时精确性强等特点，服务非遗产业（"龙口粉丝"生产制作）转型升级，开发"粉丝产业大数据用能分析看板"系统，并引入区域产业联盟概念，重点解决传统粉丝行业污染严重、发展动力不足、区域资源利用率低等相关问题，为粉丝行业健康低碳发展提供新的解决方案。

## 二、案例主体内容

### 背景和问题

山东招远是龙口粉丝的发源地和主要出产地，也是全国最大的龙口粉丝生产基地，境内 160 多家粉丝加工企业，年产粉丝达 20 多万吨，远销 61 个国家和地区。为服务粉丝产业低碳发展，全面解决粉丝生产过程产生的废弃豆渣、废气带来的污染问题，以及小微粉丝企业用电线路、设备老化导致电能质量不高等问题，国网招远市供电公司引入"绿电经济"理念，通过建设"粉丝产业大数据用能分析看板"系统，区域化组建产业联盟，对粉丝生产过程产生的废弃物、废气进行消纳，解决政府污染防治压力，减少粉丝企业的用电成本，提升上下游企业的经济效益。同时，开展客户侧电气化改造，提升粉丝企业电气化水平，减少了粉丝企业老旧线路、设备隐患对电网带来的冲击，真正实现了粉丝产业及其利益相关方的低碳融合发展。

**一是粉丝加工产生的污染问题有待解决**，粉丝生产加工过程中产生的废弃物产量大，成分复杂，易腐败变质产生污染，目前仍缺乏高效的资源化利用途径。

**二是部分粉丝企业电能质量有待提升**，粉丝生产各项关节，尤其是发酵环节对电能质量的要求十分高，部分粉丝企业运行时间较长，电力线路、设备老化严重，用电隐患多，用电质量差，一旦发生事故将波及电网主线路。

**三是部分粉丝企业粉丝加工设备陈旧**，难以满足生产需求，导致这部分粉丝企业不敢承接大订单，企业的需求、成本和产能无法实现平衡。国网招远市供电公司通过电力大数据和品牌效应，联合利益相关方集中解决粉丝企业发展动力不足、环境污染、用电安全隐患等一系列亟待解决的问题。

### 行动方案

#### 深入开展调研，全面梳理利益相关方诉求及优势

国网招远市供电公司从利益相关方视角出发，综合考虑在粉丝全产业链时参与、支持、关注或受益的利益相关方，识别出政府部门、粉丝协会、粉丝企业、沼气发电企业、猫砂企业、供电公司、媒体等关键利益相关方，通过问卷调研、实地走访等方式，下发问卷 1023 份，对利益相关方的诉求、资源优势等开展梳理和分析，并形成分析报告。

供电公司员工在粉丝企业开展用能分析

## 构建"绿色经济",实现粉丝产业节能降碳增效

**一是构建政企协体系深化产业合作。**加强与政府部门、粉丝协会、粉丝上下游企业的联系,年内走访调研全市网格内的粉丝上下游企业 34 家,充分了解企业的用电需求和经营发展过程中的"难点"和"痛点",制定一企一策"绿色经济"方案 10 个。招远市环保局、农业农村局、乡镇政府和供电公司组建工作专班,为不同类型企业提供差异化精益供电服务及营商服务,全年解决问题 17 项,全面解决粉丝上下游产业在节能降碳合作中遇到的问题和阻碍。

**二是依托电力大数据定制科学用能方案。**与政府开展合作,以乡镇为单位,通过电力大数据业分析粉丝企业用电需求、用电能耗、电费支出等影响经营成本的涉电关键要素,依托电力大数据及能效计算模型为企业编制综合能效评价报告,从电量电费分析、用电峰谷分

供电公司员工在粉丝企业开展用能分析

析、用电容量分析等七个方面着手，提供能效账单解读、综合用能诊断报告推送等服务，帮助客户分析用能趋势，为企业节省用能成本。

粉丝企业员工在车间进行粉丝加工

**三是依托电力大数据为粉丝全产业链发展提供依据。**充分发挥电力数据颗粒度细、关联领域广、价值密度高、实时准确性强的优势，建成"粉丝产业大数据用能分析看板"系统，借助电力大数据从产业链生产和结构两个维度透视产业链发展情况，预测全年粉丝产能，计算分析粉丝市场波动和产业发展能效，为政府和粉丝企业提供可靠的决策依据。

**四是为粉丝企业提供粉丝废水污染解决方案。**每天投料 10 吨的粉丝厂，排出粉丝废水 100~150 吨，同时产生大量的粉丝下脚料。国网招远市供电公司协助企业进行电力

供电公司员工进行线路改造，助力沼气发电项目落地

设计，将相距较近的粉丝企业在生产过程中产生的沼气集中起来用于发电，降低企业生产成本。通过分析电量、负荷以及周边线路的承载力，根据区域发展潜能，引进沼气发电项目，在废水沼气发电技术加持下，产生的大量沼气经收集系统和贮存系统后可直接用于沼气发电，从而达到节能、增效和环保的多重效果。

**五是为粉丝企业提供粉丝脚料回收处理方案。**粉丝行业除产生粉丝废水外，在生产包装过程中还会产生一定量的粉渣和碎粉，这些下脚料通常被当作饲料处理，每吨碎粉

的价格在 800~900 元，经济价值较低。为进一步延伸产业链条，增加经济效益，在实现从粉丝废水中提取蛋白和纤维、沼化发电的基础上，还可以对粉渣、碎粉等剩余物进行回收利用。为此，招远公司在政府的合作下，联系当地的猫砂生产企业，通过将粉丝生产过程产生的豆渣污染物用于"豆腐猫砂"生产，既解决了污染物的处置问题又产生了经济效益，真正实现了"变废为宝"。顺利打造金岭粉丝绿电综合利用等 4 个项目，双塔粉丝、金林粉丝、寨里粉丝、康源粉丝等 31 家粉丝企业实现了粉丝污水沼化处理改造。烟台小粒宠物用品有限公司（10000 吨／年的豆腐猫砂生产项目）与金岭镇 7 家粉丝企业达成合作协议，实现了豆渣定点运输采购。

### 关键突破

**一是发挥电力大数据的宏观作用，为粉丝上下游企业提供问题解决方案**，走访粉丝产业上下游企业，全面调研粉丝生产加工、污染防治到废弃物二次加工等环节，通过电力大数据，从外部视野了解行业轮廓，为利益相关方决策提供科学数据支撑。

**二是通过政企协同理念，凝聚各方力量解决产业发展受限问题**，发挥中央企业的品牌效应，以乡镇为单位建立政府、供电所、粉丝企业、沼气发电企业、猫砂生产企业全员参与的产业联盟，梳理各方矛盾点与共同点，整合利益相关方资源和优势，构建健康的产业发展模式。

**三是引进可持续发展理念，构筑上下游产业良好生态**，通过引进沼气发电企业、猫砂生产企业，将粉丝加工过程产生的沼气和豆渣有效利用，全面提升粉丝产业绿色发展指数。

### 多重价值

**一是帮助粉丝产业提质降本增效。**通过安全用电宣传、电炉使用培训等活动，提升粉丝企业用电意识；帮助粉丝企业优化用电策略、提高电能使用效率等途径，降低生产成本；提高供电安全可靠性，为改进电炉生产工艺奠定基础，通过电力大数据平衡上下游企业的市场供需，实现高效协调发展；通过保障用电安全性和经济性，并对经营管理形成有用指导，帮助粉丝企业实现提质降本增效，为行业发展持续稳健发展注入活力。

**二是打造多方受益的行业新生态。**通过"绿色经济"进一步提升粉丝产量，优化生产技艺，增扩销售渠道，2023 年实现粉丝产量增长 6%；通过电力大数据预测全年粉丝产能，计算分析粉丝市场波动和产业发展能效，实现粉丝年销售额新突破；2023 年投运 4 个粉丝污水沼气发电项目并对接全市猫砂企业收购废弃豆渣，以"减量化、再利用、资源化"的原则，将粉丝废水进行沼气发电，将废弃豆渣再回收，每单个沼气发电项目年产沼气 30 万立方米，发电 100 万千瓦·时，折合标准煤 120 吨，减少碳排放 1.08 吨。在减少环境污染的同时，较好地实现了经济效益、环境效益和社会效益，全面优化提升粉丝全产业链综合价值。

**三是显著提升国家电网品牌美誉度。**近年来，国网招远市供电公司深刻践行国家电网公司"人民电业为人民"的企业宗旨和"你用电　我用心"的服务理念，以粉丝行业绿色经济发展为着手点，积极围绕特色产业发展、乡村振兴、营商环境提升等方面开展一系列有力措施，持续降低企业用电成本，大力开展能效分析诊断，积极宣传"网上国网"操作流程及办电的快捷方式，全面展现公司持续优化营商环境成效，有效提升客户满意度和国家电网品牌美誉度。

## 各方评价

**一是粉丝企业实现了资源回收利用和用电成本降低。**招远生产粉丝的厂家和作坊众多，每年产生大量的粉丝废水和下脚料。粉丝废水中处理工艺通常都采用厌氧好氧生物法，用这种方法处理粉丝废水造成了资源浪费；粉丝下脚料通常直接用作饲料，经济价值比较低。招远粉丝行业日废水产生量 2 万立方米，通过采用"粉丝生产加工—废水中提取蛋白、纤维—粉丝污水沼气发电—粉渣等下脚料制作猫砂"这种完整"绿色经济"生产发展模式，在三年内将实现产生沼气 700 万立方米，发电 1000 万千瓦·时，折合标准煤 1200 吨，减少二氧化硫排放 10.8 吨。

**二是政府实现了污染防治和乡村经济提振。**通过"绿色经济"发展方式，让粉丝行业的污染问题得到了良好的治理，粉丝尾水"变害为益""变废为宝"，不仅有较好的社会效益，而且有较高的经济效益，在推进政府环境治理进程的同时，进一步提振乡村经济，为招远市农业支柱产业的快速发展做出贡献。

**三是粉丝行业生态实现了新发展。**中国粉丝行业正处于迅速发展的阶段，目前行业正以每年 10%~20% 的增速发展，"绿色经济"的可持续发展方式，将进一步完善粉丝上下游产业，实现粉丝生产过程中副产品的深加工、再升值，有效提升品牌效力，让粉丝产业步入高质量发展的新业态。

## 三、未来展望

### 行动下一步提升方向

随着全球范围内生物医药行业研究的深入及产业化程度的提升，豆类深加工产品种类进一步丰富，应用领域持续增加，个性化，高端化的蛋白产品将逐渐得到更广阔的应用空间。目前，招远蛋白企业能够提供50%~85%不同蛋白含量的产品，以及特殊功能性蛋白

供电公司员工在高端蛋白生产企业开展用电检查

和有机豌豆蛋白产品。未来，国网招远市供电公司将进一步丰富"粉丝产业大数据用能分析看板"系统功能，发挥好"电力大数据"在助力行业决策、预测市场波动方面的关键作用，持续加大高端蛋白衍生物综合能源发电项目的开发力度，为绿豆、豌豆粉丝产业升级转型、蛋白产业链条不断做粗做强、打造"大蛋白"产业新格局提供坚强的保障。

### 推广计划

在不同地域豆类深加工聚集地进行项目可行性调研和应用推广，用好媒体宣传和行业宣讲两个主阵地，充分展示电力大数据和豆类深加工废弃物发电的应用成效，吸引更多的企业应用，全面助力粉丝行业健康、低碳发展。

### 未来目标

将电力大数据和豆类深加工废弃物发电的相关功能向不同生产加工行业延伸，持续探索供电系统和电力大数据在服务经济社会发展的可能性，为更多的特色产业提供健康、低碳发展的新技术、新方向、新道路。

（撰写人：王晟伟、冷少刚、曲恒志、王亦军）

国网四川省电力公司天府新区供电公司

# 基于新型电力系统的"零碳社区"建设

## 一、基本情况

### 公司简介

国网四川省电力公司天府新区供电公司（以下简称国网四川天府新区供电公司）成立于 2014 年 12 月，供电范围包括双流区、龙泉驿区及天府新区成都直管区的 37 个街道和乡镇，供电面积 1588 平方千米，服务人口 230 万人。2018 年 2 月，习近平总书记视察天府新区时，首次提出了"公园城市"的建设目标，四川省委省政府将天府新区定位为"百年大计，省之大事"。目前，天府新区正迈入由公园城市探索试点到示范引领，由筑基础向大发展、大提升转变的关键阶段。国网四川天府新区供电公司始终坚持高标、高效，各项指标排名居于省公司前列，有力支撑了新区发展。国网四川天府新区供电公司连续 / 年荣获国网四川省供电公司"安全先进单位"称号，成功创建为"第五届全国文明单位"，先后荣获四川省五一劳动奖，国网公司"红旗党委"、国网四川省供电公司"先进基层党组织"等荣誉称号。整体发展呈现"成立时间最晚、发展速度最快、人员效率最高、服务国家级新区的独特定位和独特要求"的特点。

### 行动概要

在成都双流区云华新村"乐游空港、长寿云华"的人文产业发展背景下，国网四川天府新区供电公司遵循"新能源电力输配网络、灵活高效的能源网格、极高的供电可靠性、综合服务体系"原则，开展以新能源为主体的新型电力系统建设，配置现代化的智能配套

可持续发展
目标

设施，并充分结合云华社区美丽新村、集中安置、古蜀文化的特点和优势，部署数字化能源系统、智慧灯杆、光储充一体充电站、老人关爱系统、光伏街网、配电自动化系统、智慧运维系统等，实现数字化监测和智能控制，融合生态环境，建设以区域新型电力系统为基础的绿色零碳社区，服务乡村振兴，为云华社区社会生产生活提供充足、可靠、绿色、低碳的能源支撑和便捷、高效、智慧、贴心的服务。

# 二、案例主体内容

## 背景和问题

随着天府新区高速发展，经济的持续增长和居民生活水平的不断提高引发社会用电负荷大幅攀升，给电网安全稳定运行和电力可靠供应带来了较大的压力，国网四川天府新区供电公司的乡村电网薄弱、配网自动化程度不高、清洁能源占比较低，设备承载能力持续加剧，不能完全匹配客户用电需求的满足感与获得感。国网四川天府新区供电公司以打造基于区域新型电力系统的"零碳社区"为目标，从电网升级、服务提质、形式突破等关键点突破，围绕可持续发展、构建绿色产业生态等领域，通过夯基础、抓重点、强示范、重融入，在双流黄水云华村打造零碳社区，推动"电靓美丽乡村"在公司辖区开花结果，服务国家乡村振兴战略目标落地。

## 行动方案

### 旗帜领航服务美丽新村

**坚持旗帜领航，引领协同服务新模式。**深化支部共建，融入"五共"联建共建新机制，丰富在政治建设、志愿服务、价值创造、品牌提升等方面的共建内容和内涵。做实做细云华社区服务提升工程，结合"我为群众办实事"四个做实活动，常态化开展二十四节气服务、针对特殊群体的精准服务、立足热点难点问题的协同服务以及融入新时代文明实践的拓展服务。

**强化内在驱动，构建政企融合新机制。**一是健全公司与镇街，供电所服务站管理人员与社区负责人，供电联络员与网格员三级沟通机制，常态互通重点工作和努力方向，多层面共享信息，形成"一盘棋""一条心"的工作格局，进一步强化对乡村振兴服务提质的基础支撑。二是主动融入社区发展需求，在找准乡村振兴电力融入点的基础上，与云华社区签订村网共建合作协议和支部共建协议，供电服务站和村社充分发挥各自优势并进行整合优化，双方将业务融合度深、安全风险小、时间成本高的日常巡视、社区服务、宣传推广等 9 个方面 24 个子项工作进行整合资源，形成互补，并以协议形式固化，进一步将电力服务融入社区治理，融入安全、绿色、智慧、美丽新村建设。三是将服务方式转变和服务质量改善作为重点抓手，将提升群众获得感、幸福感作为根本任务，前移服务关口，在云华社区党群服务中心设置供电服务专区，在云华新村设置服务前沿阵地，与社区网格员紧密协作，将供电所台区经理每周一次驻点服务和其他时段社区网格员协同服务形成互补和共促，创新落实便民、利民的服务举措，推动实现服务"最后一公里"到"零距离"的转变。

电力便民服务点办公场地

### 新型电力系统助力乡村振兴

**聚焦区域电网供电水平提升，实现电网"手拉手"。**充分结合新村风貌和未来的用能需求，对当地的电网结构进行升级改造，将新村范围内的 10 千伏供电线路迁改下地和增设变压器，沿线安装 8 台一二次融合固体绝缘环网柜，形成手拉手联络，为社区内的 5000 余居民及菜鸟、顺丰、圆通、德邦等相关企业提供可靠的电力保障。

**聚焦配网自动化水平提升，实现运维"智能化"。**在环网柜加装自动化终端（DTU）、架空线路装设北斗故障指示器，接入 I 区主站实现"三遥"功能，实现实时检测设备的运行工况信息采集以及快速准确在线检测接地、短路等故障，保障设备日常安全运行，提高配电线路故障检测的自动化水平。

对辖区内的变压器安装台区智能融合终端，通过开展智能融合终端营配数据交互工作，实现反窃电实时监测、负荷特性识别、低压用户接入方案优化等功能。开展地下电缆及环网柜在线监测，为云华新村供电的 10 千伏电缆及其电力管廊、电力工井、工井内电缆中间接头和井盖安装多功能一体无线传感器、网关及本体监测类传感器三类设备，实现地下电力资产的实时在线监测、定位追溯、报警联动、安全防范等管理和服务。在新建的 3 台箱变及其低压部分处安装一二次融合的智能断路器、边缘计算智能网关等设备，实现通过云端服务器控制和管理低压配电系统的功能。通过在台区下安装智能塑壳断路器、环境综合监控传感器和变压器综合监控装置。实现对变压器运行状态量监测、电气火灾监控、运维资料电子化、智能报警管理、自动故障定位（地图定位）、设备运行状态及环境综合监测等功能。

电缆及通道在线监测装置

上述功能将集中展示于一个平台上，通过此平台，可以直观地监测台区智能建设区内设备的总数、报警总数、电力大数据、运行图、云端自动化、能耗监测等指标。

**聚焦台区智能化融合，构建"区域新型电力系统"。**以台区智能融合终端（SCU）为核心，构建 13 项全功能新型电力系统物联网示范台区。多模通信向下接入物联网断路器、智能传感器、分布式光伏、充电桩等低压配电网设备，实现低压配电台区营配本地交互、运行状态感知、拓扑识别、低压故障精准研判、电能质量分析及治理、线损分析、新能源监测管理等 13 项应用。

### 数字化赋能社区生活

**构建"智慧能源大脑"，赋能社区绿色低碳生产生活。**充分利用"云大物移智"等先进技术，构建名副其实的社区"智慧能源大脑"，建立全社区用能全息感知体系，实现社区能源运行整体情况、光伏发电情况、充电站负荷情况、储能设备充电情况、配电网运行情况、居民用电情况以及碳排放情况实时动态展现。提供挖掘节能降碳、"削峰填谷"、负荷调节的价值，持续服务云华新村绿色低碳生活，为数字乡村建设提供多方面的支撑。

社区"智慧能源大脑"展示

**"数智锦囊"助力乡村负荷精准监测，服务社区节能降碳。**创建负荷资源标签体系，对电力客户保障类型、电价类别、行业类别、断面归属等重要信息进行贴签标识，实现负荷资源分级分区、实时靶向管理，支撑极限情况下负荷资源快速挖潜；根据居民空调负荷特性和历史用电数据，合理设置居民用电上限，对超计划用电用户和大用电量用户，联合社治委分街道、分社区予以引导，配合属地政府探索居民节能奖励新模式，提升居民的节能成效。

**应用"电享家"数字化能源服务平台，助力社区企业碳管理。**充分利用"云大物联智"技术，实现对社区企业电力专变客户的配电室提供运行状态、异常报警、设备状态、报表分析等远程 24 小时在线监测，同时通过对控排企业电、气、煤、油等能源消耗数据的实时采集，为企业提供碳排放的实时监测、精准核算、智能分析和碳交易辅助等服务，帮助企业摸清碳家底、盘活碳资产、降低碳排放，助力企业低碳、绿色化转型。

**应用"敬老康养智慧"系统，精准服务长寿社区。**云华社区是远近闻名的长寿社区，80 岁以上老人 100 余名，孝道文化盛行，在社区 20 户高龄、独居老人家中部署敬老康养智慧系统，运用电力大数

到云华社区 124 岁高龄老人家精准服务

据分析技术精准画像老年人的用电习惯，实时监控独居老年人的身体健康状况，采用预警方式推动社区老年人服务更有针对性和及时性，同时国网四川天府新区供电公司党员服务队开展"红海棠"行动，定期到老人家里检查用电线路，持续关注社区每一位老人的生活情况，真正实现关爱老年人行动从"有呼才应"到"主动出击"的本质飞跃。

### 绿电消费引领减碳降碳

**打造光伏生活场景，引领减碳降碳生活新风尚。**构建"绿色协调、多能互济"的分布式智能微网，打造"新能源 +""源网荷储"一体化发展模式，包括光储充一体的光伏商业街网、负荷动态调节的充电站以及服务社区居民用电的光伏生活场景打造，清洁低碳逐步成为终端能源消费主体，也助力"源网荷储"灵活互动和需求侧相应能力不断提升，推动乡村绿色产业发展和转型升级，建设绿色美丽农村新景象。

**推动新能源汽车消费。**针对云华社区居民、游客电动汽车和所辖企业新能源物流车辆充电实际需求，积极推动充电桩建设布点，建设 5×120 千瓦一体式一桩双枪充电机（10 个车位），满足居民、游客及周边企业约 900 辆新能源车辆的充电需求。同时，通过与当地社区签订运营合作协议，采用充电站运营收益与社区分成的方式助力社区产业升级，进一

云华社区充电桩运营

步打开实现乡村振兴和绿色发展的共赢局面。

**推动光伏商业街网建设。**联合社区围绕绿色发展理念开展特色商业街区规划，完成以光伏发电微网为特色的商业街网建设，在 15 个特色商业集装箱屋顶安装面积约 300 平方米光伏板，体现自发自用、余电上网的环保性和经济性，这也是双流第一个特色光伏商业街区，通过降低商业的运营成本助力社区招商引资。

**打造绿色低碳生活场景。**以新型电力系统建设为主题，以低碳、绿色、数字为出发点，推进智能基础设施建设。通过路灯集成多种智能设施的方式，实现温度、湿度、风速、空气质量等环境监测，为乡村提供火情、汛情监控预警手段，同时将新村范围内的 45 盏路灯改造为太阳能路灯，白天储能晚上供电，社区党群服务中心作为社区生活聚居地，设置光伏智能座椅、光伏伞、光伏智能垃圾桶，在提升社区便民服务水平的同时引领乡村绿色用能新风尚。

## 关键突破

### 旗帜领航打造乡村共建样板

构建政电末端融合服务机制，在云华社区深入推进支部共建、村网共建、互融共进工作，与当地党支部共建联建、共享服务资源，将乡村振兴和服务提升工程与"我为群众办实事"活动紧密结合，实现村网共建、支部联建"四个做实"（做实常态化的联合服务、做实针对特殊群体的精准服务、做实立足热点难点问题的协同服务、做实融入新时代文明实践的拓展服务），进一步提升乡村幸福指数，提升社区电力服务品质。

### 构建乡村区域新型电力系统

立足乡村振兴新阶段，结合云华社区乡村振兴总体规划和中长期负荷需求，以新能源供给消纳体系建设为核心目标，以"源网荷储"多向协同、灵活互动为坚强支撑，以坚强、智能、柔性电网为枢纽平台，构建"绿色协调、多能互济"的乡村区域新型电力系统。

### 推动乡村发展数字转型

依托用电信息采集系统、能源智慧大脑和"电享家"家平台，搭建社区智慧能源管控应用，深度融合应用配电自动化与用电数据，实现各类能源终端数据的实时智能感知和处理，集数据的采集、传输、融合、控制、分析、反馈于一体，建立全社区用能全息感知体系。充分利用"云大物移智"等先进技术，超前感知能源系统运行态势，实现智能指挥决策辅助，构建名副其实的社区"智能数字化大脑"，挖掘节能降碳、智慧养老方面的价值，持续服务云华新村数字生活。

### 助力社区表达"双碳"愿景

全面推动云华社区居民生产生活向能源消费清洁化、低碳化发展，以低碳做示范，以示范促减碳。建设充电站、光伏街网、光伏路灯、光伏生活等项目，推广普及全电景区、全电商区，宣传引领低碳出行方式，实现社区用能全周期的绿色环保与居民生产生活低碳和低碳排放。对社区开展碳排放实时监测分析，测算碳排放指数，与社区协同发力，持续实施减碳措施。

## 多重价值

### 经济效益

通过智能化设备，节约人力成本，优化资源配置，同时通过大数据分析，故障预警等 AI 功能，最大限度减少故障，年节省人力成本约 52.19 万元，另外通过电气化改造，打造纯电景区、零碳社区，可进一步拓展电能替代业务，实现电能替代收益和充电收益，帮助社区相关企业每年节约电费共计 62.25 万元，同时云华社区每年额外获得约 25 万元的绿电消费收益。

### 环境效益

通过充电站、光伏路灯和光伏街网等项目建设，实现电能替代，推动清洁能源使用，累计消纳清洁能源 92500 千瓦·时，为美丽乡村建设奠定了绿的主色调。通过监测该社区的电力消耗实时数据，在当地开展碳排放用能分析，测算碳排放降低指数，累计减少碳排放超过 8.9 吨，力争实现"零碳社区"目标。

### 社会效益

建设社区新型电力系统，将紧密贴合国家"双碳"和新型社区建设需求，在增强电网安全管理能力、大幅降低电网安全事故风险、保障人员的人身安全和电力系统安全运行的同时，与社区综合治理、现代化智慧化社区建设紧密融合，在发展方向、努力目标上形成共建共赢的时代格局，进一步彰显政治担当和"人民电业为人民"的品牌形象。该建设成果获中国网、新华社报道，荣获国网公司"新农村电气化建设先进单位"及"农电综合管理标杆"、原电监办"居民服务质量提升试点先进单位"、四川省电力公司助力乡村振兴"十佳"等荣誉，典型案例被收录在"中国电力协会助力乡村振兴好案例"。

## 各方评价

截至目前，四川省电力公司设备部、营销部、人资部、党建部、数字化部及双流区政府各级领导多次调研指导，相关成果获得高度肯定。在服务群众美好生活、充分展示电网企业形象的同时，为政企融合推动公司电网发展和服务转型积累了丰富的实践经验。同时社区实现了绿色产业和"双碳"目标的有机融合，按照当前的清洁能源布局，云华新村每年将额外获得绿电消费收益，并节约大量电费，此项受益将随着云华的发展布局进一步扩大。

# 三、未来展望

依托用电信息采集系统、能源智慧大脑、智慧锦囊和"电享家"平台，搭建社区智慧能源管控应用，实现各类能源终端数据的实时智能感知和处理，集数据的采集、传输、融合、控制、分析、反馈于一体，建立全社区用能全息感知体系。充分利用"云大物移智"等先进技术，超前感知能源系统运行态势，实现智能指挥决策辅助，构建名副其实的社区"智能数字化大脑"，挖掘节能降碳、削峰填谷、负荷调节的价值，通过多维度、多场景建设，为云华社区社会生产生活提供充足、可靠、绿色、低碳的能源支撑和便捷、高效、智能、贴心的涉电服务，形成和谐健康、共建共享的现代智慧社区。

（撰写人：邵霄、郗宁、胡园园、胥娟、郝隽阳）